伟大工程

一个党建工作者的学习笔记

论根本原则
论指导方针
论工作主线
论着力之点
论政治建设
论思想建设
论组织建设
论作风建设
论纪律建设
论反腐倡廉
论制度治党
论时代课题

史正江 著

WUHAN UNIVERSITY PRESS
武汉大学出版社

图书在版编目(CIP)数据

伟大工程:一个党建工作者的学习笔记/史正江著.—武汉:武汉大学出版社,2021.7

ISBN 978-7-307-22396-7

Ⅰ.伟…　Ⅱ.史…　Ⅲ.中国共产党—党的建设—研究　Ⅳ.D26

中国版本图书馆 CIP 数据核字(2021)第 111040 号

责任编辑:胡国民　韩秋婷　　责任校对:汪欣怡　　版式设计:韩闻锦

出版发行:**武汉大学出版社**　(430072　武昌　珞珈山)

(电子邮箱:cbs22@whu.edu.cn　网址:www.wdp.com.cn)

印刷:湖北金海印务有限公司

开本:720×1000　1/16　印张:30.25　字数:335 千字　插页:3

版次:2021 年 7 月第 1 版　2021 年 7 月第 1 次印刷

ISBN 978-7-307-22396-7　定价:86.00 元

序

沈壮海

《伟大工程——一个党建工作者的学习笔记》，是我的学长史正江先生的一部新著。学长垂爱，去年 4 月，书稿甫成，我便有幸得以一读为快。数月以来，我将书稿存于电脑，反复拜读多轮。每读一次，都能从中学习到许多新的东西，吸收到许多新的营养，对习近平总书记关于党的建设重要思想有新的认识和理解，对推进伟大工程中我们每位普通党员的使命与职责，多一些深入的思考，增一分践行的自觉。

习近平新时代中国特色社会主义思想是新时代中国共产党人的精神旗帜，是当代中国的马克思主义、21 世纪的马克思主义。这一思想体系中的一个极为重要的方面，即关于党的建设的重要思想。党的十八大以来，习近平总书记以党的领袖的超凡气度和智慧，综览世界百年未有之大变局和中华民族伟大复兴的大局，对我们这个正值“风华正茂”、致力于“千秋伟业”的大党的建设问题，作出了一系列重要论述，提出了一系列新理念新思想新战略，进一步回答了新时代“建设什么样的党、怎样建设党”的问题，丰富和发展了马克思主义党建学说，将我们党对执政党建设规律的认识推到了一个新的高度，确立了新时代党的建设的根本遵循。中国特色社会主义最本质的特征是中国共产党领导，中国特色社会主义制度的最大优势是中国共产党领导。这也决定了，关于党的建设的重要思想，是习近平新时代中国特色社会主义思想的核心部分和华彩乐章。在学习和研究习近平新时代中国特色社会主义思想的过程中，我们必须高度关注这一重要内容。

史正江先生的这部著作，便是围绕习近平新时代中国特色社会主义思想中党的建设这一核心部分、华彩乐章而展开的。书名中，作者特别写上“学习笔记”四字，以表明这是自己学习习近平总书记关于党的建设重要思想的体会和心得。反复读来，我觉得，这部著作是融含着作者学思践悟诸多新见的高水准学术专著，也是一部高质量的“导读”“辅学”，是我们深入学习习近平总书记关于党的建设重要思想的一部难得的好教材。

著作的鲜明特点在于全面呈现、透彻阐析、清晰说理、情理交融。著作以十六章的篇幅，比较系统地呈现了习近平总书记关于党的建设重要思想科学体系的丰富内涵、战略意义、实践要求。在这一总体框架下，作者从根本原则、指导方针、工作主线、着力之点和时代课题等角度详细阐析了新时代党的建设的总体要求，从政治建设、思想建设、组织建设、作风建设、纪律建设和制度建设、反腐败斗争等角度全面展现了新时代党的建设的总体布局，并对国有企业、党政机关、高等院校党的基层组织建设问题专章重点列论。这样的结构布局，既系统反映了习近平总书记关于党的建设重要思想的整体概貌与内在逻辑，也突出了习近平总书记对有关重要领域党的建设工作的特别关注，全面性与重点性有机一体，为我们绘制了一幅学习习近平总书记关于党的建设重要思想的清晰而又严密的思维导图。

在著作叙述展开的过程中，对于所涉重大命题、重要问题，作者不仅将之放到中国共产党的党建学说史、实践史中考镜源流，而且着力细致地讲清其是什么、为什么、怎么办等问题，将历史与现实、理论与实践紧密地结合在一起，从而对习近平总书记关于党的建设重要思想的创新性给出了透彻阐释，使全书的论说始终给人以强烈的通透感。如，在关于党的建设的工作主线这个问题的探讨中，作者便细腻分析了党的十七大报告首次就此作出的概括、党的十八大报告中的新拓展、党的十八大以来习近平总书记就此问题的丰富论述、党的十九大报告对新时代党的建设主线的新阐述即“以加强党的长期执政能力建设、先进性和纯洁性建设为主线”，并对党的十九大报告中为什么要在“执政能力建设、先进性和纯洁性建设”之前增加“长期”二字作深度解析，指出：“我们说习近平总书记对党的建设主线作出了新概括，新就新在‘长期’二字上，蕴含着对实现执政使命长期性、艰巨性的深远考量，更加凸显党长期执政、全面领导要经受的重大考验，凸显长期保持先进性和纯洁性对巩固党的执政地位的极端重要性，标志着我们党对长期执政条件下面临风险考验的认识更加清晰，对新时代党的执政规律和自身建设规律的认识更加深化。”又如，在2018年7月召开的全国组织工作会议上，习近平总书记站在实现党的历史使命的战略高度，深刻回答了关系党的建设全局的重大理论和现实问题，在我们党的历史上第一次深刻阐明了党的组织路线，即：全面贯彻新时代中国特色社会主义思想，以组织体系建设为重点，着力培养忠诚干净担当的高素质干部，着力集聚爱国奉献的各方面优秀人才，坚持德才兼备、以德为先、任人唯贤，为坚持和加强党的全面领导、坚持和发展中国特色社会主义提供坚强组织保证。这是对马克思主义党建理论的开创性贡献。作者浓墨重彩地对这一开创性贡献的具体内容及深远意义予以分析探讨，指出新时代党的组织路线的明确提出，“公开宣示我们党在新时代举什么旗、走什么路，选什么人、用什么人，达到什么目标、怎样达到目标的政治立场、政治方向和政治原则，极大丰富和发展了党的路线，使党的路线第一次成为包括政治路线、思想路线、组织路线、群众路线在内的科学完整的体系，有如党的十一届三中全会后重新恢复党的思想路线和确立党在社会主义初级阶段的基本路线一样，具有重大政治意义”。著作从不同维度丰富展开的类似论说，通贯一体，富有说服力地将习近平总书记关于党的建设重要思想对马克思主义党建理论的创新发展呈现在了读者面前。

史正江先生认为，习近平总书记关于党的建设重要思想对马克思主义党建理论的创新发展是原创性的，将马克思主义关于党的建设基本原理与新时代党的建设具体实际相结合，提出了一系列具有原创意义的新理念、新思想、新战略、新举措；是系统性的，涵盖党的建设的基本方略、根本原则、指导方针、工作主线、基本布局、时代课题、基本目标、主要任务等各个方面和党的政治建设、思想建设、组织建设、作风建设、纪律建设等各个领域；是战略性的，提出了事关全面从严治党战略全局的一系列新的重大课题和重大任务，是实践性的，来源于实践并用于指导实践，在实践中不断丰富发展，对于在新时代全面推进党的建设新的伟大工程、推动全面从严治党向纵深发展，具有重大意义。这是史正江先生基于研究作出的结论性概括。著作的十六个专题，正向我们详细展现了作出这些结论性概括的依据所在，讲清了其间的道理所在。史正江先生简洁明快的论说，引导着我们对习近平总书记关于党的建设重要思想的精髓要义、理论贡献、实践意义有更深入系统的理解，也引导我们更深切地感受着新时代中国共产党人把党建设成为始终走在时代前列、人民衷心拥护、勇于自我革命、经得起各种风浪考验、朝气蓬勃的马克思主义执政党的坚定、清醒、勇毅与豪迈。

2020 年，我们经历了与新冠肺炎疫情的殊死搏斗、严峻大考。面对突如其来、来势汹汹的疫情天灾，中国人民用一个多月的时间初步遏制了疫情蔓延势头，用两个月左右的时间将本土每日新增病例控制在个位数以内，用 3 个月左右的时间取得了武汉保卫战、湖北保卫战的阶段性成果，维护了人民的生命安全和身体健康，为维护地区和世界公共卫生安全作出了重要贡献。4 月 27 日，习近平总书记主持召开中央全面深化改革委员会第十三次会议时强调指出，中国疫情防控和复工复产之所以能够有力推进，根本原因是中国共产党的领导和中国社会主义制度的优势发挥了无可比拟的重要作用。面对疫情大考，中国共产党将人民放在心中最高的位置，坚强领导、科学指挥、奋力在前，用党性构筑起抗击疫情的坚强堡垒，党旗始终飘扬在抗击疫情的第一线。抗击疫情的这场大考，考出了新时代党的建设“伟大工程”的工程质量，也进一步凸显了深入推进这一伟大工程、确保我们党始终成为时代先锋、民族脊梁的战略意义。经历了这场疫情大考之后，我们再来读这部著作，对其中所论涉的诸多命题，当会有更深的感触、更多的认同。

史正江老师新著出版在即，命我作序。这是史老师对我这个后学晚进的鼓励和鞭策，却之不能，遂成此篇向老师提交的学习体会，请史老师和各位读者批评指正。也期盼重回珞珈山的史老师，在这片收藏有他美好青春记忆的地方，放笔写出更多精彩新卷。

2021 年 7 月于珞珈山

前　言

1939年10月，毛泽东同志在《〈共产党人〉发刊词》中，总结了中国共产党的建党经验，提出要建设一个全国范围的、广大群众性的、思想上政治上组织上完全巩固的布尔什维克化的中国共产党。他首次把建设这样一个党称为“伟大的工程”。1994年9月，党的十四届四中全会作出了《中共中央关于加强党的建设几个重大问题的决定》，提出把党建设成为用建设有中国特色社会主义理论武装起来、全心全意为人民服务、思想上政治上组织上完全巩固、能够经受住各种风险、始终走在时代前列的马克思主义政党，这是全党继续进行的“新的伟大的工程”。2017年10月，习近平总书记在党的十九大报告中指出，实现伟大梦想，必须建设伟大工程。这个伟大工程就是我们党正在深入推进的党的建设新的伟大工程。伟大斗争、伟大工程、伟大事业、伟大梦想，它们紧密联系、相互贯通、相互作用，其中起决定性作用的是党的建设新的伟大工程。推进这一伟大工程，要结合伟大斗争、伟大事业、伟大梦想的实践来进行，确保党在世界形势深刻变化的历史进程中始终走在时代前列，在应对国内外各种风险和考验的历史进程中始终成为全国人民的主心骨，在坚持和发展中国特色社会主义的历史进程中始终成为坚强领导核心。

这就深刻阐明了建设伟大工程的决定意义和目标任务。

《伟大工程——一个党建工作者的学习笔记》是在我的学习习近平总书记关于党的建设重要论述系列笔记基础上整理而成的。新时代党建思想，是以习近平总书记关于党的建设重要思想为方向、为内核、为代表的思想；从本质上说，习近平总书记关于党的建设重要思想，就是新时代党建思想。党的十八大以来，习近平总书记站在全局和长远的战略高度，就坚持党的全面领导、加强党的建设、推进全面从严治党，作出了一系列重要论述，提出了一系列新理念新思想新战略，进一步回答了新时代"建设什么样的党、怎样建设党"的问题，形成了思想深邃、立意高远、观点鲜明、内涵丰富、系统完整、逻辑严密的思想体系，进一步深化了对马克思主义执政党建设规律的认识，成为习近平新时代中国特色社会主义思想的核心部分和华彩乐章，为新时代党的建设提供了根本遵循。

新时代党建思想是对马克思主义党建理论的创新发展。这个创新发展是原创性的，着眼于把马克思主义关于党的建设基本原理与新时代党的建设具体实际相结合，提出了一系列具有原创意义的新理念、新思想、新战略、新举措；这个创新发展是系统性的，涵盖党的建设的基本方略、根本原则、指导方针、工作主线、基本布局、时代课题、基本目标、主要任务等各个方面和党的政治建设、思想建设、组织建设、作风建设、纪律建设等各个领域；这个创新发展是战略性的，提出了事关全面从严治党战略全局的一系列新的重大课题和重大任务；这个创新发展是实践性的，来源于实践并用于指导实践，在实践中不断丰富发展，对于在新时代全面推进党的建设新的伟大工程、推动全面从严治党向纵深发展，具有重大意义。

本书共分为十六章，第一章是总论，在分析新时代党建思想提出的时代背景和实践课题的基础上，阐述了新时代党建思想的科学体系，包括新时代党的建设的新要求、新方略、新任务等，阐明了新时代党建思想的重大意义。第二至十六章是分论，分为三个板块，第一板块，第二、三、四、五、十六章，阐述了新时代党的建设总体要求，包括根本原则、指导方针、工作主线、着力之点和时代课题；第二板块，第六、七、八、九、十、十一、十二章，阐述了新时代党的建设总体布局，包括政治建设、思想建设、组织建设、作风建设、纪律建设“五位一体”建设和制度建设、反腐败斗争；第三板块，第十三、十四、十五章，分别阐述了国有企业、党政机关、高等院校党的基层组织建设问题，带有例举性质，没有涵盖党的建设各层次各领域。全书力图全面系统揭示新时代党建思想的基本内容和内在逻辑，为读者学习领会这一重要思想提供一些基本观点和参考材料。

习近平总书记关于党的建设重要思想，必须长期坚持并不断发展，而坚持和发展的前提，就是要学懂弄通做实。我们要在多思多想、学深悟透上下功夫，深入学习领会这一思想的时代意义、理论意义、实践意义、世界意义，深刻理解其核心要义、精神实质、丰富内涵、实践要求；在系统全面、融会贯通上下功夫，深刻把握这一思想贯穿的马克思主义立场观点方法，知其然又知其所以然，不断提高马克思主义理论水平；在知行合一、学以致用上下功夫，大力弘扬理论联系实际的优良学风，更加自觉地用这一思想指导解决实际问题，切实把学习成效转化为做好本职工作、推动事业发展的生动实践，毫不动摇地坚持和完善党的领导，毫不动摇地把党建设得更加坚强有力，为决胜全面建成小康社会、夺取新时代中国特色社会主义伟大胜利、实现中华民族伟大复兴的中国梦提供坚强保证！

目 录

第一章 总 论

——关于新时代党建思想的科学体系

党的十九大报告，全面总结了党的十八大以来党的建设取得的卓著成效和重要经验，深刻阐述了新时代党的建设重大理论和实践问题，提出了一系列重要思想、重要观点、重大判断、重大举措，成为习近平总书记关于党的建设重要思想的集大成之作，标志着新时代党建思想科学体系的形成，对于在新时代坚定不移全面从严治党，不断提高党的执政能力和领导水平，提高拒腐防变和抵御风险能力，使我们党始终走在时代前列，成为领导全国人民沿着中国特色社会主义道路不断前进的坚强核心，具有重大政治意义、理论意义和实践意义。

一、关于新时代党建思想科学体系的形成

1. 新时代党建思想是在科学分析世情国情党情深刻变化的基础上提出来的

科学分析判断形势，是提出思想观点、制定政策策略的前提。

习近平总书记指出，党的十八大之后，党中央全面分析党和国家工作面临的新形势新任务，综合分析党内、国家、社会以及国际环境中出现的新情况新问题，得出了一条重要结论，就是要进行具有许多新的历史特点的伟大斗争、有效应对各种风险和挑战，实现"两个一百年"奋斗目标、实现中华民族伟大复兴的中国梦，必须把我们党建设好、建设强。他指出，当今世界，国际力量对比发生了新的变化，世界经济进入深度调整，我国发展面临的国际环境更加复杂严峻。当前，我国已进入全面建成小康社会决胜阶段，中华民族正处于走向伟大复兴的关键时期。改革进入深水区，经济发展进入新常态，各种矛盾叠加，风险隐患集聚。在新的历史起点上坚持和发展中国特色社会主义，我们党面临的执政考验、改革开放考验、市场经济考验、外部环境考验是长期的、复杂的、严峻的，精神懈怠危险、能力不足危险、脱离群众危险、消极腐败危险更加尖锐地摆在全党面前。党内存在许多亟待解决的问题，信念涣散、组织涣散、纪律涣散、作风涣散已严重侵蚀党的肌体。在这样的国内外形势下，我们要赢得优势、赢得主动、赢得未来，就必须把党建设得更加坚强有力，使我们党能够团结带领人民有力应对重大挑战、抵御重大风险、克服重大阻力、解决重大矛盾，① 不断从胜利走向新的胜利。也就是说，新时代党建思想的提出，是基于对世情国情党情发展变化的科学分析判断。

① 《习近平在党的十八届六中全会第二次全体会议上的讲话》(节选)，载新华网，2017年1月1日。

2. 新时代党建思想是在全面推进党的建设新的伟大工程中提出来的

实践是理论之源，理论又用以指导实践。习近平总书记在党的十九大报告中指出，十八大以来的5年，“全面从严治党成效卓著。全面加强党的领导和党的建设，坚决改变管党治党宽松软状况。推动全党尊崇党章，增强政治意识、大局意识、核心意识、看齐意识，坚决维护党中央权威和集中统一领导，严明党的政治纪律和政治规矩，层层落实管党治党政治责任。坚持照镜子、正衣冠、洗洗澡、治治病的要求，开展党的群众路线教育实践活动和‘三严三实’专题教育，推进‘两学一做’学习教育常态化制度化，全党理想信念更加坚定、党性更加坚强。贯彻新时期好干部标准，选人用人状况和风气明显好转。党的建设制度改革深入推进，党内法规制度体系不断完善。把纪律挺在前面，着力解决人民群众反映最强烈、对党的执政基础威胁最大的突出问题。出台中央八项规定，严厉整治形式主义、官僚主义、享乐主义和奢靡之风，坚决反对特权。巡视利剑作用彰显，实现中央和省级党委巡视全覆盖。坚持反腐败无禁区、全覆盖、零容忍，坚定不移‘打虎’、‘拍蝇’、‘猎狐’，不敢腐的目标初步实现，不能腐的笼子越扎越牢，不想腐的堤坝正在构筑，反腐败斗争压倒性态势已经形成并巩固发展”。① 正是在全面加强党的建设的伟大实践中，新时代党建思想逐步形成和不断丰富发展。

---

① 习近平：《决胜全面建成小康社会　夺取新时代中国特色社会主义伟大胜利——在中国共产党第十九次全国代表大会上的报告》，载《人民日报》2017年10月18日。

3. 新时代党建思想是在着力解决党内突出矛盾和问题的伟大斗争中提出来的

坚持问题导向是马克思主义的鲜明特点。习近平总书记指出，问题是创新的起点，也是创新的动力源。只有聆听时代的声音，回应时代的呼唤，认真研究和解决重大而紧迫的问题，才能真正把握住历史脉络，找到发展规律，推动理论创新。坚持以马克思主义为指导，必须落到研究我国发展和我们党面临的重大理论和实践问题上来，落到提出解决问题的正确思路和有效办法上来。① 党的十八大以来，以习近平同志为核心的党中央领导全党坚持以问题为导向，着力解决党内存在的一系列突出矛盾和问题，如“四风”问题，脱离群众问题，特权思想和特权现象问题，不严不实问题，不遵守政治纪律和政治规矩问题，不良政治生态和政治文化问题，党内生活庸俗化、随意化、平淡化问题，“七个有之”问题，为官不为问题，党的领导和党的建设弱化、虚化、淡化、边缘化问题，管党治党“宽松软”问题，特别是人民群众反映最强烈、对党的执政基础威胁最大的腐败问题，取得了重要成果，党内正气在上升，党风在好转，社会风气在上扬。正是在进行这些具有许多新的历史特点的伟大斗争中，提出了新时代党建思想。

---

① 习近平：《在哲学社会科学工作座谈会上的讲话》，载《人民日报》2016年5月19日。

4. 新时代党建思想是在全党进行自我革命的伟大进程中提出来的

习近平总书记指出，勇于自我革命，是我们党最鲜明的品格，也是我们党最大的优势。我们党之所以有自我革命的勇气，是因为我们党除了国家、民族、人民的利益，没有任何自己的特殊利益。不谋私利才能谋根本、谋大利，才能从党的性质和根本宗旨出发，从人民根本利益出发，检视自己；才能不掩饰缺点、不回避问题、不文过饰非，有缺点克服缺点，有问题解决问题，有错误承认并纠正错误。要兴党强党，就必须以勇于自我革命精神打造和锤炼自己。只有努力在革故鼎新、守正出新中实现自身跨越，才能不断给党和人民事业注入生机和活力。① 这也就是说，新时代党建思想也源于勇于自我革命的精神，这种自我革命的精神，是真正的中国共产党人的精神，是坚定的马克思主义者的精神。

二、关于新时代党建思想科学体系的内涵

1. 提出了新时代党的建设新要求

新时代党的建设新要求也是新时代党的建设总要求：坚持和加强党的全面领导，坚持党要管党、全面从严治党，以加强党的长期执政能力建设、先进性和纯洁性建设为主线，以党的政治建设为统

---

① 中共中央文献研究室：《十八大以来重要文献选编》，北京：中央文献出版社2018年版，第590~591页。

领，以坚定理想信念宗旨为根基，以调动全党积极性、主动性、创造性为着力点，全面推进党的政治建设、思想建设、组织建设、作风建设、纪律建设，把制度建设贯穿其中，深入推进反腐败斗争，不断提高党的建设质量，把党建设成为始终走在时代前列、人民衷心拥护、勇于自我革命、经得起各种风浪考验、朝气蓬勃的马克思主义执政党。[①] 这个总体要求，是由新时代党的建设的根本原则、指导方针、工作主线、总体布局、时代课题和基本目标构成的统一体，是对新时代推进党的建设新的伟大工程作出的顶层设计和战略部署，进一步丰富发展了马克思主义建党学说。

(1)根本原则。"坚持和加强党的全面领导"，这是新时代党的建设的根本原则，也是新时代党建思想的灵魂。突出强调党的"全面"领导，是党的十九大报告的新提法。中国特色社会主义的最本质特征是中国共产党领导，中国特色社会主义制度的最大优势是中国共产党领导，党是最高政治领导力量；党政军民学，东西南北中，党是领导一切的。[②] 这也就是说，党的领导既是最高的，也是全面的。加强新时代党的建设，全面从严治党，核心是坚持和加强党的全面领导，这是一个重大政治原则，任何时候任何情况下都不能动摇。

(2)指导方针。"坚持党要管党、全面从严治党"，这是新时代

① 习近平：《决胜全面建成小康社会　夺取新时代中国特色社会主义伟大胜利——在中国共产党第十九次全国代表大会上的报告》，载《人民日报》2017年10月18日。

② 习近平：《决胜全面建成小康社会　夺取新时代中国特色社会主义伟大胜利——在中国共产党第十九次全国代表大会上的报告》，载《人民日报》2017年10月18日。

党的建设的指导方针，也是新时代党建思想的鲜明主题。党的十八大前，我们讲的是“党要管党、从严治党”，党的十九大报告在“从严治党”之前也加上了“全面”二字，与党的十八大以来党的建设主题和“四个全面”战略布局相一致，就是要突出全要素、全过程、全覆盖，这是党的建设新的更高要求。

(3)工作主线。“加强党的长期执政能力建设、先进性和纯洁性建设”，这是新时代党的建设的主线，也是新时代党建思想的红线。先进性和纯洁性是马克思主义政党的本质属性，执政能力建设是党执政后的一项支撑性建设。党的先进性、纯洁性和执政地位都不是一劳永逸的，加强新时代党的建设，就是要同一切弱化先进性、损害纯洁性的问题作斗争，祛病疗伤，激浊扬清，经受“四大考验”、克服“四种危险”，实现新时代的历史使命。[①] 与党的十八大关于“主线”的表述相比，党的十九大报告突出强调“长期”，具有重要战略意义，表明我们党着眼于长期执政的需要，加强执政能力建设、先进性和纯洁性建设，而不是权宜之计、一时之需。

(4)总体布局。这也是新时代党的建设的总体布局。这个总体布局是由新时代党的建设的统领、根基、着力点、“五位一体”建设等构成的，具体而言，体现为如下几点：

①“以党的政治建设为统领。”党的十九大报告第一次将政治建设纳入党的建设总体布局，突出政治建设在党的建设中的重要地位，明确提出要把党的政治建设摆在首位，并以党的政治建设为统领，这是对马克思主义党建理论的重大发展。一直以来，我们强调要把

① 习近平：《推进党的建设新的伟大工程的根本遵循》，载《人民日报》2017 年 7 月 4 日。

思想政治建设或思想理论建设放在首位，主要侧重思想建设，而对政治建设重视不够、研究不深，举措也不多，以致影响了思想建设的成效。党的十八大以来，习近平总书记多次强调，政治问题任何时候都是根本性的大问题。我们党作为马克思主义政党，必须旗帜鲜明讲政治。在党的十九大报告中，习近平总书记又进一步指出，旗帜鲜明讲政治是我们党作为马克思主义政党的根本要求。党的政治建设是党的根本性建设，决定着党的建设方向和效果，必须摆在首位，必须作为统领。同时，习近平总书记还明确了政治建设的首要任务和基本要求。首要任务是，保证全党服从中央，坚持党中央权威和集中统一领导。基本要求是，增强政治意识，坚定执行党的政治路线，严格遵守政治纪律和政治规矩，在政治立场、政治方向、政治原则、政治道路上同党中央保持高度一致；严肃政治生活，尊崇党章，严格执行新形势下党内政治生活若干准则，增强党内政治生活的政治性、时代性、原则性、战斗性，营造风清气正的良好政治生态，完善和落实民主集中制的各项制度，既充分发扬民主，又善于集中统一；建设政治文化，弘扬忠诚老实、公道正派、实事求是、清正廉洁等价值观；保持政治本色，加强党性锻炼，不断提高政治觉悟和政治能力，把对党忠诚、为党分忧、为党尽职、为民造福作为根本政治担当，等等。这就为加强党的政治建设提供了基本遵循。

②“以坚定理想信念宗旨为根基。”这也是一种新提法，揭示了党的思想建设的新要求。习近平总书记指出，坚定理想信念，坚守共产党人精神追求，始终是共产党人安身立命的根本。对马克思主义的信仰，对社会主义和共产主义的信念，是共产党人的政治灵魂，

是共产党人经受住任何考验的精神支柱。理想信念动摇是最危险的动摇，理想信念滑坡是最危险的滑坡。必须坚持人民主体地位，深入贯彻以人民为中心的发展思想，践行全心全意为人民服务的根本宗旨。这就是新时代党的建设必须以坚定理想信念宗旨为根基的道理所在。

“以调动全党积极性、主动性、创造性为着力点。”这同样是一种新提法。积极性、主动性、创造性问题，始终是党和国家领导体制改革的一个突出问题。随着新时代的到来，这个问题又十分尖锐地摆在全党面前。从一定意义上讲，不作为、慢作为、乱作为等现象，就是这个问题的现实反映。因此，必须把新时代党的建设的着力点放在调动全党积极性、主动性、创造性上来，把全党的智慧和力量凝聚到决胜全面建成小康社会、夺取新时代中国特色社会主义伟大胜利上来；否则，党的建设就会走偏方向，也就没有实际意义。当然，如何把党的建设的着力点放在调动全党积极性、主动性、创造性上来，还需要在理论和实践的结合上进行深入研究和探索。

“全面推进党的政治建设、思想建设、组织建设、作风建设、纪律建设，把制度建设贯穿其中，深入推进反腐败斗争”，① 也就是“五加二”的建设。在“五位一体”建设中，除了把政治建设摆在首位外，还有一个重大创新，就是将纪律建设纳入党的建设总体布局。习近平总书记指出，我们党是靠革命理想和铁的纪律组织起来的马克思主义政党，纪律严明是党的光荣传统和独特优势。加强纪律建设是全面从严治党的治本之策，要把纪律建设摆在更加突出的位置；

---

① 习近平：《习近平谈治国理政》(第三卷)，北京：外文出版社 2020 年版，第 504 页。

要坚持纪严于法、纪在法前，用纪律管住全体党员；要强化监督执纪问责，使纪律真正成为带电高压线。[①] 在党的十九大报告中，习近平总书记强调，要巩固拓展落实中央八项规定精神成果，继续整治“四风”问题，坚决反对特权思想和特权现象；要重点强化政治纪律和组织纪律，带动廉洁纪律、群众纪律、工作纪律、生活纪律严起来；运用监督执纪“四种形态”，强化监督执纪问责，加强纪律教育，强化纪律执行，等等，并提出了一系列重要举措。这样就形成了党的建设“五位一体”格局。改革开放前，传统意义上党的建设主要指思想、组织、作风三大建设；改革开放后，强调制度的重要性，在三大建设的基础上增加了制度建设，前些年又增加了反腐倡廉建设，形成了“五位一体”建设；新的“五位一体”建设，鉴于制度建设是贯穿党的建设之中的，没有再单独作为一方面建设，又鉴于纪严于法、纪在法前，将反腐败斗争上升到国家层面，使其成为我们党领导的、刀刃首先向内的一场伟大斗争，因而反腐倡廉建设也没有单独作为一方面建设。提出“五位一体”建设，是对马克思主义党建理论的重大发展。

(5)时代课题。党的十九大报告提出要“不断提高党的建设质量”，这就第一次把这个重大课题提到了全党面前。党的十九大前，在党建领域，中央最早也是最多强调质量问题的有两方面的具体工作，一是提高发展党员质量，二是提高民主生活会质量，但还没有从总体上提出这个重大课题。我们可以这样理解，随着不断提高党的建设质量这个重大课题的提出，表明党的建设已进入质量建党、

① 习近平：《习近平谈治国理政》(第三卷)，北京：外文出版社 2020 年版，第 508 页。

质量兴党、质量强党的新阶段。新时代推进党的建设新的伟大工程，必须强化质量意识，把提高质量放在第一位，做到形式与内容的统一、过程与结果的统一、部署与落实的统一。也就是说，必须引入全面质量管理理念，加强对党的建设高质量谋划，特别是要确立党的建设目标体系，包括总体目标和具体目标、长远目标和阶段目标、组织建设目标和队伍建设目标“五大建设目标”和制度建设目标等，并确定实施路径；要加强过程管控，采取一系列有效措施，提高建设质量；要建立健全党的建设责任体系和质量考评监督体系，并严格激励约束，特别是严格责任追究，实行闭环管理，形成倒逼机制，以确保各项目标的顺利实现。

(6)基本目标。“把党建设成为始终走在时代前列、人民衷心拥护、勇于自我革命、经得起各种风浪考验、朝气蓬勃的马克思主义执政党”。[①] 这是新时代党的建设的基本目标。“始终走在时代前列”，表明我们党的先进性；“人民衷心拥护”，表明我们党的人民性，也就是党的群众基础和执政根基；“勇于自我革命”，表明我们党的革命性，这是我们党最鲜明的品格；“经得起各种风浪考验”，表明我们党的执政能力和领导水平、拒腐防变和抵御风险能力；“朝气蓬勃”，表明我们党的生机活力，这一切，都是马克思主义执政党坚强有力的主要标志，也是党的建设的基本目标。

2. 提出了新时代党的建设新方略

习近平总书记在党的十九大报告中强调要坚持全面从严治党，

① 习近平：《习近平谈治国理政》(第三卷)，北京：外文出版社2020年版，第71页。

指出："勇于自我革命，从严管党治党，是我们党最鲜明的品格。必须以党章为根本遵循，把党的政治建设摆在首位，思想建党和制度治党同向发力，统筹推进党的各项建设，抓住'关键少数'，坚持'三严三实'，坚持民主集中制，严肃党内政治生活，严明党的纪律，强化党内监督，发展积极健康的党内政治文化，全面净化党内政治生态，坚决纠正各种不正之风，以零容忍态度惩治腐败，不断增强党自我净化、自我完善、自我革新、自我提高的能力，始终保持党同人民群众的血肉联系。"①这是对新时代全面从严治党深刻内涵的新概括，涵盖了新时代党的建设的基本纲领、基本经验、基本要求，构成了新时代党的建设新方略。这个新方略体现了以下"四个统一"。

一是坚持思想建党与制度治党的统一。习近平总书记指出，从严治党靠教育，也靠制度，二者一柔一刚，要同向发力、同时发力；要使加强制度治党的过程成为加强思想建党的过程，也要使加强思想建党的过程成为加强制度治党的过程。② 坚持思想建党和制度治党的统一，也就是坚持以德治党和依规治党的统一。

二是坚持全面治党和从严治党的统一。习近平总书记指出，全面从严治党，基础在全，关键在严，要害在治。"全"就是要管全党、治全党，覆盖党的建设各个领域、各个方面、各个部门。"严"就是真管真严、敢管敢严、长管长严，严肃党内政治生活，严明党的纪律。"治"就是从党中央到基层党支部，都要肩负起主体责任，各级

① 习近平：《决胜全面建成小康社会　夺取新时代中国特色社会主义伟大胜利——在中国共产党第十九次全国代表大会上的报告》，载《人民日报》2017 年 10 月 18 日。

② 习近平：《在党的群众路线教育实践活动总结大会上的讲话》，北京：人民出版社 2014 年版，第 18 页。

纪委要担负起监督责任。我理解，全面从严治党，是全面与从严的统一，只全面不从严不行，否则容易走过场；只从严不全面也不行，否则容易留死角。

三是坚持突出重点和一体推进的统一。在布局上，要把党的政治建设摆在首位，统筹推进党的各项建设；在对象上，要抓住“关键少数”，坚持“三严三实”，进而教育引导广大党员、干部自觉向着理想信念高标准努力，知敬畏、存戒惧、守底线；在方式上，要勇于自我革命，不断增强自我净化、自我完善、自我革新、自我提高的能力，进而发展积极健康的党内政治文化，全面净化党内政治生态。

四是坚持继承传统和改革创新的统一。习近平总书记指出，我们党在长期实践中形成的党内政治生活的光荣传统，不论过去、现在还是将来，都是党的宝贵财富。光荣传统不能丢，丢了就丢了魂；红色基因不能变，变了就变了质。① 同时，我们要立足新的实际，不断从内容、形式、载体、方法、手段等方面进行改进和创新，善于以新的经验指导新的实践，更好发挥党的建设作用。

3. 提出了新时代党的建设新任务

党的十九大报告对新时代毫不动摇加强党的建设、坚定不移全面从严治党，从八个方面作出了新的部署，涵盖党的建设的各个方面，贯穿于党的组织的各个层级。其中，也提出了一系列新思想、新观点、新目标、新任务、新举措，体现了在新的起点上党的建设

① 中共中央文献研究室：《十八大以来重要文献选编》(下)，北京：中央文献出版社 2018 年版，第 460 页。

的理论创新、制度创新、工作创新、方法创新。比如：

(1)“用新时代中国特色社会主义思想武装头脑”。这是党的思想建设的重要任务，也是一项基础性建设。理论创新每前进一步，理论武装就跟进一步，这是思想建设的重要经验和基本规律。党的十九大把习近平新时代中国特色社会主义思想确立为党必须长期坚持的指导思想，实现了党的指导思想又一次与时俱进，这就要求我们深入领会这一思想的历史地位、科学体系、精神实质、实践要求，更好地用这一思想武装头脑、指导实践、推动工作。报告还就如何用这一思想武装全党作出了部署，要求全党通过这一思想的学习宣传、教育培训，进一步坚定理想信念，落实党的思想建设的首要任务；同时要突出重点、抓常抓长，推进“两学一做”学习教育常态化制度化，以县处级以上领导干部为重点，在全党开展“不忘初心、牢记使命”主题教育，用党的创新理论武装头脑，推动全党更加自觉地为实现新时代党的历史使命不懈奋斗。不难理解，“不忘初心、牢记使命”主题教育作为“两学一做”学习教育常态化制度化的重要内容，借鉴了党的十八大以来党内教育的成功经验，体现了经常性教育和集中性教育、教育“关键少数”和教育广大党员的统一，是党的思想建设的创新举措。

(2)“建设高素质专业化干部队伍”。党的干部是党和国家事业的中坚力量。[①] 治党治国之要，首在选人用人。党的十九大报告强调要坚持正确选人用人导向，突出政治标准，提拔重用牢固树立“四个意识”和“四个自信”、坚决维护党中央权威、全面贯彻执行党的理

① 习近平：《习近平谈治国理政》(第三卷)，北京：外文出版社 2020 年版，第 50 页。

论和路线方针政策、忠诚干净担当的干部，选优配强各级领导班子；同时，强调要注重培养专业能力、专业精神，增强干部队伍适应新时代中国特色社会主义发展要求的能力，把建设高素质专业化干部队伍的新的重大任务提到了全党面前。这项任务新就新在把“高素质”与“专业化”并提，这在我们党的历史上也是第一次，既与干部队伍“四化”方针和德才兼备、以德为先的标准一脉相承，又与时俱进，凸显了专业化对于干部队伍的重要性，体现了党的组织路线、干部路线为实现党的政治路线和历史使命服务的重要原则，体现了统筹推进“五位一体”总体布局和协调推进“四个全面”战略布局的时代要求。

(3)“加强基层组织建设”。党的基层组织是确保党的路线方针政策和决策部署贯彻落实的基础。基础不牢，地动山摇。党的十九大报告强调，要以提升组织力为重点，突出政治功能，把企业、农村、机关、学校、科研院所、街道社区、社会组织等基层党组织建设成为宣传党的主张、贯彻党的决定、领导基层治理、团结动员群众、推动改革发展的坚强战斗堡垒。党支部要担负好直接教育党员、管理党员、监督党员和组织群众、宣传群众、凝聚群众、服务群众的职责，引导广大党员发挥先锋模范作用。这是对基层党组织及党支部职责定位的新概括，明确了基层组织建设的目标和任务，也揭示了基层组织建设的规律。作为党的基层组织，需要提升多种能力，但重点是要提升组织力；作为执政党的基层组织，需要具备多种功能，但首先要突出政治功能，归结起来，就是要做好组织群众、宣传群众、凝聚群众、服务群众的工作。强调基层组织建设要以提升组织力为重点，突出政治功能，这是基层党建工作的创新。

(4)“夺取反腐败斗争压倒性胜利”。这是反腐败斗争的新目标新任务，振奋人心。党的十九大报告强调，过去几年，我们勇于面对党面临的重大风险考验和党内存在的突出问题，以顽强意志品质正风肃纪、反腐惩恶，消除了党和国家内部存在的严重隐患，反腐败斗争压倒性态势已经形成并巩固发展。但是，反腐败斗争形势依然严峻复杂，巩固压倒性态势、夺取压倒性胜利的任务艰巨繁重。为此，报告强调要以反腐败永远在路上的坚韧和执着，以坚如磐石的决心，深化标本兼治，坚持无禁区、全覆盖、零容忍，坚持重遏制、强高压、长震慑。同时，报告还提出了一系列新的举措，如坚持受贿行贿一起查，在市县党委建立巡察制度，推进反腐败国家立法，建设覆盖纪检监察系统的检举举报平台；深化国家监察体制改革，组建国家、省、市、县监察委员会，同党的纪律检查机关合署办公，实现对所有行使公权力的公职人员监察全覆盖，并制定国家监察法，依法赋予监察委员会职责权限和调查手段，用留置取代“两规”措施等，体现了反腐败斗争的组织创新、制度创新、工作创新。我们有理由相信，只要我们强化不敢腐的震慑，扎牢不能腐的笼子，增强不想腐的自觉，通过不懈努力，一定能夺取反腐败斗争压倒性胜利，一定会换来海晏河清、朗朗乾坤。

(5)“全面增强执政本领”。党的十九大报告指出，领导13亿多人的社会主义大国，我们党既要政治过硬，也要本领高强，要增强学习本领、政治领导本领、改革创新本领、科学发展本领、依法执政本领、群众工作本领、狠抓落实本领、驾驭风险本领。把全面增强执政本领作为全面从严治党的重要任务，这本身就是一大创新。在中国特色社会主义新时代，我们党依然面临不断提高执政能力和领导水平、不断提高拒腐防变和抵御风险能力这两大历史性课题，必须把全面增强执政本领摆在更加突出的位置。报告中关于增强执政本领的要求，同习近平总书记一系列重要讲话的基本精神是一致的，同时又结合新时代新特点，作出了新的集纳和新的阐发。如政治领导本领，习近平总书记强调，要“坚持战略思维、创新思维、辩证思维、法治思维、底线思维，科学制定和坚决执行党的路线方针政策，把党总揽全局、协调各方落到实处”。[①] 这就与坚持和加强党的政治领导，提高党把方向、谋大局、定政策、促改革的能力和定力，确保党始终总揽全局、协调各方的要求相适应，第一次十分明确地把增强政治领导本领的要求提到了全党面前。

三、关于新时代党建思想科学体系的意义

1. 政治意义

党的十八大以来，习近平总书记多次强调，政治问题任何时候都是根本性的大问题。我们党作为马克思主义政党，必须旗帜鲜明讲政治。讲政治，是我们党补钙壮骨、强身健体的根本保证，是我们党培养自我革命勇气、增强自我净化能力、提高排毒杀菌政治免疫力的根本途径。[②] 他指出，要从政治上认识和抓好全面从严治党。

① 习近平：《决胜全面建成小康社会　夺取新时代中国特色社会主义伟大胜利——在中国共产党第十九次全国代表大会上的报告》，北京：人民出版社2017年版，第68页。

② 《习近平在省部级主要领导干部学习贯彻六中全会精神研讨班开班式上发表重要讲话》，载中国政府网，2017年2月13日。

新时代党建思想是旗帜鲜明讲政治的理论，按照这个理论推进党的建设新的伟大工程，具有重大政治意义。

首先，从中国特色社会主义总体布局和战略布局看。我国的国体是工人阶级领导的、以工农联盟为基础的人民民主专政的社会主义国家，必须坚持党的领导、人民当家作主、依法治国有机统一。习近平总书记强调，加强党的建设，全面从严治党，核心是加强党的领导。从这个意义上讲，党的自身建设属于中国特色社会主义政治建设的范畴，党的建设也就是政治建设。习近平总书记还强调，全面建成小康社会是我们的战略目标，全面深化改革、全面依法治国、全面从严治党是三大战略举措。其中，全面从严治党是关键，全面建成小康社会、全面深化改革、全面依法治国，都必须坚持党的领导。为此，习近平总书记总是把加强党的建设、全面从严治党放在不仅关系党的前途命运，而且关系统筹推进“五位一体”总体布局和协调推进“四个全面”战略布局、关系国家和民族前途命运的政治高度来强调、来部署，指出党的执政地位和领导地位并不是自然而然就能长期保持下去的，不管党、不抓党就有可能出问题甚至是大问题，结果不只是党的事业不能成功，还有亡党亡国的危险，这绝不是危言耸听。因此，按照新时代党建思想推进党的建设新的伟大工程，对于坚持和加强党的全面领导，巩固党的执政地位和领导地位，推进中国特色社会主义伟大事业，具有重大政治意义。

其次，从新时代党的建设总体布局看。习近平总书记强调，党的政治建设是党的根本性建设，决定党的建设方向和效果。推进新时代党的建设总体布局，必须以加强党的长期执政能力建设、先进性和纯洁性建设为主线，以党的政治建设为统领，把党的政治建设摆在首位。党的十八大以来，习近平总书记就加强党的政治建设作出一系列重要论述和重大部署，内容极为丰富、内涵极为深刻，其中带有“政治”的关键词就有几十个，主要包括政治理想、政治信仰、政治领导、政治能力、政治立场、政治方向、政治意识、政治文化、政治生活、政治生态、政治纪律、政治规矩等方面。政治理想、政治信仰是“压舱石”，政治领导、政治能力是“定盘星”，政治立场、政治方向是“指南针”，政治意识、政治文化是“主心骨”，政治生活、政治生态是“晴雨表”，政治纪律、政治规矩是“防护服”，深刻回答了为什么要加强党的政治建设、怎样加强党的政治建设这个重大问题。按照新时代党建思想推进党的政治建设，对于始终保持和发展党的先进性和纯洁性、不断提高党的执政能力和领导水平，具有重大政治意义。

2. 理论意义

新时代党建思想坚持把马克思主义党建理论同当代中国实际和时代特点紧密结合起来，坚持辩证唯物主义和历史唯物主义的立场、观点、方法，深刻回答了新时代“建设什么样的党、怎样建设党”的问题，坚持原则性、体现时代性、把握规律性、富于创造性，反映了我们党对自身建设规律的新认识新发展。

首先，从马克思主义中国化的进程看。我们党的指导思想是由马克思列宁主义和马克思主义中国化的毛泽东思想、邓小平理论、“三个代表”重要思想、科学发展观、习近平新时代中国特色社会主义思想组成的。毛泽东思想是被实践证明了的关于中国革命和建设的正确的理论原则和经验总结，全面回答了新民主主义革命、社会主义革命和建设一系列重大问题，包括新民主主义和社会主义伟大事业、党的建设伟大工程的重大问题。邓小平理论阐明了改革开放新时期在中国建设社会主义、巩固和发展社会主义的基本问题，着重点在中国特色社会主义伟大事业上。“三个代表”重要思想回答了在建设中国特色社会主义的实践中建设什么样的党、怎样建设党的问题，着重点在党的建设新的伟大工程上。科学发展观回答了新形势下实现什么样的发展、怎样发展的问题，着重点在中国特色社会主义伟大事业上。习近平新时代中国特色社会主义思想从理论和实践结合上系统回答了新时代坚持和发展什么样的中国特色社会主义、怎样坚持和发展中国特色社会主义这个重大时代课题，涵盖中国特色社会主义伟大事业和党的建设新的伟大工程，是马克思主义中国化最新成果，是全党全国人民为实现中华民族伟大复兴而奋斗的行动指南。在马克思主义中国化的进程中，新的理论成果都是对以往科学理论的继承和发展，都具有重大理论意义。从这个意义上讲，新时代党建思想作为习近平新时代中国特色社会主义思想的重要组成部分，同样具有重大理论意义。

其次，从党建理论创新发展的逻辑看。毛泽东同志的突出贡献，就是提出了思想建党的原则，回答了从加强党的思想建设着手，保持党的无产阶级先锋队性质的问题。邓小平同志强调党要管党，从根本上要靠制度，回答了通过加强党的制度建设，管理好党员和干部的问题。江泽民同志和胡锦涛同志强调党要管党、从严治党，回答了在新的历史条件下保持和发展党的先进性和纯洁性问题。习近平总书记关于党的建设重要思想和党的十八大以来全面从严治党实践的一个突出特点，就是坚持思想建党和制度治党相统一，从理论和实践的结合上系统回答了把党建设成为始终走在时代前列、人民衷心拥护、勇于自我革命、经得起各种风浪考验、朝气蓬勃的马克思主义执政党的问题。从这个意义上讲，新时代党建思想与马克思主义党建学说、毛泽东建党思想和邓小平理论、“三个代表”重要思想、科学发展观关于加强党的建设的重要思想，既一脉相承，又与时俱进，是马克思主义党建理论发展的新飞跃、新阶段，具有重大理论意义。

最后，从新时代党建思想的本质特征看。这一思想是对马克思主义党建理论的创新发展。这个创新发展是原创性的，着眼于把马克思主义关于党的建设基本原理与新时代党的建设具体实际相结合，提出了一系列具有原创意义的思想和观点；这个创新发展是系统性的，涵盖党的建设的基本方略、根本原则、指导方针、工作主线、基本布局、重大课题、基本目标、主要任务等各个方面和党的政治建设、思想建设、组织建设、作风建设、纪律建设等各个领域；这个创新发展是战略性的，提出了事关党的建设全局的一系列新理念新思想新战略，具有重大理论意义。

3. 实践意义

新时代党建思想科学把握当今世界和当代中国的发展大势，科学把握党的自身建设的特点和规律，明确了新时代加强党的建设、全面从严治党的根本方向、战略部署、大政方针和实际举措，特别是作出了以保证全党服从中央、坚持党中央权威和集中统一领导为首要任务，加强党的政治建设的战略部署；以坚定理想信念为首要任务，加强党的思想建设的战略部署；以“一个重点、两个着力”为主要内容，加强党的组织建设的战略部署；以保持党同人民群众血肉联系为核心，加强党的作风建设的战略部署；以强化政治纪律和组织纪律为重点，加强党的纪律建设的战略部署；以坚持思想建党和制度治党相统一为原则，加强党的制度建设的战略部署；以强化不敢腐的震慑、扎牢不能腐的笼子、增强不想腐的自觉为主要任务，深入开展反腐败斗争的战略部署等，是新时代全面推进党的建设新的伟大工程的行动指南。新时代党建思想，贯穿着解放思想、实事求是、与时俱进、求真务实的思想路线，体现了鲜明的辩证思维、战略思维、历史思维、创新思维、底线思维和强烈的问题导向、目标导向、结果导向，蕴含着以上率下、上下联动、统筹推进、久久为功等一系列重要的思想方法和工作方法；它源于实践，丰富和发展于实践，又用以指导实践，具有重大实践意义。

第二章　论根本原则

——坚持和加强党的全面领导

坚持和加强党的全面领导，也就是坚持党对一切工作的领导，是新时代党的建设的根本原则，也是新时代党建思想的灵魂；加强党的建设，全面从严治党，核心是加强党的领导。

一、坚持和加强党的全面领导的重大意义

习近平总书记指出，中国特色社会主义最本质的特征是中国共产党领导，中国特色社会主义制度的最大优势是中国共产党领导。①中国共产党是国家最高政治领导力量，是实现中华民族伟大复兴的根本保证。坚持和加强党的领导，是党和国家的根本所在、命脉所在，是全国各族人民的利益所在、幸福所在。东西南北中，党政军民学，党是领导一切的，必须坚持党对一切工作的领导。中国共产党是中国特色社会主义事业的坚强领导核心，全国各党派、各团体、

① 习近平：《决胜全面建成小康社会　夺取新时代中国特色社会主义伟大胜利——在中国共产党第十九次全国代表大会上的报告》，载《人民日报》2017年10月18日。

各民族、各阶层、各界人士要紧密团结在党中央周围，增强“四个意识”，坚定“四个自信”，万众一心向前进。我们党担负着团结带领人民全面建成小康社会、推进社会主义现代化、实现中华民族伟大复兴的重任。党坚强有力，党同人民保持血肉联系，国家就繁荣稳定，人民就幸福安康。坚持党的领导，必须不断改善党的领导，让党的领导更加适应实践、时代、人民的要求。全党要增强紧迫感和责任感，不断提高党的领导水平和执政水平，使我们党在世界形势深刻变化的历史进程中始终走在时代前列，在应对国内外各种风险和考验的历史进程中始终成为全国人民的主心骨，在坚持和发展中国特色社会主义的历史进程中始终成为坚强领导核心。[①] 在坚持党的领导这个重大原则问题上，我们脑子要特别清醒、眼睛要特别明亮、立场要特别坚定，绝不能有任何含糊和动摇，[②] 全党全国人民必须保持高度的思想自觉、政治自觉、行动自觉。

2020 年，当我们党团结带领全国各族人民，进行一场惊心动魄的抗疫大战，经受一场艰苦卓绝的历史大考，取得抗击新冠肺炎疫情斗争重大战略成果，创造人类同疾病斗争史上又一个英勇壮举的时候，习近平总书记指出，抗疫斗争伟大实践再次证明，中国共产党所具有的无比坚强的领导力，是风雨来袭时中国人民最可靠的主心骨。中国共产党来自人民、植根人民，始终坚持一切为了人民、一切依靠人民，得到了最广大人民衷心拥护和坚定支持，这是中国共产党领导力和执政力的广大而深厚的基础。这次抗疫斗争伊始，

---

① 习近平：《习近平谈治国理政》，北京：外文出版社 2014 年版，第 15 页。

② 习近平：《习近平谈治国理政》(第二卷)，北京：外文出版社 2017 年版，第 20 页。

党中央就号召全党，让党旗在防控疫情斗争第一线高高飘扬，充分体现了中国共产党人的担当和风骨！在抗疫斗争中，广大共产党员不忘初心、牢记使命，充分发挥先锋模范作用，25000多名优秀分子在火线上宣誓入党。正是因为有中国共产党领导、有全国各族人民对中国共产党的拥护和支持，中国才能创造出世所罕见的经济快速发展奇迹和社会长期稳定奇迹，我们才能成功战洪水、防非典、抗地震、化危机、应变局，才能打赢这次抗疫斗争。历史和现实都告诉我们，只要毫不动摇坚持和加强党的全面领导，不断增强党的政治领导力、思想引领力、群众组织力、社会号召力，永远保持党同人民群众的血肉联系，我们就一定能够形成强大合力，从容应对各种复杂局面和风险挑战。①

习近平总书记的重要论述，深刻回答了新时代为什么要坚持和加强党的全面领导这个重大问题。学习习近平总书记的重要论述，充分认识坚持和加强党的全面领导的重大意义，我们要牢牢把握以下几点：

1. 深刻理解中国特色社会主义最本质的特征是中国共产党领导

特征是指一个事物区别于其他事物的特点，最本质特征是指众多特征中最能体现事物内在根本属性的外在表现，本质是指事物本身固有的根本属性。从内涵界定看，最本质特征和本质这两个概念既有联系又有区别。中国特色社会主义是科学社会主义基本原则和

① 习近平：《在全国抗击新冠肺炎疫情表彰大会上的讲话》（2020年9月8日），载中国政府网，2020年10月15日。

鲜明中国特色的统一，包括中国特色社会主义道路、理论、制度、文化，而中国共产党的领导是贯穿其中最本质的特征。没有中国共产党，就没有社会主义中国，就没有中国特色社会主义。

马克思、恩格斯认为，社会主义代替资本主义必须通过无产阶级革命运动来实现，无产阶级只有通过建立代表自己阶级利益的先进政党，才能完成阶级解放和人类解放的历史使命。可见，共产党领导是社会主义的实现条件，坚持共产党领导是科学社会主义的一个基本原则。是否坚持共产党领导，也是区别科学社会主义与其他社会主义最显著、最鲜明的标志。世界上标榜自己搞的是社会主义的政党和国家很多，但真正遵循马克思主义，称得上科学社会主义的政党和国家还不多。这其中的要害就在于是否坚持共产党领导，这是区分科学社会主义与形形色色的社会主义的试金石。中国共产党是中国特色社会主义的开创者、实践者、领导者、推动者。党的十八大以来，习近平总书记一再强调，中国特色社会主义最本质的特征是中国共产党领导，这是对科学社会主义基本原则的丰富和发展，对马克思主义党建学说的丰富和发展，标志着我们党对党的领导和中国特色社会主义这一基本关系的认识达到了一个新的高度，对共产党执政规律、社会主义建设规律、人类社会发展规律的认识达到了一个新的高度，对于坚持和加强党的全面领导、坚持和发展中国特色社会主义具有深远意义。

2. 深刻认识中国特色社会主义制度的最大优势是中国共产党领导

中国特色社会主义制度是党和人民在长期实践探索中形成的科

学制度体系，是当代中国发展进步的根本制度保障，具有明显的制度优势。党的十九届四中全会从根本制度、基本制度、重要制度几个层面，总结了我国国家制度和国家治理体系13个方面的显著优势，也就是中国特色社会主义制度的显著优势。在13个“显著优势”中，排在前三位的是：坚持党的集中统一领导，坚持党的科学理论，保持政治稳定，确保国家始终沿着社会主义方向前进的显著优势；坚持人民当家作主，发展人民民主，密切联系群众，紧紧依靠人民推动国家发展的显著优势；坚持全面依法治国，建设社会主义法治国家，切实保障社会公平正义和人民权利的显著优势。党的领导、人民当家作主、依法治国，这三个方面是中国特色社会主义制度的根本优势，而党的领导则是中国特色社会主义制度的最大优势。

中国共产党的领导地位不是自封的，是历史的选择、人民的选择，是在长期革命、建设、改革实践中逐步形成并不断巩固的；同时，也是由我国国体性质决定的，由我国宪法明文规定的。在中国共产党成立前后，中国曾有过两三百个政党。这些政党几乎都宣称救国救民，但后来绝大多数烟消云散，为人民所抛弃。只有中国共产党，真诚为中国人民谋幸福、为中华民族谋复兴，赢得了中国人民的拥护和支持，各民主党派也自觉接受中国共产党的领导。党的领导主要是政治领导、思想领导和组织领导。党适应改革开放和社会主义现代化建设的要求，坚持科学执政、民主执政、依法执政；党按照总揽全局、协调各方的原则，在同级各种组织中发挥领导核心作用；党集中精力领导经济建设，组织、协调各方面的力量，同心协力，围绕经济建设开展工作，促进经济社会全面发展；党实行民主的科学的决策，制定和执行正确的路线、方针、政策，做好组织工作和宣传教育工作，发挥全体党员的先锋模范作用；党保证国家的立法、司法、行政、监察机关，经济、文化组织和人民团体积极主动地、独立负责地、协调一致地工作，保证党的路线、方针、政策的贯彻和落实。党的坚强、有力、高效的领导，成为中国特色社会主义制度的最大优势。

中国共产党的领导，已经在长期实践中表现出显著优势。中华人民共和国成立 70 年来，党领导人民创造的经济快速发展和社会长期稳定两大奇迹，便是明证。具体来说，避免了多党制必然存在的政治恶斗，使中国政治保持稳定性、连续性；党代表着中国最广大人民的根本利益，凝聚和统一了各方面的意志；能高效作出重大决策，也能使决策得到有效执行；能准确选拔和有效管理为人民群众所认可的执政骨干，使党员发挥引领和组织群众的作用，等等。党的十九届四中全会就坚持和完善党的领导制度体系，提高党科学执政、民主执政、依法执政水平作出部署，必将更好地发挥中国特色社会主义制度的这一最大优势。

3. 深刻理解坚持和加强党的全面领导是被实践证明的正确原则

我们党在社会主义初级阶段的基本路线，核心内容是“一个中心、两个基本点”。“一个中心”，就是必须坚持以经济建设为中心；“两个基本点”，就是必须坚持四项基本原则、坚持改革开放。坚持四项基本原则，是我们的立国之本；坚持改革开放，是我们的强国之路。而坚持四项基本原则的核心，就是坚持中国共产党的领导。

新时代坚持和发展中国特色社会主义的基本方略，包括“十四个坚持”，涵盖了党的基本纲领、基本经验、基本要求，其中第一条就是坚持党对一切工作的领导。坚持和加强党的全面领导，是被实践证明的正确原则。正是因为我们始终坚持这一重大原则，我们才能实现伟大历史转折、开启改革开放新时期和中华民族伟大复兴新征程，才能成功应对一系列重大风险挑战、克服无数艰难险阻，才能有力应变局、平风波、战洪水、防非典、抗地震、化危机，才能既不走封闭僵化的老路也不走改旗易帜的邪路，而是坚定不移走中国特色社会主义道路。① 实践证明，如果没有中国共产党领导，我们的国家、我们的民族不可能取得今天这样的成就，也不可能具有今天这样的国际地位。因此，坚持这一重大原则，我们必须始终坚定不移，丝毫不能动摇。

从世界社会主义的发展看，坚持这一重大原则，是坚持和发展中国特色社会主义的根本保证。没有共产党这样一个代表无产阶级利益的政治领导力量，放弃这一重大原则，社会主义国家必然变质变色甚至走向灭亡。苏联解体、苏共垮台、东欧剧变等历史事实一再说明了这一点。正是由于坚持共产党领导这一科学社会主义最显著的标志，敌对势力一刻也没有放弃对共产党领导的攻击。越是这样，我们越要保持强大的政治定力和战略定力，在坚持和加强党的全面领导上做到咬定青山不放松、任尔东西南北风。

---

① 习近平：《在庆祝改革开放 40 周年大会上的讲话》，北京：人民出版社 2018 年版，第 22 页。

二、坚持和加强党的全面领导要坚持问题导向

党的十八大以来，习近平总书记一再强调，坚持党对一切工作的领导，坚持和加强党的全面领导，坚持党中央权威和集中统一领导，任何时候任何情况下都不能含糊、不能动摇，这有很强的现实针对性。因为一段时间内，削弱、歪曲、否定党的领导、违反政治纪律和政治规矩、违反组织纪律和组织原则的言行仍然频发多发，到了十分严重的程度，触碰了党的根本政治原则和底线，损害了党和人民的事业。对此，习近平总书记总是一针见血地指出问题的表现及危害性，紧紧抓住问题不放，以坚定决心、顽强意志、空前力度推动问题解决。比如，2013 年 1 月，习近平总书记指出，严明党的纪律，首要的是严明政治纪律。遵守党的政治纪律，最核心的，就是坚持党的领导，同党中央保持高度一致，自觉维护中央权威。“当前，在遵守和维护政治纪律方面，绝大多数党组织和党员干部做得是好的。但是，也有少数党员干部政治纪律意识不强，在原则问题和大是大非面前立场摇摆，有的对涉及党的理论和路线方针政策等重大政治问题公开发表反对意见；有的地方和部门对维护党的政治纪律重视不够，个别的甚至对中央方针政策和重大决策部署阳奉阴违。有的党员干部想说什么说什么，想干什么干什么。有的还专门挑那些党已经明确规定的政治原则来说事，口无遮拦，毫无顾忌，以显示自己所谓的‘能耐’，受到敌对势力追捧，对此他们不以为耻、反以为荣。这些问题在党内和社会上造成恶劣影响，给党的事业造成严重损害。党内决不允许有不受党纪国法约束、甚至凌驾于党章

和党组织之上的特殊党员。”①

2013年6月，他指出：“应该充分肯定，我们大多数干部理想信念是坚定的，政治上是可靠的。同时，在我们的干部队伍中，也有的对共产主义心存怀疑，认为那是虚无缥缈、难以企及的幻想；有的不信马列信鬼神，从封建迷信中寻找精神寄托，热衷于算命看相、烧香拜佛，遇事‘问计于神’；有的是非观念淡薄、原则性不强、正义感退化，糊里糊涂当官，浑浑噩噩过日子；有的甚至向往西方社会制度和价值观念，对社会主义前途命运丧失信心；有的在涉及党的领导和中国特色社会主义道路等原则性问题的政治挑衅面前态度暧昧、消极躲避、不敢亮剑，甚至故意模糊立场、耍滑头，等等。党的领导干部特别是高级干部，在大是大非面前没有态度，出了政治性事件、遇到敏感性问题没有立场、无动于衷，岂非咄咄怪事！”②

2014年1月，他指出，党章规定的“四个服从”，既是党最基本的组织原则也是最基本的组织纪律，必须严格遵守。“不能把党组织等同于领导干部个人，对党尽忠不是对领导干部个人尽忠，党内不能搞人身依附关系。干部都是党的干部，不是哪个人的家臣。有的干部信奉拉帮结派的‘圈子文化’，整天琢磨拉关系、找门路，分析某某是谁的人，某某是谁提拔的，该同谁搞搞关系、套套近乎，看看能抱上谁的大腿。有的领导干部喜欢当家长式的人物，希望别人都唯命是从，认为对自己百依百顺的就是好干部，而对别人、对群

① 中共中央纪律检查委员会、中共中央文献研究室：《习近平关于严明党的纪律和规矩论述摘编》，北京：中央文献出版社、中国方正出版社2016年版，第15页。

② 习近平：《习近平谈治国理政》，北京：外文出版社2014年版，第414页。

众怎么样可以不闻不问，弄得党内生活很不正常。”“党内决不能搞封建依附那一套，决不能搞小山头、小圈子、小团伙那一套，决不能搞门客、门宦、门附那一套，搞这种东西总有一天会出事！”①

2014年10月，他指出，“党的十八大以来，党中央多次强调，党员、干部特别是领导干部要严守政治纪律和政治规矩。这些年，在干部监督上，相当一部分党组织习惯于把防线只设置在反对腐败上，认为只要干部没有腐败问题，其他问题就都可忽略不计，没有必要加以追究，也不愿意加以追究。有的干部也认为，自己没有腐败问题就行了，其他问题都不在话下，没有什么可怕的”。“在这种观念支配下，一些人无视党的政治纪律和政治规矩，为了自己的所谓仕途，为了自己的所谓影响力，搞任人唯亲、排斥异己的有之，搞团团伙伙、拉帮结派的有之，搞匿名诬告、制造谣言的有之，搞收买人心、拉动选票的有之，搞封官许愿、弹冠相庆的有之，搞自行其是、阳奉阴违的有之，搞尾大不掉、妄议中央的也有之，如此等等。有的人已经到了肆无忌惮、胆大妄为的地步！而这些问题往往没有引起一些地方和部门党组织的注意，发现了问题也没有上升到党纪国法高度来认识和处理。这是不对的，必须加以纠正。”②

2015年1月，他指出：“党内绝不允许搞团团伙伙、结党营私、拉帮结派，搞了就是违反政治纪律。如何防微杜渐？要从规矩抓起，要有这个意识。有些干部聚在一起，搞个同乡会、同学会，一段时

① 中共中央文献研究室：《十八大以来重要文献选编》(上)，北京：中央文献出版社2014年版，第26页。

② 中共中央文献研究室：《习近平关于全面从严治党论述摘编》，北京：中央文献出版社2016年版，第105~106页。

间聚一下，黄埔一期二期三期的这么论，看着好像漫无目的，其实醉翁之意不在酒，是要结交情谊，将来好相互提携、互通款曲，这就不符合规矩了。这种聚会最好不要搞，这种饭最好不要吃。有的人只要是他工作过的地方，都利用手中的权力'正正规规'地搞团团伙伙，全要搞成他自己的领地，到处插手人事安排，关照自己小圈子里的人，结果他们就成了一根绳上的蚂蚱。"①

"在一些干部中，乱评乱议、口无遮拦现象比较突出。如果造谣生事那是违反党纪甚至违反国法，但这些人就是在那儿调侃，传播小道消息，东家长西家短乱发议论，热衷于转发网上不良信息，甚至一些所谓"铁杆朋友"聚在一起妄议中央大政方针。有的人热衷于打探消息，四处寻问，八方打听，不该问的偏要问，不该知道的特想知道，捉到一些所谓内幕消息就到处私下传播。对中央查处的一些大案要案，有的高级干部就在背后说查人家干什么，做了那么多工作，就这一点小事就要抓住不放，显得忿忿不平的。情况是这样吗？看看那些人写的忏悔录，哪个人是冤枉的？虽然这只是不负责任地传播消息、发表议论，也不是在正式场合说的，但其腐蚀性、涣散性也是非常严重的。"②

"在所有党的纪律和规矩中，第一位的是政治纪律和政治规矩。从近年来查处的高级干部严重违纪违法案件特别是周永康、薄熙来、徐才厚、令计划、苏荣等案件看，破坏党的政治纪律和政治规矩问

---

① 习近平：《习近平谈治国理政》(第二卷)，北京：外文出版社 2017 年版，第 152 页。

② 习近平：《习近平谈治国理政》(第二卷)，北京：外文出版社 2017 年版，第 152~153 页。

题非常严重，务必引起重视。这些人权力越大、位置越重要，越不拿党的政治纪律和政治规矩当回事儿，甚至到了肆无忌惮、胆大包天的地步！有的政治野心膨胀，为了一己私利或者小团体的利益，背着党组织搞政治阴谋活动，搞破坏分裂党的政治勾当！有的领导干部把自己凌驾于组织之上，老子天下第一，把党派他去主政的地方当成了自己的'独立王国'，用干部、作决策不按规定向中央报告，搞小山头、小团伙、小圈子。他们热衷干的事目的都是包装自己，找人抬轿子、吹喇叭，为个人营造声势，政治野心很大。有的人发展到目空一切的地步，对中央工作部署搞软抵制，甚至冲着党的理论和路线方针政策大放厥词，散布对中央领导同志的恶毒谣言，压制、打击同自己意见不合的同志，一心以为鸿鹄将至，谁挡他的道就要把谁搬开。胆大妄为到了何等程度！这在我们党内是绝对不允许的。干这种事，最后都会搬起石头砸自己的脚，机关算尽反而误了卿卿性命。”①

2016年1月，他指出：“政治问题，任何时候都是根本性的大问题。全面从严治党，必须注重政治上的要求，必须严明政治纪律，特别是各级领导干部要时刻绷紧政治纪律这根弦，坚持党的领导不动摇，贯彻党的路线方针政策不含糊，始终做政治上的明白人。大量事实表明，在政治纪律方面放松警惕、降低要求是危险的。强调政治纪律不是泛泛讲的，而是有现实针对性的。有的党员、干部在重大原则问题上立场摇摆，对党中央决策部署和三令五申的要求，阳奉阴违甚至搞非组织活动，公开发表反对党的路线方针政策和决

① 习近平：《习近平谈治国理政》，北京：外文出版社2017年版，第155~156页。

议的言论；有的党组织觉得政治纪律是‘软’的、‘虚’的，对违反政治纪律的错误言行不在意、不报告、不抵制、不斗争，更谈不上查处。我们要求党员、干部不能妄议中央，不是说不能提意见和建议甚至批评性意见，而是不能在重大政治原则问题上、在大是大非问题上同党中央唱反调、搞政治上的自由主义。”①

2017年2月，他指出：“为什么《准则》(指《关于新形势下党内政治生活的若干准则》——作者注)如此强调这个问题？就是因为一段时间内，无视党中央权威的现象广泛存在，有些还很严重。有的立场不稳、丧失原则，在重大原则问题和大是大非面前立场摇摆、态度暧昧，没有同党中央保持高度一致；有的自以为是、胡言乱语，在重大政治问题上公开发表同党中央精神相违背的意见，对党中央大政方针说三道四；有的有令不行、有禁不止，在贯彻党的决议和党中央决策部署上搞上有政策下有对策，有的明明知道有问题，不但不抵制不报告，反而跻身其中、推波助澜，对党中央搞小动作；有的弄虚作假、欺上瞒下，事前不请示，事后不报告，或者只报成绩不报问题和缺点，向党中央打埋伏；有的自作主张、瞒天过海，对党中央决策部署打折扣、做选择、搞变通，致使党中央决策部署在贯彻执行中变形走样、落不了地；有的狂妄自大、阳奉阴违，把自己凌驾于党组织之上，把自己主政或分管的地方和部门当成‘独立王国’‘私人领地’，拥护党中央的口号喊得震天响，实际上却是公开或者变相贩卖私货，背着党中央另搞一套；有的野心膨胀、权欲熏心，在党内培植个人势力，搞各种非组织派别活动，甚至公开搞

① 习近平：《在第十八届中央纪律检查委员会第六次全体会议上的讲话》，北京：人民出版社2016年版，第19页。

分裂党的政治勾当，同党中央对着干。周永康、薄熙来、郭伯雄、徐才厚、令计划等人就是其中的典型代表。这说明，一些人目无政治纪律、无视党中央权威已经到了何种程度？如不坚决克服，就会对党和人民事业造成严重损害。”①

2018年1月，他指出：“从党的十八届四中全会开始，我就反复强调警惕‘七个有之’。‘七个有之’本质上是政治问题，概括起来是两个方面。一个是政治问题和经济问题交织形成利益集团，妄图攫取党和国家权力；一个是山头主义和宗派主义作祟，大搞非组织活动，破坏党的集中统一。对政治上的这种隐患不能采取鸵鸟政策，王顾左右而言他，必须采取断然措施予以防范和遏制，消除隐患后患。”②

2018年7月，他指出：“党的十八大以来，我们推进全面从严治党取得了显著成效，但还远未到大功告成的时候。我们党面临的‘四大考验’、‘四种危险’是长期的、尖锐的，影响党的先进性、弱化党的纯洁性的因素也是复杂的，党内存在的思想不纯、政治不纯、组织不纯、作风不纯等突出问题尚未得到根本解决。一些老问题反弹回潮的因素依然存在，实践中还在出现一些新情况新问题。在党员、干部队伍中，有的不守政治纪律和政治规矩，妄议中央大政方针，当面一套、背后一套，当两面派、做两面人；有的理想信念‘总开关’常年失修，对共产主义心存怀疑，不信马列信鬼神，世界观、

---

① 中共中央文献研究室：《十八大以来重要文献选编》(下)，北京：中央文献出版社2018年版，第584~585页。

② 习近平：《习近平谈治国理政》(第三卷)，北京：外文出版社2020年版，第506页。

人生观、价值观全面蜕变；有的干事创业精气神不够，不担当、不作为，奉行‘既不落后头，也不出风头’，怕决策失误，不敢拍板定事，干工作推诿拖延；有的热衷于搞‘小圈子’、‘拜码头’、‘搭天线’；有的反对形式主义、官僚主义、享乐主义和奢靡之风不坚决、不彻底，耍花样，搞变通；有的不顾党中央三令五申，依然不收敛、不收手，以权谋私、腐败堕落；有的基层党组织政治功能不强，弱化、虚化、边缘化问题没有解决；有的地方人才队伍发展不平衡不充分、创新创造活力不强，有的引才不切实际，贪大、贪高、贪洋；有的地方和单位管党治党意识不强，履行管党治党政治责任不到位，甚至不愿不屑抓党建，等等。这些问题，严重破坏党的团结和集中统一，严重影响党和人民事业发展。特别是要看到，在新时代，我们党领导人民进行伟大社会革命，涵盖领域的广泛性、触及利益格局调整的深刻性、涉及矛盾和问题的尖锐性、突破体制机制障碍的艰巨性、进行伟大斗争形势的复杂性，都是前所未有的。我们必须增强忧患意识、责任意识，把党的伟大自我革命进行到底。”①

坚持问题导向，就是要敢于正视问题、善于发现问题，就是要科学分析问题、深入研究问题，就是要敢于触及问题、长于解决问题。习近平总书记在不同时期、不同场合严肃指出在坚持和加强党的全面领导方面存在的突出问题，就是为了警示全党，务必增强忧患意识、责任意识，把党的伟大自我革命进行到底。若不采取断然措施予以防范和遏制，任凭这些问题滋生蔓延，必将严重破坏党的团结和集中统一，严重损害党和人民事业发展，以致后患无穷；为

---

① 习近平：《在全国组织工作会议上的讲话》(2018 年 7 月 3 日)，载共产党员网，2018 年 9 月 17 日。

了表明以习近平同志为核心的党中央的鲜明态度，必须坚决反对一切削弱、歪曲、否定党的领导和我国社会主义制度的言行，坚决消除党和国家内部存在的严重隐患，在这个重大政治原则问题上，必须旗帜鲜明、立场坚定，任何贪图享受、消极懈怠、回避矛盾的思想和行为都是错误的。

三、坚持和加强党的全面领导的重要安排

1. 坚持和加强党的全面领导的首要任务：形成坚决做到“两个维护”的能力和定力

习近平总书记指出，严明党的纪律，首要的就是严明政治纪律。政治纪律是最重要、最根本、最关键的纪律，遵守党的政治纪律是遵守党的全部纪律的重要基础。遵守党的政治纪律，最核心的，就是坚持党的领导，同党中央保持高度一致，自觉维护中央权威。①

他强调，治理好我们这个大党、治理好我们这个大国，保证党的团结和集中统一至关重要，维护党中央权威至关重要。中央政治局的同志要牢固树立政治意识、大局意识、核心意识、看齐意识，坚持以党的旗帜为旗帜、以党的方向为方向、以党的意志为意志，当政治上的明白人。“四个意识”不是空洞的口号，不能只停留在口头表态上，要切实落实到行动上。

① 中共中央纪律检查委员会、中共中央文献研究室：《习近平关于党风廉政建设和反腐败斗争论述摘编》，北京：中央文献出版社、中国方正出版社 2015 年版，第 31 页。

他指出，维护党中央权威和集中统一领导，是我国革命、建设、改革的重要经验，是一个成熟的马克思主义执政党的重大建党原则。[①] 坚持党的领导，首先是坚持党中央权威和集中统一领导，这是党的领导的最高原则。坚持党中央集中统一领导，确立和维护党的领导核心，是全党全国各族人民的共同愿望，是推进全面从严治党、提高党的创造力凝聚力战斗力的迫切要求，是保持党和国家事业发展正确方向的根本保证。对党忠诚，就要增强"四个意识"、坚定"四个自信"、做到"两个维护"，严守党的政治纪律和政治规矩，始终在政治立场、政治方向、政治原则、政治道路上同党中央保持高度一致。

他强调，"两个维护"要体现在坚决贯彻党中央决策部署的行动上，体现在履职尽责、做好本职工作的实效上，体现在党员、干部的日常言行上。带头做到"两个维护"，从根本上讲就是要做到对党忠诚，既要体现高度的理性认同、情感认同，又要有坚决的维护定力和能力。忠诚必须体现到对党的信仰的忠诚上，体现到对党组织的忠诚上，体现到对党的理论和路线方针政策的忠诚上。对党忠诚必须始于足下。如果连本职工作都没做好，不担当不作为，把党组织交给的"责任田"撂荒了甚至弄丢了，那就根本谈不上"两个维护"。[②]

他特别强调，只有党中央有权威，才能把全党牢固凝聚起来，

---

① 习近平：《习近平谈治国理政》(第三卷)，北京：外文出版社 2020 年版，第 84 页。

② 习近平：《在中央和国家机关党的建设工作会议上的讲话》(2019 年 7 月 9 日)，载新华网，2019 年 11 月 1 日。

进而把全国各族人民紧密团结起来，形成万众一心、无坚不摧的磅礴力量。全党只有党中央是权威、必须向党中央看齐，地方和部门的权威都来自于党中央权威。层层提权威、要看齐，这在政治上是错误的，甚至是有害的。强调维护党中央权威和集中统一领导，不是不要民主集中制，不能把这两者对立起来。我们实行的民主集中制，是既有集中又有民主、既有纪律又有自由、既有统一意志又有个人心情舒畅生动活泼的制度，是民主和集中紧密结合的制度。

2. 坚持和加强党的全面领导的基本要求：形成总揽全局、协调各方的定力和能力

在讲到党的领导核心作用时，习近平总书记指出，我国社会主义政治制度优越性的一个突出特点是党总揽全局、协调各方的领导核心作用，形象地说是“众星捧月”，这个“月”就是中国共产党。在国家治理体系的大棋局中，党中央是坐镇中军帐的“帅”，车马炮各展其长，一盘棋大局分明。[①] 要把坚持党的领导贯彻和体现到改革发展稳定、内政外交国防、治党治国治军各个领域各个方面，确保党始终总揽全局、协调各方。比如：

在讲到经济工作时，他指出，发展是党执政兴国的第一要务，作为执政党，我们必须切实加强党对经济工作的领导。要适应国内外经济形势新变化，突出主题主线，改变那种单纯抓引资、抓投资、抓项目、抓生产的做法，把领导经济工作的立足点转到提高发展质

---

① 中共中央文献研究室：《习近平关于全面建成小康社会论述摘编》，北京：中央文献出版社2016年版，第96页。

量和效益、加快形成新的经济发展方式上来。[①] 要加强领导干部能力建设，提高领导经济工作科学化水平，转变作风、真抓实干，增强党和政府的公信力。

在讲到全面深化改革时，他指出，要牢牢把握方向，大胆探索实践，注重统筹协调，凝聚改革共识，落实领导责任。推进改革的目的是要不断推进我国社会主义制度自我完善和发展，赋予社会主义新的生机活力，其核心是坚持和改善党的领导、坚持和完善中国特色社会主义制度。

在讲到人民代表大会制度时，他指出，坚持和完善人民代表大会制度，必须毫不动摇坚持中国共产党的领导。要不断加强和改善党的领导，善于使党的主张通过法定程序成为国家意志，善于使党组织推荐的人选通过法定程序成为国家政权机关的领导人员，善于通过国家政权机关实施党对国家和社会的领导，善于运用民主集中制原则维护党和国家权威、维护全党全国团结统一。[②]

在讲到依法治国时，他指出，党的领导是社会主义法治最根本的保证。坚持中国特色社会主义法治道路，最根本的是坚持中国共产党的领导。全面推进依法治国，要有利于加强和改善党的领导，有利于巩固党的执政地位、完成党的执政使命，绝不是要削弱党的领导。要把党的领导贯彻到依法治国全过程和各方面，体现在党领导立法、保证执法、支持司法、带头守法上。

在讲到宣传思想工作时，他指出，意识形态工作是党的一项极

---

① 习近平：《在中央经济工作会议上的讲话》，载新华网，2012 年 12 月 16 日。

② 习近平：《毫不动摇坚持和完善人民代表大会制度　坚持走中国特色社会主义政治发展道路》，载《人民日报》2014 年 9 月 6 日。

端重要的工作，要巩固马克思主义在意识形态领域的指导地位，巩固全党全国人民团结奋斗的共同思想基础。要旗帜鲜明坚持党性原则，党性和人民性从来都是一致的、统一的。坚持党性，核心就是坚持正确政治方向，站稳政治立场，坚决同党中央保持高度一致，坚决维护党中央权威。宣传思想部门必须守土有责、守土负责、守土尽责，各级党委要负起政治责任和领导责任。①

在讲到新闻舆论工作时，他指出，党性原则是党的新闻舆论工作的根本原则。坚持党性原则，最根本的是坚持党对新闻舆论工作的领导。党管媒体，不能说只管党直接掌握的媒体，是把各级各类媒体都置于党的领导之下。管好用好互联网，是新形势下掌握新闻舆论阵地的关键。过不了互联网这一关，就过不了长期执政这一关。②

在讲到群团工作时，他指出，政治性是群团组织的灵魂，是第一位的。保持和增强党的群团工作的政治性，关键是群团组织必须自觉坚持中国共产党的领导。工会、共青团、妇联等群团组织要承担起引导群众听党话、跟党走的政治任务，为夯实党执政的阶级基础和群众基础作出贡献。③

在讲到党校工作时，他指出，党校姓党，是党校工作的根本原则，也是做好党校工作的根本遵循。要坚持一切教学活动、一切科研活动、一切办学活动都坚持党性原则、遵循党的政治路线，坚持

---

① 习近平：《习近平谈治国理政》，北京：外文出版社 2014 年版，第 156 页。

② 习近平：《坚持正确方向创新方法手段　提高新闻舆论传播力引导力》，载新华网，2016 年 2 月 19 日。

③ 习近平：《切实保持和增强政治性先进性群众性　开创新形势下党的群团工作新局面》，载《人民日报》2015 年 7 月 8 日。

以党的旗帜为旗帜、以党的意志为意志、以党的使命为使命，严守党的政治纪律和政治规矩，坚持在党爱党、在党言党、在党忧党、在党为党，在思想上政治上行动上自觉同党中央保持高度一致。①

在讲到国企党建工作时，他指出，坚持党对国有企业的领导是重大政治原则，必须一以贯之。党对国有企业的领导是政治领导、思想领导、组织领导的有机统一。中国特色现代国有企业制度，“特”就特在把党的领导融入公司治理各环节，把企业党组织内嵌到公司治理结构之中，明确和落实党组织在公司法人治理结构中的法定地位，做到组织落实、干部到位、职责明确、监督严格。②

在讲到高校工作时，他指出，办好我国高等教育，必须坚持党的领导，牢牢掌握党对高校工作的领导权，使高校成为坚持党的领导的坚强阵地。党委要保证高校正确办学方向，掌握高校思想政治工作主导权，保证高校始终成为培养社会主义事业建设者和接班人的坚强阵地。③

在讲到军队建设时，他指出，我们党的制度是党的领袖担任中央军委主席，就是为了确保实现党对军队绝对领导。对于这项制度的极端重要性，我们要从党、国家和军队兴旺发达、长治久安的高度来认识。主席负责制解决的是我军最高领导权和指挥权问题，就是军委主席对我军重大问题最后拍板、一锤定音。贯彻主席负责制，

---

① 习近平：《坚持党校姓党根本工作原则 切实做好新形势下党校工作》，载《人民日报》2015 年 12 月 13 日。

② 习近平：《在全国国有企业党的建设工作会议的讲话》，载《人民日报》2016 年 10 月 11 日。

③ 习近平：《习近平谈治国理政》（第二卷），北京：外文出版社 2017 年版，第 379 页。

全军头脑要特别清醒、行动要特别自觉。①

3. 坚持和加强党的全面领导的关键问题：形成坚持党的领导、人民当家作主、依法治国有机统一的能力和定力

习近平总书记在党的十九大报告中指出："坚持党的领导、人民当家作主、依法治国有机统一。党的领导是人民当家作主和依法治国的根本保证，人民当家作主是社会主义民主政治的本质特征，依法治国是党领导人民治理国家的基本方式，三者统一于我国社会主义民主政治伟大实践。在我国政治生活中，党是居于领导地位的，加强党的集中统一领导，支持人大、政府、政协和法院、检察院依法依章程履行职能、开展工作、发挥作用，这两个方面是统一的。要改进党的领导方式和执政方式，保证党领导人民有效治理国家；扩大人民有序政治参与，保证人民依法实行民主选举、民主协商、民主决策、民主管理、民主监督；维护国家法制统一、尊严、权威，加强人权法治保障，保证人民依法享有广泛权利和自由。巩固基层政权，完善基层民主制度，保障人民知情权、参与权、表达权、监督权。健全依法决策机制，构建决策科学、执行坚决、监督有力的权力运行机制。各级领导干部要增强民主意识，发扬民主作风，接受人民监督，当好人民公仆。"②

---

① 习近平：《论坚持党对一切工作的领导》，转引自《大众日报》2019 年 10 月 28 日。

② 习近平：《决胜全面建成小康社会　夺取新时代中国特色社会主义伟大胜利——在中国共产党第十九次全国代表大会上的报告》，载《人民日报》2017 年 10 月 18 日。

他在论述党的领导和依法治国的关系时指出，全面推进依法治国这件大事能不能办好，关键是方向是否正确、政治保证是否坚强有力。坚持党的领导，是社会主义法治的根本要求，是全面推进依法治国的题中应有之义；社会主义法治必须坚持党的领导，党的领导必须依靠社会主义法治。他还就加强和改进党对全面依法治国的领导，强调要做到"三统一""四善于"，即：把依法治国基本方略同依法执政基本方式统一起来，把党总揽全局、协调各方同人大、政府、政协、审判机关、检察机关依法依章程履行职能、开展工作统一起来，把党领导人民制定和实施宪法法律同党坚持在宪法法律范围内活动统一起来；善于使党的主张通过法定程序成为国家意志，善于使党组织推荐的人选通过法定程序成为国家政权机关的领导人员，善于通过国家政权机关实施党对国家和社会的领导，善于运用民主集中制原则维护中央权威、维护全党全国团结统一。

4. 坚持和加强党的全面领导的实现形式：形成把方向、谋大局、定政策、促改革的能力和定力

习近平总书记指出，党的领导体现在党的科学理论和正确路线方针政策上，体现在党的执政能力和执政水平上，同时也体现在党的严密组织体系和强大组织能力上。[①] 要切实增强党性，切实遵守组织制度，切实加强组织管理，切实执行组织纪律。这就要求全党尊崇党章，增强政治意识、大局意识、核心意识、看齐意识，完善坚持党的领导的体制机制，提高党把方向、谋大局、定政策、促改革

---

① 中共中央文献研究室：《十八大以来重要文献选编》(上)，北京：中央文献出版社 2014 年版，第 766 页。

的能力和定力。

党如何实现全面领导？主要是把方向、谋大局、定政策、促改革，而要做到把方向、谋大局、定政策、促改革，既要政治过硬，也要本领高强，善于处理各种复杂矛盾，勇于战胜各种艰难险阻，牢牢把握工作主动权。

一要着力提高把方向的能力和定力。方向涉及根本、关系全局、决定长远。党的领导第一位的就是举旗定向。把方向就是要高举中国特色社会主义伟大旗帜，坚持以习近平新时代中国特色社会主义思想为指导，以高度自觉推进社会革命和自我革命，坚持和发展中国特色社会主义，推进党的建设新的伟大工程，增强忧患意识、防范风险挑战。要进一步增强中国特色社会主义道路自信、理论自信、制度自信、文化自信，提高政治觉悟，保持战略定力，在大是大非面前旗帜鲜明，在大风大浪面前头脑清醒，始终坚定中国特色社会主义的正确方向。要进一步增强政治意识、大局意识、核心意识、看齐意识，坚持党中央权威和集中统一领导，坚定执行党的政治路线，严格遵守政治纪律和政治规矩，在政治立场、政治方向、政治原则、政治道路上同以习近平同志为核心的党中央保持高度一致。要增强敏锐性、提高协同性，有效发现处置改革发展中的苗头性、倾向性问题，做到未雨绸缪、防患未然。

二要着力提高谋大局的能力和定力。谋大局，既体现了辩证唯物主义和历史唯物主义的思想方法和工作方法，也体现了中华优秀传统文化的思维方法。习近平总书记多次强调，不谋全局者不足谋一域，要善于观大势、谋大事，自觉在大局下想问题、做工作。要牢固树立大局意识，自觉把工作放到大局中去思考、定位、摆布，做到正确认识大局、自觉服从大局、坚决维护大局。要善于牵“牛鼻子”，抓住主要矛盾和矛盾的主要方面，落一子而全盘活，绝不能眉毛胡子一把抓。要善于把局部利益放在全局利益中去把握，不能只见树木、不见森林；要把眼前需要与长远谋划统一起来，不能急功近利、投机取巧；要把解决具体问题与解决深层次问题结合起来，不能头痛医头、脚痛医脚；要始终胸怀大局、把握大势、着眼大事，有“登泰山而小天下”的气度，也有“功成不必在我”的胸襟，因势而谋、应势而动、顺势而为，不断增强工作的科学性、系统性、预见性。

三要着力提高定政策的能力和定力。政策是体现执政党性质宗旨的试金石，是反映治国理政水平的标志。在推进经济社会发展中，要坚持以人民为中心，着眼解决人民日益增长的美好生活需要和不平衡不充分的发展之间的矛盾，抓住群众最关心最直接最现实的利益问题，制定切实管用的政策措施。要坚持实事求是，一切从实际出发，从群众中来到群众中去，广泛开展调查研究，具体问题具体分析，使政策决策、方案举措符合现实情况、反映客观规律、解决实际问题。要紧紧抓住决策这个重中之重，加强对世情国情党情民情的分析研判，完善决策程序，增强法治意识，“拍脑袋”不行，“越底线”也不行，努力做到科学决策、民主决策、依法决策。

四要着力提高促改革的能力和定力。改革开放是决定当代中国命运的关键一招，也是实现“两个一百年”奋斗目标、实现中华民族伟大复兴的关键一招。当前，全面深化改革已经进入新的阶段，必须一鼓作气、坚定不移，敢于啃硬骨头、敢于涉险滩，进一步解放思想、进一步解放和发展社会生产力、进一步解放和增强社会活力。

要大力弘扬改革创新和自我革命精神，推进思想再解放、改革再出发，在全面深化改革新起点上实现新突破。要着眼推进国家治理体系和治理能力现代化，适应我国经济已由高速增长阶段转向高质量发展阶段的基本特征，科学确定改革发展思路、制定改革发展措施，敢于担当、能为善为，在实践中开新局、闯新路。要鼓励基层创新，倡导敢闯敢试、敢为人先，加强对改革成功经验的深入挖掘、科学总结、宣传推广，推动形成更加浓厚、更有活力的创新创造氛围，凝聚起坚定不移推进改革开放的强大力量。

5. 坚持和加强党的全面领导的根本保证：形成坚持和完善党的领导制度体系的能力和定力

要健全总揽全局、协调各方的党的领导制度体系，提高党科学执政、民主执政、依法执政水平，把党的领导落实到国家治理各领域各方面各环节。按照党的十九届四中全会的部署和习近平总书记在全会上的重要讲话精神，我们要坚持和完善以下六个方面的制度：

一要建立不忘初心、牢记使命的制度。确保全党遵守党章，恪守党的性质和宗旨，坚持用共产主义远大理想和中国特色社会主义共同理想凝聚全党、团结人民，用习近平新时代中国特色社会主义思想武装全党、教育人民、指导工作，夯实党执政的思想基础。把不忘初心、牢记使命作为加强党的建设的永恒课题和全体党员、干部的终身课题，形成长效机制，坚持不懈地锤炼党员、干部忠诚干净担当的政治品格。全面贯彻党的基本理论、基本路线、基本方略，持续推进党的理论创新、实践创新、制度创新，使一切工作顺应时代潮流、符合发展规律、体现人民愿望，确保党始终走在时代前列、得到人民的衷心拥护。

二要完善坚定维护党中央权威和集中统一领导的各项制度。推动全党增强“四个意识”、坚定“四个自信”、做到“两个维护”，自觉在思想上政治上行动上同以习近平同志为核心的党中央保持高度一致，坚决把维护习近平总书记党中央的核心、全党的核心地位落到实处。健全党中央对重大工作的领导体制，强化党中央决策议事协调机构职能作用，完善推动党中央重大决策落实机制，严格执行向党中央请示报告制度，确保令行禁止。健全维护党的集中统一的组织制度，形成党的中央组织、地方组织、基层组织上下贯通、执行有力的严密体系，实现党的组织和党的工作全覆盖。

三要健全党的全面领导制度。完善党领导人大、政府、政协、监察机关、审判机关、检察机关、武装力量、人民团体、企事业单位、基层群众自治组织、社会组织等制度，健全各级党委(党组)工作制度，确保党在各种组织中发挥领导作用。完善党领导各项事业的具体制度，把党的领导落实到统筹推进“五位一体”总体布局、协调推进“四个全面”战略布局各方面。完善党和国家机构职能体系，把党的领导贯彻到党和国家所有机构履行职责全过程，推动各方面协调行动、增强合力。

四要健全为人民执政、靠人民执政各项制度。坚持立党为公、执政为民，保持党同人民群众的血肉联系，把尊重民意、汇集民智、凝聚民力、改善民生贯穿党治国理政全部工作之中，巩固党执政的阶级基础，厚植党执政的群众基础，通过完善制度保证人民在国家治理中的主体地位，着力防范脱离群众的危险。贯彻党的群众路线，完善党员、干部联系群众制度，创新互联网时代群众工作机制，始终做到为了群众、相信群众、依靠群众、引领群众、深入群众、深入基层。健全联系广泛、服务群众的群团工作体系，推动人民团体增强政治性、先进性、群众性，把各自联系的群众紧紧团结在党的周围。

五要健全提高党的执政能力和领导水平制度。坚持民主集中制，完善发展党内民主和实行正确集中的相关制度，提高党把方向、谋大局、定政策、促改革的能力。健全决策机制，加强重大决策的调查研究、科学论证、风险评估，强化决策执行、评估、监督。改进党的领导方式和执政方式，增强各级党组织政治功能和组织力。完善担当作为的激励机制，促进各级领导干部增强学习本领、政治领导本领、改革创新本领、科学发展本领、依法执政本领、群众工作本领、狠抓落实本领、驾驭风险本领，发扬斗争精神，增强斗争本领。

六要完善全面从严治党制度。坚持党要管党、全面从严治党，增强忧患意识，不断推进党的自我革命，永葆党的先进性和纯洁性。贯彻新时代党的建设总要求，深化党的建设制度改革，坚持依规治党，建立健全以党的政治建设为统领、全面推进党的各方面建设的体制机制。坚持新时代党的组织路线，健全党管干部、选贤任能制度。规范党内政治生活，严明政治纪律和政治规矩，发展积极健康的党内政治文化，全面净化党内政治生态。完善和落实全面从严治党责任制度。坚决同一切影响党的先进性、弱化党的纯洁性的问题作斗争，大力纠治形式主义、官僚主义，不断增强党的创造力、凝聚力、战斗力，确保党始终成为中国特色社会主义事业的坚强领导核心。

第三章 论指导方针

——坚持党要管党、全面从严治党

坚持党要管党、全面从严治党，是新时代党的建设的根本方针，也是新时代党建思想的鲜明主题。把全面从严治党纳入中国特色社会主义战略布局，与全面建成小康社会、全面深化改革、全面依法治国一道协调推进，是以习近平同志为核心的党中央治国理政最鲜明的特点。

一、党要管党、全面从严治党的重大意义

1. 从伟大工程同伟大斗争、伟大事业、伟大梦想的关系来看，办好中国的事情，关键在党，关键在党要管党、全面从严治党

习近平总书记指出，全面从严治党是党的十八大以来党中央抓党的建设的鲜明主题。办好中国的事情，关键在党，关键在党要管党、从严治党。在新的历史条件下，我们要更好地进行具有许多新的历史特点的伟大斗争、推进中国特色社会主义伟大事业，就必须

以更大力度推进党的建设新的伟大工程，坚定不移推进全面从严治党，切实把党建设好、管理好，保持党的先进性和纯洁性，增强党的创造力、凝聚力、战斗力，提高党的领导水平和执政水平，确保党始终成为中国特色社会主义事业的坚强领导核心。①

习近平总书记强调，党的建设新的伟大工程，是引领伟大斗争、伟大事业、最终实现伟大梦想的根本保证。② 中国特色社会主义进入新时代，我们党一定要有新气象新作为。打铁必须自身硬。党要团结带领人民进行伟大斗争、推进伟大事业、实现伟大梦想，必须毫不动摇坚持和完善党的领导，毫不动摇把党建设得更加坚强有力。伟大斗争、伟大工程、伟大事业、伟大梦想，它们紧密联系、相互贯通、相互作用，其中起决定性作用的是党的建设、新的伟大工程。推进伟大工程，要结合伟大斗争、伟大事业、伟大梦想的实践来进行，确保党在世界形势深刻变化的历史进程中始终走在时代前列；在应对国内外各种风险和考验的历史进程中始终成为全国人民的主心骨，在坚持和发展中国特色社会主义的历史进程中始终成为坚强领导核心。③

---

① 中共中央文献研究室：《十八大以来重要文献选编》(下)，北京：中央文献出版社2018年版，第407页。

② 《习近平在十九届中央纪委二次全会上发表重要讲话》，载中国政府网，2018年1月11日。

③ 习近平：《决胜全面建成小康社会　夺取新时代中国特色社会主义伟大胜利——在中国共产党第十九次全国代表大会上的报告》，载《人民日报》2017年10月18日。

2. 从我们党自身的状况来看，党要管党、全面从严治党是解决党内存在的突出问题的迫切需要

习近平总书记指出，我们党肩负着带领全国各族人民实现“两个一百年”奋斗目标、实现中华民族伟大复兴的历史使命，同时也面临着“四大考验”“四种危险”。完成历史使命，战胜风险挑战，必须管好党、治好党，确保党始终成为中国特色社会主义事业的坚强领导核心。应当看到，在整个历史进程中，党的状况总体是好的，党的建设也得到了全面加强。但实事求是地说，同形势要求相比，无论是先进性还是纯洁性，无论是学习力还是领导力，包括领导水平和执政能力，都还存在一定的差距，我们党自身还存在一些突出的矛盾和问题。其中最主要的表现是党的领导弱化、组织涣散、纪律松弛，特别是在少数地区出现了塌方式、系统性的腐败。不改变这种局面，就会削弱党的执政能力，动摇党的执政基础，甚至会断送我们党和人民的美好未来。如果管党不力、治党不严，人民群众反映强烈的党内突出问题得不到解决，那我们党迟早会失去执政的资格，不可避免地被历史淘汰。这不是危言耸听。怎么才能改变这种局面，才能避免被历史淘汰的结果呢？那就要坚持全面从严治党。①

习近平总书记强调，党要管党、全面从严治党，是党的建设的一贯要求和根本方针。全面从严治党，核心是加强党的领导，基础在全面，关键在严，要害在治。“全面”就是管全党、治全党，面向八千七百多万党员、四百三十多万个党组织（这是2015年的统计数

① 习近平：《在庆祝中国共产党成立95周年大会上的讲话》，载《人民日报》2016年7月4日。

据——作者注)，覆盖党的建设各个领域、各个方面、各个部门，重点是抓住“关键少数”。“严”就是真管真严、敢管敢严、长管长严。“治”就是从党中央到省市县党委，从中央部委、国家机关部门党组(党委)到基层党支部，都要肩负起主体责任，党委书记要把抓好党建当作分内之事、必须担当的职责；各级纪委要担负起监督责任，敢于瞪眼黑脸，勇于执纪问责。从目前形势来看，从严治党的实践已经试出了人心向背，我们必须坚持不懈抓下去，使管党治党真正从宽松软走向严紧硬。①

3. 从全面从严治党在“四个全面”战略布局中的地位作用来看，把全面从严治党纳入中国特色社会主义战略布局，是我们党应对世情国情党情深刻变化的必然选择

习近平总书记指出，十八届三中全会、四中全会、五中全会分别就全面深化改革、全面依法治国、全面建成小康社会作了专题研究，作出了重大战略部署。十八届六中全会上，专题研究了全面从严治党的问题，对全面从严治党作出战略部署。这是党中央着眼于“四个全面”战略布局对全会议题作出的整体设计，也是科学分析世情国情党情深刻变化作出的必然选择。

从国际形势来看，当今世界正面临百年未有之大变局。世界正处于大发展大变革大调整时期，和平与发展仍然是时代主题。世界多极化、经济全球化、社会信息化、文化多样化深入发展，全球治理体系和国际秩序变革加速推进，各国相互联系和依存日益加深，

---

① 中共中央文献研究室：《习近平关于全面从严治党论述摘编》，北京：中央文献出版社2016年版，第11~12页。

国际力量对比更趋平衡，和平发展大势不可逆转。同时，世界面临的不稳定性、不确定性突出，世界经济增长动能不足，贫富分化日益严重，地区热点问题此起彼伏，恐怖主义、网络安全、重大传染性疾病、气候变化等非传统安全威胁持续蔓延，人类面临诸多共同挑战。①

从国内的情况来看，我们国家正进入全面建成小康社会的决胜阶段，中华民族正处于走向伟大复兴的关键时期。但同时，全面深化改革进入深水区，经济发展进入新常态，各种矛盾叠加，风险隐患集聚，我们确实面临很多问题和挑战。

从党的建设状况来看，经过十八大以来几年的努力，党的建设成效卓著，但我们也要清醒地看到，党内存在一些深层次的矛盾和问题还没有得到根本解决，一些老问题反弹的因素还存在，同时还出现了一些新情况、新问题。

在这样的国内外形势下，我们要赢得优势、赢得主动、赢得未来，就必须把党建设得更加坚强有力，使我们党能够团结带领人民有力应对重大挑战、抵御重大风险、克服重大阻力、解决重大矛盾。

二、党要管党、全面从严治党的基本内涵

习近平总书记在党的十八届六中全会的讲话中指出，坚持党要管党、全面从严治党，要抓思想从严、抓管党从严、抓执纪从严、

① 习近平：《决胜全面建成小康社会　夺取新时代中国特色社会主义伟大胜利——在中国共产党第十九次全国代表大会上的报告》，载《人民日报》2017年10月18日。

抓治吏从严、抓作风从严、抓反腐从严，既提出了全面从严治党的基本要求，也揭示了全面从严治党的基本内涵。

1. 抓思想从严方面

习近平总书记特别强调，“理想信念就是共产党人精神上的‘钙’，没有理想信念，理想信念不坚定，精神上就会‘缺钙’，就会得‘软骨病’”。[①] 不少人从党的高级干部沦落为贪污腐败分子，很重要的原因就是理想信念的滑坡。理想信念的“缺口”被打开之后，其他的各种错误行为就慢慢来了。这也提醒我们，假如理想信念松了一寸，行动上就有可能散了一尺。理想信念的“总开关”没有拧紧的话，各种“跑冒滴漏”就在所难免。怎样坚定理想信念？一个很重要的方法就是加强理论学习，把坚定的理想信念建立在对马克思主义的深刻理解之上，建立在对历史规律的深刻把握之上。这也是党的十八大之后，习近平总书记一再强调加强理论学习的重要出发点，就是要增强全党的马克思主义理论水平，真正做到真学、真懂、真信、真用。

2. 抓管党从严方面

习近平总书记特别强调，要牢固树立“四个意识”，坚决维护党中央权威和集中统一领导。坚决维护党中央领导、保证全党做到令行禁止，是党和国家的前途命运所系，也是全党全国各族人民根本利益所在，这一点必须毫不动摇地坚持下去。坚持党的领导，首先

---

① 习近平：《习近平谈治国理政》，北京：外文出版社 2014 年版，第 15 页。

要坚持党中央的集中统一领导，就是要牢固树立政治意识、大局意识、核心意识、看齐意识，自觉在思想上政治上行动上同以习近平同志为核心的党中央保持高度一致。

他指出，党是我们各项事业的领导核心，即古人讲的“六合同风，九州共贯”。在当代中国，没有党的领导，这个是做不到的。中央委员会、中央政治局、中央政治局常委会，这是党的领导决策核心。党中央作出的决策部署，党的组织、宣传、统战、政法等部门要贯彻落实，人大、政府、政协、法院、检察院的党组织要贯彻落实，事业单位、人民团体等的党组织也要贯彻落实，党组织要发挥作用。各方面党组织应该对党委负责、向党委报告工作。有的同志习惯于把分管工作当成自己的“禁脔”，觉得既然分管就没有必要报告了，也不希望其他人来过问，有的甚至不愿意党委过问，不然就是党政不分了。这种想法是不正确的。党委是起领导核心作用的，各方面都应该自觉向党委报告重大工作和重大情况，在党委统一领导下尽心尽力做好自身职责范围内的工作。报告一下有好处，集思广益，群策群力，事情才能办得更好。各地区各部门党委（党组）要加强向党中央报告工作，这也是一个规矩。①

3. 抓执纪从严方面

习近平总书记特别强调，加强纪律建设是全面从严治党的治本之策。纪律建设内涵非常丰富，首要的就是要加强党的政治纪律建设。政治纪律在党的各项纪律中是第一位的。加强党的政治纪律建

---

① 中共中央文献研究室：《十八大以来重要文献选编》（上），北京：中央文献出版社 2014 年版，第 772 页。

设，就是要使全党牢记“五个必须”，坚决防止“七个有之”。

如何加强纪律建设？他提出了四个方面的基本要求：一要完善和健全制度体系，扎紧扎牢党规党纪的笼子。二要加强纪律教育，把党章党规党纪刻印在全体党员特别是党员领导干部的心上，使之成为每个党员的自觉行动。三要提高纪律执行力。有人违反纪律怎么办？发现一起就要查处一起，使纪律成为“带电的高压线”。四要养成纪律自觉，把外在的纪律要求内化于心，发挥表率作用。

他指出，党要管党、从严治党，靠什么管，凭什么治？要靠严明纪律。1964 年 10 月，周恩来同志在音乐舞蹈史诗《东方红》演出人员大会上作报告时说，毛泽东同志说我们党是“一个有纪律的，有马克思列宁主义的理论武装的，采取自我批评方法的，联系人民群众的党”。① “毛泽东同志特别把有纪律放在最前面，这不是偶然的。因为这是决定党能否坚持革命、战胜敌人、争取胜利的首要条件。”干部出问题，都是因为纪律的突破。必须严明党的纪律，党的各项纪律都要严。遵守党的纪律是无条件的，要说到做到，有纪必执，有违必查，而不能合意的就执行，不合意的就不执行，不能把纪律作为一个软约束或是束之高阁的一纸空文。②

4. 抓治吏从严方面

习近平总书记特别强调，要培养选拔党和人民需要的好干部，主要有两个方面的内容。第一方面是培养和选拔好干部，他围绕三

---

① 《毛泽东文集》(第 4 卷)，北京：人民出版社 1991 年版，第 1480 页。

② 中共中央文献研究室：《十八大以来重要文献选编》(上)，北京：中央文献出版社 2014 年版，第 764 页。

个问题作了深刻阐述：第一个问题是怎样才是好干部。第二个问题是怎样培养好干部：一是靠自身努力，二是靠组织培养。第三个问题是怎样把好干部用起来。要坚持全面、历史、辩证地看待干部，注重他们的一贯工作和全部表现，不能就一事一时论人；要科学合理使用干部，也就是说要用当其时、用其所长。第二方面是从严管理干部，切实解决好“重选轻管”的问题，并从管理要全面、标准要严格、环节要衔接、措施要配套、责任要分明这五个方面提出了具体的要求。

5. 抓作风从严方面

习近平总书记特别强调，作风建设永远在路上。我们党作为马克思主义执政党，不但要有强大的真理力量，而且要有强大的人格力量；真理力量集中体现为我们党的正确理论，人格力量集中体现为我们党的优良作风。党的十八大以后，我们党以加强作风建设作为全面从严治党的一个重要突破口，在这方面持续用劲，党的作风问题得到了很大的纠正，党的风气得到了很大的改进。历史经验告诉我们，作风问题是最容易反弹的问题，今天抓好了，可能过一段时间不注意，又会死灰复燃。[①] 他强调，作风建设永远在路上，永远没有休止符。抓作风建设，就要抓常、抓细、抓长，这是以后抓作风建设要牢记的基本要求。

---

① 中共中央文献研究室：《习近平关于全面从严治党论述摘编》，北京：中央文献出版社 2016 年版，第 157 页。

6. 抓反腐从严方面

习近平总书记特别强调，要以零容忍态度惩治腐败。廉洁自律是共产党人为官从政的底线。他在纪念中国共产党成立95周年大会上指出，“我们党作为执政党，面临的最大威胁就是腐败”。[①] 这对腐败问题强调得很重。在反腐败问题上，他强调，要坚持惩治这一手绝不放松，坚持无禁区、零容忍、全覆盖，坚持“老虎”“苍蝇”一起打，着力解决好发生在群众身边的腐败问题等具体要求，推动党风廉政建设不断走向深入。

三、党要管党、全面从严治党的重中之重

党要管党、全面从严治党，既要全方位用劲，也要重点发力。严肃党内政治生活，就是当前需要重点发力的，它是全面从严治党的基础。习近平总书记指出，党要管党首先要从党内政治生活管起，从严治党首先要从党内政治生活严起。习近平总书记为什么要突出强调严肃党内政治生活呢？我们可以从以下三个方面来理解和把握：

1. 开展严肃认真的党内政治生活，是我们党作为马克思主义政党区别于其他政党的重要特征，也是我们党的优良传统

我们党从成立那天起，就始终高度重视开展党内政治生活，在

① 习近平：《习近平谈治国理政》(第二卷)，北京：外文出版社2017年版，第44页。

长期实践中形成了以实事求是、理论联系实际、密切联系群众、批评和自我批评、民主集中制、严明党的纪律等为主要内容的党内生活基本规范。这些内容、规范是我们党和其他政党区别开来的很重要的特征，是我们党所独有的。这些规范也是保证我们党能够始终保持创造力、凝聚力、战斗力，保证党的团结统一的重要法宝。有了这个法宝，我们党就能始终充满生机和活力。

2. 严肃党内政治生活、净化党内政治生态，是党的建设中带有根本性、基础性的问题，它关系到党的团结统一，也关系到党的生死存亡

习近平总书记指出，严肃认真的党内政治生活是我们党坚持党的性质和宗旨、保持先进性和纯洁性的重要法宝，是解决党内矛盾和问题的“金钥匙”，是广大党员、干部锤炼党性的“大熔炉”，是纯洁党风的“净化器”，[①] 是党团结带领全国各族人民完成历史使命的有力保障，是我们党区别于其他非马克思主义政党的鲜明标志。所以，党要管党，首先要从党内政治生活管起；从严治党，首先要从党内政治生活严起。

3. 党的十八大以来，党中央把严肃党内政治生活、净化党内政治生态摆在更加突出的位置来抓，具有很强的现实针对性

一段时间以来，党内政治生活不认真、不严肃的现象比较普遍，

---

① 中共中央文献研究室：《习近平关于全面从严治党论述摘编》，北京：中央文献出版社 2016 年版，第 48 页。

庸俗化、随意化的倾向也比较突出。从中央巡视反馈情况来看，党内政治生活开展不规范、不严肃、不认真的现象，在不少单位、不少部门不同程度地存在。少数地方和单位政治生态严重恶化，出现塌方式、系统性的腐败。这方面的教训很深刻。

如何开展党内政治生活呢？《关于新形势下党内政治生活的若干准则》，从12个方面作出了明确规定，这是新时代加强和规范党内政治生活的基本遵循。习近平总书记指出，《关于新形势下党内政治生活的若干准则》管不管用，关键要看能不能执行到位。为此，他在十八届六中全会的讲话中，进一步提出了五个方面的要求：

(1)抓好思想教育这个根本。加强思想教育和理论武装，是我们党内政治生活的首要任务，也是保证党的团结统一、步调一致的前提。党内政治生活之所以出现这样那样的问题，根子还在于理想信念这个“压舱石”出了问题，世界观、人生观、价值观这个“总开关”出现了松动。所以，今天要解决这些问题，就需要在党内政治生活中首先把思想教育抓好，要重点从根本上来解决我们的理想信念问题。

(2)抓好严明纪律这个关键。严明纪律是加强和规范党内政治生活的内在要求和重要保证。在今天来说，要严明纪律，首要的就是严明政治纪律。要严明政治纪律，最重要的就是要增强“四个意识”，就是要自觉在思想上政治上行动上同以习近平同志为核心的党中央保持高度一致，就是要坚决维护党中央的权威和党中央的集中领导，就是要坚决维护习近平总书记在党中央、在全党的核心地位。

(3)抓好选人用人这个导向。选人用人是我们党内政治生活的风向标。端正用人导向，是解决党内政治生活的治本之策。我们要按照抓好选人用人导向这个要求，解决选人用人上存在的不正之风，要以用人环境上的风清气正，促进政治生态的“山清水秀”。

(4)用好组织生活这个经常性手段。党的组织生活是党内政治生活的重要内容和载体，也是党组织对党员进行教育管理监督的重要形式。对当前来说，要特别注意落实好“三会一课”、民主生活会、领导干部双重组织生活、民主评议党员、谈心谈话等制度，加强经常性教育、管理和监督。

(5)抓住继承和创新这两个关键环节。在新形势下加强和规范党内政治生活，一方面要坚持过去行之有效的一些制度和规定；另一方面还要与时俱进，根据新的时代特点、新的情况、新的问题，拿出一些新的办法、新的规定。

四、党要管党、全面从严治党的重要抓手

强化党内监督，既是党的建设的重要内容，也是全面从严治党的重要抓手和重要保障。这个问题具有很强的现实针对性，因为一段时间以来，确实在不少地方、不少部门存在这样一种现象，即不同程度地存在着不愿监督、不敢监督或者抵制监督的现象。这个问题还出现了新情况，如不会监督、问责泛化，易患“监督疲劳症”等。这也是习近平总书记为什么特别强调加强党内监督的重要原因。如何加强党内监督呢？我们可以从三个方面来把握：

1. 要深刻认识强化党内监督的重要意义，自觉地把强化党内监督作为党的建设的重要基础性工程

我们常说权力导致腐败，绝对权力导致绝对腐败。历史经验也

一再表明，权力不管大小，只要不受监督，都有可能被滥用。党的执政地位，决定了党内监督在党和国家各种监督形式中是第一位的。党内监督如果缺位，党的领导弱化、党的建设缺失、全面从严治党不力，这些问题可能会接踵而至。全面从严治党，必须从根本上解决好主体责任缺失、监督责任缺位、管党治党宽松软等这一系列问题，使监督的制度优势充分释放出来。

2. 要做好监督体系顶层设计，总的是要围绕责任设计制度，围绕制度完善体系

要坚持党对党风廉政建设和反腐败工作的统一领导，扩大监察范围，形成全面覆盖国家机关及其公务员的国家监察体系。习近平总书记指出，要完善监督制度，做好监督体系顶层设计。党要管党、从严治党，“管”和“治”都包含监督。党委监督是全方位的监督，包括对党员的批评教育、组织处理、纪律处分等工作，党委要任命干部，更要监督干部。纪委监督重点是履行监督执纪问责的职责。党内监督是全党的任务，第一位的是党委监督，不能一谈到监督就只想到纪委或推给纪委。①

3. 全面落实党内监督责任

党内监督是全党的任务，不是哪一家的任务，首先党委要负主体责任，党委书记是第一责任人。纪委是党内监督的专责机关，要肩负起履行好监督执纪问责的职责。党的各个工作部门都要负责好

① 习近平：《在第十八届中央纪律检查委员会第六次全体会议上的讲话》，北京：人民出版社2016年版，第22页。

职责范围内的党内监督工作，既要加强对本机关本单位的内部监督，也要加强对整个系统的日常监督。巡视工作在加强党内监督中又起着怎样的作用？习近平总书记指出，巡视是党内监督的战略性制度安排，是党内监督和群众监督结合的重要方式，是上级党组织对下级党组织监督的重要抓手，为全面从严治党提供了有力支撑。[①] 他特别强调，巡视要突出重点，要出威慑力，发挥好国之利器、党之利器的重要作用，做到有规在先、抓早抓小，使党内监督没有空白，不留死角，这是对巡视工作提出的重要要求。[②]

五、党要管党、全面从严治党的主体责任

党要管党、全面从严治党的成效怎么样，跟主体责任落实不落实是有直接关系的。如何才能真正把全面从严治党的主体责任落到实处？习近平总书记多次强调这个问题。结合习近平总书记的重要论述，主要从三个方面着力：

1. 要增强管党治党意识，党要管党，首先是党委和党委书记要管

党委能否履行好主体责任，应该说是全面从严治党成效好不好的关键所在。但是现在确实在一些地方、一些干部眼中，抓党建和

① 中共中央文献研究室：《习近平关于全面从严治党论述摘编》，北京：中央文献出版社 2016 年版，第 204~205 页。

② 中共中央文献研究室：《习近平关于全面从严治党论述摘编》，北京：中央文献出版社 2016 年版，第 204~205 页。

抓经济建设比起来，好像比较虚，一下出不了成绩，所以他们的做法往往是上面有精神，下面开个会传达一下就行了。与经济建设比起来的话，可能没有那么上心用劲。针对这个问题，习近平总书记特别强调，各级各部门党委(党组)要树立正确政绩观。

习近平总书记指出，各级各部门党委(党组)必须树立正确政绩观，坚持从巩固党的执政地位的大局看问题，把抓好党建作为最大的政绩。[①] 如果我们党弱了、散了、垮了，其他政绩又如何谈起？各级党委要把从严治党责任承担好、落实好，坚持党建工作和中心工作一起谋划、一起部署、一起考核，把每条战线、每个领域、每个环节的党建工作抓具体、抓深入，坚决防止“一手硬、一手软”。对各级各部门党组织负责人特别是党委(党组)书记的考核，首先要看抓党建的实效，考核其他党员领导干部工作也要加大这方面的权重。

2. 要坚持有责必问，问责必严

我们常说，有权就有责，权责要对等。权力越大的时候，要履行的职责也要越大，所以，习近平总书记强调要整合问责制度，健全问责机制。抓住典型严肃问责，既追究主体责任和监督责任，也要上查一级，追究上一级的党组织责任和领导责任。

他指出，党的十八大以来，我们在问责方面查了一些典型，体现了有权必有责、有责要担当、失职必追究，推动了“两个责任”落实。当前的问题是，抓安全事故等行政问责多、抓管党治党不力问责少，问责规定零散、内容不聚焦。要整合问责制度，健全问责机

① 中共中央文献研究室：《习近平关于全面从严治党论述摘编》，北京：中央文献出版社 2016 年版，第 119 页。

制，坚持有责必问、问责必严，把监督检查、目标考核、责任追究有机结合起来，实现问责内容、对象、事项、主体、程序、方式的制度化、程序化。①

3. 落实主体责任，关键是要把党的领导落到实处，体现在日常工作中，体现在工作的方方面面，切实抓早抓小，使全面从严治党成为每个人的自觉，成为全党的常态

习近平总书记指出，落实主体责任，关键是要把党的领导落到实处。各级党组织要牢固树立不管党治党就是严重失职的观念，在工作的方方面面体现党的领导。要把党的领导体现到日常管理监督中，敢于较真，注重日常，抓早抓小，防微杜渐，体现组织严格要求和关心爱护，不能坐看自己的同志在错误的道路上越滑越远。党委书记要做管党治党的书记，当好第一责任人，对党负责，对本地区本单位的政治生态负责，对干部健康成长负责。要把责任传导给所有班子成员，压给下面的书记，确保责任落到实处。②

总之，习近平总书记关于党要管党、全面从严治党的论述，思想深刻，内涵丰富，要求明确，而且各部分相互联系、相互贯通，构成逻辑严密、系统完备的有机整体，我们要认真领会、好好把握。

---

① 中共中央文献研究室：《习近平关于全面从严治党论述摘编》，北京：中央文献出版社 2016 年版，第 235 页。

② 中共中央文献研究室：《习近平关于全面从严治党论述摘编》，北京：中央文献出版社 2016 年版，第 234 页。

第四章　论工作主线

——加强党的长期执政能力建设、先进性和纯洁性建设

习近平总书记指出，新时代党的建设，必须以加强党的长期执政能力建设、先进性和纯洁性建设为主线。党的十九大通过的《中国共产党章程(修正案)》提出，“必须紧密围绕党的基本路线，坚持党要管党、全面从严治党，加强党的长期执政能力建设、先进性和纯洁性建设，以改革创新精神全面推进党的建设新的伟大工程”。这就对新时代党的建设主线作出了新的概括。

一、深刻领会关于新时代党的建设主线的思想

主线是指贯穿事物发展过程、占主导地位或统领事物发展的线条。党的建设主线，指的是贯穿党的建设全过程、统领党的建设各领域、具有主导地位的根本要求。在党的全国代表大会上，第一次提出党的建设主线的是党的十七大。十七大报告指出，“必须把党的执政能力建设和先进性建设作为主线，坚持党要管党、从严治党，贯彻为民、务实、清廉的要求”。党的十八大报告进一步强调，“全

党要增强紧迫感和责任感，牢牢把握加强党的执政能力建设、先进性和纯洁性建设这条主线，坚持解放思想、改革创新，坚持党要管党、从严治党，全面加强党的思想建设、组织建设、作风建设、反腐倡廉建设、制度建设”。在党的十七大报告的基础上，增加了加强纯洁性建设的要求，丰富了党的建设主线的内涵。

党的十八大以来，习近平总书记多次论述党的建设主线。比如，2016 年 9 月，他指出：“党的建设必须常抓不懈，全面从严治党必须真管真严、敢管敢严、长管长严。我们要牢牢把握加强党的执政能力建设和先进性建设这条主线，继续从严从实加强党的思想建设、组织建设、作风建设、反腐倡廉建设、制度建设，坚持问题导向，以自我革命的政治勇气，着力解决党内存在的各种问题。要加强和规范党内政治生活，增强党内政治生活的政治性、时代性、原则性、战斗性，全面净化党内政治生态。”①一个月后，他又强调：“‘自知者英，自胜者雄。’民族复兴梦想越接近，改革开放任务越繁重，越要加强党的建设。安不忘危，才是生存发展之道。我们党面临的‘四大考验’、‘四种危险’是长期的、复杂的、严峻的。要坚持党中央集中统一领导，在各级党组织和广大党员、干部中强化政治意识、大局意识、核心意识、看齐意识，确保在思想上政治上行动上始终同党中央保持高度一致。要继续推进全面从严治党，牢牢把握加强党的执政能力建设和先进性建设这条主线，加强和规范新形势下党内政治生活，坚定不移推进党风廉政建设和反腐败斗争，不断增强党自我净化、自我完善、自我革新、自我提高能力，提高党的领导

① 中共中央文献研究室：《习近平关于全面从严治党论述摘编》，北京：中央文献出版社 2016 年版，第 13 页。

水平和执政水平、增强拒腐防变和抵御风险能力，确保党始终成为中国特色社会主义事业的坚强领导核心。”①

习近平总书记在党的十九大报告中明确提出新时代党的建设主线之后，又多次作了强调。比如，2018 年 1 月，他指出：“党的建设新的伟大工程，是引领伟大斗争、伟大事业、最终实现伟大梦想的根本保证。全面从严治党，必须坚持和加强党的全面领导。坚持党的领导，最根本的是坚持党中央权威和集中统一领导。我们要乘势而上，牢牢把握加强党的长期执政能力建设、先进性和纯洁性建设这条主线，发挥标本兼治综合效应，确保党成为始终走在时代前列、人民衷心拥护、勇于自我革命、经得起各种风浪考验、朝气蓬勃的马克思主义执政党。”②对习近平总书记关于新时代党的建设主线的重要论述，我们要深刻理解，全面把握。

首先，学习习近平总书记关于新时代党的建设主线的重要论述，我们要深刻理解为什么要把加强党的长期执政能力建设、先进性和纯洁性建设作为新时代党的建设的主线。应该说，原因是多方面的，但从根本上讲，是由党的执政能力建设、先进性和纯洁性建设在党的建设中的地位和作用决定的。

执政能力建设是党执政后的根本建设，先进性和纯洁性建设是党的建设的永恒课题；党的执政能力建设要靠党的先进性和纯洁性建设来支撑，党的先进性和纯洁性建设要靠党的执政能力建设来引

① 习近平：《在纪念红军长征胜利 80 周年大会上的讲话》，北京：人民出版社 2016 年版，第 20 页。

② 《习近平在十九届中央纪委二次全会上发表重要讲话》，载中国政府网，2018 年 1 月 11 日。

领，两者紧密联系、相互贯通、相互作用又各有侧重，统一于党的建设新的伟大工程之中，决定党的生存和发展。一个政党登上执政舞台不容易，执好政也不容易，长期执好政更不容易。世界上一些大党、老党丧失执政地位甚至人亡政息的惨痛教训深刻说明，党的执政地位和先进性、纯洁性不是与生俱来的，更不是一劳永逸的。新时代纵深推进全面从严治党，必须把党的执政能力建设、先进性和纯洁性建设贯穿到党的组织各个层面，体现在党的政治建设、思想建设、组织建设、作风建设、纪律建设和制度建设、反腐败斗争各个方面，以长期执政能力建设、先进性和纯洁性建设促进和带动党的各项建设，以党的建设各方面的实际成效提升党的执政能力、先进性和纯洁性，形成相互协调、互动共进的格局，不断提升党的建设质量，不断提高党的执政能力和领导水平，不断增强党在理论上、组织上、队伍上、制度上的先进性，始终保持党的政治纯洁、思想纯洁、组织纯洁、作风纯洁。

新时代党的建设主线与党的建设目标是过程与结果的统一，党的建设目标包含加强党的长期执政能力建设、先进性和纯洁性建设的基本要求。如前所述，新时代坚定不移全面从严治党，就是要“把党建设成为始终走在时代前列、人民衷心拥护、勇于自我革命、经得起各种风浪考验、朝气蓬勃的马克思主义执政党”。[①] 这是新时代党的建设的基本目标。“始终走在时代前列”，表明了党的先进性；“人民衷心拥护”，表明了党的人民性，也就是党的群众基础和执政

① 习近平：《决胜全面建成小康社会 夺取新时代中国特色社会主义伟大胜利——在中国共产党第十九次全国代表大会上的报告》，载《人民日报》2017年10月18日。

根基；“勇于自我革命”，表明了党的革命性，这是我们党最鲜明的品格；“经得起各种风浪考验”，表明了我们党的执政能力和领导水平、拒腐防变和抵御风险能力；“朝气蓬勃”，表明了党的生机活力。这一切都是马克思主义执政党坚强有力的重要标志，也是对党的执政能力、先进性和纯洁性的基本要求。

习近平总书记指出：“实现伟大梦想，必须建设伟大工程。这个伟大工程就是我们党正在深入推进的党的建设新的伟大工程。历史已经并将继续证明，没有中国共产党的领导，民族复兴必然是空想。我们党要始终成为时代先锋、民族脊梁，始终成为马克思主义执政党，自身必须始终过硬。全党要更加自觉地坚定党性原则，勇于直面问题，敢于刮骨疗毒，消除一切损害党的先进性和纯洁性的因素，清除一切侵蚀党的健康肌体的病毒，不断增强党的政治领导力、思想引领力、群众组织力、社会号召力，确保我们党永葆旺盛生命力和强大战斗力。”①这就从根本上回答了为什么要把加强党的长期执政能力建设、先进性和纯洁性建设作为新时代党的建设主线这个重大问题。

其次，学习习近平总书记关于新时代党的建设主线的重要论述，我们还要深刻理解为什么要在“执政能力建设、先进性和纯洁性建设”之前增加“长期”二字。在党的十九大以前的表述里，都没有“长期”二字。党的十九大报告中加上“长期”二字，加得很不简单，意义十分重大。我们说习近平总书记对党的建设主线作出了新概括，

① 习近平：《决胜全面建成小康社会　夺取新时代中国特色社会主义伟大胜利——在中国共产党第十九次全国代表大会上的报告》，载《人民日报》2017年10月18日。

新就新在“长期”二字上，蕴含着对实现执政使命长期性、艰巨性的深远考量，更加凸显党长期执政、全面领导要经受的重大考验，凸显长期保持先进性和纯洁性对巩固党的执政地位的极端重要性，标志着我们党对长期执政条件下面临风险考验的认识更加清晰，对新时代党的执政规律和自身建设规律的认识更加深化。

我们党成为执政党，是历史的选择、人民的选择。强调加强党的“长期”执政能力建设、先进性和纯洁性建设，是着眼于中国特色社会主义兴衰成败、中华民族前途命运的战略考量，说明我们党不仅要执政、执好政，而且要长期执政、执好政；不仅过去、现在要保持先进性和纯洁性，而且将来也要保持先进性和纯洁性。表明我们这样一个成立100年、执政70年的大党老党，不仅清楚从何处来、现在何处，更清楚向何处去，体现了我们这个为中国人民谋幸福、为中华民族谋复兴的执政党的自信与清醒。这就警示我们必须不断适应中国特色社会主义事业新发展，应对世界百年未有之大变局，不断提高领导水平和执政水平，提高拒腐防变和抵御风险能力，不断增强自我净化、自我完善、自我革新、自我提高能力，使我们党始终走在时代前列，成为领导全国人民沿着中国特色社会主义道路不断前进的坚强核心。

二、深刻领会关于加强党的长期执政能力建设的思想

我们党成为执政党后，一如既往地高度重视党的能力建设，通过理论武装、教育培训、实践锻炼等途径，不断提高党的执政水平

和领导水平，提高广大党员、干部的工作能力和管理能力。党的十六大第一次将“加强党的执政能力建设，提高党的领导水平和执政水平”这一重大命题提到全党面前，强调“面对执政条件和社会环境的深刻变化，各级党委和领导干部要不辱使命、不负重托，就要适应新形势新任务的要求，在实践中掌握新知识，积累新经验，增长新本领。必须以宽广的眼界观察世界，正确把握时代发展的要求，善于进行理论思维和战略思维，不断提高科学判断形势的能力；必须坚持按照客观规律和科学规律办事，及时研究解决改革和建设中的新情况新问题，善于抓住机遇加快发展，不断提高驾驭市场经济的能力；必须正确认识和处理各种社会矛盾，善于协调不同利益关系和克服各种困难，不断提高应对复杂局面的能力；必须增强法制观念，善于把坚持党的领导、人民当家作主和依法治国统一起来，不断提高依法执政的能力；必须立足全党全国工作大局，坚定不移地贯彻党的路线方针政策，善于结合实际创造性地开展工作，不断提高总揽全局的能力”。①

党的十六届四中全会专题研究加强党的执政能力建设的若干重大问题，作出了《中共中央关于加强党的执政能力建设的决定》，总结了党执政的主要经验，分析了加强党的执政能力建设的重要性和紧迫性，提出了加强党的执政能力建设的指导思想、总体目标和主要任务。该决定首次对执政能力作了概括：“就是党提出和运用正确的理论、路线、方针、政策和策略，领导制定和实施宪法和法律，采取科学的领导制度和领导方式，动员和组织人民依法管理国家和

① 中共中央文献研究室：《改革开放三十年重要文献选编》(下)，北京：人民出版社2008年版，第1266页。

社会事务、经济和文化事业，有效治党治国治军，建设社会主义现代化国家的本领。”强调要坚持把发展作为党执政兴国的第一要务，不断提高驾驭社会主义市场经济的能力；坚持党的领导、人民当家作主和依法治国的有机统一，不断提高发展社会主义民主政治的能力；坚持马克思主义在意识形态领域的指导地位，不断提高建设社会主义先进文化的能力；坚持最广泛最充分地调动一切积极因素，不断提高构建社会主义和谐社会的能力；坚持独立自主的和平外交政策，不断提高应对国际局势和处理国际事务的能力，对加强党的执政能力建设作出了全面部署。

党的十七大要求“继续加强党的执政能力建设，着力建设高素质领导班子”，强调“党的执政能力建设关系党的建设和中国特色社会主义事业的全局，必须把提高领导水平和执政能力作为各级领导班子建设的核心内容抓紧抓好。要按照科学执政、民主执政、依法执政的要求，改进领导班子思想作风，提高领导干部执政本领，改善领导方式和执政方式，健全领导体制，完善地方党委领导班子配备改革后的工作机制，把各级领导班子建设成为坚定贯彻党的理论和路线方针政策、善于领导科学发展的坚强领导集体。以加强领导班子执政能力建设影响和带动全党，使党的全部工作始终符合时代要求和人民期待”。①

党的十八大以来，习近平总书记深刻分析我们党面临的执政环境的复杂性、能力不足危险的严峻性，指出：“与国内外形势发展变化相比，与党所承担的历史任务相比，党的领导水平和执政水平、

① 《胡锦涛文选》(第2卷)，北京：人民出版社2016年版，第653页。

党组织建设状况和党员干部素质、能力、作风都还有不小差距。”①为此，习近平总书记强调，一定要加强党的长期执政能力建设。习近平总书记的这一新论断，有着十分深刻的寓意。

其一，加强党的长期执政能力建设，是党的历史发展客观必然。我们党成立100年、执政70年，其历史就是团结带领中国人民艰苦卓绝、不懈奋斗地进行革命、建设、改革的历史，就是中国人民、中华民族从“站起来”“富起来”到“强起来”发展的历史，也是我们党从世界上最大的政党向世界上最强的政党不断迈进的历史。我们党作为中国工人阶级的先锋队和中华民族的先锋队，作为中国特色社会主义事业的领导核心，当之无愧，实至名归，这是被历史发展所证明的。我们党所具备的长期执政能力已由发展实践所检验，已被全国人民所认同，得到了国际社会广泛赞誉，中国共产党的领导已成为众望所归、人心所向，党的长期执政已植根于中国社会深厚土壤之中，扎根于中国人民心中，成为历史发展的客观必然。也就是说，党要长期执政，必须加强长期执政能力建设。

其二，加强党的长期执政能力建设，是党所肩负的历史使命使然。习近平总书记强调，不忘初心，方得始终，中国共产党的初心和使命，就是为中国人民谋幸福，为中华民族谋复兴，这个初心和使命是激励中国共产党人不断前进的根本动力。使命在肩，责任在心，共产党人一定要永远与人民同呼吸、共命运、心连心，永远把人民对美好生活的向往作为奋斗目标，以永不懈怠的精神状态和一

① 习近平：《紧紧围绕坚持和发展中国特色社会主义 学习宣传贯彻党的十八大精神——在十八届中共中央政治局第一次集体学习时的讲话》，北京：人民出版社2012年版，第10~11页。

往无前的奋斗姿态，继续朝着实现中华民族伟大复兴的宏伟目标奋勇前进。实现历史使命和奋斗目标是长期的艰巨的，不加强长期执政能力建设，不足以担负起时代的重托。从这个意义上讲，加强党的长期执政能力建设，是不忘初心、牢记使命、勇于奋斗的内在要求和内在动力，激励我们党在新时代新征程上乘风破浪、砥砺前行，胜利驶向光辉的彼岸。

其三，加强党的长期执政能力建设，表明全面从严治党永远在路上。习近平总书记指出，全面从严治党永远在路上。“全党要清醒认识到，我们党面临的执政环境是复杂的，影响党的先进性、弱化党的纯洁性的因素也是复杂的，党内存在的思想不纯、组织不纯、作风不纯等突出问题尚未得到根本解决。要深刻认识党面临的执政考验、改革开放考验、市场经济考验、外部环境考验的长期性和复杂性，深刻认识党面临的精神懈怠危险、能力不足危险、脱离群众危险、消极腐败危险的尖锐性和严峻性，坚持问题导向，保持战略定力，推动全面从严治党向纵深发展。”①也就是说，加强党的长期执政能力建设，就是因为全面从严治党永远在路上，执政能力建设一刻也不能放松，更不能停顿。

其四，加强党的长期执政能力建设，彰显我们党高度的自信。我们党在革命和建设时期，靠着自信，使中国人民、中华民族“站起来”；我们在改革开放新时期，靠着自信，使中国人民、中华民族“富起来”；我们进入新时代，同样靠着自信，使中华民族、中国共

---

① 习近平：《决胜全面建成小康社会　夺取新时代中国特色社会主义伟大胜利——在中国共产党第十九次全国代表大会上的报告》，载《人民日报》2017年10月18日。

产党“强起来”。因为我们有自信的底气、自信的能力、自信的实力，所以面临一个时期以来，世界上一些大党老党或黯然失色、或退出历史舞台，我们党做到了“风景这边独好”。尽管我们建党近百年，但相对中华民族千秋伟业而言，中国共产党正是风华正茂、朝气蓬勃，必将带领中国人民实现中华民族伟大复兴，这就是我们党长期执政的高度自信，是我们越来越接近中华民族伟大复兴目标、越来越走近世界舞台中央的高度自信，是我们对人类作出更大的贡献、自立于世界民族之林的高度自信。这种自信既是我们党不懈奋斗、不断胜利的成功密码，又是激励我们长期执政的内在动力，促使我们不断从胜利走向胜利，产生一个个新的飞跃。

如何加强党的长期执政能力建设，不断提高党的执政能力和领导水平呢？习近平总书记指出，党的执政能力、国家治理能力、执政骨干队伍整体能力是一个上下贯通、相互支撑、逻辑严密的执政能力体系。领导 13 亿多人的社会主义大国，我们党既要政治过硬，也要本领高强。

就党的执政能力而言，就是要按照习近平总书记的要求，“不断增强党的政治领导力、思想引领力、群众组织力、社会号召力，确保我们党永葆旺盛生命力和强大战斗力。”①这“四力”和“两力”就是党的执政能力。政治属性是政党的第一属性，政治领导力是政党第一位的能力，我们党必须始终把握政治方向、保持政治定力，善于驾驭政治局面、有效防范政治风险；指导思想是一个政党的精神旗

① 习近平：《决胜全面建成小康社会　夺取新时代中国特色社会主义伟大胜利——在中国共产党第十九次全国代表大会上的报告》，载《人民日报》2017 年 10 月 18 日。

帜，思想引领力是保证全党思想统一、步调一致的坚实基础，我们党必须坚持用马克思主义中国化最新成果武装头脑、指导实践、推动工作；人民是决定党和国家前途命运的根本力量，群众组织力是我们党坚如磐石、坚不可摧的不竭源泉，我们党必须坚持马克思主义唯物史观，坚持以人民为中心的发展思想，在生动具体的实践中带领人民创造更加幸福美好的生活；当今社会思想多样化、利益多元化、就业方式和生活方式多样化，我们党必须保持强有力的社会号召力，用共同价值追求和奋斗目标感召鼓舞人，形成夺取新时代中国特色社会主义伟大胜利的磅礴力量。

就执政骨干队伍整体能力而言，就是要全面增强执政本领。“要增强学习本领，在全党营造善于学习、勇于实践的浓厚氛围，建设马克思主义学习型政党，推动建设学习大国。增强政治领导本领，坚持战略思维、创新思维、辩证思维、法治思维、底线思维，科学制定和坚决执行党的路线方针政策，把党总揽全局、协调各方落到实处。增强改革创新本领，保持锐意进取的精神风貌，善于结合实际创造性推动工作，善于运用互联网技术和信息化手段开展工作。增强科学发展本领，善于贯彻新发展理念，不断开创发展新局面。增强依法执政本领，加快形成覆盖党的领导和党的建设各方面的党内法规制度体系，加强和改善对国家政权机关的领导。增强群众工作本领，创新群众工作体制机制和方式方法，推动工会、共青团、妇联等群团组织增强政治性、先进性、群众性，发挥联系群众的桥梁纽带作用，组织动员广大人民群众坚定不移跟党走。增强狠抓落实本领，坚持说实话、谋实事、出实招、求实效，把雷厉风行和久久为功有机结合起来，勇于攻坚克难，以钉钉子精神做实做细做好各项工作。增强驾驭风险本领，健全各方面风险防控机制，善于处理各种复杂矛盾，勇于战胜前进道路上的各种艰难险阻，牢牢把握工作主动权。”①这“八大执政本领”是新时代执政骨干队伍应当具备的基本功，必须在学习培训中提高，在工作实践中锻炼，在党内政治生活中培养，在汲取人民群众智慧中增强。由此才能实现执政本领从必然王国向自由王国的飞跃。

三、深刻领会关于加强党的先进性和纯洁性建设的思想

关于党的先进性和纯洁性建设的思想，在新时代党建思想中分量很重，蕴含了一系列新理念、新思想、新举措，我们要认真学习领会。

1. 如何永葆先进性和纯洁性，是我们必须回答好、解决好的一个根本性问题

习近平总书记指出：“我们党作为百年大党，如何永葆先进性和纯洁性、永葆青春活力，如何永远得到人民拥护和支持，如何实现长期执政，是我们必须回答好、解决好的一个根本性问题。我们党要求全党同志不忘初心、牢记使命，就是要提醒全党同志，党的初心和使命是党的性质宗旨、理想信念、奋斗目标的集中体现，越是

① 习近平：《决胜全面建成小康社会　夺取新时代中国特色社会主义伟大胜利——在中国共产党第十九次全国代表大会上的报告》，载《人民日报》2017 年 10 月 18 日。

长期执政，越不能丢掉马克思主义政党的本色，越不能忘记党的初心使命，越不能丧失自我革命精神。”①

“这些年来，我们全面推进党的建设新的伟大工程，党的执政能力得到新的提高，党的先进性和纯洁性得到保持和发展，党的领导得到加强和改善。同时，与国内外形势发展变化相比，与党所承担的历史任务相比，党的领导水平和执政水平，党组织建设状况和党员干部素质、能力、作风都还有不小差距。特别是新形势下加强和改进党的建设面临‘四大考验’、‘四种危险’，落实党要管党、从严治党的任务比以往任何时候都更为繁重更为紧迫。”②我们要“始终保持奋发有为的进取精神，永葆党的先进性和纯洁性，以‘赶考’的清醒和坚定答好新时代的答卷”。③

“马克思主义政党的先进性和纯洁性不是随着时间推移而自然保持下去的，共产党员的党性不是随着党龄增长和职务提升而自然提高的。初心不会自然保质保鲜，稍不注意就可能蒙尘褪色，久不滋养就会干涸枯萎，很容易走着走着就忘记了为什么要出发、要到哪里去，很容易走散了、走丢了。我们查处的那些腐败分子，之所以跌入违纪违法的陷阱，从根本上讲就是把初心和使命抛到九霄云外去了。不忘初心、牢记使命不是一阵子的事，而是一辈子的事，每个党员都要在思想政治上不断进行检视、剖析、反思，不断去杂质、

---

①　习近平：《习近平谈治国理政》(第三卷)，北京：外文出版社 2020 年版，第 529 页。

②　中共中央文献研究室：《习近平关于全面从严治党论述摘编》，北京：中央文献出版社 2016 年版，第 4 页。

③　《习近平在视察北京香山革命纪念地时强调　不忘初心牢记使命锐意进取　满怀信心继续把新中国巩固好发展好》，载中国政府网，2019 年 9 月 12 日。

除病毒、防污染。”①

学习习近平总书记的重要论述，我们要充分认识到，先进性和纯洁性是马克思主义政党的本质属性，贯穿于党的性质、宗旨、任务和全部工作中，体现在各级党组织和全体党员的实际行动上。党的先进性和纯洁性，不是固定不变的，而是随着形势和任务的发展变化而不断丰富与发展的；不是一劳永逸的，而是必须通过坚持不懈地加强党的自身建设才能保持与发展的。保持和发展党的先进性和纯洁性，始终是我们这个马克思主义政党的根本任务，是新时代党的建设的一条主线，关系党的生死存亡和前途命运。

2. 我们党面临的执政环境仍然是复杂的，影响党的先进性、弱化党的纯洁性的因素也是复杂的

习近平总书记指出，“经过几年努力，全面从严治党取得重要阶段性成果，党内正气在上升，党风在好转，社会风气在上扬”。“同时，我们也清醒认识到，我们党面临的执政环境是复杂的，党员队伍构成是复杂的，影响党的先进性、弱化党的纯洁性的因素也是复杂的，党内存在的一些深层次问题并没有得到根本解决，一些老问题反弹回潮的因素依然存在，还出现了一些新情况新问题”，“全党一定要保持战略定力，坚持严字当头、真管真严、敢管敢严、长管长严，把严的要求贯彻到管党治党全过程、落实到党的建设各方

① 习近平：《在“不忘初心、牢记使命”主题教育总结大会的讲话》，北京：人民出版社2020年版，第12页。

面。"①"还要看到，'四风'问题树倒根存，形式主义、官僚主义问题依然突出。开展这次主题教育(指"不忘初心、牢记使命"主题教育——作者注)，就是要认真贯彻新时代党的建设总要求，奔着问题去，以刮骨疗伤的勇气、坚忍不拔的韧劲坚决予以整治，同一切影响党的先进性、弱化党的纯洁性的问题作坚决斗争，努力把我们党建设得更加坚强有力。"②

"今年是新中国成立 70 周年，我们党在全国执政也 70 年了。古人说：'生于忧患，死于安乐。'我们党作为世界第一大党，没有什么外力能够打倒我们，能够打倒我们的只有我们自己。古人说：'惟以改过为能，不以无过为贵。'应该看到，在长期执政条件下，各种弱化党的先进性、损害党的纯洁性的因素无时不有，各种违背初心和使命、动摇党的根基的危险无处不在，如果不严加防范、及时整治，久而久之，必将积重难返，小问题就会变成大问题、小管涌就会沦为大塌方，甚至可能酿成全局性、颠覆性的灾难。"③

学习习近平总书记的重要论述，我们要充分认识到，全面从严治党永远在路上，必须持之以恒、毫不动摇。受国际国内各种因素的影响，我们党面临的执政环境仍然是复杂的，面临的考验和危险依然是严峻的，影响党的先进性、弱化党的纯洁性的因素也是复杂的，党内还存在政治不纯、思想不纯、组织不纯、作风不纯等突出

---

① 中共中央文献研究室：《习近平关于全面从严治党论述摘编》，北京：中央文献出版社 2016 年版，第 17~18 页。

② 习近平：《在"不忘初心、牢记使命"主题教育工作会议上的讲话》，北京：人民出版社 2019 年版，第 3~4 页。

③ 习近平：《习近平谈治国理政》(第三卷)，北京：外文出版社 2020 年版，第 531 页。

问题。党的自身状况发生了重大而深刻的变化，迫切要求推动全面从严治党向纵深发展，始终保持和发展党的先进性和纯洁性。我们要坚持问题导向，保持战略定力，以“越是艰险越向前”的英雄气概和“狭路相逢勇者胜”的斗争精神，把党的先进性和纯洁性建设坚定不移抓下去。

3. 要消除一切损害党的先进性和纯洁性的因素，清除一切侵蚀党的健康肌体的病毒

习近平总书记指出，“先进性和纯洁性是马克思主义政党的本质属性，我们加强党的建设，就是要同一切弱化先进性、损害纯洁性的问题作斗争，祛病疗伤，激浊扬清”。[①]“我们要坚持党要管党、从严治党，增强党自我净化、自我完善、自我革新、自我提高能力，永不动摇信仰，永不脱离群众。凡是影响党的创造力、凝聚力、战斗力的问题都要全力克服，凡是损害党的先进性和纯洁性的病症都要彻底医治，凡是滋生在党的健康肌体上的毒瘤都要坚决祛除，使中国共产党始终同人民心连心、同呼吸、共命运。”[②]

“对‘四风’问题，必须下大气力惩治。形式主义实质是主观主义、功利主义，根源是政绩观错位、责任心缺失，用轰轰烈烈的形式代替了扎扎实实的落实，用光鲜亮丽的外表掩盖了矛盾和问题。官僚主义实质是封建残余思想作祟，根源是官本位思想严重、权力

① 习近平：《在庆祝中国共产党成立95周年大会上的讲话》，北京：人民出版社2016年版，第22页。

② 中共中央文献研究室：《十八大以来重要文献选编》(中)，北京：中央文献出版社2016年版，第82页。

观扭曲，做官当老爷，高高在上，脱离群众，脱离实际。有些领导干部爱“忆苦思甜”，口头上说是穷苦家庭出身，是党和人民培养了自己，但言行不一，心里想的是自己当上官了，终于可以扬眉吐气了，要好好享受一下当官的尊荣，摆起官架子来比谁都大。享乐主义实质是革命意志衰退、奋斗精神消减，根源是世界观、人生观、价值观不正确，拈轻怕重，贪图安逸，追求感官享受。奢靡之风实质是剥削阶级思想和腐朽生活方式的反映，根源是思想堕落、物欲膨胀，灯红酒绿，纸醉金迷。‘四风’的后果，就是浪费了有限资源，延误了各项工作，疏远了人民群众，败坏了党风政风，最终会严重损害党的先进性和纯洁性、严重损害党的执政基础和执政地位。”①

学习习近平总书记的重要论述，我们要充分认识到，我们党要始终成为时代先锋、民族脊梁，始终成为马克思主义执政党，自身必须始终过硬。要更加自觉地坚定党性原则，勇于直面问题，敢于刮骨疗毒，消除一切损害党的先进性和纯洁性的因素，清除一切侵蚀党的健康肌体的病毒，确保我们党永葆先进性和纯洁性，永葆旺盛生命力和强大战斗力。

4. 保持和发展党的先进性和纯洁性，要发挥彻底的自我革命精神

习近平总书记指出，新时代党的建设任务是十分艰巨的。一方面，决胜全面建成小康社会的艰巨任务、实现中华民族伟大复兴的历史使命，对我们党提出了前所未有的新挑战新要求。另一方面，

① 中共中央文献研究室：《习近平关于全面从严治党论述摘编》，北京：中央文献出版社 2016 年版，第 153~154 页。

影响党的先进性、弱化党的纯洁性的各种因素具有很强的危险性和破坏性。“这决定了新时代党的建设新的伟大工程，既要培元固本，也要开拓创新，既要把住关键重点，也要形成整体态势，特别是要发挥彻底的自我革命精神。”①

“党的十八大以来，我们推进全面从严治党取得了显著成效，但还远未到大功告成的时候。”“在党员、干部队伍中，有的不守政治纪律和政治规矩，妄议中央大政方针，当面一套、背后一套，当两面派、做两面人；有的理想信念‘总开关’常年失修，对共产主义心存怀疑，不信马列信鬼神，世界观、人生观、价值观全面蜕变；有的干事创业精气神不够，不担当、不作为，奉行‘既不落后头，也不出风头’，怕决策失误，不敢拍板定事，干工作推诿拖延；有的热衷于搞‘小圈子’、‘拜码头’、‘搭天线’；有的反对形式主义、官僚主义、享乐主义和奢靡之风不坚决、不彻底，耍花样，搞变通；有的不顾党中央三令五申，依然不收敛、不收手，以权谋私、腐败堕落；有的基层党组织政治功能不强，弱化、虚化、边缘化问题没有解决；有的地方人才队伍发展不平衡不充分、创新创造活力不强，有的引才不切实际，贪大、贪高、贪洋；有的地方和单位管党治党意识不强，履行管党治党政治责任不到位，甚至不愿不屑抓党建，等等。这些问题，严重破坏党的团结和集中统一，严重影响党和人民事业发展。”“我们必须增强忧患意识、责任意识，把党的伟大自我革命进

① 习近平：《习近平谈治国理政》（第三卷），北京：外文出版社 2020 年版，第 71 页。

行到底。”①

“回顾改革开放40年的历程，我们可以清楚看到，在进行社会革命的同时不断进行自我革命，是我们党区别于其他政党最显著的标志，也是我们党不断从胜利走向新的胜利的关键所在。只要我们始终不忘党的性质宗旨，勇于直面自身存在的问题，以刮骨疗毒的决心和意志消除一切损害党的先进性和纯洁性的因素，就能够形成党长期执政条件下实现自我净化、自我完善、自我革新、自我提高的有效途径。”②

学习习近平总书记的重要论述，我们要充分认识到，要把新时代坚持和发展中国特色社会主义这场伟大社会革命进行好，我们党必须勇于进行自我革命，把党建设得更加坚强有力，永葆先进性和纯洁性，永葆创造力、凝聚力、战斗力。特别是要看到，在新时代，我们党领导人民所进行的伟大社会革命，涵盖领域的广泛性、触及利益格局调整的深刻性、涉及矛盾和问题的尖锐性、突破体制机制障碍的艰巨性、进行伟大斗争形势的复杂性，都是前所未有的。我们党只有牢牢坚持立党为公、执政为民，牢牢坚持为中国人民谋幸福、为中华民族谋复兴，不断检视自己，不掩饰缺点，不文过饰非，坚决同一切弱化党的先进性和纯洁性、危害党的肌体健康的现象作斗争，才能够始终立于不败之地。

---

① 习近平：《习近平谈治国理政》（第三卷），北京：外文出版社2020年版，第515~516页。

② 《习近平在十九届中央纪委三次全会上发表重要讲话》，载新华网，2019年1月11日。

5. 要使全面从严治党的一切努力，都集中到保持和发展党的先进性和纯洁性上来

习近平总书记指出，“随着世情、国情、党情的不断变化，影响从严治党的因素更加复杂，提出了很多新课题。”“要注重把继承传统和改革创新结合起来，把总结自身经验和借鉴世界其他政党经验结合起来，增强从严治党的系统性、预见性、创造性、实效性，使从严治党的一切努力都集中到增强党自我净化、自我完善、自我革新、自我提高能力上来，集中到提高党的领导能力和执政能力、保持和发展党的先进性和纯洁性上来。”①

“40 年来，我们始终坚持加强和改善党的领导，积极应对在长期执政和改革开放条件下党面临的各种风险考验，持续推进党的建设新的伟大工程，保持党的先进性和纯洁性，保持党同人民群众的血肉联系。我们积极探索共产党执政规律、社会主义建设规律、人类社会发展规律，不断开辟马克思主义中国化新境界。我们坚持党要管党、从严治党，净化党内政治生态，持之以恒正风肃纪，大力整治形式主义、官僚主义、享乐主义和奢靡之风，以零容忍态度严厉惩治腐败，反腐败斗争取得压倒性胜利。我们党在革命性锻造中坚定走在时代前列，始终是中国人民和中华民族的主心骨！”②

学习习近平总书记的重要论述，我们要充分认识到，全面从严

---

① 习近平：《在党的群众路线教育实践活动总结大会上的讲话》，北京：人民出版社 2014 年版，第 29 页。

② 习近平：《在庆祝改革开放 40 周年大会上的讲话》，北京：人民出版社 2018 年版，第 18~19 页。

治党是党的十八大以来党中央抓党的建设的鲜明主题。办好中国的事情，关键在党，关键在党要管党、从严治党。在新的历史条件下，我们要更好进行具有许多新的历史特点的伟大斗争、推进中国特色社会主义伟大事业，就必须以更大力度推进党的建设新的伟大工程，坚定不移推进全面从严治党，切实把党建设好、管理好，保持党的先进性和纯洁性，增强党的创造力、凝聚力、战斗力，提高党的领导水平和执政水平，确保党始终成为中国特色社会主义事业的坚强领导核心。

6. 严肃认真的党内政治生活，是我们党保持先进性和纯洁性的重要法宝

习近平总书记指出："我们党九十五年的奋斗历程充分表明，严肃认真的党内政治生活、健康洁净的党内政治生态，是党的优良作风的生成土壤，是党的旺盛生机的动力源泉，是保持党的先进性纯洁性、提高党的创造力凝聚力战斗力的重要条件，是党团结带领全国各族人民完成历史使命的有力保障，是我们党区别于其他非马克思主义政党的鲜明标志。抓好了党内政治生活，全面从严治党就有了重要基础。"①

"中国共产党人的坚强党性，是我们党保持先进性和纯洁性、提高领导水平和执政能力的重要保证。我们一定要自觉坚持和维护党的领导，增强政治意识、大局意识、核心意识、看齐意识，自觉站在党和人民立场上，做到对党忠诚、为党分忧、为党担责、为党尽

① 中共中央文献研究室：《习近平关于全面从严治党论述摘编》，北京：中央文献出版社 2016 年版，第 42 页。

责，经受住历史和人民检验。”①

“开展严肃认真的党内政治生活，是我们党作为马克思主义政党区别于其他政党的重要特征，是我们党的光荣传统。长期实践证明，严肃认真的党内政治生活是我们党坚持党的性质和宗旨、保持先进性和纯洁性的重要法宝，是解决党内矛盾和问题的‘金钥匙’，是广大党员、干部锤炼党性的‘大熔炉’，是纯洁党风的‘净化器’。”②

学习习近平总书记的重要论述，我们要充分认识到，坚持和发展党的先进性和纯洁性，必须寓于全面推进党的建设新的伟大工程、不断提高全面从严治党水平的伟大实践中，通过全面推进党的政治建设、思想建设、组织建设、作风建设、纪律建设和制度建设、深入推进反腐败斗争，保持党的先进性和纯洁性。特别是要把党的政治建设摆在首位，通过开展严肃认真的党内政治生活，增强广大党员的党性，保持党员队伍的先进性和纯洁性。

① 习近平：《在纪念万里同志诞辰100周年座谈会上的讲话》，北京：人民出版社2016年版，第8页。

② 中共中央文献研究室：《习近平关于全面从严治党论述摘编》，北京：中央文献出版社2016年版，第48页。

第五章　论着力之点

——调动全党积极性主动性创造性

习近平总书记指出，新时代党的建设，必须以调动全党积极性、主动性、创造性为着力点。这就在我们党的历史上第一次明确了党的建设着力点。确立新时代党的建设着力点至关重要。着力点正确，党的建设事半功倍；着力点出现偏差，党的建设则事倍功半，甚至事与愿违。

一、切实加强党的建设，着力调动全党积极性、主动性、创造性

将新时代党的建设着力点放在调动全党积极性、主动性、创造性上，是总结党的建设历史经验和党的十八大以来新鲜经验得出的必然结论，也是应对国内外各种风险和考验、实现新时代党的历史使命的必然要求。

首先，这是由党的建设本质特征和党在新时代承载的历史使命决定的。总结我们党100年的历史经验，最根本的一条，就是党的建设必须按照党的政治路线来进行，围绕党的中心任务来展开，朝

着党的建设总目标来加强。习近平总书记指出："伟大斗争，伟大工程，伟大事业，伟大梦想，紧密联系、相互贯通、相互作用，其中起决定性作用的是党的建设新的伟大工程。推进伟大工程，要结合伟大斗争、伟大事业、伟大梦想的实践来进行，确保党在世界形势深刻变化的历史进程中始终走在时代前列，在应对国内外各种风险和考验的历史进程中始终成为全国人民的主心骨，在坚持和发展中国特色社会主义的历史进程中始终成为坚强领导核心。"①这就深刻阐明了伟大工程与伟大斗争、伟大事业、伟大梦想之间的辩证关系。坚持党的基本路线、完成党的中心任务，进行伟大斗争、推进伟大事业、实现伟大梦想，没有可以照搬照抄的模式，必须尊重党员的主体地位和首创精神，充分调动全党积极性、主动性、创造性。因此，党的建设工作不能就党建抓党建，必须围绕调动全党积极性、主动性、创造性来进行、来发力。与此相适应，我们也要把调动全党积极性、主动性、创造性，为实现中华民族伟大复兴的中国梦不懈奋斗，作为判断党的建设成效的重要标准。

其次，这是对党的十八大以来全面从严治党成功经验的科学总结。习近平总书记指出："五年来，我们勇于面对党面临的重大风险考验和党内存在的突出问题，以顽强意志品质正风肃纪、反腐惩恶，消除了党和国家内部存在的严重隐患，党内政治生活气象更新，党内政治生态明显好转，党的创造力、凝聚力、战斗力显著增强，党的团结统一更加巩固，党群关系明显改善，党在革命性锻造中更加

① 习近平：《决胜全面建成小康社会　夺取新时代中国特色社会主义伟大胜利——在中国共产党第十九次全国代表大会上的报告》，载《人民日报》2017 年 10 月 18 日。

坚强，焕发出新的强大生机活力，为党和国家事业发展提供了坚强政治保证。”①正是通过全面从严治党，最大限度地调动了全党积极性、主动性、创造性，“解决了许多长期想解决而没有解决的难题，办成了许多过去想办而没有办成的大事，推动党和国家事业发生历史性变革”。② 这说明，党的建设只有以调动全党积极性、主动性、创造性为着力点，才能确保我们党永葆旺盛生命力和强大战斗力，才能推动党和国家事业取得历史性成就，发生历史性变革。

最后，这是我们党应对当前各种风险和考验的迫切需要。习近平总书记指出：“全党要清醒认识到，我们党面临的执政环境是复杂的，影响党的先进性、弱化党的纯洁性的因素也是复杂的，党内存在的思想不纯、组织不纯、作风不纯等突出问题尚未得到根本解决。要深刻认识党面临的执政考验、改革开放考验、市场经济考验、外部环境考验的长期性和复杂性，深刻认识党面临的精神懈怠危险、能力不足危险、脱离群众危险、消极腐败危险的尖锐性和严峻性，坚持问题导向，保持战略定力，推动全面从严治党向纵深发展。”③应对重大挑战、抵御重大风险、克服重大阻力、解决重大矛盾，都需要推动全面从严治党向纵深发展，调动全党积极性、主动性、创

---

① 习近平：《决胜全面建成小康社会　夺取新时代中国特色社会主义伟大胜利——在中国共产党第十九次全国代表大会上的报告》，载《人民日报》2017 年 10 月 18 日。

② 习近平：《决胜全面建成小康社会　夺取新时代中国特色社会主义伟大胜利——在中国共产党第十九次全国代表大会上的报告》，载《人民日报》2017 年 10 月 18 日。

③ 习近平：《决胜全面建成小康社会　夺取新时代中国特色社会主义伟大胜利——在中国共产党第十九次全国代表大会上的报告》，载《人民日报》2017 年 10 月 18 日。

造性，不断增强党的政治领导力、思想引领力、群众组织力、社会号召力，确保把党建设得更加坚强有力。

中国特色社会主义进入新时代，我们党一定要有新气象新作为。贯彻习近平总书记的这一要求，全面推进党的政治建设、思想建设、组织建设、作风建设、纪律建设，把制度建设贯穿其中，深入推进反腐败斗争，都要将着力点放在调动全党积极性、主动性、创造性上。积极性、主动性、创造性各有侧重又相互贯通，都是推动党和国家事业发展进步不可或缺的强大精神力量。

一是着力调动全党积极性。积极性体现为广大党员、干部出于对党的事业的高度认同，在干事创业、为人民服务的过程中始终保持永不懈怠的精神状态和一往无前的奋斗姿态，具体体现为党员、干部富有激情、富有进取心的工作态度。党员、干部的积极性是其执行党的路线方针政策的首要动力。党员、干部没有积极性，对工作消极应付，党的路线方针政策就无法贯彻、工作部署就无法落实。当前，由于各种原因，一些党员、干部出现了精神懈怠、为官不为的不良倾向，严重阻碍了党的事业发展。习近平总书记指出："要更广泛更有效地调动干部队伍的积极性。这个问题极为重要，现在看来也十分紧迫。"①调动党员、干部的积极性，必须在全面从严治党过程中将严管与厚爱有机统一起来，对党员、干部在政治上激励、工作上支持、待遇上保障、心理上关怀，不断增强其荣誉感、归属感、获得感，不断增强其对党的政治认同、思想认同、情感认同，充分调动其想作为、敢作为和善作为的积极性。

① 习近平：《在省部级主要领导干部学习贯彻党的十八届五中全会精神专题研讨班上的讲话》，北京：人民出版社2016年版，第41页。

二是着力调动全党主动性。主动性体现为党员、干部出于对党和人民的忠诚，主动为党分忧、为国尽职、为民造福的自觉自为状态。只有具有主动性，党员、干部才能在胜利时、顺境中做到不骄傲不自满，在困难时、逆境中做到不消沉不动摇，在各种风险挑战面前做到不屈服不退缩。只有具有主动性，党员、干部才敢于坚持原则、坚持党性，面对大是大非敢于亮剑，面对矛盾问题敢于迎难而上，面对危机困难敢于挺身而出，面对歪风邪气敢于坚决斗争。调动党员、干部的主动性，就要教育引导其不忘初心、牢记使命，增强“四个意识”，坚定“四个自信”，做到“两个维护”。尊重和落实党章赋予党员的各项权利，畅通党员参与党内事务的渠道，增强党员的主人翁意识。充分发挥干部考核评价的激励鞭策作用，使政治坚定、奋发有为的干部得到褒奖和鼓励，使慢作为、不作为、乱作为的干部受到警醒和惩戒。

三是着力调动全党创造性。创造性体现为党员、干部始终坚持解放思想、实事求是、与时俱进、求真务实，善于创造性地开展工作。党员、干部的创造性是我们党最宝贵的智力资源，是我们党战胜各种风险挑战的重要精神动力。党员、干部的创造性往往是其经过长期探索、刻苦钻研甚至经过挫折后取得的。惟其宝贵、惟其难得，更要珍惜、更要保护。调动党员、干部的创造性，必须在全党大力营造勇于创新、鼓励成功、宽容失败的良好氛围。要完善容错纠错机制，宽容党员、干部在改革创新中的失误错误，坚持“三个区分开来”，对党员、干部的失误错误进行综合分析，对该容的大胆容错，不该容的坚决不容，保护党员、干部的创造热情。为创造性人才发挥作用、施展才华提供更加广阔的天地和平台，加快形成一支规模宏大、富有创新精神、敢于承担风险的创新型人才队伍。强化能力培训和实践锻炼，促使党员、干部全面提高本领尤其是改革创新本领，增强其创造性开展工作的底气和勇气。

二、切实加强民主集中制建设，着力激发全党创造活力

民主集中制是我们党的根本组织原则和领导制度，是马克思主义政党区别于其他政党的重要标志。坚持和完善民主集中制，可以充分调动广大党员、干部的积极性、主动性、创造性，激发全党的创造活力。毛泽东强调，只有实行民主集中制，充分地发扬民主，才能把党内、党外广大群众的积极性调动起来，才能使占总人口95%以上的人民大众团结起来。做到了这些，我们的工作就会越做越好，我们遇到的困难就会较快地得到克服，我们事业的发展就会顺利得多。① 邓小平同志多次强调，要建立有利于提高效率、增强活力和调动各方面积极性的领导体制，特别是要推进领导制度和组织制度改革，解决权力过分集中的问题，健全民主集中制，完善集体领导与个人分工负责的制度；实现干部新老合作与交替，保持党和国家各级领导层的活力；克服官僚主义，提高工作效率，充分调动全党的积极性；完善党规党法，实现党内生活民主化、制度化。

习近平总书记高度重视民主集中制的贯彻执行及其对于调动全党积极性、主动性、创造性的重要作用。他指出："民主集中制是我们

① 中央档案馆、中共中央文献研究室：《中共中央文件选集(一九四九年十月～一九六六年五月)》(第50册)，北京：人民出版社2013年版，第208页。

党的根本组织制度和领导制度，它正确规范了党内政治生活、处理党内关系的基本准则，是反映、体现全党同志和全国人民利益与愿望，保证党的路线方针政策正确制定和执行的科学的合理的有效率的制度。因此，这是我们党最大的制度优势。”①习近平总书记认为，这项制度把充分发扬党内民主和正确实行集中有机结合起来，既可以最大限度激发全党创造活力，又可以统一全党思想和行动，有效防止和克服议而不决、决而不行的分散主义，是科学合理而又有效率的制度。“严肃党内政治生活，最终要体现到调动广大党员、干部积极性和推动事业发展上。要处理好权利和义务、权力和责任、激励和约束、惩处和保护等方面关系，努力形成又有集中又有民主、又有纪律又有自由、又有统一意志又有个人心情舒畅的生动活泼的政治局面。”②

习近平总书记的重要论述，深刻揭示了民主集中制既能最大限度激发全党创造活力，又能统一全党思想和行动；既能保证党和国家机关协调高效运转，又能集中力量办大事；既能充分反映广大人民的意愿，又能形成全体人民的统一意志的制度优势。学习习近平总书记的重要论述，坚持和健全民主集中制，最大限度激发全党创造活力，我们需要把握以下几点：

第一，民主集中制是民主基础上的集中和集中指导下的民主相结合的制度。民主集中制包括民主和集中两个方面，两者互为条件、相辅相成、缺一不可。民主集中制的民主，是党员和党组织意愿的

---

①　中共中央文献研究室：《十七大以来重要文献选编》(下)，北京：中央文献出版社 2013 年版，第 1023 页。

②　中共中央文献研究室：《习近平关于全面从严治党论述摘编》，北京：中央文献出版社 2016 年版，第 43 页。

充分表达和积极性主动性创造性的有效发挥。民主集中制的集中，是全党智慧、力量的凝聚和行动的一致。民主集中制是民主和集中两个要素构成的有机统一体，而不是民主制和集中制的简单相加。一方面，民主是正确集中的前提和基础，没有广泛的民主就没有正确的集中。只有充分发扬民主，才能集思广益，形成正确的决策，最终实现真正的集中统一。离开民主讲集中，集中就成了个人专权专断。另一方面，集中是民主的必然要求和归宿，没有正确的集中就不可能实现真正的民主。一切发展民主的措施，都不是为了削弱必需的集中，而是为了实现正确的集中。离开集中谈民主，就必然导致极端民主化和无政府主义，就会破坏安定团结的政治局面。

第二，坚持民主集中制同维护党中央权威和集中统一领导是完全一致的。我们党实行的民主集中制，是又有集中又有民主、又有纪律又有自由、又有统一意志又有个人心情舒畅生动活泼的制度，是民主和集中紧密结合的制度。在充分发扬民主的基础上进行集中，坚持党中央权威和集中统一领导，集中全党智慧，体现全党共同意志，是我们党的一大创举。这样做，既有利于做到科学决策、民主决策、依法决策，避免发生重大失误甚至颠覆性错误；又有利于克服分散主义、本位主义，避免议而不决、决而不行，形成推进党和国家事业发展的强大合力。坚持党中央权威和集中统一领导，不是说不要民主集中制了，不要发扬党内民主了，而是体现了充分发扬民主基础上的正确集中，把这两者对立起来是不对的、有害的。实践证明，坚持党中央权威和集中统一领导，既能调动各个方面的积极性、主动性、创造性，又能让各方力量形成协调配合，确保国家发展既充满活力又安定有序；既多元尝试又形成合力，既差异化探索又整合为一体。它实现了广泛参与和集中领导的统一、社会进步和国家稳定的统一、充满活力和富有效率的统一。我们党的历史经验表明，凡是党中央权威和集中统一领导坚持得好，党的事业就兴旺发达；反之，党的事业就遭受挫折。

第三，贯彻执行民主集中制是全党的共同政治责任。我们党的制度有千条万条，最根本的就是民主集中制。要进行民主集中制教育，特别是要重视培养领导干部的民主素养。领导干部要有平等待人、与人为善的真诚态度，要有虚怀若谷、海纳百川的宽阔胸襟，力争把各方面的真实意见掌握全、掌握准，进行反复研究、反复比较、择善而从。同时，要善于正确集中，把不同意见统一起来，把各种分散意见中的真知灼见提炼出来，把符合事物发展规律、符合广大人民群众根本利益的正确意见集中起来，作出科学决策。要完善和落实民主集中制的各项制度，切实推动民主集中制具体化、程序化，真正把民主集中制重大原则落到实处。各级党委和政府以及各级领导干部要切实强化制度意识，带头维护制度权威，做制度执行的表率，带动全党全社会自觉尊崇制度、严格执行制度、坚决维护制度。要健全权威高效的制度执行机制，加强对制度执行的监督，坚决杜绝做选择、搞变通、打折扣的现象，真正把民主集中制的优势变成我们党的政治优势、组织优势、制度优势、工作优势。

三、切实加强干部队伍建设，着力激励广大干部新时代新担当新作为

党的干部是党和国家事业的中坚力量。办好中国的事情，关键

在党、关键在人，在于广大干部的担当作为，在于广大干部积极性、主动性、创造性的充分发挥。习近平总书记把敢于担当作为党的干部必须具备的基本素质，作为好干部的标准之一。“好干部要做到信念坚定、为民服务、勤政务实、敢于担当、清正廉洁。”“党的干部必须坚持原则、认真负责，面对大是大非敢于亮剑，面对矛盾敢于迎难而上，面对危机敢于挺身而出，面对失误敢于承担责任，面对歪风邪气敢于坚决斗争。”①“干部干部，干是当头的，既要想干愿干积极干，又要能干会干善于干，其中积极性又是首要的。”②“坚持原则、敢于担当是党的干部必须具备的基本素质。‘为官避事平生耻。’担当大小，体现着干部的胸怀、勇气、格调，有多大担当才能干多大事业。”“说到底，无私才能无畏，无私才敢担当，心底无私天地宽。担当就是责任，好干部必须有责任重于泰山的意识，坚持党的原则第一、党的事业第一、人民利益第一，敢于旗帜鲜明，敢于较真碰硬，对工作任劳任怨、尽心竭力、善始善终、善作善成。‘疾风识劲草，烈火见真金。’为了党和人民事业，我们的干部要敢想、敢做、敢当，做我们时代的劲草、真金。”③“干部就要有担当，有多大担当才能干多大事业，尽多大责任才会有多大成就。不能只想当官不想干事，只想揽权不想担责，只想出彩不想出力。”“党把干部放在这样一个岗位上是信任，是重托，要意气风发、满腔热情干好，为

① 中共中央文献研究室：《习近平关于全面从严治党论述摘编》，北京：中央文献出版社 2016 年版，第 122~123 页。

② 中共中央文献研究室：《习近平关于全面从严治党论述摘编》，北京：中央文献出版社 2016 年版，第 141 页。

③ 中共中央文献研究室：《习近平关于全面从严治党论述摘编》，北京：中央文献出版社 2016 年版，第 123~124 页。

官一任、造福一方。”①

习近平总书记严厉批评一些干部不担当、不作为的问题。“事业成功的原因很多，奋发有为是主要因素。我们大多数领导干部能够做到责任在心、担当在肩，但的确也有一些领导干部不思进取、为官不为，抱着‘当一天和尚撞一天钟’的心态，只要不出事，宁愿不做事，满足于做四平八稳的‘太平官’。这种认识是错误的。面对工作难题，要有明知山有虎、偏向虎山行的劲头，积极寻找克服困难的具体对策，豁得出来、顶得上去，真正成为带领人民群众战风险、渡难关的主心骨。”②“目前，一些党员干部干事创业精神不振、担当劲头不够。开展这次主题教育，就是要教育引导广大党员干部发扬革命传统和优良作风，团结带领人民把党的十九大绘就的宏伟蓝图一步一步变为美好现实。”③“必须正确处理干净和担当的关系，决不能把反腐败当成不担当、不作为的借口。只有做到自身正、自身净、自身硬，才能确保既想干事、能干事，又干成事、不出事。要把干净和担当、勤政和廉政统一起来，勇于挑重担子、啃硬骨头、接烫手山芋。要践行新时期好干部标准，不做政治麻木、办事糊涂的昏官，不做饱食终日、无所用心的懒官，不做推诿扯皮、不思进取的庸官，不做以权谋私、蜕化变质的贪官。”④

---

① 中共中央文献研究室：《习近平关于全面从严治党论述摘编》，北京：中央文献出版社2016年版，第137页。

② 习近平：《习近平谈治国理政》(第二卷)，北京：外文出版社2017年版，第146页。

③ 习近平：《在“不忘初心、牢记使命”主题教育工作会议上的讲话》，北京：人民出版社2019年版，第5页。

④ 习近平：《在中央和国家机关党的建设工作会议上的讲话》，载中国政府网，2019年11月1日。

要建立健全容错纠错机制，宽容干部在改革创新中的失误错误，把干部在推进改革中因缺乏经验、先行先试出现的失误错误，同明知故犯的违纪违法行为区分开来；把尚无明确限制的探索性试验中的失误错误，同明令禁止后依然我行我素的违纪违法行为区分开来；把为推动发展的无意过失，同为谋取私利的违纪违法行为区分开来。

贯彻习近平新时代中国特色社会主义思想和党的十九大精神，特别是习近平总书记关于建立激励机制和容错纠错机制、进一步激励广大干部新时代新担当新作为的重要思想，中央提出了七个方面的意见。

一是大力教育引导干部担当作为、干事创业。坚持用习近平新时代中国特色社会主义思想武装干部头脑，增强干部信心，增进干部自觉，鼓舞干部斗志。坚持严管和厚爱结合、激励和约束并重，教育引导广大干部不忘初心、牢记使命，强化“四个意识”，坚定“四个自信”，以对党忠诚、为党分忧、为党尽职、为民造福的政治担当，满怀激情地投入新时代中国特色社会主义伟大实践。教育引导广大干部深刻领会新时代、新思想、新矛盾、新目标提出的新要求，以时不我待、只争朝夕、勇立潮头的历史担当，努力改革创新、攻坚克难，不断锐意进取、担当作为。教育引导广大干部不负党和人民重托，以守土有责、守土负责、守土尽责的责任担当，在其位、谋其政、干其事、求其效，努力做出无愧于时代、无愧于人民、无愧于历史的业绩。各级领导干部要切实发挥示范表率作用，带头履职尽责，带头担当作为，带头承担责任，一级带着一级干，一级做给一级看，以担当带动担当，以作为促进作为。

二是鲜明树立重实干重实绩的用人导向。坚持好干部标准，突出信念过硬、政治过硬、责任过硬、能力过硬、作风过硬，大力选拔敢于负责、勇于担当、善于作为、实绩突出的干部。坚持从对党忠诚的高度看待干部是否担当作为，注重从精神状态、作风状况考察政治素质，既看日常工作中的担当，又看大事要事难事中的表现。坚持有为才有位，突出实践实干实效，让那些想干事、能干事、干成事的干部有机会有舞台。坚持全面历史辩证地看待干部，公平公正对待干部，对个性鲜明、坚持原则、敢抓敢管、不怕得罪人的干部，符合条件的要大胆使用。坚持优者上、庸者下、劣者汰，对巡视等工作中发现的贯彻执行党的路线方针政策和决策部署不坚决不全面不到位等问题，组织部门要及时跟进，对不担当不作为的干部，根据具体情节该免职的免职、该调整的调整、该降职的降职，使能上能下成为常态。

三是充分发挥干部考核评价的激励鞭策作用。适应新时代新任务新要求，完善干部考核评价机制，切实解决干与不干、干多干少、干好干坏一个样的问题。突出对党中央决策部署贯彻执行情况的考核，制定出台党政领导干部考核工作条例，改进年度考核，推进平时考核，构建完整的干部考核工作制度体系。体现差异化要求，合理设置干部考核指标，改进考核方式方法，增强考核的科学性、针对性、可操作性，调动和保护好各区域、各战线、各层级干部的积极性。完善政绩考核，引导干部牢固树立正确政绩观，防止不切实际定目标，切实解决表态多调门高、行动少落实差等突出问题，力戒形式主义、官僚主义。强化考核结果分析运用，将其作为干部选拔任用、评先奖优、问责追责的重要依据，使政治坚定、奋发有为的干部得到褒奖和鼓励，使慢作为、不作为、乱作为的干部受到警醒和惩戒。加强考核结果反馈，引导干部发扬成绩、改进不足，更好忠于职守、担当奉献。

四是切实为敢于担当的干部撑腰鼓劲。建立健全容错纠错机制，宽容干部在改革创新中的失误错误，坚持“三个区分开来”；把为推动发展的无意过失，同为谋取私利的违纪违法行为区分开来。各级党委(党组)及纪检监察机关、组织部门等相关职能部门，要妥善把握事业为上、实事求是、依纪依法、容纠并举等原则，结合动机态度、客观条件、程序方法、性质程度、后果影响以及挽回损失等情况，对干部的失误错误进行综合分析，对该容的大胆容错，不该容的坚决不容。对给予容错的干部，考核考察要客观评价，选拔任用要公正合理。准确把握政策界限，对违纪违法行为必须严肃查处，防止混淆问题性质、拿容错当“保护伞”，搞纪律“松绑”，确保容错在纪律红线、法律底线内进行。坚持有错必纠、有过必改，对苗头性、倾向性问题早发现早纠正，对失误错误及时采取补救措施，帮助干部汲取教训、改进提高，让他们放下包袱、轻装上阵。严肃查处诬告陷害行为，及时为受到不实反映的干部澄清正名、消除顾虑，引导干部争当改革的促进派、实干家，专心致志为党和人民干事创业、建功立业。

五是着力增强干部适应新时代发展要求的本领能力。按照建设高素质专业化干部队伍要求，强化能力培训和实践锻炼，提高专业思维和专业素养，涵养干部担当作为的底气和勇气。加强专业知识、专业能力培训，促使广大干部全面提高学习本领、政治领导本领、改革创新本领、科学发展本领、依法执政本领、群众工作本领、狠抓落实本领、驾驭风险本领。注重培养专业作风、专业精神，引导广大干部坚持理论联系实际，干一行爱一行、钻一行精一行、管一行像一行。突出精准化和实效性，围绕贯彻落实新发展理念、推动高质量发展和建设现代化经济体系、推进供给侧结构性改革、打好三大攻坚战等一系列重大战略部署，帮助干部弥补知识弱项、能力短板、经验盲区，全面提高其适应新时代、实现新目标、落实新部署的能力。优化干部成长路径，注重在基层一线和困难艰苦地区培养锻炼，让干部在实践中砥砺品质、增长才干。

六是满怀热情关心关爱干部。坚持严格管理和关心信任相统一，政治上激励、工作上支持、待遇上保障、心理上关怀，增强干部的荣誉感、归属感、获得感。完善和落实谈心谈话制度，注重围绕深化党和国家机构改革等重大任务做好思想政治工作，及时为干部释疑解惑、加油鼓劲。健全干部待遇激励保障制度体系，完善机关事业单位基本工资标准调整机制，实施地区附加津贴制度，完善公务员奖金制度，推进公务员职务与职级并行制度，健全党和国家功勋荣誉表彰制度，做好平时激励、专项表彰奖励工作，落实体检、休假等制度，关注心理健康，丰富文体生活，保证正常福利，保障合法权益。要给基层干部特别是工作在困难艰苦地区和战斗在脱贫攻坚第一线的干部更多理解和支持，主动排忧解难，在政策、待遇等方面给予倾斜，让他们安心、安身、安业，更好履职奉献。

七是凝聚形成创新创业的强大合力。各级党组织要深刻把握新时代新使命新征程，切实增强政治领导力、思想引领力、群众组织力、社会号召力，大力弘扬中华民族的伟大创造精神、伟大奋斗精神、伟大团结精神、伟大梦想精神，让广大干部聪明才智充分涌流，让各类人才创造活力竞相迸发，形成锐意改革、攻坚克难的良好社会风尚。加强科学统筹，制定和执行政策坚持具体问题具体分析，坚持分类指导、精准施策，充分发挥政策的激励引导和保障支持作用。大兴调查研究之风，尊重基层首创精神，鼓励基层结合实际探索创新，充分调动干事创业的积极性。加强党内政治文化建设，弘扬忠诚老实、公道正派、实事求是、清正廉洁等价值观，引导干部自觉践行“三严三实”，不断增强政治定力、纪律定力、道德定力、抵腐定力，习惯在受监督和约束的环境中工作生活。加强舆论引导，坚持激浊扬清，注重保护干部声誉，维护干部队伍形象。大力宣传改革创新、干事创业的先进典型，激励广大干部见贤思齐、奋发有为，撸起袖子加油干，奋力谱写社会主义现代化新征程的壮丽篇章。

四、切实加强体制机制建设，着力发挥中央和地方两个积极性

充分发挥中央和地方两个积极性，既是坚持和完善中国特色社会主义行政体制的重要任务，也是充分调动全党积极性、主动性、创造性的题中之意。毛泽东同志 1956 年发表《论十大关系》的著名讲话，指出“我们的国家这样大，人口这样多，情况这样复杂，有中央和地方两个积极性，比只有一个积极性好得多”。“应当在巩固中央统一领导的前提下，扩大一点地方的权力，给地方更多的独立性，让地方办更多的事情。”①毛泽东同志首次提出“中央和地方两个积极性”并进行系统阐述，为正确把握中央和地方关系奠定了重要理论基

① 《毛泽东文集》(第 7 卷)，北京：人民出版社 1997 年版，第 31 页。

础。邓小平同志强调，“过去讲发挥两个积极性，无非中央和省市，现在不够了，现在要扩大到基层厂矿”；[①]“调动积极性，权力下放是最主要的内容”。[②]这些重要论述，体现了发挥两个积极性的精神。

党的十八大以来，以习近平同志为核心的党中央站在党和国家事业发展全局的高度，对发挥两个积极性提出了明确要求、作出了全面部署。习近平总书记在党的十八届三中全会上强调，要“正确处理中央和地方、全局和局部、当前和长远的关系，正确对待利益格局调整”。[③]同时，他在党的十九届三中全会上强调，充分发挥中央和地方两个积极性，构建从中央到地方各级机构政令统一、运行顺畅、充满活力的工作体系。“要发挥好中央和地方两个积极性，确保党中央集中统一领导和国家制度统一、政令统一，中央和国家机关要做好对本行业本系统的指导和监督，地方在坚决贯彻党中央决策部署的同时，要发挥主观能动性，结合地方实际创造性开展工作。”[④]习近平总书记的重要论述，充分体现了对党的执政规律的深刻把握，进一步开辟了国家治理的新境界。

党的十九届四中全会把“健全充分发挥中央和地方两个积极性体制机制”作为推进国家治理体系和治理能力现代化的重要内容作出了部署。这是习近平总书记关于治国理政重要论述的重要体现，是完

---

① 《邓小平年谱(一九七五—一九九七)》(上卷)，北京：中央文献出版社 2004 年版，第 376 页。

② 《邓小平文选》(第 3 卷)，北京：人民出版社 1993 年版，第 242 页。

③ 中共中央文献研究室：《十八大以来重要文献选编》(上)，北京：中央文献出版社 2014 年版，第 544 页。

④ 习近平：《习近平谈治国理政》(第三卷)，北京：外文出版社 2020 年版，第 107 页。

善国家行政体制、提升政府治理效能的重要举措，也是调动全党积极性、主动性、创造性的制度安排，必将为实现“两个一百年”奋斗目标、实现中华民族伟大复兴的中国梦注入强劲动力。我们一定要深刻领会，认真贯彻落实。

发挥中央和地方两个积极性，一是高举习近平新时代中国特色社会主义思想伟大旗帜、坚决做到“两个维护”，致力于建设富强民主文明和谐美丽的社会主义现代化强国、为实现中华民族伟大复兴而努力奋斗的积极性；二是解放思想、实事求是、按客观规律办事的积极性；三是推动我国制度优势更好转化为国家治理效能的积极性。健全充分发挥中央和地方两个积极性体制机制，应坚持以下原则：

一是坚定维护党中央权威和集中统一领导。“事在四方，要在中央。”发挥中央和地方两个积极性，首要的一条是维护党中央权威和集中统一领导，这是政治前提和核心要义，也是必须严守的政治纪律和政治规矩。各地区各部门要增强“四个意识”、坚定“四个自信”、做到“两个维护”，坚决有效地把维护习近平总书记党中央的核心、全党的核心地位落实到改革发展稳定的伟大实践中。要不断完善贯彻落实党中央决策部署、贯彻落实习近平总书记重要指示批示的工作机制，把准政治方向，落实中央要求，做到党中央号召的坚决响应、党中央决定的坚决照办、党中央禁止的坚决不做。

二是坚持全国一盘棋。发挥中央和地方两个积极性，归根到底是为了把中国特色社会主义伟大事业坚持和发展好。要切实强化全局观念、大局意识，坚决反对地方保护主义、部门利益主义，坚决防止地方利益、部门利益凌驾于大局利益之上，坚决纠正为了地区利益而不顾整体利益和损害其他地区利益的错误倾向。要注重发挥社会主义制度集中力量办大事的优势，进一步完善统筹全局利益、统筹各方资源的体制机制，确保在重大任务、重大改革、重大风险挑战面前上下同心、众志成城，以强大的中国精神、制度优势和国家动员能力攻坚克难。

三是尊重基层首创精神。习近平总书记指出，“人民是历史的创造者，群众是真正的英雄”；[①]“要重视发挥广大基层干部群众的首创精神”。[②] 实践反复证明，尊重基层首创精神，是改革开放取得巨大成功的重要经验。在百年未有之大变局中，我们担负的任务艰巨而繁重、面临的挑战严峻而现实、面对的矛盾具体而复杂，如果不能因地制宜地进行创造性工作，就很难打开工作局面、很难把中央决策部署落到实处。因此，从中央到地方，尊重基层首创精神，鼓励支持基层结合实际大胆探索、先行先试，在加快发展、服务群众、化解矛盾、改善环境、创造更加美好生活的伟大实践中不断取得更大成绩，就显得尤为重要。

四是强化法治保障。经过改革开放 40 多年的探索，发挥中央和地方两个积极性的体制机制已经比较成熟。要通过法治让实践证明行之有效的体制机制、政策制度更加成熟更加定型，这是新时代确保两个积极性充分、持久、稳定发挥的重要保障。要将依法治国、依法执政、依法行政贯穿于发挥两个积极性的全过程，推进各级政府事权规范化、法治化，以完备的法律规范体系、高效的法治实施

① 习近平：《习近平谈治国理政》，北京：外文出版社 2014 年版，第 5 页。

② 习近平：《习近平谈治国理政》(第二卷)，北京：外文出版社 2017 年版，第 86 页。

体系、严密的法治监督体系，确保中央和地方的重大关系、重大制度、工作体系于事周延、于法有据、落实有力。

健全充分发挥中央和地方两个积极性体制机制的主要任务是：理顺中央和地方权责关系，加强中央宏观事务管理，维护国家法制统一、政令统一、市场统一。适当加强中央在知识产权保护、养老保险、跨区域生态环境保护等方面事权，减少并规范中央和地方共同事权。赋予地方更多自主权，支持地方创造性开展工作。按照权责一致原则，规范垂直管理体制和地方分级管理体制。优化政府间事权和财权划分，建立权责清晰、财力协调、区域均衡的中央和地方财政关系，形成稳定的各级政府事权、支出责任和财力相适应的制度。构建从中央到地方权责清晰、运行顺畅、充满活力的工作体系。[①] 任务已经明确，关键要抓好落实；而一切工作都要有利于充分发挥中国特色社会主义制度的优越性，特别是充分发挥中国共产党领导这个最大优势，有利于充分发挥中央和地方两个积极性，进而充分调动全党的积极性、主动性、创造性。

---

① 《中共中央关于深化党和国家机构改革的决定》，载中国政府网，2018 年 9 月 4 日。

第六章　论政治建设

——以党的政治建设为统领

习近平总书记指出，“党的政治建设是党的根本性建设，决定党的建设方向和效果”。新时代党的建设，必须“把党的政治建设摆在首位”，“以党的政治建设为统领”。[①] 党的十九大通过的《中国共产党章程(修正案)》提出：“以党的政治建设为统领，全面推进党的政治建设、思想建设、组织建设、作风建设、纪律建设，把制度建设贯穿其中，深入推进反腐败斗争，全面提高党的建设科学化水平。”抓住全面从严治党的根本性问题，将政治建设纳入党的建设总体布局并摆在首位、作为统领，明确政治建设在新时代党的建设中的战略定位，是新时代党建思想的重大创新，是对马克思主义党建学说的重大贡献。

---

① 习近平：《习近平谈治国理政》(第三卷)，北京：外文出版社 2020 年版，第 48、20、91 页。

一、旗帜鲜明讲政治，是我们党作为马克思主义政党的根本要求

政治建设指执政党为加强自身建设在政治方面所进行的工作，即指用一定的理论和方法，正确制定党的纲领和政治路线，以及与此相适应的方针、政策，并用党的纲领、路线、方针、政策统一全党的思想和行为，确保全党思想上政治上的高度一致，步调一致地沿着正确的政治方向前进。为什么要旗帜鲜明讲政治？为什么要把党的政治建设摆在首位、以党的政治建设为统领？从根本上讲，是由我们党作为马克思主义政党的本质属性决定的。

习近平总书记指出："党的十九大提出党的政治建设这个重大命题，是有很深的考虑的。任何政党都有政治属性，都有自己的政治使命、政治目标、政治追求。马克思主义政党具有崇高政治理想、高尚政治追求、纯洁政治品质、严明政治纪律。如果马克思主义政党政治上的先进性丧失了，党的先进性和纯洁性就无从谈起。这就是我们把党的政治建设作为党的根本性建设的道理所在。"①

"旗帜鲜明讲政治是我们党作为马克思主义政党的根本要求。我们党历来重视提高党员的政治觉悟。1927 年 10 月毛泽东同志亲自撰写的'牺牲个人，努力革命，阶级斗争，服从组织，严守秘密，永不叛党'入党誓词，句句都是共产党人政治觉悟的生动写照。总结我们党的历史经验特别是党的十八大以来加强党的全面领导和全面从严

---

① 习近平：《习近平谈治国理政》（第三卷），北京：外文出版社 2020 年版，第 91 页。

治党实践取得的成效，党的十九大旗帜鲜明把党的政治建设摆在首位，并强调要以党的政治建设为统领。”①

“我们党有 8900 多万名党员和 450 多万个基层党组织，保持和发展马克思主义政党的政治属性不是一件容易的事，不能指望泛泛抓一抓或者集中火力打几个战役就能彻底解决问题。党的政治建设是一个永恒课题，来不得半点松懈。我们党历来注重从政治上建设党。从古田会议上毛泽东同志提出思想建党、政治建军原则，到 1945 年党的七大提出‘首先着重在思想上、政治上进行建设，同时也在组织上进行建设’；从新中国成立后毛泽东同志提出‘政治工作是一切经济工作的生命线’，到改革开放后邓小平同志强调‘到什么时候都得讲政治’，都表明注重从政治上建设党是我们党不断发展壮大、从胜利走向胜利的重要保证。”②

“我们党作为马克思主义政党，讲政治是突出的特点和优势。没有强有力的政治保证，党的团结统一就是一句空话。”③“讲政治，是我们党补钙壮骨、强身健体的根本保证，是我们党培养自我革命勇气、增强自我净化能力、提高排毒杀菌政治免疫力的根本途径。什么时候全党讲政治、党内政治生活正常健康，我们党就风清气正、团结统一，充满生机活力，党的事业就蓬勃发展；反之，就弊病丛生、人心涣散、丧失斗志，各种错误思想得不到及时纠正，给党的

---

① 《习近平：推进党的建设新的伟大工程要一以贯之》，载新华网，2019 年 10 月 2 日。

② 习近平：《习近平谈治国理政》（第三卷），北京：外文出版社 2020 年版，第 91～92 页。

③ 中共中央文献研究室：《习近平关于全面从严治党论述摘编》，北京：中央文献出版社 2016 年版，第 80 页。

事业造成严重损失。”①

学习习近平总书记的重要论述，我们要充分认识到，作为马克思主义政党，旗帜鲜明讲政治是我们党的根本要求，是我们党的突出特点和优势。在革命、建设、改革各个时期，我们党都高度重视党的政治建设，形成了讲政治的优良传统。实践证明，我们党之所以能够始终保持团结和集中统一，始终保持进取精神和强大力量，历经磨难而不衰、千锤百炼更坚强，同我们党始终坚持讲政治是密不可分的。党的十八大以来，以习近平同志为核心的党中央把党的政治建设摆在更加突出的位置，加大力度、常抓不懈，形成了鲜明的政治导向，消除了党内严重的政治隐患，推动了党的政治建设取得重大历史性成就。同时，我们也要清醒看到，党内存在的政治问题还没有得到根本解决，一些党组织和党员干部忽视政治、淡化政治、不讲政治的问题还比较突出，有的甚至存在偏离中国特色社会主义方向的严重政治问题。切实有效解决这些问题，必须始终把党的政治建设摆在首位，进一步加大力度，把旗帜鲜明讲政治的根本要求贯彻到底。

二、党的政治建设是党的根本性建设，决定党的建设方向和效果

为什么要旗帜鲜明讲政治？为什么要把党的政治建设摆在首位，

---

① 《习近平在省部级主要领导干部学习贯彻十八届六中全会精神专题研讨班开班式上发表重要讲话》，载中国政府网，2017年2月13日。

以党的政治建设为统领？这是由政治建设在党的建设全局中的地位和作用决定的。

在党的十九大报告中，习近平总书记明确提出，要把党的政治建设摆在首位。事实上，他也是把加强党的政治建设作为新时代党的建设“八项任务”的第一任务提出来的。“党的政治建设是党的根本性建设，决定党的建设方向和效果。保证全党服从中央，坚持党中央权威和集中统一领导，是党的政治建设的首要任务。全党要坚定执行党的政治路线，严格遵守政治纪律和政治规矩，在政治立场、政治方向、政治原则、政治道路上同党中央保持高度一致。要尊崇党章，严格执行新形势下党内政治生活若干准则，增强党内政治生活的政治性、时代性、原则性、战斗性，自觉抵制商品交换原则对党内生活的侵蚀，营造风清气正的良好政治生态。完善和落实民主集中制的各项制度，坚持民主基础上的集中和集中指导下的民主相结合，既充分发扬民主，又善于集中统一。弘扬忠诚老实、公道正派、实事求是、清正廉洁等价值观，坚决防止和反对个人主义、分散主义、自由主义、本位主义、好人主义，坚决防止和反对宗派主义、圈子文化、码头文化，坚决反对搞两面派、做两面人。全党同志特别是高级干部要加强党性锻炼，不断提高政治觉悟和政治能力，把对党忠诚、为党分忧、为党尽职、为民造福作为根本政治担当，永葆共产党人政治本色。”①

“党的十九大把党的政治建设摆在突出位置，强调党的政治建设

① 习近平：《决胜全面建成小康社会　夺取新时代中国特色社会主义伟大胜利——在中国共产党第十九次全国代表大会上的报告》，载《人民日报》2017年10月18日。

是党的根本性建设，这是有深远考虑的，也是有充分理论和实践依据的。”①“党的十八大以来，在全面从严治党实践中，我们深刻认识到，党内存在的很多问题都同政治问题相关联，都是因为党的政治建设没有抓紧、没有抓实。‘治其本，朝令而夕从；救其末，百世不改也。’不从政治上认识问题、解决问题，就会陷入头痛医头、脚痛医脚的被动局面，就无法从根本上解决问题。正因为如此，我反复强调，‘全面从严治党首先要从政治上看’‘政治问题要从政治上来解决’。我们把党的政治建设摆上突出位置，在坚定政治信仰、增强‘四个意识’、维护党中央权威和集中统一领导、严明党的政治纪律和政治规矩、加强和规范新形势下党内政治生活、净化党内政治生态、正风肃纪、反腐惩恶等方面取得明显成效。实践使我们深刻认识到，党的政治建设决定党的建设方向和效果，不抓党的政治建设或背离党的政治建设指引的方向，党的其他建设就难以取得预期成效”，“必须清醒看到，党的十八大以来党的政治建设取得了很多成绩，但党内存在的政治问题还没有得到根本解决。一些同志忽视政治、淡化政治的问题还比较突出，有的‘四个意识’不强，有的将党的领导仅仅停留在口头上，有的对错误言行缺乏政治敏锐性、政治鉴别力和斗争精神，有的依然我行我素、无视党的政治纪律和政治规矩，有的仍然奉行潜规则、把商品交换原则运用到党内，等等。加强党的政治建设任重道远，必须常抓不懈。”②

---

① 《习近平春节前夕赴四川看望慰问各族干部群众》，载新华网，2018 年 2 月 13 日。

② 习近平：《习近平谈治国理政》（第三卷），北京：外文出版社 2020 年版，第 92~93 页。

党的十九大后，习近平总书记又多次强调要把党的政治建设摆在首位，以党的政治建设为统领。“要坚持以党的政治建设为统领，坚决维护党中央权威和集中统一领导。党中央作出的决策部署，所有党组织都要不折不扣贯彻落实，始终在政治立场、政治方向、政治原则、政治道路上同党中央保持高度一致。任何时候任何情况下，党的领导干部在政治上都要站得稳、靠得住，对党忠诚老实、与党中央同心同德，听党指挥、为党尽责。”①“要把准政治方向，坚持党的政治领导，夯实政治根基，涵养政治生态，防范政治风险，永葆政治本色，提高政治能力，为我们党不断发展壮大、从胜利走向胜利提供重要保证。”②“要以党的政治建设为统领，全面落实新时代党的建设总要求，全面推进党的各方面建设，以坚强有力的党组织确保工作任务落实。”③

学习习近平总书记的重要论述，我们要充分认识到，把党的政治建设摆在首位，以党的政治建设为统领，事关统筹推进新时代党的建设各项工作，事关统筹推进伟大斗争、伟大工程、伟大事业、伟大梦想。我们党之所以能够始终保持正确方向和蓬勃朝气，始终带领全国各族人民不断推进中国特色社会主义事业发展，取得伟大历史性成就，从根本上讲在于我们党始终注重从政治上建设党，始终坚持党的初心使命、坚守党的政治追求，制定符合中国国情的正

① 《习近平在十九届中央纪委二次全会上发表重要讲话》，载中国政府网，2018年1月11日。

② 《习近平主持中共中央政治局第六次集体学习并讲话》，载中国政府网，2018年6月30日。

③ 《习近平栗战书汪洋王沪宁赵乐际分别参加全国人大会议一些代表团审议》，载新华网，2019年3月10日。

确政治路线，严肃党内政治生活，净化党内政治生态、保持党的性质宗旨。特别是党的十八大以来，我们党凸显政治建设的重要性，强调用政治建设统领党的各方面建设，抓住了党的建设的规律，极大提高了党的建设的质量。实践说明，政治建设是党的根本性建设，党的政治建设抓好了，政治方向、政治立场、政治大局把握住了，党的建设就立了标、铸了魂，就可以对党的思想、组织、作风、纪律、制度建设和反腐败斗争起到纲举目张的作用；如果没有政治建设这个"灵魂"，党的各项建设就容易迷失方向、效果不彰。因此，要把政治标准和政治要求贯穿于党的各项建设之中，带动党的建设质量全面提高。党的思想、组织、作风、纪律、制度建设和反腐败斗争，要自始至终自觉贯彻和体现讲政治的根本要求，确保党的建设政治目标不偏，确保全面从严治党不断取得新进展，确保党始终成为中国特色社会主义事业的领导核心，为实现"两个一百年"奋斗目标和中华民族伟大复兴的中国梦提供坚强政治保证。

三、加强新时代党的政治建设，必须坚定政治信仰

为深入贯彻落实习近平新时代中国特色社会主义思想特别是关于加强党的政治建设的重要论述，中共中央制定了《中共中央关于加强党的政治建设的意见》（以下简称《意见》），提出了加强党的政治建设的重大意义、指导思想、目标任务和工作要求。《意见》指出："加强党的政治建设，目的是坚定政治信仰，强化政治领导，提高政治能力，净化政治生态，实现全党团结统一、行动一致。要以党章

为根本遵循，把党章明确的党的性质和宗旨、指导思想和奋斗目标、路线和纲领落到实处。要突显党的政治建设的根本性地位，聚焦党的政治属性、政治使命、政治目标、政治追求持续发力。要以党的政治建设为统领，把政治标准和政治要求贯穿党的思想建设、组织建设、作风建设、纪律建设以及制度建设、反腐败斗争始终，以政治上的加强推动全面从严治党向纵深发展，引领带动党的建设质量全面提高。要坚持问题导向，注重‘靶向治疗’，针对政治意识不强、政治立场不稳、政治能力不足、政治行为不端等突出问题强弱项补短板。要把党的政治建设融入党和国家重大决策部署的制定和落实全过程，做到党的政治建设与各项业务工作特别是中心工作紧密结合、相互促进。”这就为加强党的政治建设指明了方向。我们要充分认识到，坚定政治信仰、强化政治领导、提高政治能力、净化政治生态既是加强党的政治建设的目标，也是加强党的政治建设的任务，是目标和任务的统一。坚定政治信仰是前提，强化政治领导是根本，提高政治能力是关键，净化政治生态是基础，我们要把这四个方面的目标任务统一于推进党的政治建设的伟大实践。在接下来的四小节，将分别论述这四个问题，先谈坚定政治信仰问题。

习近平总书记指出：“我们所要坚守的政治方向，就是共产主义远大理想和中国特色社会主义共同理想、‘两个一百年’奋斗目标，就是党的基本理论、基本路线、基本方略。加强党的政治建设就是要发挥政治指南针作用，引导全党坚定理想信念、坚定‘四个自信’，廓清思想迷雾，澄清模糊认识，排除各种干扰，把全党智慧和力量凝聚到新时代坚持和发展中国特色社会主义伟大事业中来；就是要推动全党把坚持正确政治方向贯彻到谋划重大战略、制定重大政策、部署重大任务、推进重大工作的实践中去，经常对表对标，及时校准偏差，坚决纠正偏离和违背党的政治方向的行为，确保党和国家各项事业始终沿着正确政治方向发展；就是要把各级党组织建设成为坚守正确政治方向的坚强战斗堡垒，教育广大党员、干部坚定不移沿着正确政治方向前进。对在政治方向上有问题的人，必须严肃批评教育，问题严重的要依照党纪进行处理。”①

“民心是最大的政治，正义是最强的力量。正所谓‘天下何以治？得民心而已！天下何以乱？失民心而已！’社情民意是观察政治问题的晴雨表。”②“‘国以民为本，社稷亦为民而立。’加强党的政治建设，要紧扣民心这个最大的政治，把赢得民心民意、汇集民智民力作为重要着力点。要站稳人民立场，贯彻党的群众路线，同人民想在一起、干在一起，坚决反对‘四风’特别是形式主义、官僚主义，始终保持党同人民群众的血肉联系。人民群众对我们拥护不拥护、支持不支持、满意不满意，不仅要看我们是怎么说的，更要看我们是怎么做的。实干方能兴邦、实干方能强国、实干方能富民。一切不思进取、庸政怠政、明哲保身、得过且过的思想和行为都是同人民群众期盼、同新时代新要求格格不入的。要教育和激励广大党员、干部锐意进取、奋发有为，把精力和心思用在稳增长、促改革、调结构、惠民生、防风险上，用在破难题、克难关、着力解决人民群众最关心最直接最现实的利益问题上。对敢抓敢管、真抓实干、勇于

---

① 习近平：《习近平谈治国理政》(第三卷)，北京：外文出版社 2020 年版，第 93~94 页。

② 中共中央文献研究室：《习近平关于全面从严治党论述摘编》，北京：中央文献出版社 2016 年版，第 190 页。

担当的干部组织上要为他们加油鼓劲、撑腰壮胆，对尸位素餐、光说不练、热衷于对实干者评头论足甚至诬告陷害的人要严肃批评、严格问责，在全党形成以担当作为为荣、以消极无为为耻的浓厚氛围。”①

学习习近平总书记重要论述，我们要充分认识到，加强党的政治建设，必须坚持马克思主义指导地位，坚持用习近平新时代中国特色社会主义思想武装全党、教育人民，夯实思想根基、牢记初心使命，坚守政治方向、站稳政治立场，凝聚同心，共筑中国梦。要认真贯彻《意见》精神，落实三个方面的任务。

一是坚持用党的科学理论武装头脑。马克思主义是我们立党立国的根本指导思想。习近平新时代中国特色社会主义思想是当代中国马克思主义、21 世纪马克思主义，是全党全国人民为实现中华民族伟大复兴而奋斗的行动指南，是经过实践检验、富有实践伟力的强大思想武器，必须长期坚持并不断发展。要深入学习习近平新时代中国特色社会主义思想，加强思想政治教育，推动学习教育往深里走、往心里走、往实里走，真正做到学深悟透、融会贯通、真信笃行，巩固全党全国人民团结奋斗的共同思想基础。要坚定理想信念，牢固树立共产主义远大理想和中国特色社会主义共同理想，挺起共产党人的精神脊梁，坚决防止不信马列信鬼神、不信真理信金钱，坚决反对各种歪曲、篡改、否定马克思主义的错误思想。要坚定“四个自信”，坚信中国特色社会主义是科学社会主义理论逻辑和中国社会发展历史逻辑的辩证统一，是当代中国发展进步的根本方

① 习近平：《习近平谈治国理政》(第三卷)，北京：外文出版社 2020 年版，第 95 页。

向，是全面建成小康社会、全面建成社会主义现代化强国、实现中华民族伟大复兴的必由之路。领导干部要带头学理论、强信念，筑牢信仰之基，补足精神之钙，把稳思想之舵。

二是坚定执行党的政治路线。党在社会主义初级阶段的基本路线作为党的政治路线，是党和国家的生命线、人民的幸福线，必须坚决捍卫、坚定执行。越是面临严峻复杂的国际国内形势，越是处于中华民族伟大复兴的关键时期，越要保持清醒头脑和战略定力，全面贯彻执行党的政治路线，把以经济建设为中心同坚持四项基本原则、坚持改革开放两个基本点统一于中国特色社会主义伟大实践，绝不能有丝毫偏离和动摇。坚持党的政治路线，必须全面贯彻实施新时代中国特色社会主义基本方略，统筹推进“五位一体”总体布局和协调推进“四个全面”战略布局，为实现“两个一百年”奋斗目标不懈努力。制定执行大政方针，要从党的政治路线出发；部署推进党和国家事业发展重大战略、重大任务、重大工作，要紧紧围绕党的政治路线来进行；确定工作思路、工作部署、政策措施，要自觉同党的政治路线对标对表，及时校准偏差。要坚决同一切违背、歪曲、否定党的政治路线的言行作斗争。

三是坚决站稳政治立场。政治立场事关根本。必须始终坚定马克思主义立场，坚持党性和人民性相统一，坚决站稳党性立场和人民立场。要坚持以党的旗帜为旗帜、以党的方向为方向、以党的意志为意志，始终做到在党言党、在党忧党、在党为党，任何时候都同党同心同德。要坚持以人民为中心，立党为公、执政为民，践行全心全意为人民服务的根本宗旨，树立真挚的人民情怀，把人民放在心中最高位置，始终相信人民，紧紧依靠人民，把人民对美好生活的向往作为奋斗目标。要把对党负责和对人民负责高度统一起来，想问题、作决策、办事情都从人民利益出发，崇尚实干、勤政为民，把精力和心思用在稳增长、促改革、调结构、惠民生、防风险、保稳定上，着力解决人民群众最关心、最直接、最现实的利益问题，努力让人民群众有更多的获得感、幸福感、安全感。

四、加强新时代党的政治建设，必须强化政治领导

习近平总书记指出："经过党的十八大以来的艰苦努力，全党坚持党的全面领导的意识是明显增强了。同时，我们也要看到，一到具体工作中，有的地方和单位就落虚落空了。要建立健全坚持和加强党的全面领导的组织体系、制度体系、工作机制，切实把党的领导落实到改革发展稳定、内政外交国防、治党治国治军等各领域各方面各环节。坚持党的政治领导，最重要的是坚持党中央权威和集中统一领导，这要作为党的政治建设的首要任务。要引导全党增强'四个意识'，自觉在思想上政治上行动上同党中央保持高度一致，确保党中央一锤定音、定于一尊的权威。高级干部特别是中央政治局的同志要身体力行，在履职尽责过程中自觉在大局下行动，为全党做好表率。"①

"坚持和加强党的全面领导，首先要维护党中央权威和集中统一领导。保证全党令行禁止，是党和国家前途命运所系，是全国各族

① 习近平：《习近平谈治国理政》(第三卷)，北京：外文出版社 2020 年版，第 94 页。

人民根本利益所在。中央政治局的同志对此必须保持十分清醒的认识。党的十九大在新时代党的建设总要求中明确提出加强党的政治建设，把保证全党服从中央、坚持党中央权威和集中统一领导作为党的政治建设的首要任务。维护党中央权威和集中统一领导，是我国革命、建设、改革的重要经验，是一个成熟的马克思主义执政党的重大建党原则。中央政治局的同志要把维护党中央权威和集中统一领导作为明确的政治准则和根本的政治要求，在思想上高度认同，政治上坚决维护，组织上自觉服从，行动上紧紧跟随，在政治立场、政治方向、政治原则、政治道路上同党中央保持高度一致，自觉维护党中央权威。这是对大家党性的考验，也是根本的政治纪律和政治规矩。”①

学习习近平总书记重要论述，我们要充分认识到，党是最高政治领导力量，党的领导是中国特色社会主义最本质的特征，是中国特色社会主义制度的最大优势。加强党的政治建设，必须坚持和加强党的全面领导，完善党的领导体制，改进党的领导方式，承担起执政兴国的政治责任。要贯彻《意见》精神，落实三个方面的任务。

一是坚决做到“两个维护”。事在四方，要在中央。坚持和加强党的全面领导，最重要的是坚决维护党中央权威和集中统一领导；坚决维护党中央权威和集中统一领导，最重要的是坚决维护习近平总书记党中央的核心、全党的核心地位。要教育引导党员干部从历史和现实、理论和实践、国内和国际的结合上深刻认识、强化认同，不断增强拥护核心、跟随核心、捍卫核心的思想自觉、政治自觉、

---

① 习近平：《习近平谈治国理政》（第三卷），北京：外文出版社2020年版，第84页。

行动自觉，始终同以习近平同志为核心的党中央保持高度一致，做到党中央提倡的坚决响应、党中央决定的坚决执行、党中央禁止的坚决不做。要以党章为根本依据，不断完善保障“两个维护”的制度机制，严格执行《关于新形势下党内政治生活的若干准则》《中国共产党重大事项请示报告条例》《中共中央政治局关于加强和维护党中央集中统一领导的若干规定》等党内法规，加强对贯彻执行党的路线方针政策和决议情况的督促检查，完善党中央重大决策部署和习近平总书记重要指示批示贯彻落实的督查问责机制。要以正确的认识、正确的行动坚决做到“两个维护”，坚决防止和纠正一切偏离“两个维护”的错误言行，不得搞任何形式的“低级红”“高级黑”，绝不允许对党中央阳奉阴违做“两面人”、搞“两面派”、搞“伪忠诚”。

二是完善党的领导体制。坚持党总揽全局、协调各方，建立健全坚持和加强党的全面领导的制度体系，为把党的领导落实到改革发展稳定、内政外交国防、治党治国治军各领域各方面各环节提供坚实制度保障。研究制定党领导经济社会各方面重要工作的党内法规。健全党中央集中统一领导重大工作的体制机制。完善地方党委、党组、党的工作机关实施党的领导的体制机制。建立健全国有企业党委(党组)和农村、事业单位、街道社区等的基层党组织发挥领导作用的制度规定。贯彻落实宪法规定，制定和修改有关法律法规要明确规定党领导相关工作的法律地位。将坚持党的全面领导的要求载入人大、政府、法院、检察院的组织法，载入政协、民主党派、工商联、人民团体、国有企业、高等学校、有关社会组织等的章程，健全党对这些组织实施领导的制度规定，确保其始终在党的领导下积极主动、独立负责、协调一致地开展工作。

三是改进党的领导方式。着眼于党把方向、谋大局、定政策、促改革，强化战略思维、创新思维、辩证思维、法治思维、底线思维，正确制定和坚决执行党的路线方针政策，不断增强党的政治领导力、思想引领力、群众组织力、社会号召力。要坚持民主集中制这一根本领导制度，善于运用民主的办法汇集意见、科学决策，善于通过协商的方式增进共识、凝聚力量，同时善于集中、敢于担责，防止议而不决、决而不行。要坚持群众路线这一基本领导方法，不断增强群众工作本领，大兴调查研究之风，改进和创新联系群众的途径方法，坚持走好网上群众路线，汇集民智民力，善于通过群众喜闻乐见的方式宣传党的理论和路线方针政策，把党的主张变为群众自觉行动。坚决反对“四风”特别是形式主义、官僚主义。要坚持依法执政这一基本领导方式，注重运用法治思维和法治方式治国理政，善于使党的主张通过法定程序成为国家意志、转化为法律法规，自觉把党的领导活动纳入制度轨道。

五、加强新时代党的政治建设，必须提高政治能力

习近平总书记指出：“党的政治建设落实到干部队伍建设上，就要不断提高各级领导干部特别是高级干部把握方向、把握大势、把握全局的能力，辨别政治是非、保持政治定力、驾驭政治局面、防范政治风险的能力。提高政治能力，很重要的一条就是要善于从政治上分析问题、解决问题。只有从政治上分析问题才能看清本质，只有从政治上解决问题才能抓住根本。各级领导干部特别是高级干

部要炼就一双政治慧眼，不畏浮云遮望眼，切实担负起党和人民赋予的政治责任。”①

“我们党在内忧外患中诞生，在磨难挫折中成长，在战胜风险挑战中壮大，始终有着强烈的忧患意识、风险意识。要教育引导各级领导干部增强政治敏锐性和政治鉴别力，做到眼睛亮、见事早、行动快。”②“在领导干部的所有能力中，政治能力是第一位的。大家都担任领导职务，负责一方面工作，必须做到观察分析形势要把握政治因素，筹划推动工作要落实政治要求，处理解决问题要防范政治风险。要自觉尊崇党章、模范践行党章、忠诚捍卫党章，严格执行新形势下党内政治生活若干准则，坚决杜绝‘七个有之’，做到‘五个必须’，严格执行民主集中制，在守纪律、讲规矩上作表率，自觉做政治上的明白人、老实人，绝不做两面派、两面人。”③“党的高级干部要注重提高政治能力，牢固树立政治理想，正确把握政治方向，坚定站稳政治立场，严格遵守政治纪律，加强政治历练，积累政治经验，自觉把讲政治贯穿于党性锻炼全过程，使自己的政治能力与担任的领导职责相匹配。”④

2020 年 12 月，习近平总书记指出，我们党要始终做到不忘初心、牢记使命，把党和人民的事业长长久久推进下去，必须增强政

---

① 习近平：《习近平谈治国理政》（第三卷），北京：外文出版社 2020 年版，第 97~98 页。

② 习近平：《习近平谈治国理政》（第三卷），北京：外文出版社 2020 年版，第 96 页。

③ 《习近平：年轻干部要提高解决实际问题能力　想干事能干事干成事》，载新华网，2020 年 10 月 10 日。

④ 《习近平：以解决突出问题为突破口和主抓手　推动六中全会精神落到实处》，载新华网，2017 年 2 月 13 日。

治意识，善于从政治上看问题，善于把握政治大局，不断提高政治判断力、政治领悟力、政治执行力。

他强调，讲政治必须提高政治判断力。我们党领导人民进行革命、建设、改革的历史进程反复证明了一个道理：政治上的主动是最有利的主动，政治上的被动是最危险的被动。增强政治判断力，就要以国家政治安全为大、以人民为重、以坚持和发展中国特色社会主义为本，增强科学把握形势变化、精准识别现象本质、清醒明辨行为是非、有效抵御风险挑战的能力。中央政治局的同志要善于思考涉及党和国家工作大局的根本性、全局性、长远性问题，加强战略性、系统性、前瞻性研究谋划，做到在重大问题和关键环节上头脑特别清醒、眼睛特别明亮，善于从一般事务中发现政治问题，善于从倾向性、苗头性问题中发现政治端倪，善于从错综复杂的矛盾关系中把握政治逻辑，坚持政治立场不移、政治方向不偏。

他强调，讲政治必须提高政治领悟力。领导干部特别是高级领导干部担的是政治责任，必须对党中央精神深入学习、融会贯通，坚持用党中央精神分析形势、推动工作，始终同党中央保持高度一致。中央政治局的同志是贯彻落实党中央精神的重要组织者和推动者，更应该不断提高政治领悟力，对“国之大者”了然于胸，明确自己的职责定位。

他强调，讲政治必须提高政治执行力。领导干部特别是高级干部要经常同党中央精神对表对标，切实做到党中央提倡的坚决响应，党中央决定的坚决执行，党中央禁止的坚决不做，坚决维护党中央权威和集中统一领导，做到不掉队、不走偏，不折不扣抓好党中央精神贯彻落实。要把坚持底线思维、坚持问题导向贯穿工作始终，做到见微知著、防患于未然。要强化责任意识，知责于心、担责于身、履责于行，敢于直面问题，不回避矛盾，不掩盖问题，出了问题要敢于承担责任。①

学习习近平总书记的重要论述，我们要充分认识到，加强党的政治建设，关键是要提高各级各类组织和党员干部的政治能力。必须进一步增强党组织政治功能，彰显国家机关政治属性，发挥群团组织政治作用，强化国有企事业单位政治导向，不断提高党员干部特别是领导干部政治本领。要贯彻《意见》精神，落实五个方面的任务。

一是增强党组织政治功能。党的力量来自组织。政治属性是党组织的根本属性，政治功能是党组织的基本功能，要认真贯彻落实新时代党的组织路线，不断强化各级各类党组织的政治属性和政治功能。党中央是党的最高领导机关，是党的组织体系的大脑和中枢，对党和国家事业发展重大工作实行集中统一领导，涉及全党全国性的重大方针政策问题只能由党中央作出决定和解释。地方党委要在党中央和上级党委领导下，全面领导本地区经济社会发展，全面负责本地区党的建设，坚决纠正党的领导弱化、党的建设缺失、全面从严治党不力问题。党的基层组织要着力提升组织力，突出政治功能、强化政治引领，下大气力解决软弱涣散问题。党支部要担负起直接教育党员、管理党员、监督党员和组织群众、宣传群众、凝聚群众、服务群众的职责，发挥好战斗堡垒作用。党组要在批准其设立的党组织领导下，在本部门本单位发挥好把方向、管大局、保落

---

① 习近平：《加强政治建设提高政治能力坚守人民情怀　不断提高政治判断力政治领悟力政治执行力》，载《人民日报》2020 年 12 月 26 日。

实的重要作用，确保党中央和上级党组织决策部署在本部门本单位贯彻落实。党的各级纪委要进一步强化党内监督专责机关的职能定位，全面监督执纪问责，坚决维护党章党规党纪的严肃性和权威性。党的工作机关要更好发挥党委参谋助手作用，提高履职尽责的政治性和有效性，力求参当其时、谋当其用，更好服务党委决策、抓好决策落实。党员要强化党的意识和组织观念，自觉做到思想上认同组织、政治上依靠组织、工作上服从组织、感情上信赖组织。所有党组织和全体党员都必须牢固树立一盘棋意识，在党中央集中统一领导下齐心协力、步调一致开展工作，形成党的组织体系整体合力。

二是彰显国家机关政治属性。中央和地方各级人大机关、行政机关、政协机关、监察机关、审判机关、检察机关本质上都是政治机关，旗帜鲜明讲政治是应尽之责。要始终坚持在党的领导下依法实施经济社会管理活动，坚决贯彻落实党的基本理论、基本路线、基本方略，积极主动将党的领导主张和重大决策部署转化为法律法规和政策政令，转化为对经济社会管理的部署安排和工作活动，转化为领导体制、工作机制和管理方式方法的创新，转化为推动经济社会发展的实际效果。国家机关履行职责、开展工作，要提高政治站位，把准政治方向，注重政治效果，考虑政治影响，坚决防止和纠正把政治与业务割裂开来、对立起来的错误认识和做法，确保政治和业务融为一体、高度统一。

三是发挥群团组织政治作用。工会、共青团、妇联等群团组织是党领导下的政治组织，政治性是群团组织的灵魂。各群团组织要认真履行政治职责，充分发挥联系人民群众的桥梁和纽带作用，加大政治动员、政治引领、政治教育工作力度，更好地承担起引导群众听党话、跟党走的政治任务，把自己联系的群众最广泛最紧密地团结在党的周围。要坚定不移坚持党的领导，坚定不移走中国特色社会主义群团发展道路，不折不扣落实党中央关于群团改革的决策部署，切实增强群团组织的政治性、先进性、群众性。

四是强化国有企事业单位政治导向。国有企业是中国特色社会主义的重要物质基础和政治基础，事业单位承担着满足人民群众日益增长的公益服务需求职责，都是我们党执政兴国的重要依靠力量。国有企事业单位必须始终坚持党的领导，坚决贯彻执行党的路线方针政策，认真落实党中央关于推进国有企事业单位改革发展的决策部署，切实加强本单位党的建设工作，充分发挥党组织的重要作用，保证本单位工作坚持正确政治方向、取得良好政治效果。

五是提高党员干部政治本领。党员干部特别是领导干部要加强政治能力训练和政治实践历练，切实提高把握方向、把握大势、把握全局的能力和辨别政治是非、保持政治定力、驾驭政治局面、防范政治风险的能力。要在大是大非面前态度鲜明、立场坚定，始终在政治立场、政治方向、政治原则、政治道路上同以习近平同志为核心的党中央保持高度一致。要善于从政治上研判形势、分析问题，自觉在党和国家工作大局下想问题、做工作，做到一切服从大局、一切服务大局。要强化忧患意识、风险意识，增强政治敏锐性和政治鉴别力，对容易诱发政治问题特别是重大突发事件的敏感因素、苗头性倾向性问题，对意识形态领域各种错误思潮、模糊认识、不良现象，保持高度警惕，做到眼睛亮、见事早、行动快。要提高风险处置能力，及时阻断不同领域风险转换通道，防止非公共性风险扩大为公共性风险、非政治性风险演变为政治风险。要增强斗争精神，强化政治担当，敢于亮剑、善于斗争，发现违反政治纪律、危害政治安全的行为坚决抵制，做勇于斗争的“战士”，不做爱惜羽毛的“绅士”，严防对挑战政治底线的错误言论和不良风气听之任之、逃避责任、失职失察。

六、加强新时代党的政治建设，必须净化政治生态

习近平总书记指出，“政治生态好，党内就会正气充盈；政治生态不好，党内就会邪气横生。党的十八大之前一个时期，一些地方和单位政治生态严重恶化，涣散了人心、带坏了社会风气，极大损害了人民群众对党的信任。党的十八大以来，党内政治生态有了明显好转，这一点大家都能亲身感受到。同时，我们也要看到，党内政治生活随意化、形式化、平淡化、庸俗化的问题没有得到彻底解决。这要引起我们高度重视。”“营造良好政治生态是一项长期任务，必须作为党的政治建设的基础性、经常性工作，浚其源、涵其林，养正气、固根本，锲而不舍、久久为功。选人用人是风向标，直接影响着政治生态走向。要把树立正确选人用人导向作为重要着力点，突出政治标准。要贯彻落实新形势下党内政治生活的若干准则，让党员、干部在党内政治生活中经常接受政治体检，打扫政治灰尘，净化政治灵魂，增强政治免疫力。党内政治文化‘日用而不觉’，潜移默化影响着党内政治生态。要加强党内政治文化建设，让党所倡导的理想信念、价值理念、优良传统深入党员、干部思想和心灵。要弘扬社会主义核心价值观，弘扬和践行忠诚老实、公道正派、实

事求是、清正廉洁等价值观，以良好政治文化涵养风清气正的政治生态。”①

加强党的政治建设，必须以永远在路上的坚定和执着，坚决把反腐败斗争进行到底，使我们党永不变质、永不变色。“要持续保持高压态势，坚持无禁区、全覆盖、零容忍，坚持重遏制、强高压、长震慑，坚持受贿行贿一起查，坚决防止党内形成利益集团，坚决防范各种利益集团‘围猎’和绑架领导干部。领导干部特别是高级干部要明大德、守公德、严私德，做廉洁自律、廉洁用权、廉洁齐家的模范。要织密监督的‘天网’，扎紧制度的篱笆，发挥巡视利剑作用，推动全面从严治党向基层延伸，让人民群众真正感受到清正干部、清廉政府、清明政治就在身边、就在眼前。”②“以党的政治建设为统领全面推进党的建设，取得全面从严治党更大战略性成果，巩固发展反腐败斗争压倒性胜利，一体推进不敢腐、不能腐、不想腐，健全党和国家监督体系，确保党的十九大精神和党中央重大决策部署坚决贯彻落实到位。”③

学习习近平总书记重要论述，我们要充分认识到，加强党的政治建设，必须把营造风清气正的政治生态作为基础性、经常性工作，浚其源、涵其林，养正气、固根本，锲而不舍、久久为功，从而实现正气充盈、政治清明。要贯彻《意见》精神，落实五个方面的任务。

---

① 习近平：《习近平谈治国理政》（第三卷），北京：外文出版社 2020 年版，第 95~96 页。

② 习近平：《习近平谈治国理政》（第三卷），北京：外文出版社 2020 年版，第 97 页。

③ 《习近平在十九届中央纪委三次全会上发表重要讲话》，载中国政府网，2019 年 1 月 11 日。

一是严肃党内政治生活。营造良好政治生态，必须严格执行《关于新形势下党内政治生活的若干准则》，着力提高党内政治生活质量，努力在全党形成又有集中又有民主、又有纪律又有自由、又有统一意志又有个人心情舒畅生动活泼的政治局面。增强党内政治生活的政治性，强化政治教育和政治引领，让党员干部经常接受政治体检，打扫政治灰尘，净化政治灵魂，增强政治免疫力，坚决防止和克服党内政治生活忽视政治、淡化政治、不讲政治的倾向。增强党内政治生活的时代性，主动适应信息时代新形势和党员队伍新变化，积极运用互联网、大数据等新兴技术，创新党组织活动内容方式，推进“智慧党建”，使党内政治生活始终充满活力，坚决防止和克服党内政治生活不讲创新、不讲活力、照搬照套的倾向。增强党内政治生活的原则性，坚持按原则开展党的工作和活动，按原则处理党内各种关系，按原则解决党内矛盾和问题，严格执行党的组织生活制度，认真召开民主生活会和组织生活会，提高“三会一课”质量，落实谈心谈话、民主评议党员和主题党日等制度，坚持和完善重温入党誓词、党员过“政治生日”等政治仪式，使党内生活庄重、严肃、规范，坚决防止和克服党内政治生活不讲原则、平淡化庸俗化随意化的倾向。增强党内政治生活的战斗性，坚持以整风精神开展批评和自我批评，勇于思想交锋、揭短亮丑，旗帜鲜明坚持真理、修正错误，统一意志、增进团结，建立健全民主生活会列席指导、及时叫停、责令重开、整改通报等制度，坚决防止和克服党内政治生活一团和气、评功摆好、明哲保身的倾向。

二是严明党的政治纪律和政治规矩。政治纪律是党最根本、最重要的纪律，是净化政治生态的重要保证。要把坚决做到“两个维护”作为首要政治纪律，在全党持续深入开展忠诚教育，开展“守纪律、讲规矩”模范机关创建和先进个人评选活动，教育督促党员干部始终对党忠诚老实，绝不允许在重大政治原则问题上、大是大非问题上同党中央唱反调，搞自由主义。严格执行《中国共产党纪律处分条例》，严肃查处违反政治纪律的行为，通过严明政治纪律带动党的其他纪律严起来。坚持“五个必须”，必须维护党中央权威，绝不允许背离党中央要求另搞一套；必须维护党的团结，绝不允许在党内培植个人势力；必须遵循组织程序，绝不允许擅作主张、我行我素；必须服从组织决定，绝不允许搞非组织活动；必须管好领导干部亲属和身边工作人员，绝不允许他们擅权干政、谋取私利。严肃查处“七个有之”问题，把政治上蜕变的两面人及时辨别出来、清除出去，坚决防止党内形成利益集团攫取政治权力、改变党的性质，坚决防止山头主义和宗派主义危害党的团结、破坏党的集中统一。

三是发展积极健康的党内政治文化。营造良好政治生态，离不开党内政治文化的浸润滋养。坚持“三严三实”，大力弘扬忠诚老实、公道正派、实事求是、清正廉洁等价值观，充分利用各类爱国主义教育基地和党性教育基地对广大党员干部进行教育和熏陶，增强党员干部的政治定力、纪律定力、道德定力、拒腐定力。大力倡导清清爽爽的同志关系、规规矩矩的上下级关系、干干净净的政商关系，弘扬正气、树立新风。推动中华优秀传统文化创造性转化、创新性发展，培育党员干部政治气节、政治风骨。发扬革命文化，传承红色基因，弘扬革命精神，教育党员干部正确处理公和私、义和利、是和非、正和邪、苦和乐的关系。弘扬社会主义先进文化，推进社会主义核心价值观宣传教育，引导党员干部带头做社会主义核心价值观的坚定信仰者、积极传播者、模范践行者。坚决抵制庸俗腐朽的政治文化，自觉抵制商品交换原则对党内生活的侵蚀，狠刹权权交易、权钱交易、权色交易等不正之风，破除关系学、厚黑学、官场术等封建糟粕，坚决防止和反对个人主义、分散主义、自由主义、本位主义、好人主义，坚决防止和反对宗派主义、圈子文化、码头文化。

四是突出政治标准选人用人。选人用人是政治生态的风向标。要坚持党管干部原则，贯彻新时期好干部标准，始终把政治标准放在第一位，注重选拔任用牢固树立“四个意识”、自觉坚定“四个自信”、坚决做到“两个维护”、全面贯彻执行党的理论和路线方针政策、忠诚干净担当的干部，对政治不合格的干部实行“一票否决”，已经在领导岗位的坚决调整。严格执行《党政领导干部选拔任用工作条例》，在选人用人中进一步突出政治标准，强化政治把关。建立健全领导干部政治素质识别和评价机制，强化对干部政治忠诚、政治定力、政治担当、政治能力、政治自律等方面的深入考察考核，坚决把政治上的“两面人”挡在门外。匡正选人用人风气，坚持不懈整治选人用人上的不正之风，对任人唯亲、说情打招呼、跑官要官、买官卖官、拉票贿选等行为发现一起查处一起，对“带病提拔”的干部实行倒查，对政治标准把关不严的严肃处理。严格执行干部选拔任用工作纪实制度，对私自干预下级或者原任职地方和单位选人用人的，记录在案并严肃追究责任。

五是永葆清正廉洁的政治本色。坚决反对腐败，建设廉洁政治，是涵养政治生态的必要条件和重要任务。要强化不敢腐的震慑，坚持反腐败无禁区、全覆盖、零容忍，坚持重遏制、强高压、长震慑，运用监督执纪“四种形态”，重点查处党的十八大以来不收敛、不收手，问题线索反映集中、群众反映强烈，政治问题和经济问题交织的腐败案件，严肃查处违反中央八项规定精神的问题，持续保持反腐败高压态势。要扎紧不能腐的笼子，健全党和国家监督体系，加强对权力运行的制约和监督，通过改革和制度创新切断利益输送链条。特别要针对管人管钱管物管项目的单位和岗位，查找廉政风险点，通过科学管理、严格监督和发挥巡视利剑作用，切实管住权力，坚决反对特权行为和特权现象，让人民群众真正感受到清正干部、清廉政府、清明政治就在身边。要增强不想腐的自觉，领导干部特别是高级干部要带头加强党性修养，知敬畏、存戒惧、守底线，坚决防范被利益集团“围猎”，持之以恒锤炼政德，明大德、守公德、严私德，带头遵守《中国共产党廉洁自律准则》，注重家庭家教家风，自觉做廉洁自律、廉洁用权、廉洁齐家的模范。

第七章　论思想建设

——以坚定理想信念宗旨为根基

习近平总书记指出，新时代党的建设，必须“以坚定理想信念宗旨为根基”。他同时指出，“要把坚定理想信念作为党的思想建设的首要任务”。这就为加强新时代党的建设、特别是加强党的思想建设和作风建设指明了根本方向。

如何理解“根基”和“首要任务”呢？“根基”指的是基础和品行，就整个党的建设而言，坚定理想信念宗旨是基础、是前提；就全体共产党人而言，坚定理想信念宗旨是品行、是党性。也就是说，党的各方面建设，包括政治建设、思想建设、组织建设、作风建设、纪律建设和制度建设、反腐败斗争等，都要着力夯实这个基础。没有这个基础，一切都无从谈起。“首要任务”是就党的思想建设而言的。首要任务突出强调坚定理想信念，并不包括“宗旨”，这主要是由于“宗旨”与“作风”的联系更加密切。因此牢固树立全心全意为人民服务的宗旨、保持党同人民群众的血肉联系，是党的作风建设的根本任务。因此，这一章主要就学习习近平总书记关于坚定理想信念的重要论述，谈几点认识和体会。

一、理想信念是中国共产党人的精神支柱和政治灵魂

理想是对未来事物的美好想象和希望，是人们在实践过程中形成的、有实现可能性的、对未来社会和自身发展的向往和追求，是人们的世界观、人生观和价值观在奋斗目标上的集中体现。信念是情感、认知和意志的有机统一体，是人们在一定的认识基础上确立的对某种思想或事物坚信不疑并身体力行的心理态度和精神状态。理想与信念具有同一性，有什么样的理想，就有什么样的信念，甚至理想本身就是信念。实现共产主义是我们党的最高理想和最终目标，是人类历史上最美好、最科学、最崇高的理想。建设中国特色社会主义，把我国建设成为富强民主文明和谐美丽的社会主义现代化强国，是我们党在现阶段的奋斗目标和行动纲领，也是我国各族人民在现阶段的共同理想。这个共同理想，立足于我国的现实而又高于我国的现实，符合我国社会主义发展的客观规律，是科学的社会理想。实现这个共同理想，是共产主义发展过程中的一个重要阶段和重要组成部分。

习近平总书记把理想信念比喻为共产党人精神上的"钙""压舱石""总开关"，以及照亮前路的灯、把准航向的舵、事业和人生的灯塔等，寓意十分深刻。"坚定理想信念，坚守共产党人精神追求，始终是共产党人安身立命的根本。对马克思主义的信仰，对社会主义和共产主义的信念，是共产党人的政治灵魂，是共产党人经受住任何考验的精神支柱。形象地说，理想信念就是共产党人精神上的

‘钙’，没有理想信念，理想信念不坚定，精神上就会‘缺钙’，就会得‘软骨病。’”①“党内政治生活出现这样那样的问题，根子还是一些党员、干部理想信念这个‘压舱石’发生了动摇，世界观、人生观、价值观这个‘总开关’出现了松动。”②“每一名党员、干部特别是各级领导干部，都要把理想信念作为照亮前路的灯、把准航向的舵。”③“理想信念是事业和人生的灯塔，决定我们的方向和立场，也决定我们的言论和行动。”④

习近平总书记强调理想信念决定了共产党人的方向和立场、言论和行动，阐明了理想信念的根本作用。“我们党以马克思主义为立党之本，以实现共产主义为最高理想，以全心全意为人民服务为根本宗旨。这就是共产党人的本。没有了这些，就是无本之木。我们整个道路、理论、制度的逻辑关系就在这里。我们8600多万党员要团结一心、风雨不动，首先要把这个本立好。改革开放以来，我们党带领全国各族人民开创和发展中国特色社会主义道路、中国特色社会主义理论体系、中国特色社会主义制度，都源于这个理想信念。立忠诚笃信之志，就是要坚定这个理想信念。”⑤不忘初心，方得始终。“只有理想信念坚定的人，才能始终不渝、百折不挠，不论风吹

---

① 中共中央文献研究室：《习近平关于全面从严治党论述摘编》，北京：中央文献出版社2016年版，第57页。

② 中共中央文献研究室：《习近平关于全面从严治党论述摘编》，北京：中央文献出版社2016年版，第73页。

③ 中共中央文献研究室：《习近平关于全面从严治党论述摘编》，北京：中央文献出版社2016年版，第68页。

④ 习近平：《在党的十九届一中全会上的讲话》，载《求是》2018年第1期。

⑤ 中共中央文献研究室：《习近平关于全面从严治党论述摘编》，北京：中央文献出版社2016年版，第62~63页。

雨打，不怕千难万险，坚定不移为实现既定目标而奋斗。今天，每一个共产党员都要做共产主义远大理想和中国特色社会主义共同理想的坚定信仰者、忠实实践者，为实现'两个一百年'奋斗目标、实现中华民族伟大复兴的中国梦而英勇奋斗。"①革命理想高于天，"中国共产党能够历经挫折而不断奋起，历尽苦难而淬火成钢，归根到底在于千千万万中国共产党人心中的远大理想和革命信念始终坚定执着，始终闪耀着火热的光芒"。"理想信念决定着我们的方向和立场，也决定着我们的言论和行动。"②

习近平总书记指出理想信念动摇是最危险的动摇、理想信念滑坡是最危险的滑坡，从反面说明了坚定理想信念的极端重要性。"现实生活中，一些党员、干部出这样那样的问题，说到底是信仰迷茫、精神迷失。"③"这些年，我们查处了那么多领导干部，他们违纪违法，最后堕入犯罪的深渊，从根本上来说是理想信念的防线崩溃了。"④为什么党内这么多高级干部走上犯罪的道路？根本原因在于理想信念动摇了。"有的理想信念'总开关'常年失修，对共产主义心存怀疑，不信马列信鬼神，世界观、人生观、价值观全面蜕变"。⑤"领导干部一旦丧失了理想信念，就会把握不住自己，就会

---

① 习近平：《在纪念朱德同志诞辰 130 周年座谈会上的讲话》，北京：人民出版社 2016 年版，第 6~7 页。

② 习近平：《在纪念周恩来同志诞辰 120 周年座谈会上的讲话》，北京：人民出版社 2018 年版，第 10 页。

③ 中共中央文献出版社：《习近平关于全面从严治党论述摘编》，北京：中央文献出版社 2016 年版，第 57 页。

④ 习近平：《在党的十九届一中全会上的讲话》，载《求是》2018 年第 1 期。

⑤ 习近平：《习近平谈治国理政》(第三卷)，北京：外文出版社 2020 年版，第 515 页。

迷失方向，不仅会越过做党员的底线，而且会越过做人的底线。”①“事实一再表明，理想信念动摇是最危险的动摇，理想信念滑坡是最危险的滑坡。我一直在想，如果哪天在我们眼前发生‘颜色革命’那样的复杂局面，我们的干部是不是都能毅然决然站出来捍卫党的领导、捍卫社会主义制度？我相信，绝大多数党员、干部是能够做到的。”②

习近平总书记特别强调坚定理想信念事关党和国家前途命运，把对理想信念的认识上升到了前所未有的高度。“古人说：‘先立乎其大者，则其小者弗能夺也。万物得其本者生，百事得其道者成。’党的十八大以来，我一再强调，没有理想信念，理想信念不坚定，精神上就会‘缺钙’，就会得‘软骨病’，要炼就‘金刚不坏之身’，必须用科学理论武装头脑，不断培植我们的精神家园。我之所以不断强调坚定理想信念，是因为这是事关马克思主义政党、社会主义国家的精神力量和前途命运的根本问题。”“马克思主义政党不是因利益而结成的政党，而是以共同理想信念而组织起来的政党。建设坚强的马克思主义执政党，首先要从理想信念做起。”“我们常说，基础不牢，地动山摇。信念不牢也是要地动山摇的。苏联解体、苏共垮台、东欧剧变不就是这个逻辑吗？苏共拥有二十万党员时夺取了政权，拥有二百万党员时打败了希特勒，而拥有近二千万党员时却失去了政权。我说过，在那场动荡中，竟无一人是男儿，没什么人出来抗争。什么原因？就是理想信念已经荡然无存了。”“历史和现实都告诫

---

① 习近平：《在党的十九届一中全会上的讲话》，载《求是》2018年第1期。

② 中共中央文献研究室：《习近平关于全面从严治党论述摘编》，北京：中央文献出版社2016年版，第59页。

我们：全党理想信念坚定，党就拥有无比强大力量；全党理想信念淡薄，党就会成为乌合之众，风一吹就散。”①“我们党作为百年大党，如何永葆先进性和纯洁性、永葆青春活力，如何永远得到人民拥护和支持，如何实现长期执政，是我们必须回答好、解决好的一个根本性问题。我们党要求全党同志不忘初心、牢记使命，就是要提醒全党同志，党的初心和使命是党的性质宗旨、理想信念、奋斗目标的集中体现，越是长期执政，越不能丢掉马克思主义政党的本色，越不能忘记党的初心使命，越不能丧失自我革命精神。”②

习近平总书记从正反两个方面论述了坚定理想信念对于共产党人、对于党和国家事业发展的极端重要性，阐明了为什么坚定理想信念是共产党人安身立命的根本、是新时代党的建设的根基、是党的思想建设的首要任务、是事关马克思主义政党和社会主义国家的精神力量和前途命运的根本问题的道理所在。学习习近平总书记的重要论述，就是要充分认识坚定理想信念的重大意义，自觉地把坚定理想信念摆在新时代党的建设的突出位置，坚持不懈地抓实抓深抓细抓出成效，铸就共产党人的精神支柱和政治灵魂，筑牢保持党的团结统一的思想基础，凝聚党和国家事业发展的精神力量。

---

① 习近平：《在新进中央委员会的委员、候补委员和省部级主要领导干部学习贯彻习近平新时代中国特色社会主义思想和党的十九大精神研讨班开班式上的讲话》，载求是网，2019 年 10 月 2 日。

② 习近平：《习近平谈治国理政》(第三卷)，北京：外文出版社 2020 年版，第 529 页。

二、把坚定理想信念作为党的思想建设的首要任务

正是基于对坚定理想信念重大意义的认识和把握，习近平总书记强调："要把坚定理想信念作为党的思想建设的首要任务，教育引导全党牢记党的宗旨，挺起共产党人的精神脊梁，解决好世界观、人生观、价值观这个'总开关'问题，自觉做共产主义远大理想和中国特色社会主义共同理想的坚定信仰者和忠实实践者。"①围绕这个战略目标和战略任务，习近平总书记明确提出了加强理论武装和思想教育的要求。

"加强思想教育和理论武装，是党内政治生活的首要任务，是保证全党步调一致的前提。毛泽东同志曾经指出：'掌握思想教育，是团结全党进行伟大政治斗争的中心环节。'理想信念，源自坚守，成于磨砺。要坚持不懈强化理论武装，毫不放松加强党性教育，持之以恒加强道德教育，教育引导广大党员、干部筑牢信仰之基、补足精神之钙、把稳思想之舵，坚守真理、坚守正道、坚守原则、坚守规矩，明大德、严公德、守私德，重品行、正操守、养心性，做到以信念、人格、实干立身。"②"要教育引导广大党员、干部把践行中国特色社会主义共同理想和坚定共产主义远大理想统一起来，做到

---

① 习近平：《决胜全面建成小康社会　夺取新时代中国特色社会主义伟大胜利——在中国共产党第十九次全国代表大会上的报告》，载《人民日报》2017年10月18日。

② 习近平：《习近平谈治国理政》(第二卷)，北京：外文出版社2017年版，第180~181页。

虔诚而执着、至信而深厚。有了坚定的理想信念，站位就高了，眼界就宽了，心胸就开阔了，就能坚持正确政治方向，在胜利和顺境时不骄傲不急躁，在困难和逆境时不消沉不动摇，经受住各种风险和困难考验，自觉抵御各种腐朽思想的侵蚀，永葆共产党人政治本色。”①

“理想信念的坚定，来自思想理论的坚定。认识真理，掌握真理，信仰真理，捍卫真理，是坚定理想信念的精神前提。中国共产党人的理想信念，建立在马克思主义科学真理的基础之上，建立在马克思主义揭示的人类社会发展规律的基础之上，建立在为最广大人民谋利益的崇高价值的基础之上。我们坚定，是因为我们追求的是真理。我们坚定，是因为我们遵循的是规律。我们坚定，是因为我们代表的是最广大人民根本利益。”②“坚定的理想信念，必须建立在对马克思主义的深刻理解之上，建立在对历史规律的深刻把握之上。全党要深入学习马克思列宁主义、毛泽东思想、邓小平理论、‘三个代表’重要思想、科学发展观，深入学习党的十八大以来党中央治国理政新理念新思想新战略，不断提高马克思主义思想觉悟和理论水平，保持对远大理想和奋斗目标的清醒认知和执着追求。我们要教育引导广大党员、干部把学习成果转化为提升党性修养、思想境界、道德水平的精神营养，做到真学真懂真信真用，在胜利和顺境时不骄傲不急躁，在困难和逆境时不消沉不动摇，牢牢占据推

---

①　中共中央文献研究室：《习近平关于全面从严治党论述摘编》，北京：中央文献出版社 2016 年版，第 59 页。

②　习近平：《习近平谈治国理政》(第二卷)，北京：外文出版社 2017 年版，第 50 页。

动人类社会进步、实现人类美好理想的道义制高点。”①要“弘扬马克思主义学风，推进‘两学一做’学习教育常态化制度化，以县处级以上领导干部为重点，在全党开展‘不忘初心、牢记使命’主题教育，用党的创新理论武装头脑，推动全党更加自觉地为实现新时代党的历史使命不懈奋斗”。②

“理想因其远大而为理想，信念因其执着而为信念。我们要把理想信念教育作为思想建设的战略任务，保持全党在理想追求上的政治定力，自觉做共产主义远大理想和中国特色社会主义共同理想的坚定信仰者、忠实实践者，在全面建成小康社会、实现中华民族伟大复兴中国梦的历史进程中充分发挥先锋模范作用。”③“不忘初心、牢记使命，说到底是要解决党内存在的违背初心和使命的各种问题，关键是要有正视问题的自觉和刀刃向内的勇气。在党的思想建设方面，要坚持不懈加强理论武装，坚定理想信念，牢记党的性质宗旨，强化党性修养，切实解决一些党员、干部理想信念缺失、宗旨意识淡化等问题，不断增强全党同志党的意识、党员意识。”④

习近平总书记总结党的十八大以来，我们党坚持问题导向，从六个方面推进全面从严治党，第一条就是“抓思想从严，坚持用马克

---

① 习近平：《习近平谈治国理政》（第二卷），北京：外文出版社 2017 年版，第 35 页。

② 习近平：《决胜全面建成小康社会　夺取新时代中国特色社会主义伟大胜利——在中国共产党第十九次全国代表大会上的报告》，载《人民日报》2017 年 10 月 18 日。

③ 习近平：《习近平谈治国理政》（第二卷），北京：外文出版社 2017 年版，第 35 页。

④ 习近平：《习近平谈治国理政》（第三卷），北京：外文出版社 2020 年版，第 532~533 页。

思主义中国化最新成果武装头脑、凝心聚魂，用理想信念和党性教育固本培元、补钙壮骨，着力教育引导全党坚定理想、坚定信念，增强中国特色社会主义道路自信、理论自信、制度自信、文化自信”。[①] 习近平总书记总结我们党开展党风廉政建设和反腐败斗争的四条重要启示，第一条就是“要坚持高标准和守底线相统一，教育引导党员、干部自觉向着理想信念高标准努力，同时要以党的纪律为尺子，使党员、干部知敬畏、存戒惧、守底线”。[②] 他指出，“全面从严治党，既要注重规范惩戒、严明纪律底线，更要引导人向善向上，发挥理想信念和道德情操引领作用。‘身之主宰便是心’；‘不能胜寸心，安能胜苍穹’。‘本’在人心，内心净化、志向高远便力量无穷。对共产党人来讲，动摇了信仰，背离了党性，丢掉了宗旨，就可能在‘围猎’中被人捕获。只有在立根固本上下功夫，才能防止歪风邪气近身附体”。[③] “要加强反腐倡廉教育和廉政文化建设，督促领导干部坚定理想信念，保持共产党人的高尚品格和廉洁操守，提高拒腐防变能力，在全社会培育清正廉洁的价值理念，使清风正气得到弘扬。”[④]他还强调，坚定理想信念是解决“四风”问题的治本之策，指出“解决‘四风’问题，要标本兼治，既治标又治本。治标，就是要着力针对面上‘四风’问题的各种表现，该纠正的纠正，该禁

---

① 中共中央文献研究室：《习近平关于全面从严治党论述摘编》，北京：中央文献出版社 2016 年版，第 16~17 页。

② 《习近平在第十八届中央纪委七次全会上发表重要讲话》，载中国政府网，2017 年 1 月 6 日。

③ 中共中央文献研究室：《习近平关于全面从严治党论述摘编》，北京：中央文献出版社 2016 年版，第 68 页。

④ 中共中央文献研究室：《习近平关于全面从严治党论述摘编》，北京：中央文献出版社 2016 年版，第 176 页。

止的禁止。治本，就是要查找产生问题的深层次原因，从理想信念、工作程序、体制机制等方面下功夫抑制不正之风”。[①]

习近平总书记的重要论述，深刻阐明了加强理论武装和思想教育是党内政治生活的首要任务，是党的思想建设的根本途径；阐明了政治上的坚定来自理想信念的坚定，理想信念的坚定来自思想理论的坚定，要坚持用党的创新理论武装全党，推动全党坚定理想信念，更加自觉地为实现新时代党的历史使命不懈奋斗；阐明了理想信念教育是党的思想建设的战略任务，开展理想信念教育，要切实解决一些党员、干部理想信念缺失、宗旨意识淡化等问题，不断增强全党同志党的意识、党员意识；指出加强理论武装和思想教育，是党的十八大以来我们党在推进全面从严治党、开展党风廉政建设和反腐败斗争的过程中积累的重要经验、得到的重要启示，是我们推进党的思想建设、加强理论武装和思想教育的行动指南。这就从理论和实践的结合上回答了为什么要把坚定理想信念作为党的思想建设的首要任务和怎样作为首要任务的问题。

三、把坚定理想信念作为党员干部人生的头等大事

坚定共产党人的理想信念，对于组织来说，就是要通过加强理论武装和思想教育，严肃党内政治生活等，教育引导广大党员做共产主义远大理想和中国特色社会主义共同理想的坚定信仰者、忠实

---

① 中共中央文献研究室：《习近平关于全面从严治党论述摘编》，北京：中央文献出版社 2016 年版，第 153 页。

实践者；对于个人来说，就是要发挥主观能动性，自觉加强党性修养，坚定理想信念，为坚持和发展中国特色社会主义、为实现共产主义远大理想不懈奋斗。唯物辩证法告诉我们，外因是变化的条件，内因是变化的根据，外因通过内因而起作用。在坚定理想信念的问题上，我们特别要重视激发广大党员干部的内生动力。对此，习近平总书记作出了一系列重要论述，提出了一系列明确要求。

他强调，坚定理想信念，要从党员干部自身做起。“坚定理想信念，坚持求真务实，坚持清正严明，需要广大党员和干部从自身做起、从现在做起。”①“严以修身，就是要加强党性修养，坚定理想信念，提升道德境界，追求高尚情操，自觉远离低级趣味，自觉抵制歪风邪气。”②“在新的长征路上，我们一定要保持理想信念坚定，不论时代如何变化，不论条件如何变化，都风雨如磐不动摇，自觉做共产主义远大理想和中国特色社会主义共同理想的坚定信仰者、忠实实践者，永远为了真理而斗争，永远为了理想而斗争。”③

他强调，坚定理想信念，要把理论学习放在首位。“解决好理想信念问题，也要加强对马克思主义的学习，不断补精神之钙、固思想之元、培为政之本，做到内化于心、外化于行。”④“坚定理想信念，就要深入学习马克思列宁主义、毛泽东思想、邓小平理论、‘三

---

① 中共中央文献研究室：《习近平关于全面从严治党论述摘编》，北京：中央文献出版社 2016 年版，第 29 页。

② 中共中央文献研究室：《习近平关于全面从严治党论述摘编》，北京：中央文献出版社 2016 年版，第 158 页。

③ 中共中央文献研究室：《习近平关于全面从严治党论述摘编》，北京：中央文献出版社 2016 年版，第 71 页。

④ 中共中央文献研究室：《习近平关于全面从严治党论述摘编》，北京：中央文献出版社 2016 年版，第 67 页。

个代表’重要思想、科学发展观，深入学习党的十八大以来党中央治国理政新理念新思想新战略，让真理武装我们的头脑，让真理指引我们的理想，让真理坚定我们的信仰。要坚持学而信、学而思、学而行，把学习成果转化为不可撼动的理想信念，转化为正确的世界观、人生观、价值观，用理想之光照亮奋斗之路，用信仰之力开创美好未来。”①“只有理想信念坚定，心中有党、对党忠诚才能有牢固思想基础。理想信念动摇了，那是不可能心中有党的。大家要把学习掌握马克思主义理论作为看家本领。”“深入学习十八大以来党的理论创新成果，不断领悟，不断参透，做到学有所得、思有所悟，注重解决好世界观、人生观、价值观这个‘总开关’问题，真正做到对马克思主义虔诚而执着、至信而深厚。”②

他强调，坚定理想信念，要做到知行合一、言行一致。“我们要用马克思列宁主义、毛泽东思想、邓小平理论、‘三个代表’重要思想、科学发展观、新时代中国特色社会主义思想武装头脑，牢固树立道路自信、理论自信、制度自信、文化自信，做到知行合一、言行一致，用自己的实际行动坚持和发展中国特色社会主义，为实现共产主义远大理想而努力奋斗。”③理想信念不是拿来说、拿来唱的，更不是用来装点门面的，只有见诸行动才有说服力。要知行合一、言行一致，保持对理想信念的激情和执着，牢固树立正确的世界观、

① 中共中央文献研究室：《习近平关于全面从严治党论述摘编》，北京：中央文献出版社2016年版，第72~73页。

② 中共中央文献研究室：《习近平关于全面从严治党论述摘编》，北京：中央文献出版社2016年版，第63~64页。

③ 习近平：《在纪念周恩来同志诞辰120周年座谈会上的讲话》，北京：人民出版社2018年版，第10页。

权力观、事业观，用自己的实际行动为坚持和发展中国特色社会主义、为实现共产主义远大理想不懈奋斗。[①] 每一名党员、干部特别是各级领导干部，都要把理想信念转化为对奋斗目标的执着追求、对本职工作的不懈进取、对高尚情操的笃定坚持、对艰难险阻的勇于担当。[②]

他强调，坚定理想信念，领导干部要作出表率。“全体共产党员特别是党的领导干部，要坚定理想信念，始终把人民放在心中最高的位置，弘扬党的光荣传统和优良作风，坚决反对形式主义、官僚主义，坚决反对享乐主义、奢靡之风，坚决同一切消极腐败现象作斗争，永葆共产党人政治本色，矢志不移为党和人民事业而奋斗。”[③]“高级干部特别是中央委员会的同志们更要在时代洪流中成为坚守共产党人精神追求的中流砥柱。中央委员会的每一位同志都要把坚定理想信念作为人生的头等大事，自觉为全党作出示范和表率。要自觉学习马克思主义理论，深入观察世界发展大势，深刻体察中国特色社会主义伟大实践，不断增强中国特色社会主义道路自信、理论自信、制度自信、文化自信。要善于从外国和外国政党的兴衰成败中，从我们国家和我们党的历史中，从这些年党内正反两方面的典型中，汲取经验教训，自觉挺起共产党人的精神脊梁，用实际行动让人民群众感受到理想信念和高尚人格的强大力量。”[④]“大家作为中央委员会的成员和省部级主要领导干部，必须带头做共产主义

---

① 习近平：《在党的十九届一中全会上的讲话》，载《求是》2018 年第 1 期。

② 中共中央文献研究室：《习近平关于全面从严治党论述摘编》，北京：中央文献出版社 2016 年版，第 68 页。

③ 习近平：《习近平谈治国理政》，北京：外文出版社 2014 年版，第 43 页。

④ 习近平：《在党的十九届一中全会上的讲话》，载《求是》2018 年第 1 期。

远大理想和中国特色社会主义共同理想的坚定信仰者和忠实实践者，始终坚定中国特色社会主义道路自信、理论自信、制度自信、文化自信，以此来增强政治鉴别力和政治敏锐性，以此来提高抵御各种风险挑战的能力，以实际行动让广大党员和群众感受到理想信念的强大力量。要用马克思主义科学理论武装头脑，把理想信念建立在对科学理论的理性认同上，建立在对历史规律的正确认识上，建立在对基本国情的准确把握上。”①“在高级干部中，中央委员会、中央政治局、中央政治局常委会组成人员首当其责。我们中央委员会的同志，必须保持理想信念的坚定执着。”②

他强调，坚定理想信念，要看党员干部的长期表现。“革命战争年代，检验一个干部理想信念坚定不坚定，就看他能不能为党和人民事业舍生忘死，能不能冲锋号一响立即冲上去，这样的检验很直接。和平建设时期，生死考验有，但毕竟不多，检验一个干部理想信念是否坚定确实比较难，X 光、CT、核磁共振成像也没有办法。”“当然，也不是不能检验。那就主要看干部是否能在重大政治考验面前有政治定力，是否能树立牢固的宗旨意识，是否能对工作极端负责，是否能做到吃苦在前、享受在后，是否能在急难险重任务面前勇挑重担，是否能经得起权力、金钱、美色的诱惑。这样的检验需要一个过程，不是一下子、经历一两件事、听几句口号就能解决的，要看长期表现，甚至看一辈子。”③

---

① 习近平：《推进党的建设新的伟大工程要一以贯之》，载求是网，2019 年 10 月 2 日。

② 中共中央文献研究室：《习近平关于全面从严治党论述摘编》，北京：中央文献出版社 2016 年版，第 52 页。

③ 习近平：《习近平谈治国理政》，北京：外文出版社 2014 年版，第 415 页。

习近平总书记的重要论述，深刻揭示了党的思想建设的特点和规律，明确提出了党员干部坚定理想信念的基本要求，这就是加强理论学习、党性修养，做到知行合一、言行一致，注重长期表现、始终如一；习近平总书记对领导干部提出了更高的要求，这就是要把坚定理想信念作为人生的头等大事，自觉为全党作出示范和表率，具有很强的针对性和指导性。

四、紧扣坚定理想信念推进新时代党的思想建设

党的十八大以来，党中央全面贯彻落实习近平总书记关于坚定理想信念的重要论述，始终坚持把坚定理想信念作为党的思想建设的首要任务，特别是把用习近平新时代中国特色社会主义思想武装全党作为首要政治任务，坚持集中教育和经常教育相统一、教育“关键少数”和“绝大多数”相统一、思想建党和制度治党相统一，推动党的思想建设取得显著成效、积累丰富经验。

一是紧扣坚定理想信念，推进全党集中教育。党的十八大以来，我们党总结历次党内集中教育经验，对新时代开展党内集中教育进行了新探索，先后开展了4次集中教育，环环相扣、层层深入，持续发力、久久为功，每次集中教育都以固本培元、坚定理想信念宗旨、保持和发展党的先进性和纯洁性为出发点和落脚点，教育引导广大党员干部筑牢信仰之基、补足精神之钙、把稳思想之舵。

触及思想灵魂，深挖“四风”病根。2013年6月至2014年10月，全党深入开展党的群众路线教育实践活动，广大党员干部认真贯彻

“照镜子、正衣冠、洗洗澡、治治病”的总要求，剖析问题、深挖根源，受到一次深刻的思想洗礼和严格的党性锻炼。767万名省市县领导干部讲党课1315万场次；中央确定的21项专项整治任务圆满完成。大家普遍反映，这是一次触动心灵的“思想整风”，是一场刻骨铭心的“政治洗礼”，是一次直击要害的“刮骨疗毒”，是一次深入骨髓的“破旧立新”。在总结活动经验时，习近平总书记指出，“理想信念是共产党人的精神之‘钙’，必须加强思想政治建设，解决好世界观、人生观、价值观这个‘总开关’问题”。①

扫除思想尘垢，争做严实干部。抓住县处级以上领导干部这个“关键少数”，2015年开展“三严三实”专题教育，把学习贯彻习近平总书记系列重要讲话精神作为首要任务，对照“严以修身、严以用权、严以律己，谋事要实、创业要实、做人要实”的要求，聚焦解决不严不实的突出问题，引导和促使党员干部切实增强践行“三严三实”要求的思想自觉和行动自觉，做忠诚干净担当的好干部。经过专题教育的“淬炼”，广大党员干部在思想、作风、党性上再次“补了钙”“加了油”，标杆作用更加明显。

开展“两学一做”，锻造合格党员。从2016年2月开始，“两学一做”学习教育在全体党员中展开。按照基础在学、关键在做的要求，坚持全覆盖、常态化、重创新、求实效，突出问题导向，突出以上率下。全国390多万个党支部普遍开展专题学习，培训党支部书记等基层党务骨干360多万人次。2017年，扎实推进学习教育常

① 中共中央文献研究室、中央党的群众路线教育实践活动领导小组办公室：《习近平关于党的群众路线教育活动论述摘编》，北京：党建读物出版社、中央文献出版社2014年版，第40页。

态化制度化，进一步筑牢全党同以习近平同志为核心的党中央保持高度一致的思想根基。“两学一做”学习教育是一次严格的“政治点名”、全面的“党性体检”，进一步强化了党员身份意识，提高了党员政治觉悟，唤起了共产党人的初心，对于推动全面从严治党向基层延伸、保持和发展党的先进性和纯洁性发挥了重要作用。

坚守初心使命，锤炼政治品格。从 2019 年 5 月开始，分两批在全党开展“不忘初心、牢记使命”主题教育，贯彻“守初心、担使命，找差距、抓落实”的总要求，围绕深入学习贯彻习近平新时代中国特色社会主义思想、锤炼忠诚干净担当的政治品格、团结带领全国各族人民为实现伟大梦想共同奋斗的根本任务，以及理论学习有收获、思想政治受洗礼、干事创业敢担当、为民服务解难题、清正廉洁作表率的具体目标，把学习教育、调查研究、检视问题、整改落实贯穿全过程。由此促进主题教育达到预期目的，取得重大成果。习近平总书记指出：“这次主题教育是新时代深化党的自我革命、推动全面从严治党向纵深发展的生动实践，促进了全党思想上的统一、政治上的团结、行动上的一致，为我们党统揽‘四个伟大’、实现‘两个一百年’奋斗目标作了思想上政治上组织上作风上的有力动员，具有重大现实意义和深远历史影响。”①

二是紧扣坚定理想信念，加强干部教育培训。党的十八大以来，我们党以培养造就“党和人民需要的好干部”为主题，以服务党和国家工作大局为主线，以坚定理想信念为首要任务，着力加强干部理论武装、党性教育和专业化能力培训，大力弘扬马克思主义优良学

① 习近平：《在“不忘初心、牢记使命”主题教育总结大会上的讲话》，北京：人民出版社 2020 年版，第 5 页。

风，干部队伍素质能力不断提升，全党思想理论水平不断提高。在工作中，突出抓好领导干部这个“关键少数”，中央每年举办省部级主要领导干部专题研讨班，各地区各部门层层抓好“一把手”教育培训，带动形成全党学习、全员参训的生动局面；加强顶层设计和制度建设，中央相继印发《干部教育培训工作条例》和《2018—2022年全国干部教育培训规划》，干部教育培训工作科学化制度化规范化跃上新台阶。数据显示，党的十八大至十九大期间，全国共培训各类各级干部、企业经营管理人员等8400多万人次。其中，中组部在“一校五院”直接举办各类主体班次1100多期，调训干部65万多人次，其中省部级干部7189人次。

在教育培训工作中，坚持把习近平新时代中国特色社会主义思想作为理论武装的重中之重，列为各级党校、行政学院、干部学院的必修课，组织干部读原著、学原文、悟原理，学而思、学而信、学而行。推动广大干部不断增强“四个意识”，坚定“四个自信”，用马克思主义中国化最新成果武装头脑、指导实践，更加自觉地推动工作。各地还把学习习近平新时代中国特色社会主义思想与开展马克思主义基本原理教育培训结合起来，引导干部研读经典原著，掌握马克思主义立场观点方法。同时，还应抓住党性教育这个核心，上好党性教育必修课。例如，中组部印发文件，对加强和改进党性教育作出安排；每年依托中国井冈山、延安干部学院分期分批举办领导干部党性教育专题班；各地充分发挥党校、行政学院和干部院校主渠道主阵地作用，突出党章和党规党纪学习教育，深入开展党的宗旨、党史国史、党的优良作风等教育，引导干部弘扬光荣传统、传承红色基因、提升党性修养，打牢立身立业、立言、立德的基石。

三是紧扣坚定理想信念，开展党员经常教育。党员教育是党的建设基础性经常性工作。党的十八大以来，我们党在抓好集中教育的同时，切实加强对党员的经常性教育，通过加强政治理论教育、突出政治教育和政治训练、强化党章党规党纪教育、加强党的宗旨教育、进行革命传统教育、开展形势政策教育等，引导党员坚定共产主义远大理想和中国特色社会主义共同理想，增强“四个意识”、坚定“四个自信”、做到“两个维护”，增强党性，提高素质，认真履行义务，正确行使权利，充分发挥先锋模范作用。在工作中，坚持把学习习近平新时代中国特色社会主义思想作为首要政治任务，组织党员读原著、学原文、悟原理，深入学习领会核心要义、基本精神、实践要求，掌握贯穿其中的马克思主义立场观点方法，增强政治自觉、理论自信、情感融入；教育引导党员把学习习近平新时代中国特色社会主义思想同学习马克思列宁主义、毛泽东思想、邓小平理论、“三个代表”重要思想、科学发展观紧密结合起来，不断提高马克思主义思想觉悟和理论水平；教育引导党员弘扬理论联系实际的马克思主义学风，把自己摆进去、把职责摆进去、把工作摆进去，学以致用、知行合一，提高政治站位，强化责任担当，增强过硬本领，做好本职工作，自觉做习近平新时代中国特色社会主义思想坚定信仰者和忠实实践者。

以习近平同志为核心的党中央继承和发扬我们党重视学习、善于学习的优良传统，带头学习、率先学习。党的十八大至十九大期间，中央政治局先后组织40多次集体学习，为全党加强学习、提高思想理论水平作出了表率。各级党委(党组)把理论学习中心组学习列入重要议事日程，纳入党建工作责任制和意识形态工作责任制，把学习马克思主义理论作为做好一切工作的看家本领，以政治学习为根本，以学习习近平新时代中国特色社会主义思想为重点，以掌握和运用马克思主义立场、观点、方法为目的，通过集体学习研讨、个人自学、专题调研等形式，开展切实有效的学习活动。广大党员领导干部坚持更高标准、更严要求，全面学、系统学、贯通学、深入学、跟进学，自觉用以武装头脑、指导实践、推动工作，发挥示范带动作用。广大党员应坚持学以立德、学以修身、学以益智、学以增才，把提高理论素质与增强党性修养、提升工作本领结合起来，在认真自学的基础上，积极参加理论宣讲、学习讲坛、读书会、报告会等学习活动，充分利用网络学习平台开展学习，拓宽学习渠道，提升学习效果，进一步坚定理想信念、增强党性修养、提高精神境界。

四是紧扣坚定理想信念，严肃党内政治生活。开展严肃认真的党内政治生活，是我们党的优良传统和政治优势，也是党员加强党性修养、坚定理想信念的政治熔炉。党的十八大以来，我们党把坚定理想信念作为党内政治生活的重要任务来抓，采取了一系列重要举措，取得了显著成效。2016 年 10 月，中共中央颁布了《关于新形势下党内政治生活的若干准则》，把坚定理想信念作为开展党内政治生活的首要任务，要求全党同志必须把对马克思主义的信仰、对社会主义和共产主义的信念作为毕生追求，在改造客观世界的同时不断改造主观世界，解决好世界观、人生观、价值观这个“总开关”问题，不断增强政治定力，自觉成为共产主义远大理想和中国特色社会主义共同理想的坚定信仰者和忠实实践者；必须坚定对中国特色社会主义的道路自信、理论自信、制度自信、文化自信。强调坚定理想信念，必须加强学习。全党必须毫不动摇坚持马克思主义指导思想，党的各级组织必须坚持不懈抓好理论武装，广大党员、干部特别是高级干部必须自觉抓好学习、增强党性修养。《关于新形势下党内政治生活的若干准则》在全党上下的严格执行，达到了“四个着力”的目的，即：着力增强党内政治生活的政治性、时代性、原则性、战斗性，着力增强党自我净化、自我完善、自我革新、自我提高能力，着力提高党的领导水平和执政水平、增强拒腐防变和抵御风险能力，着力维护党中央权威、保证党的团结统一、保持党的先进性和纯洁性。

党的组织生活是党内政治生活的重要内容和载体，是党组织对党员进行教育管理监督的重要形式。党的十八大以来，我们党更加注重通过组织生活，教育引导党员坚定理想信念。比如，坚持“三会一课”制度，突出政治学习和教育，突出党性锻炼，坚决防止表面化、形式化、娱乐化、庸俗化；坚持民主生活会和组织生活会制度，认真查摆问题，深刻剖析根源，明确整改方向；坚持谈心谈话制度，同志之间坦诚相见，交流思想，交换意见；坚持对党员进行民主评议，督促党员对照党员标准、对照入党誓词、联系个人实际进行党性分析，强化党员意识、增强党的观念、提高党性修养；坚持开展主题党日，贴近党员思想和工作实际，组织党员集中学习、过组织生活、进行民主议事和开展志愿服务，等等。把坚定理想信念融入党内政治生活之中，把政治建设与思想建设结合起来，推动党的思想建设的经常化具体化，这些对于教育引导党员坚定理想信念、保持先进性和纯洁性，发挥了十分重要的作用。

凡是过往，皆为序章。习近平总书记指出：“当今世界正经历百年未有之大变局，我国正处于实现中华民族伟大复兴关键时期，我们党正带领人民进行具有许多新的历史特点的伟大斗争，形势环境变化之快、改革发展稳定任务之重、矛盾风险挑战之多、对我们党治国理政考验之大前所未有。我们党作为百年大党，要始终得到人民拥护和支持，书写中华民族千秋伟业，必须始终牢记初心和使命，坚决清除一切弱化党的先进性、损害党的纯洁性的因素，坚决割除一切滋生在党的肌体上的毒瘤，坚决防范一切违背初心和使命、动摇党的根基的危险。”①为此，面向新的征程，我们必须坚定不移地以习近平新时代中国特色社会主义思想为指导，始终不渝地把坚定理想信念作为党的思想建设的首要任务，全面贯彻执行《关于新形势下党内政治生活的若干准则》《中国共产党党员教育管理工作条例》《干部教育培训工作条例》《中国共产党党委（党组）理论学习中心组学习规则》等党内法规，坚持党要管党、全面从严治党，坚持以党的政治建设为统领，坚持围绕中心、服务大局，坚持求真务实、改革创新，推动以坚定理想信念为首要任务的党的思想建设向纵深发展，推动全党更加自觉地为实现新时代党的历史使命而不懈奋斗。

① 习近平：《在“不忘初心、牢记使命”主题教育总结大会上的讲话》，北京：人民出版社2020年版，第10页。

第八章　论组织建设

——贯彻执行新时代党的组织路线

2018年7月召开的全国组织工作会议，是一次具有里程碑意义的会议。其标志是习近平总书记站在实现党的历史使命的战略高度，深刻回答了关系党的建设全局的重大理论和现实问题，特别是深刻阐明了新时代党的组织路线，即：全面贯彻新时代中国特色社会主义思想，以组织体系建设为重点，着力培养忠诚干净担当的高素质干部，着力集聚爱国奉献的各方面优秀人才，坚持德才兼备、以德为先、任人唯贤，为坚持和加强党的全面领导、坚持和发展中国特色社会主义提供坚强组织保证。这在我们党的历史上还是第一次，是对马克思主义党建理论的开创性贡献；我们要深刻理解和准确把握新时代党的组织路线的重大意义、科学内涵和实践要求，在推进党的建设新的伟大工程、全面从严治党的实践中切实贯彻落实。

一、新时代党的组织路线的重大意义

党的组织路线是加强组织建设、开展组织工作的根本遵循。政治路线决定组织路线，组织路线服务政治路线。确立新时代党的组织路线，为新时代全面加强党的建设、纵深推进全面从严治党、扎实做好组织工作指明了前进方向、提供了根本遵循，具有重大的政治意义、理论意义和实践意义。

1. 政治意义：确立新时代党的组织路线，是对党的路线的重大发展

党的路线是党的根本原则、根本方针、行动方略和目标导向，事关方向、事关全局、事关长远。路线问题从来都是政治问题，所以毛泽东同志反复强调，路线是"王道"，路线是个纲，纲举目张。我们党的路线是由政治路线、思想路线、组织路线、群众路线组成的。在近百年的革命、建设和改革实践中，我们党确立了正确的政治路线、思想路线和群众路线，并赋予其科学内涵。比如，我们党在各个历史时期，都有自己的政治路线。在改革开放新时期，党的政治路线就是党在社会主义初级阶段的基本路线。对此，党的十九大的表述是：领导和团结全国各族人民，以经济建设为中心，坚持四项基本原则，坚持改革开放，自力更生，艰苦创业，为把我国建设成为富强民主文明和谐美丽的社会主义现代化强国而奋斗。形成于延安时期、十年动乱遭受严重破坏、党的十一届三中全会后又重新恢复的党的思想路线是：一切从实际出发，理论联系实际，实事求是，在实践中检验真理和发展真理。党的群众路线也是党的根本工作路线，是我们党在长期实践中形成和发展的，其内容是：一切为了群众，一切依靠群众，从群众中来，到群众中去，把党的正确主张变为群众的自觉行动。这三大路线的确立，对于推动党和国家事业发展，起到了举旗定向的作用。由于种种原因，对于一直发挥

重要作用的党的组织路线，还没有一个科学、完整的表述；然而全党上下对此进行了不懈探索，并不断深化了对这一路线的认识。

应当说，正确的组织路线是我们党发展壮大的重要法宝，是党和国家事业胜利前进的坚强保证。我们党历来高度重视组织路线问题，始终坚持组织路线为政治路线服务的方向。毛泽东同志经常讲，“政治路线确定之后，干部就是决定的因素。”[①]邓小平同志也反复强调，办好中国的事情关键在党、关键在人，正确的政治路线要靠正确的组织路线来保证。这就阐明了党的组织路线的极端重要性以及与政治路线之间的关系。习近平总书记立足于我国发展新的历史方位，着眼于实现新时代党的历史使命，着眼于以党的伟大自我革命推动伟大社会革命，着眼于坚持党的全面领导、全面从严治党、做好党的组织工作，第一次提出了新时代党的组织路线，公开宣示我们党在新时代举什么旗、走什么路，选什么人、用什么人，达到什么目标、怎样达到目标的政治立场、政治方向和政治原则，极大地丰富和发展了党的路线，使党的路线第一次成为包括政治路线、思想路线、组织路线、群众路线在内的科学完整的体系，有如党的十一届三中全会后重新恢复党的思想路线和确立党在社会主义初级阶段的基本路线一样，具有重大政治意义。

2. 理论意义：确立新时代党的组织路线，是对党的理论的重大贡献

理论来源于实践，又用以指导实践。新时代党的组织路线是对

---

① 《毛泽东选集》(第2卷)，北京：人民出版社1991年版，第526页。

我们党近百年历史经验的科学总结，特别是对党的十八大以来我们党进行了伟大自我革命的实践经验的理性升华，全面从严治党成效卓著。这些表现为全面加强党的领导和党的建设，坚决改变管党治党宽松软状况；推动全党尊崇党章，增强“四个意识”；坚决维护党中央权威和集中统一领导，严明党的政治纪律和政治规矩，层层落实管党治党政治责任；坚持“照镜子、正衣冠、洗洗澡、治治病”的要求，开展党的群众路线教育实践活动和“三严三实”专题教育；推进“两学一做”学习教育常态化制度化，全党理想信念更加坚定、党性更加坚强；贯彻新时期好干部标准，选人用人状况和风气明显好转；党的建设制度改革深入推进，党内法规制度体系不断完善；把纪律挺在前面，着力解决人民群众反映最强烈、对党的执政基础威胁最大的突出问题；出台中央八项规定，严厉整治形式主义、官僚主义、享乐主义和奢靡之风，坚决反对特权；巡视利剑作用彰显，实现了中央和省级党委巡视全覆盖；坚持反腐败无禁区、全覆盖、零容忍，坚定不移“打虎”“拍蝇”“猎狐”，不敢腐的目标初步实现，不能腐的笼子越扎越牢，不想腐的堤坝正在构筑，反腐败斗争压倒性态势已经形成并巩固发展，以党的伟大自我革命推动了伟大的社会革命。① 近几年来，党和国家事业之所以取得历史性成就、发生历史性变革，一个重要原因，就在于我们党始终坚持组织建设和组织工作的根本方向、根本原则、根本方针，始终坚持思想从严、管党从严、执纪从严、治吏从严、作风从严、反腐从严，始终坚持真管

① 习近平：《决胜全面建成小康社会　夺取新时代中国特色社会主义伟大胜利——在中国共产党第十九次全国代表大会上的报告》，载《人民日报》2017年10月18日。

真严、敢管敢严、长管长严，为社会变革提供了坚强组织保证。

同时也应当看到，我们党面临的执政环境是复杂的，影响党的先进性、弱化党的纯洁性的因素也是复杂的，党内存在的思想不纯、组织不纯、作风不纯等突出问题尚未得到根本解决。要深刻认识党面临的执政考验、改革开放考验、市场经济考验、外部环境考验的长期性和复杂性，深刻认识党面临的精神懈怠危险、能力不足危险、脱离群众危险、消极腐败危险的尖锐性和严峻性，坚持问题导向，保持战略定力，推动全面从严治党向纵深发展。[①] 习近平总书记正是以马克思主义政治家、理论家、战略家的智慧和勇气，深刻总结了全面从严治党的伟大实践，科学分析了党领导人民进行伟大社会革命的新特点和对党的伟大自我革命的新要求，将实践经验升华为理性认识，创造性地提出了新时代加强党的组织建设、做好党的组织工作必须“全面贯彻新时代中国特色社会主义思想”，“坚持德才兼备、以德为先、任人唯贤”的政治原则、“一个重点、两个着力”的行动方略，以及“为坚持和加强党的全面领导、坚持和发展中国特色社会主义提供坚强组织保证”的目标导向，形成了内涵丰富、结构清晰、逻辑严密的有机整体，丰富和发展了关于党的路线特别是组织路线的理论，进一步深化了对共产党执政规律、马克思主义政党建设规律的认识，进一步深化了对“建设什么样的党、怎样建设党”的认识，成为习近平新时代中国特色社会主义思想，特别是关于党的建设重要论述的重要组成部分，具有重大理论意义。

---

① 习近平：《决胜全面建成小康社会　夺取新时代中国特色社会主义伟大胜利——在中国共产党第十九次全国代表大会上的报告》，载《人民日报》2017 年 10 月 18 日。

3. 实践意义：确立新时代党的组织路线，是对党的建设的重大创新

习近平总书记在党的十九大报告中深刻分析了世情国情党情的发展变化，提出了新时代党的建设总要求，强调要全面推进党的政治建设、思想建设、组织建设、作风建设、纪律建设，把制度建设贯穿其中，深入推进反腐败斗争，从而确立了新时代党的建设总体布局。在党的五大建设中，政治建设是党的根本性建设，思想建设是党的基础性建设，作风建设是党的固本性建设，纪律建设是党的保证性建设；而组织建设则是党的主体性建设，在党的建设中占有很重的分量，且组织建设也融入了其他各项建设。比如，党委的自身建设，就理所当然地包括政治建设、思想建设、作风建设、纪律建设。习近平总书记提出的新时代党的组织路线，将党的组织建设、组织工作高度概括为“一个重点、两个着力”，突破了过去我们将党的组织建设简单地归结为领导班子建设、干部队伍建设、人才队伍建设、基层组织建设、党员队伍建设的做法，对党的组织建设实践进行直接指导；而且，组织体系建设的提出本身也是一大创新，使组织建设成为涵盖党的中央组织、党的地方组织、党的基层组织的“大组织”建设，体现了我们党作为马克思主义政党一贯重视组织建设、发挥组织优势的本质要求。习近平总书记指出，新时代党的组织路线是理论的也是实践的，要在推进党的建设新的伟大工程、落实全面从严治党的实践中切实贯彻落实。① 也就是说，确立新时代党

① 习近平：《在全国组织工作会议上的讲话》，北京：人民出版社2018年版，第11页。

的组织路线，对于坚持党的领导、加强党的建设、做好党的组织工作，具有重大实践意义。

总之，新时代党的组织路线确立了党的组织建设和组织工作的根本方向、根本原则、行动方略和目标导向，既是历史的也是现实的，既是组织的也是政治的，既是理论的也是实践的，是对马克思主义党建学说的开创性贡献，我们要全面理解把握。

二、新时代党的组织路线的科学内涵

新时代党的组织路线是一个内涵丰富、结构清晰、逻辑严密的有机整体，习近平总书记在2018年全国组织工作会议上的重要讲话中深刻阐述了其科学内涵，我们可以理解为举旗帜、建体系、选干部、聚人才、立原则、强保证六个方面。

1. 举旗帜，就是要全面贯彻习近平新时代中国特色社会主义思想

党的十九大把习近平新时代中国特色社会主义思想列入党的指导思想，写在我们党的旗帜上，这是党的十九大的重大历史性贡献。习近平新时代中国特色社会主义思想，是对马克思列宁主义、毛泽东思想、邓小平理论、“三个代表”重要思想、科学发展观的继承和发展，是马克思主义中国化最新成果，是党和人民实践经验和集体智慧的结晶，是中国特色社会主义理论体系的重要组成部分，是全党全国人民为实现中华民族伟大复兴而奋斗的行动指南。党的十八大以来，习近平总书记对党的组织建设和组织工作作出了一系列重

要论述，提出了一系列新理念新思想新战略，成为习近平新时代中国特色社会主义思想的重要组成部分。加强新时代党的组织建设，做好新时代党的组织工作，必须全面贯彻习近平新时代中国特色社会主义思想，特别是关于组织建设和组织工作的论述，这是事关旗帜、事关方向的重大问题。

2. 建体系，就是要以组织体系建设为重点

党的力量来自组织。党的全面领导、党的全部工作要靠党的坚强组织体系去实现、去落实。我们党是按照马克思主义建党原则建立起来的，形成了包括党的中央组织、地方组织、基层组织在内的严密组织体系。这是世界上任何其他政党都不具有的强大优势。党中央是大脑和中枢，党中央必须有定于一尊、一锤定音的权威；党的地方组织的根本任务是确保党中央决策部署贯彻落实，有令即行、有禁即止；党组在党的组织体系中具有特殊地位，要贯彻落实党中央和上级党组织决策部署，发挥好把方向、管大局、保落实的重要作用；党的基层组织是党的肌体的“神经末梢”，要以提升组织力为重点，突出政治功能，发挥好战斗堡垒作用；每个党员特别是领导干部都要强化党的意识和组织观念，增强“四个意识”，坚定“四个自信”，自觉做到思想上认同组织、政治上依靠组织、工作上服从组织、感情上信赖组织。[①] 进入新时代，开启新征程，我们必须更加注重党的组织体系建设，把党的各级组织建设得更加坚强有力。

---

① 习近平：《在全国组织工作会议上的讲话》，北京：人民出版社 2018 年版，第 12 页。

3. 选干部，就是要着力培养忠诚干净担当的高素质干部

贯彻新时代党的组织路线，建设忠诚干净担当的高素质干部队伍是关键，重点是要坚持党管干部原则，坚持德才兼备、以德为先的干部标准，做好干部培育、选拔、管理、使用工作。要建立源头培养、跟踪培养、全程培养的素质培养体系，建立日常考核、分类考核、近距离考核的知事识人体系，建立以德为先、任人唯贤、人事相宜的选拔任用体系，建立管思想、管工作、管作风、管纪律的从严管理体系，建立崇尚实干、带动担当、加油鼓劲的正向激励体系，不断提高选人用人工作的科学化水平。[①]

4. 聚人才，就是要着力集聚爱国奉献的各方面优秀人才

要加快实施人才强国战略，确立人才引领发展的战略地位，努力建设一支矢志爱国奉献、勇于创新创造的优秀人才队伍。要深化人才发展体制机制改革，最大限度地把广大人才的报国情怀、奋斗精神、创造活力激发出来。要完善人才培养机制，改进人才评价机制，创新人才流动机制，健全人才激励机制。要实行更加积极、更加开放、更加有效的人才引进政策，聚天下英才而用之。要广泛宣传表彰爱国报国、为党和人民事业作出突出贡献的优秀人才，在知识分子和广大人才中大力弘扬爱国奉献精神。要做好联系服务人才

---

① 习近平：《在全国组织工作会议上的讲话》，北京：人民出版社 2018 年版，第 16 页。

工作，政治上充分信任，工作上创造条件，生活上关心照顾，多为他们办实事、做好事、解难事。①

5. 立原则，就是要坚持德才兼备、以德为先、任人唯贤

德才兼备、以德为先、任人唯贤是党的干部标准和干部路线，也是干部工作的根本原则，决定着用人导向，关系到党的建设成效、党的领导巩固和党的事业发展，必须高度重视、长期坚持。要坚持"信念坚定、为民服务、勤政务实、敢于担当、清正廉洁"的好干部标准，把政治标准放在第一位，如果政治不合格，能耐再大也不能用。德才兼备、以德为先的"德"，第一位的是政治品德。② 看一个干部政治素质高不高，主要看政治忠诚、政治定力、政治担当、政治能力、政治自律。要坚持五湖四海、任人唯贤，打开视野、不拘一格，广开进贤之路，做到好中选优、优中选强。

6. 强保证，就是要为坚持和加强党的全面领导、坚持和发展中国特色社会主义提供坚强组织保证

这是党的组织建设和组织工作的根本目标，也是"一个重点、两个着力"的出发点和落脚点。办好中国的事情关键在党、关键在人。中国特色社会主义最本质的特征是中国共产党领导，中国特色社会

① 习近平：《在全国组织工作会议上的讲话》，北京：人民出版社2018年版，第25~26页。

② 习近平：《在全国组织工作会议上的讲话》，北京：人民出版社2018年版，第19页。

主义制度的最大优势是中国共产党领导。贯彻新时代党的组织路线，加强党的组织建设，做好党的组织工作，就是要把我们党的伟大自我革命进行好，不断增强我们党自我净化、自我完善、自我革新、自我提高的能力，确保我们党永葆旺盛生命力和强大战斗力，更加有效地实施对一切工作的领导，从而把新时代坚持和发展中国特色社会主义这场伟大社会革命进行好，奋力实现新时代我们党光荣而艰巨的历史使命。

三、新时代党的组织路线的实践要求

贯彻新时代党的组织路线，对于加强党的组织建设、做好党的组织工作，提出了一系列新的要求，习近平总书记主要从四个方面作了全面阐述。

1. 重点加强党的组织体系建设

习近平总书记指出："进入新时代，开启新征程，我们必须更加注重党的组织体系建设，不断增强党的政治领导力、思想引领力、群众组织力、社会号召力，把党员组织起来，把人才凝聚起来，把群众动员起来，为实现党的十九大提出的宏伟目标团结奋斗。"①加强党的组织体系建设，具体来说，就是要加强党的中央组织、地方组织和基层组织建设。

一是要加强中央政治局自身建设。中央政治局担负着把握中国

① 习近平：《在全国组织工作会议上的讲话》，北京：人民出版社2018年版，第11~12页。

特色社会主义事业航船方向、统筹协调党和国家重大决策部署、组织应对国内外重大矛盾风险的重要职责。党的十八大以来，习近平总书记高度重视中央政治局自身建设。2013 年 6 月，他主持召开中央政治局专门会议，就加强中央政治局自身建设、提高中央政治局工作水平，提出了五点要求，即：不断提高思想政治水平，善于观大势、谋大事，全面贯彻执行民主集中制，发挥模范带头作用，保持同人民群众的血肉联系。此后，他又多次论述这个问题，特别是在一年一度的中央政治局民主生活会上，每次都着重强调这个问题。

比如，2015 年 12 月，他就中央政治局当好“三严三实”表率，提出了四点要求，即：自觉把“三严三实”要求体现到坚持坚定正确的政治方向上，体现到落实党中央重大决策部署上，体现到对分管方面的管理上，体现到严格要求自己上。

2016 年 12 月，他就中央政治局贯彻落实《关于新形势下党内政治生活的若干准则》《中国共产党党内监督条例》提出要求，强调维护党中央权威，是中央政治局贯彻执行上述准则、条例的重要要求。中央政治局的同志要牢固树立政治意识、大局意识、核心意识、看齐意识，坚持以党的旗帜为旗帜、以党的方向为方向、以党的意志为意志，当政治上的明白人。

2017 年 12 月，他就中央政治局贯彻落实《中共中央政治局关于加强和维护党中央集中统一领导的若干规定》《中共中央政治局贯彻落实中央八项规定实施细则》提出了要求，强调中央政治局的同志要把维护党中央权威和集中统一领导作为明确的政治准则和根本的政治要求，在思想上高度认同，政治上坚决维护，组织上自觉服从，行动上紧紧跟随，在政治立场、政治方向、政治原则、政治道路上同党中央保持高度一致，自觉维护党中央权威；要聚焦突出问题，充分认识形式主义、官僚主义的多样性和变异性，摸清形式主义、官僚主义在不同时期、不同地区、不同部门的不同表现，紧密联系具体实际，既解决老问题也察觉新问题，既解决显性问题也解决隐性问题，既解决表层次问题也解决深层次问题，抓出习惯，抓出长效。

2018 年 12 月，他再次就中央政治局贯彻落实《中共中央政治局关于加强和维护党中央集中统一领导的若干规定》《中共中央政治局贯彻落实中央八项规定实施细则》提出了要求，强调民主集中制是我们党的根本组织原则和领导制度，是马克思主义政党区别于其他政党的重要标志。领导干部要把民主素养作为一种领导能力来培养，作为一门领导艺术来掌握。贯彻执行民主集中制是全党的共同政治责任，首先是各级领导干部特别是中央政治局的同志的责任，大家要发挥表率作用。他还要求，中央政治局的同志要带头严格执行中央八项规定精神，同时要从严抓好分管地方和部门贯彻执行中央八项规定精神的工作。要聚焦突出问题、紧盯关键节点，下大气力解决“四风”问题，不能虎头蛇尾，不能搞成“半拉子工程”，更不能搞形式走过场。①

2019 年 12 月，他就中央政治局贯彻执行中央八项规定精神、解决困扰基层的形式主义问题切实为基层减负提出了要求，强调中央政治局的同志要首先带头，最重要的是在坚决维护党中央权威和集中统一领导、坚决执行党和国家各项制度、坚决贯彻党中央重大决

---

① 习近平：《贯彻执行民主集中制是全党的共同政治责任》，载共产党员网，2018 年 12 月 27 日。

策部署上带好头；要善于观大势、谋大局、抓大事，同时要善于从全局上分析研究所分管领域面临的形势，抓好各领域各方面的具体工作，通过解决一个个实际问题、推进一项项具体工作，为全局工作服务；要从严要求自己，时刻自重自省自警自励，做到慎独慎初慎微慎友。要从自身做起，不断自我净化，修身律己、廉洁齐家，管好亲友和身边工作人员。

习近平总书记的重要论述，从中央政治局的特殊重要地位出发，深刻阐明了打铁必须自身硬、中央政治局必须为全党做出表率、全面从严治党必须首先从中央政治局严起的道理和要求。在全面从严治党进程中，习近平总书记持之以恒、聚精会神抓好中央委员会特别是中央政治局自身建设，在党的组织体系建设上为全党立下了标杆。

二是要加强地方党委建设。地方党委在本地区发挥总揽全局、协调各方的领导核心作用，按照协调推进"四个全面"战略布局，对本地区经济建设、政治建设、文化建设、社会建设、生态文明建设实行全面领导，对本地区党的建设全面负责。党的十八大以来，党中央和习近平总书记高度重视地方党委建设，进一步明确了地方党委工作必须遵行的原则、职责任务，并对地方党委的自身建设提出了明确要求。

关于工作原则。地方党委工作必须遵循"六个原则"，即：坚持高举中国特色社会主义伟大旗帜，坚决贯彻党的理论和路线方针政策；坚持立党为公、执政为民，认真践行党的宗旨和群众路线；坚持解放思想、实事求是、与时俱进、求真务实，结合本地区实际创造性开展工作；坚持民主集中制，增强党的地方委员会领导集体活力和党的团结统一；坚持党要管党、从严治党，始终保持党的先进性和纯洁性；坚持在宪法和法律范围内活动，依据党章和其他党内法规履职尽责。①

关于职责任务。地方党委主要实行政治、思想和组织领导，把方向、管大局、作决策、保落实。具体来说，就是对本地区重大问题作出决策；通过法定程序使党组织的主张成为地方性法规、地方政府规章或者其他政令；加强对本地区宣传思想文化工作的领导，牢牢掌握意识形态工作领导权、话语权；按照干部管理权限任免和管理干部，向地方国家机关、政协组织、人民团体、国有企事业单位等推荐重要干部；支持和保证人大、政府、政协、法院、检察院、人民团体等依法依章程独立负责、协调一致地开展工作，发挥这些组织中党组的领导核心作用；加强对本地区群团工作和统一战线工作的领导；动员、组织所属党组织和广大党员，团结带领群众实现党的目标任务。②

关于自身建设。就是要按照新时代党的建设总要求，加强党委的自身建设，突出抓好“三大建设”。

抓好思想政治建设。把政治建设摆在首位，把保证全党服从中央、坚持党中央权威和集中统一领导，作为首要任务，坚持用习近平新时代中国特色社会主义思想武装头脑、指导实践、推进工作，增强“四个意识”，坚定“四个自信”，做到“两个维护”。坚定执行党

① 《中共中央印发〈中国共产党地方委员会工作条例〉》，载新华网，2016 年 1 月 4 日。

② 《中共中央印发〈中国共产党地方委员会工作条例〉》，载新华网，2016 年 1 月 4 日。

的政治路线，严格遵守政治纪律和政治规矩，在政治立场、政治方向、政治原则、政治道路上同党中央保持高度一致。严格执行新形势下党内政治生活若干准则，增强党内政治生活的政治性、时代性、原则性、战斗性，营造风清气正的良好政治生态。坚持民主基础上的集中和集中指导下的民主相结合，完善和落实民主集中制的各项制度。弘扬忠诚老实、公道正派、实事求是、清正廉洁等价值观。加强思想政治训练，教育引导党委一班人牢记党的宗旨，解决好世界观、人生观、价值观这个“总开关”问题，自觉做共产主义远大理想和中国特色社会主义共同理想的坚定信仰者和忠实实践者；加强党性锻炼，不断提高政治觉悟和政治能力，永葆共产党人政治本色。①

抓好素质能力建设。最重要的是结合地方党委工作实际，按照习近平总书记的要求，增强学习本领，营造善于学习、勇于实践的浓厚氛围；增强政治领导本领，坚持战略思维、创新思维、辩证思维、法治思维、底线思维，科学制定和坚决执行党的路线方针政策，把总揽全局、协调各方落到实处；增强改革创新本领，保持锐意进取的精神风貌，善于结合实际创造性推动工作；增强科学发展本领，善于贯彻新发展理念，不断开创发展新局面；增强依法执政本领，坚持依法治国，不断推进经济、政治、文化、社会生活的法制化、规范化，从制度上、法律上保证党的路线方针政策的贯彻实施；增强群众工作本领，创新群众工作体制机制和方式方法，推动工会、

① 习近平：《决胜全面建成小康社会　夺取新时代中国特色社会主义伟大胜利——在中国共产党第十九次全国代表大会上的报告》，载《人民日报》2017年10月18日。

共青团、妇联等群团组织增强政治性、先进性、群众性，发挥联系群众的桥梁纽带作用，组织动员广大人民群众坚定不移跟党走；增强狠抓落实本领，坚持说实话、谋实事、出实招、求实效，把雷厉风行和久久为功有机结合起来，勇于攻坚克难，以钉钉子精神做实做细做好各项工作；增强驾驭风险本领，健全各方面风险防控机制，善于处理各种复杂矛盾，勇于战胜前进道路上的各种艰难险阻，牢牢把握工作主动权。[①]

抓好党风廉政建设。严格落实中央关于改进工作作风、密切联系群众的各项规定，巩固拓展落实中央八项规定精神成果，继续整治“四风”问题，坚决反对特权思想和特权现象，切实增强践行“三严三实”要求的思想自觉和行动自觉。坚持纪在法前、纪严于法，重点强化政治纪律和组织纪律，带动廉洁纪律、群众纪律、工作纪律、生活纪律严起来。加强纪律教育，强化纪律执行，让领导干部知敬畏、存戒惧、守底线，习惯在受监督和约束的环境中工作生活。坚持无禁区、全覆盖、零容忍，坚持重遏制、强高压、长震慑，坚决防止党内形成利益集团。强化不敢腐的震慑，扎牢不能腐的笼子，增强不想腐的自觉，巩固发展反腐败斗争压倒性胜利。[②]

三是要加强党的基层组织建设。习近平总书记指出：“‘欲筑室者，先治其基。’基层党组织是党执政大厦的地基，地基固则大厦坚，

---

① 习近平：《决胜全面建成小康社会　夺取新时代中国特色社会主义伟大胜利——在中国共产党第十九次全国代表大会上的报告》，载《人民日报》2017年10月18日。

② 习近平：《决胜全面建成小康社会　夺取新时代中国特色社会主义伟大胜利——在中国共产党第十九次全国代表大会上的报告》，载《人民日报》2017年10月18日。

地基松则大厦倾。加强基层党组织建设，要以提升组织力为重点，突出政治功能。要健全基层组织，优化组织设置，理顺隶属关系，创新活动方式，扩大基层党的组织覆盖和工作覆盖。要加强企业、农村、机关、事业单位、社区等各领域党建工作，推动基层党组织全面进步、全面过硬。要加强社会组织党的建设，全面增强党对各类各级社会组织的领导。要探索加强新兴业态和互联网党建工作，扩大党在新兴领域的号召力和凝聚力。要加强支部标准化、规范化建设。"①

针对党的基层组织建设存在的问题，他指出："加强党的基层组织建设，关键是从严抓好落实。当前，党的领导落实到基层还有不少'中梗阻'。在一些国有企业，党的领导融入公司治理在总部一级做得比较好，再往下延伸则存在层层递减问题。在高校，党委领导下的校长负责制是明确的，但把党的领导贯穿办学治校、教书育人全过程则存在较大差距。在中小学、医院、科研院所，党组织领导的校长(院长、所长)负责制还没有建立起来。至于社会组织特别是各种学会、协会的党建工作，大多没有真正破题。对这些问题，各级党委和组织部门要进行系统梳理，理顺体制，完善机制，把党的领导贯彻落实到位，把党的建设落到实处。"②

围绕提升组织力问题，他指出："基层党组织组织能力强不强，抓重大任务落实是试金石，也是磨刀石。党中央制定了一系列重大

① 习近平：《在全国组织工作会议上的讲话》，北京：人民出版社 2018 年版，第 13~14 页。

② 习近平：《在全国组织工作会议上的讲话》，北京：人民出版社 2018 年版，第 13 页。

战略、部署了一系列重大工作，基层党组织就要在贯彻落实中发挥领导作用。要强化政治引领，发挥党的群众工作优势和党员先锋模范作用，引领基层各类组织自觉贯彻党的主张，确保基层治理正确方向。要构建党组织统一领导、各类组织积极协同、广大群众广泛参与的基层治理体系。要把服务群众、造福群众作为基层治理的出发点和落脚点，通过不断增强人民群众的获得感、幸福感、安全感，赢得群众对党的信任和拥护。”①

围绕加强党员教育管理问题，他指出：“党员是党的肌体的细胞。党的先进性和纯洁性要靠千千万万党员的先进性和纯洁性来体现，党的执政使命要靠千千万万党员卓有成效的工作来完成，党要管党、从严治党必须落实到党员队伍的管理中去。”②党组织要严格把关，把政治标准放在首位，确保政治合格。要重视从青年工人、农民、知识分子中发展党员。要严格党员日常教育和管理，使广大党员平常时候看得出来、关键时刻站得出来、危急关头豁得出来，充分发挥先锋模范作用。

围绕提高基层党建质量问题，他指出：“现在，从各方面反映看，一些地方和部门党建工作还存在重形式轻内容、重过程轻结果、重数量轻质量的问题，看起来热热闹闹，实际效果却不佳，甚至与中心工作‘两张皮’、没有什么效果。提高党的建设质量，既要坚持和发扬我们党加强自身建设形成的优良传统和成功经验，又要根据党的建设面临的新情况新问题大力推进改革创新，用新的思路、举

---

① 习近平：《在全国组织工作会议上的讲话》，北京：人民出版社 2018 年版，第 14~15 页。

② 习近平：《在全国组织工作会议上的讲话》，载新华网，2013 年 6 月 29 日。

措、办法解决新的矛盾和问题。”①

习近平总书记关于加强基层党组织建设的重要论述和要求，既有总体部署，又有分类指导；既有原则要求，又有具体举措；既有问题导向，又有目标导向；既突出重点，又兼顾一般，具有很强的思想性、指导性、针对性和操作性。特别是关于国有企业、党政机关和高等学校党建工作的论述，自成体系，非常精辟，充满新意，本书将分别在第十三、十四、十五章加以论述。

2. 着力建设忠诚干净担当的高素质干部队伍

习近平总书记指出：“‘育才造士，为国之本。’贯彻新时代党的组织路线，建设忠诚干净担当的高素质干部队伍是关键”，② 自身努力不是自我设计，不是自己想着几年干到什么职位，而是要加强政治历练、实践磨炼，成长为忠诚于党、对祖国有用的人。”③“重点是要做好干部培育、选拔、管理、使用工作。”④围绕这个关键，他着重阐述了“一个标准、五大体系”。

2013 年 6 月，习近平总书记指出：“我们党历来高度重视选贤任能，始终把选人用人作为关系党和人民事业的关键性、根本性问题来抓。”“好干部要做到信念坚定、为民服务、勤政务实、敢于担

---

① 习近平：《在全国组织工作会议上的讲话》，北京：人民出版社 2018 年版，第 15~16 页。

② 习近平：《在全国组织工作会议上的讲话》，北京：人民出版社 2018 年版，第 16 页。

③ 习近平：《在全国组织工作会议上的讲话》，北京：人民出版社 2018 年版，第 34~35 页。

④ 习近平：《在全国组织工作会议上的讲话》，北京：人民出版社 2018 年版，第 16 页。

当、清正廉洁。党的干部必须坚定共产主义远大理想，真诚信仰马克思主义，矢志不渝为中国特色社会主义而奋斗……全心全意为人民服务……真抓实干……坚持原则、认真负责……敬畏权力、管好权力、慎用权力……保持拒腐蚀、永不沾的政治本色。”[①]围绕好干部“二十字标准”，他突出强调以下几个方面：

一是要信念坚定、对党忠诚。他指出，衡量干部是否有理想信念，关键看是否对党忠诚。领导干部要忠诚干净担当，忠诚始终是第一位的。对党忠诚，就要增强“四个意识”、坚定“四个自信”、做到“两个维护”，严守党的政治纪律和政治规矩，始终在政治立场、政治方向、政治原则、政治道路上同党中央保持高度一致。这种一致必须是发自内心、坚定不移的，任何时候任何情况下都要站得稳、靠得住。忠诚和信仰是具体的、实践的。要经常对照党章党规党纪，检视自己的理想信念和思想言行，不断掸去思想上的灰尘，永葆政治本色。[②]

二是要立党为公、执政为民。他指出，同人民风雨同舟、血脉相通、生死与共，是我们党战胜一切困难和风险的根本保证。离开了人民，我们就会一事无成。要牢记群众是真正的英雄，任何时候都不能忘记为了谁、依靠谁、我是谁，真正同人民结合起来。干部要坚持立党为公、执政为民，虚心向群众学习，真心对群众负责，热心为群众服务，诚心接受群众监督。要拜人民为师、向人民学习，

---

① 习近平：《习近平谈治国理政》，北京：外文出版社 2014 年版，第 411、412~413 页。

② 习近平：《习近平谈治国理政》(第三卷)，北京：外文出版社 2020 年版，第 519~520 页。

放下架子、扑下身子，接地气、通下情，深入开展调查研究，“解剖麻雀”，发现典型，真正把群众面临的问题发现出来，把群众的意见反映上来，把群众创造的经验总结出来。干部要怀着强烈的爱民、忧民、为民、惠民之心，心里要始终装着父老乡亲，想问题、作决策、办事情都要想一想是不是站在人民的立场上，是不是有助于解决群众的难题，是不是有利于增进人民福祉，不断增强人民群众获得感、幸福感、安全感。①

三是要严以修身、怀德自重。他指出，为政之道，修身为本。干部的党性修养、道德水平，不会随着党龄工龄的增长而自然提高，也不会随着职务的升迁而自然提高，必须强化自我修炼、自我约束、自我改造。新时代中国特色社会主义思想，不仅包含着党治国理政的重要论述，也贯穿着中国共产党人的政治品格、价值追求、精神境界、作风操守的要求。要涵养政治定力，炼就政治慧眼，恪守政治规矩，自觉做政治上的明白人、老实人。他强调，人格是一个人精神修养的集中体现。光明磊落、坦荡无私，是共产党人的光辉品格，也是干部应该锤炼的品质修养。要坚守精神追求，见贤思齐，见不贤而内自省，处理好公和私、义和利、是和非、正和邪、苦和乐之间的关系。要立志做大事，不要立志做大官。要保持平和心态，看淡个人进退得失，心无旁骛努力工作，为党和人民做事。他指出，干部要想行得端、走得正，就必须涵养道德操守，明礼诚信，怀德自重，保持严肃的生活作风、培养健康的生活情趣，特别是要增强自制力，做到慎独慎微。一个人廉洁自律不过关，做人就没有骨气。

---

① 习近平：《习近平谈治国理政》（第三卷），北京：外文出版社 2020 年版，第 520 页。

要牢记清廉是福、贪欲是祸的道理，树立正确的权力观、地位观、利益观，任何时候都要稳得住心神、管得住行为、守得住清白。①

四是要敢于斗争、善于斗争。他指出，胜利实现我们党确定的目标任务，必须发扬斗争精神，增强斗争本领。斗争精神、斗争本领，不是与生俱来的。领导干部要经受严格的思想淬炼、政治历练、实践锻炼，在复杂严峻的斗争中经风雨、见世面、壮筋骨，真正锻造成为烈火真金。要学懂弄通做实党的创新理论，掌握马克思主义立场观点方法，夯实敢于斗争、善于斗争的思想根基。理论上清醒，政治上才能坚定，斗争起来才有底气、才有力量。要坚持在重大斗争中磨砺，越是困难大、矛盾多的地方，越是形势严峻、情况复杂的时候，越能练胆魄、磨意志、长才干。领导干部要主动投身到各种斗争中去，在大是大非面前敢于亮剑，在矛盾冲突面前敢于迎难而上，在危机困难面前敢于挺身而出，在歪风邪气面前敢于坚决斗争。②

五是要知行合一、真抓实干。他指出，武装头脑、指导实践、推动工作，落脚点在指导实践、推动工作；学懂弄通做实，落脚点在做实。要牢记空谈误国、实干兴邦的道理，坚持知行合一、真抓实干，做实干家。干部要面对大是大非敢于亮剑，面对矛盾敢于迎难而上，面对危机敢于挺身而出，面对失误敢于承担责任，面对歪风邪气敢于坚决斗争，做疾风劲草，当烈火真金。干部成长无捷径

① 习近平：《习近平谈治国理政》(第三卷)，北京：外文出版社 2020 年版，第 521 页。

② 习近平：《习近平谈治国理政》(第三卷)，北京：外文出版社 2020 年版，第 227 页。

可走，只有经风雨、见世面才能壮筋骨、长才干。要做起而行之的行动者、不做坐而论道的清谈客，当攻坚克难的奋斗者、不当怕见风雨的泥菩萨，在摸爬滚打中增长才干，在层层历练中积累经验。①

如何按照好干部“二十字标准”，建设忠诚干净担当的高素质干部队伍呢？习近平总书记强调要建立“五大体系”。

一是建立源头培养、跟踪培养、全程培养的素质培养体系。要教育引导干部一开始就想明白当干部为什么、在岗位干什么，走好从政第一步。要教育引导干部加强党性修养、筑牢信仰之基，加强政德修养、打牢从政之基，严守纪律规矩、夯实廉政之基，健全基本知识体系、强化能力之基。组织上对干部要有针对性地补短板、强弱项，帮助干部一步步成长起来。要增强干部素质培养的系统性、持续性、针对性，优化干部成长路径，积极创造条件、搭建平台，把理想信念教育、知识结构改善、能力素质提升贯穿干部成长全过程。

二是建立日常考核、分类考核、近距离考核的知事识人体系。考核干部要经常化、制度化、全覆盖，既把功夫下在平时，全方位、多渠道了解干部，又注重了解干部在完成急难险重任务、处理复杂问题、应对重大考验中的表现，既在小事上察德辨才，更在大事上看德识才。要强化分类考核，对资源禀赋、基础水平、发展阶段、主体功能区定位不同的地区在考核内容上要区别对待，对主要领导干部和班子成员、不同岗位的领导干部也应有不同的考核要求。要近距离接触干部，看干部对重大问题的思考、对群众的感情、对待

① 习近平：《习近平谈治国理政》（第三卷），北京：外文出版社 2020 年版，第 521～522 页。

名利的态度、为人处世方式、处理复杂问题能力。要多到基层干部群众中、多在乡语口碑中了解干部，使选出来的干部组织放心、群众满意、干部服气。要把研究人和研究事结合起来，避免从抽象到抽象，凭感觉下结论。

三是建立以德为先、任人唯贤、人事相宜的选拔任用体系。要坚持好干部标准，把政治标准放在第一位。看一个干部政治素质高不高，主要看是否树立“四个意识”、坚定“四个自信”，是否坚决维护党中央权威和集中统一领导，是否全面贯彻执行党的理论和路线方针政策，是否积极贯彻落实党中央重大决策部署，是否忠诚干净担当。要透过现象看本质，既听其言、更观其行，既察其表、更析其里；看政治忠诚，看政治定力，看政治担当，看政治能力，看政治自律。要坚持五湖四海、任人唯贤，广开进贤之路。要坚持事业为上，以事择人、人岗相适，正确把握事业发展需要和干部成长进步的关系，把合适的干部放到合适的岗位上。

四是建立管思想、管工作、管作风、管纪律的从严管理体系。对干部要加强全方位管理，把行为管理和思想管理统一起来，把工作圈管理和社交圈管理衔接起来，把八小时之内的管理和八小时之外的管理贯通起来。要在日常监督上下功夫，坚持抓早抓小、防微杜渐，发现苗头性、倾向性问题及时批评教育，经常敲响思想警钟，使咬耳扯袖、红脸出汗成为常态。要加强党内监督，贯彻民主集中制，严格组织生活，用好批评和自我批评的锐利武器，完善体制机制，管好关键人、管到关键处、管住关键事、管在关键时，特别是要把一把手管住管好。

五是建立崇尚实干、带动担当、加油鼓劲的正向激励体系。要在选人用人上体现讲担当、重担当的鲜明导向，把敢不敢扛事、愿不愿做事、能不能干事作为识别干部、评判优劣、奖惩升降的重要标准，把干了什么事、干了多少事、干的事群众认不认可作为选拔干部的根本依据，激励各级干部撸起袖子加油干。要注重发挥榜样的激励作用，让干部对照找差距、努力有方向。要真情关爱干部，帮助解决实际困难，关注身心健康，让广大干部安心、安身、安业。对基层干部特别是困难艰苦地区和奋战在脱贫攻坚第一线的干部，要给予更多理解和支持，在政策、待遇等方面给予倾斜。①

习近平总书记关于“一个标准、五大体系”的重要论述，全面系统、深入浅出，是对党的干部工作优良传统的继承和创新，是对党的干部工作理念原则的坚持和发展，是对党的干部工作方法途径的丰富和完善，为我们做好新时代干部工作、建设忠诚干净担当的高素质干部队伍，提供了根本指针。

3. 着力培养选拔优秀年轻干部

习近平总书记高度重视培养选拔年轻干部工作，党的十九大以来，先后在2018年7月全国组织工作会议和2019年春季学期、2019年秋季学期、2020年秋季学期中央党校(国家行政学院)中青年干部培训班开班式等会议上发表重要讲话，深刻阐述培养选拔优秀年轻干部工作的极端重要性，深入分析干部队伍的现状特别是年轻干部的优势和不足，并对年轻干部提出了殷切希望和要求，为培养造就一代又一代可靠接班人，为广大年轻干部成长成才，提供了根本

---

① 习近平：《在全国组织工作会议上的讲话》，北京：人民出版社2018年版，第23页。

遵循。

关于培养选拔优秀年轻干部的重大意义，习近平总书记指出，培养选拔优秀年轻干部，是建设忠诚干净担当的高素质干部队伍的重要任务和基础工程，事关坚持和发展中国特色社会主义、事关党和国家事业长远发展。2018 年 7 月 3 日，他强调，实现中华民族伟大复兴，坚持和发展中国特色社会主义，关键在党，关键在人，归根到底在培养造就一代又一代可靠接班人。这是党和国家事业发展的百年大计。培养选拔年轻干部，事关党的事业薪火相传，事关国家长治久安。2019 年 3 月 1 日，他指出，培养选拔优秀年轻干部是一件大事，关乎党的命运、国家的命运、民族的命运、人民的福祉，是百年大计。

关于年轻干部的优势和不足，习近平总书记指出，现在，改革开放前入党和参加工作的干部已经或将要退出岗位，70 后、80 后以至 90 后的年轻干部成为干部队伍的主体。这些干部受过高等教育，思维活跃，勇于创新，为干部队伍注入了生机活力，同时他们相对缺乏系统的马克思主义理论学习和严格的党内政治生活锻炼，有的缺乏基层和艰苦地方磨炼，有的缺乏关键岗位扎实历练，有的做群众工作本领不够强，有的担当作为的底气还不足。现在，一些地方、部门和单位对年轻干部工作重视不够、抓落实不够，重选拔轻培养和论资排辈、平衡照顾现象比较突出，企事业单位优秀人才进入党政干部队伍的渠道不够畅通，等等。这些问题，要抓紧加以解决。

关于对年轻干部的期望和要求，2018 年 7 月 3 日，习近平总书记指出，我们要建设一支忠实贯彻新时代中国特色社会主义思想、符合新时期好干部标准、忠诚干净担当、数量充足、充满活力的高素质专业化年轻干部队伍。优秀年轻干部必须对党忠诚，坚持走中国特色社会主义道路，坚定不移听党话、跟党走；优秀年轻干部要有足够本领来接班；优秀年轻干部要把当老实人、讲老实话、做老实事作为人生信条。要突出政治训练，强化实践磨炼。2019年3月1日，他强调，广大干部特别是年轻干部要在常学常新中加强理论修养，在真学真信中坚定理想信念，在学思践悟中牢记初心使命，在细照笃行中不断修炼自我，在知行合一中主动担当作为，保持对党的忠诚心、对人民的感恩心、对事业的进取心、对法纪的敬畏心，做到信念坚、政治强、本领高、作风硬。2019年9月3日，他指出，广大干部特别是年轻干部要经受严格的思想淬炼、政治历练、实践锻炼，发扬斗争精神，增强斗争本领，为实现“两个一百年”奋斗目标、实现中华民族伟大复兴的中国梦而顽强奋斗。2020年10月10日，他强调，面对复杂形势和艰巨任务，我们要在危机中育先机、于变局中开新局，干部特别是年轻干部要提高政治能力、调查研究能力、科学决策能力、改革攻坚能力、应急处突能力、群众工作能力、抓落实能力，勇于直面问题，想干事、能干事、干成事，不断解决问题、破解难题。各级党组织要有针对性地加强对年轻干部的思想淬炼、政治历练、实践锻炼、专业训练，帮助他们提高解决实际问题能力。

学习习近平总书记重要论述，我体会到，总书记对年轻干部的期望和要求，从一定意义讲，体现在做到“六个加强”、提高“七种能力”上，即：加强思想淬炼、政治历练、实践锻炼、专业训练、文化陶炼、品德修练，提高政治能力、调查研究能力、科学决策能力、改革攻坚能力、应急处突能力、群众工作能力、抓落实能力。

一是关于做到“六个加强”。

建设一支忠实贯彻习近平新时代中国特色社会主义思想、符合新时期好干部标准、忠诚干净担当、数量充足、充满活力的高素质专业化年轻干部队伍，对于各级党组织来说，就是要有针对性地加强对年轻干部的思想淬炼、政治历练、实践锻炼、专业训练、文化陶炼、品德修炼，明确培养年轻干部的正确途径；而对于年轻干部来说，就是要自觉做到“六个加强”。

加强思想淬炼。只有理论上清醒，政治上才能坚定；政治上坚定，行动上才能自觉。加强思想淬炼，最根本的就是用习近平新时代中国特色社会主义思想武装头脑。习近平总书记指出，政治上的坚定、党性上的坚定都离不开理论上的坚定。干部要成长起来，必须加强马克思主义理论武装。我们党在中国这样一个有着近14亿人口的大国执政，面对十分复杂的国内外环境，肩负繁重的执政使命，如果缺乏理论思维，是难以战胜各种风险和困难的，也是难以不断前进的。这就要求我们加强理论学习，掌握和运用辩证唯物主义和历史唯物主义，掌握贯穿其中的马克思主义立场、观点、方法，深入认识共产党执政规律、社会主义建设规律、人类社会发展规律。

远大理想和崇高追求，是以科学理论为支撑的。习近平总书记指出，中国共产党人的理想信念建立在对马克思主义的深刻理解之上，建立在对历史规律的深刻把握之上。历史和实践反复证明，一个政党有了远大理想和崇高追求，就会坚强有力、无坚不摧、无往不胜，就能经受一次次挫折而又一次次奋起；一名干部有了坚定的理想信念，站位就高了，心胸就开阔了，就能坚持正确政治方向，做到“风雨不动安如山”。信仰认定了就要信上一辈子，否则就会出大问题。

年轻干部如何学习理论、掌握理论呢？习近平总书记强调，在学习理论上，干部要舍得花精力，全面系统学，及时跟进学，深入思考学，联系实际学。学习新时代中国特色社会主义思想，要深刻认识和领会其时代意义、理论意义、实践意义、世界意义，深刻理解其核心要义、精神实质、丰富内涵、实践要求。要紧密结合新时代新实践，紧密结合思想和工作实际，有针对性地重点学习，多思多想、学深悟透，知其然又知其所以然。学习理论最有效的办法是读原著、学原文、悟原理，强读强记，常学常新，往深里走、往实里走、往心里走，把自己摆进去、把职责摆进去、把工作摆进去，做到学、思、用贯通，知、信、行统一。

习近平总书记指出，武装头脑、指导实践、推动工作，落脚点在指导实践、推动工作；学懂弄通做实，落脚点在做实。要牢记空谈误国、实干兴邦的道理，坚持知行合一、真抓实干，做实干家。干部要面对大是大非敢于亮剑，面对矛盾敢于迎难而上，面对危机敢于挺身而出，面对失误敢于承担责任，面对歪风邪气敢于坚决斗争，做疾风劲草、当烈火真金。干部成长无捷径可走，经风雨、见世面才能壮筋骨、长才干。要做起而行之的行动者、不做坐而论道的清谈客，当攻坚克难的奋斗者、不当怕见风雨的泥菩萨，在摸爬滚打中增长才干，在层层历练中积累经验。

我们可以把“学”“思”“用”统一为“知”。“学”的阶段是“浅知”，就是原原本本读书；“思”的阶段是“深知”，“学而不思则罔，思而不学则殆”；“行”的阶段是“绝知”，“绝知此事要躬行”，这是更深一层的“知”，就是实践。年轻干部要把学、思、用贯通起来。

加强政治历练。加强政治历练，就是要强化党的意识，对党忠诚，坚定不移听党话、跟党走。习近平总书记指出，我们挑选优秀年轻干部，千条万条，第一条就是看是否对党忠诚；我们培养优秀年轻干部，千条万条，第一条就是教育他们对党忠诚，坚决防止政治上的两面人。这一点，从一开始就要把握好，确保选的苗子政治上过硬。忠诚不是挂在嘴上、写在纸上的，而是要体现在实际行动上。他强调，领导干部要忠诚干净担当，忠诚始终是第一位的。对党忠诚，就要增强“四个意识”、坚定“四个自信”、做到“两个维护”，严守党的政治纪律和政治规矩，始终在政治立场、政治方向、政治原则、政治道路上同党中央保持高度一致。这种一致必须是发自内心、坚定不移的，任何时候任何情况下都要站得稳、靠得住。忠诚和信仰是具体的、实践的。要经常对照党章党规党纪，检视自己的理想信念和思想言行，不断掸去思想上的灰尘，永葆政治本色。

加强政治历练，就是要坚持立党为公、执政为民，践行全心全意为人民服务的根本宗旨。习近平总书记指出，不忘初心，方得始终。干部要把党的初心、党的使命铭刻于心，这样人生奋斗才有更高的思想起点，才有不竭的精神动力。干部要把人民放在心中最高位置。同人民风雨同舟、血脉相通、生死与共，是我们党战胜一切困难和风险的根本保证。离开了人民，我们就会一事无成。要牢记群众是真正的英雄，任何时候都不能忘记为了谁、依靠谁、我是谁，真正同人民结合起来。他强调，为什么人、靠什么人的问题，是检验一个政党、一个政权性质的试金石。干部要坚持立党为公、执政为民，虚心向群众学习，真心对群众负责，热心为群众服务，诚心接受群众监督。要拜人民为师、向人民学习，放下架子、扑下身子，接地气、通下情，深入开展调查研究，解剖麻雀，发现典型，真正把群众面临的问题发现出来，把群众的意见反映上来，把群众创造的经验总结出来。干部要怀着强烈的爱民、忧民、为民、惠民之心，心里要始终装着父老乡亲，想问题、作决策、办事情都要想一想是不是站在人民的立场上，是不是有助于解决群众的难题，是不是有利于增进人民福祉，不断增强人民群众获得感、幸福感、安全感。干部要胸怀强烈的政治责任感、历史使命感，积极投身伟大斗争、伟大工程、伟大事业、伟大梦想的火热实践，把人生理想融入国家富强、民族振兴、人民幸福的伟业之中。

加强实践锻炼。实践出真知，斗争长才干。习近平总书记指出，我们正处在大有可为的新时代。年轻干部要起而行之、勇挑重担，积极投身新时代中国特色社会主义伟大实践，经风雨、见世面，真刀真枪锤炼能力，以过硬本领展现作为、不辱使命。他强调，要把火热的实践作为最好的课堂，让干部经风雨、见世面、壮筋骨、长才干。对有潜力的优秀年轻干部，还要让他们经受吃劲岗位、重要岗位的磨炼，把重担压到他们身上，在难事急事乃至“热锅上蚂蚁”一样的经历中经受摔打。吃劲岗位、重要岗位磨炼，要有完整周期。年轻干部有培养前途的要放到基层去锻炼。下去要真下去，而不是去“镀金”。

习近平总书记特别强调，年轻干部要发扬斗争精神、提高斗争本领。他说，统筹推进“五位一体”总体布局、协调推进“四个全面”战略布局，贯彻落实新发展理念，打好三大攻坚战，做好稳增长、促改革、调结构、惠民生、防风险、保稳定工作，等等，都需要担当，都需要发扬斗争精神、提高斗争本领。马克思主义产生和发展、社会主义国家诞生和发展的历程充满着斗争的艰辛。建立中国共产党、成立中华人民共和国、实行改革开放、推进新时代中国特色社会主义事业，都是在斗争中诞生、在斗争中发展、在斗争中壮大的。当今世界正处于百年未有之大变局，我们党领导的伟大斗争、伟大工程、伟大事业、伟大梦想正在如火如荼地进行，改革发展稳定任务艰巨繁重，我们面临着难得的历史机遇，也面临着一系列重大风险考验。胜利实现我们党确定的目标任务，必须发扬斗争精神，增强斗争本领。

他指出，中华民族伟大复兴，绝不是轻轻松松、敲锣打鼓就能实现的，实现伟大梦想必须进行伟大斗争。在前进道路上我们面临的风险考验只会越来越复杂，甚至会遇到难以想象的惊涛骇浪。我们面临的各种斗争不是短期的而是长期的，至少要伴随我们实现第二个百年奋斗目标全过程。必须增强“四个意识”，坚定“四个自信”，做到“两个维护”，坚定斗争意志，当严峻形势和斗争任务摆在面前时，骨头要硬，敢于出击，敢战能胜。

他强调，共产党人的斗争是有方向、有立场、有原则的，大方向就是坚持中国共产党领导和我国社会主义制度不动摇。凡是危害中国共产党领导和我国社会主义制度的各种风险挑战，凡是危害我国主权、安全、发展利益的各种风险挑战，凡是危害我国核心利益和重大原则的各种风险挑战，凡是危害我国人民根本利益的各种风险挑战，凡是危害我国实现“两个一百年”奋斗目标、实现中华民族伟大复兴的各种风险挑战，只要来了，我们就必须进行坚决斗争，而且必须取得斗争胜利。我们的头脑要特别清醒、立场要特别坚定，牢牢把握正确斗争方向，做到在各种重大斗争考验面前“不畏浮云遮望眼”，“乱云飞渡仍从容”。

他指出，我们共产党人的斗争，从来都是奔着矛盾问题、风险挑战去的。当前和今后一个时期，我国发展进入各种风险挑战不断积累甚至集中显露的时期，面临的重大斗争不会少，经济、政治、文化、社会、生态文明建设和国防和军队建设、港澳台工作、外交工作、党的建设等方面都有，而且越来越复杂。领导干部要有草摇叶响知鹿过、松风一起知虎来、一叶易色而知天下秋的见微知著的能力，对潜在的风险有科学预判，知道风险在哪里，表现形式是什么，发展趋势会怎样，该斗争的就要斗争。

他强调，斗争是一门艺术，要善于斗争。在各种重大斗争中，我们要坚持增强忧患意识和保持战略定力相统一、坚持战略判断和战术决断相统一、坚持斗争过程和斗争实效相统一。领导干部要守土有责、守土尽责，召之即来、来之能战、战之必胜。要注重策略方法，讲求斗争艺术。要抓主要矛盾、抓矛盾的主要方面，坚持有理有利有节，合理选择斗争方式、把握斗争火候，在原则问题上寸步不让，在策略问题上灵活机动。要根据形势需要，把握时、度、效，及时调整斗争策略。要团结一切可以团结的力量，调动一切积极因素，在斗争中争取团结，在斗争中谋求合作，在斗争中争取共赢。

他指出，斗争精神、斗争本领，不是与生俱来的。领导干部要经受严格的思想淬炼、政治历练、实践锻炼，在复杂严峻的斗争中经风雨、见世面、壮筋骨，真正锻造成为烈火真金。要学懂弄通做实党的创新理论，掌握马克思主义立场观点方法，夯实敢于斗争、善于斗争的思想根基，理论上清醒，政治上才能坚定，斗争起来才有底气、才有力量。要坚持在重大斗争中磨砺，越是困难大、矛盾多的地方，越是形势严峻、情况复杂的时候，越能练胆魄、磨意志、长才干。

他强调，社会是在矛盾运动中前进的，有矛盾就会有斗争。领导干部不论在哪个岗位、担任什么职务，都要勇于担当、攻坚克难，既当指挥员、又当战斗员，培养和保持顽强的斗争精神、坚韧的斗争意志、高超的斗争本领。我们在工作中遇到的斗争是多方面的，改革发展稳定、内政外交国防、治党治国治军都需要发扬斗争精神、提高斗争本领。全面从严治党、坚持马克思主义在意识形态领域的指导地位、全面深化改革、推进供给侧结构性改革、推动高质量发展、消除金融领域隐患、保障和改善民生、打赢脱贫攻坚战、治理生态环境、应对重大自然灾害、全面依法治国、处理群体性事件、打击黑恶势力、维护国家安全，等等，都要敢于斗争、善于斗争。领导干部要做敢于斗争、善于斗争的战士。

加强专业训练。习近平总书记高度重视提高干部的专业化水平，在一系列重要会议上多次强调，领导工作要有专业思维、专业素养、专业方法，要全面提高领导干部领导工作的专业化水平，成为经济社会管理的行家里手。2016 年 1 月，习近平总书记在省部级主要领导干部学习贯彻党的十八届五中全会精神专题研讨班上指出，把握新发展理念，不仅是政治性要求，而且是知识性、专业性要求，因为新发展理念包含大量充满时代气息的新知识、新经验、新信息、新要求。如果只是泛泛知道其中一些概念和要求，而不注重构建与之相适应的知识体系，知其然不知其所以然，讲话做事就会缺乏专业水准。2017 年 10 月，党的十九大报告明确提出建设高素质专业化干部队伍的目标要求，强调注重培养专业能力、专业精神，增强干部队伍适应新时代中国特色社会主义发展要求的能力。2018 年 7 月，习近平总书记在全国组织工作会议上指出，随着中国特色社会主义事业不断向前推进，专业化、专门化、精细化要求越来越高，要注意培养有专业背景的复合型领导干部。培养复合型领导干部，跨领域交流是行之有效的途径。有的干部要从国企、教育、科研等单位选进党政班子，可以早一点过来，晚了会影响培养效果。要注重培养具有国际视野、战略思维的干部。2018 年 11 月，习近平总书记在中共中央政治局第十次集体学习时强调，要加快干部知识更新、能力培训、实践锻炼，把那些能力突出、业绩突出，有专业能力、专业素养、专业精神的优秀干部及时用起来。

在我的理解中，专业训练是分层次的。第一个层次，是一般专业训练，主要是就领导干部从事、分管的专业工作而言的，包括加强对理、工、农、医、文、法等方面知识的学习培训，特别是加强对“新发展理念包含大量充满时代气息的新知识、新经验、新信息、新要求”的学习培训，“构建与之相适应的知识体系”，提高“专业水准”；第二个层次是管理专业训练，主要是就领导干部从事领导和管理的工作性质而言的，管理和领导也是一门科学，要全面提高领导干部领导工作的专业化水平，成为经济社会管理的行家里手；第三个层次，是思维训练，这是最重要的训练。领导干部之间的差别，固然在知识层面，但核心在思维层面。习近平总书记强调，要增强政治领导本领，坚持战略思维、创新思维、辩证思维、法治思维、底线思维，科学制定和坚决执行党的路线方针政策，把党总揽全局、协调各方落到实处。这里，习近平总书记是把坚持“五种思维”放在增强党的政治本领的高度来强调的。对于领导干部来说，就必须增强这“五种思维”能力。而增强思维能力的根本途径是学哲学、用哲学。习近平总书记强调，学哲学、用哲学，是我们党的一个好传统，要真正把马克思主义哲学这个看家本领学精悟透用好。

加强文化陶炼。习近平总书记指出，文化是一个国家、一个民族的灵魂。文化兴国运兴，文化强民族强。文化自信，是更基础、更广泛、更深厚的自信。没有高度的文化自信，没有文化的繁荣兴盛，就没有中华民族伟大复兴。对于领导干部特别是年轻干部来说，必须加强文化陶炼、坚定文化自信。

加强文化陶炼，很重要的一个方面就是要加强对中华优秀传统文化的学习和运用。中国传统思想文化体现着中华民族世世代代在生产生活中形成和传承的世界观、人生观、价值观、审美观等，其中最核心的内容已经成为中华民族最基本的文化基因。习近平总书记指出，中华优秀传统文化是我们最深厚的文化软实力，也是中国特色社会主义植根的文化沃土。实现“两个一百年”奋斗目标、实现中华民族伟大复兴的中国梦，需要充分运用中华民族数千年来积累下的伟大智慧。习近平总书记不只一次对党员、干部指出，学史可以看成败、鉴得失、知兴替；学诗可以情飞扬、志高昂、人灵秀；学伦理可以知廉耻、懂荣辱、辨是非。

习近平总书记就是学习和运用中华优秀传统文化的光辉典范。党的十八大以来，无论是国内活动还是外交场合，习近平总书记都大量引用中国古代的名言警句，展现出中华优秀文化的独特魅力和深厚底蕴。如在中央党校建校 80 周年庆祝大会暨 2013 年春季学期开学典礼上，总书记一连引用了许多古代格言，强调要有“先天下之忧而忧，后天下之乐而乐”的政治抱负，“位卑未敢忘忧国”“苟利国家生死以，岂因祸福避趋之”的报国情怀，“富贵不能淫，贫贱不能移，威武不能屈”的浩然正气，“人生自古谁无死，留取丹心照汗青”“鞠躬尽瘁，死而后已”的献身精神等，用中国古人的智慧给人以启迪。

有的专家学者认为，领导干部特别是年轻干部加强文化陶炼、坚定文化自信，一是应从内化正心入手。正心就是修厚德正人品。身正先要正心，心歪必然身歪，正心才能身正。正心要心怀敬畏和执著。讲内化正心，先要以文化打底，需要一定量的文化积累。在注重文化积累的同时，还要解决文化入脑入心的问题，这是内化正心的必然要求。二是应从外化践行入手。外化践行的指向是自身，即自我行动。无论哪一种文化，最后都要讲学以致用。文化的力量最终要通过致用来体现。致用就是践行。唯有丰富的践行才能彰显文化的生命力，也唯有在外化践行中才能提升文化自信。三是应从稳步扎实入手。文化自信是文化自省、自救、自强的过程。做到稳步扎实的第一要领，要有信心、订计划、重落实。每个环节都要扎扎实实，没有捷径可走，不求速疾而行，因为欲速则不达。四是应从放眼全球入手。中华文化是世界文化百花园中的一颗璀璨明珠。同时，在中华文化为世界文化作出贡献的同时也以前所未有的开放姿态向各种优秀文化借鉴学习，与世界大家庭共享文化的最新发展成果。领导干部不仅要对中华文化如数家珍、了然于胸，同时也要注意了解、学习世界先进文化。以博大的胸襟面对世界，建设社会主义文化强国，既是中华文化走向世界的繁盛路径，也是领导干部增强文化自信的愿望所在。

六是加强品德修炼。领导干部应该成为全社会的道德楷模，这种道德是政治品德、社会公德、职业道德、家庭美德的总和。习近平总书记指出，为政之道，修身为本。干部的党性修养、道德水平，不会随着党龄工龄的增长而自然提高，也不会随着职务的升迁而自然提高，必须强化自我修炼、自我约束、自我改造。新时代中国特色社会主义思想，不仅包含着党治国理政的重要思想，也贯穿着中国共产党人的政治品格、价值追求、精神境界、作风操守的要求。要涵养政治定力，炼就政治慧眼，恪守政治规矩，自觉做政治上的明白人、老实人。

习近平总书记郑重强调年轻干部要“老实”，他说，优秀年轻干部要把当老实人、讲老实话、做老实事作为人生信条。要教育引导年轻干部牢记“堤溃蚁孔，气泄针芒”的古训，慎独慎初慎微慎欲，经受住权力、金钱、美色等考验。优秀年轻干部要强化自我修炼，正心明道，防微杜渐，做到有原则、有底线、有规矩，“心不动于微利之诱，目不眩于五色之惑”。

习近平总书记高度重视年轻干部的“人格”，他说，人格是一个人精神修养的集中体现。光明磊落、坦荡无私，是共产党人的光辉品格，也是干部应该锤炼的品质修养。要坚守精神追求，见贤思齐，见不贤而内自省，处理好公和私、义和利、是和非、正和邪、苦和乐关系。要立志做大事，不要立志做大官，保持平和心态，看淡个人进退得失，心无旁骛努力工作，为党和人民做事。

习近平总书记指出，干部要想行得端、走得正，就必须涵养道德操守，明礼诚信，怀德自重，保持严肃的生活作风、培养健康的生活情趣，特别是要增强自制力，做到慎独慎微。若一个人廉洁自律不过关，做人就没有骨气。要牢记清廉是福、贪欲是祸的道理，树立正确的权力观、地位观、利益观，任何时候都要稳得住心神、管得住行为、守得住清白。干部干事创业要树立正确政绩观，有功成不必在我的精神境界、功成必定有我的历史担当，发扬钉钉子精神，脚踏实地干。

二是关于提高“七种能力”。

习近平总书记指出，领导13亿多人的社会主义大国，我们党既要政治过硬，也要本领高强。他强调，作为执政党，必须增强学习本领、政治领导本领、改革创新本领、科学发展本领、依法执政本领、群众工作本领、狠抓落实本领、驾驭风险本领。作为年轻干部，必须提高解决实际问题能力。

2020年10月10日，习近平总书记指出，党的十八大以来，党和国家事业取得历史性成就、发生历史性变革，其中一条很重要的经验就是坚持问题导向，把解决实际问题作为打开工作局面的突破口。当今世界正经历百年未有之大变局，外部环境出现更多不稳定性不确定性。明年我们将进入“十四五”时期，开启全面建设社会主义现代化国家新征程。进入新发展阶段，贯彻新发展理念，构建新发展格局，需要解决的问题会越来越多样、越来越复杂。我国继续发展具有多方面优势和条件，但发展不平衡不充分问题仍然突出。抗击新冠肺炎疫情斗争取得重大战略成果，但决胜全面建成小康社会、决战脱贫攻坚，扎实做好“六稳”工作、全面落实“六保”任务，夺取全面胜利，还需要付出持续努力。

他强调，我们党领导人民干革命、搞建设、抓改革，都是为了解决我国的实际问题。提高解决实际问题能力是应对当前复杂形势、完成艰巨任务的迫切需要，也是年轻干部成长的必然要求。优秀年轻干部要加强学习、积累经验、增长才干，自觉向实践学习、拜人民为师。要沉下心来干工作，心无旁骛钻业务，干一行、爱一行、精一行。要信念如磐、意志如铁、勇往直前，遇到挫折撑得住，关键时刻顶得住，扛得了重活，打得了硬仗，经得住磨难，勤勤恳恳、任劳任怨，不图名、不图利，专心致志做好工作。归结到一点，年轻干部要提高解决实际问题能力，也就是要提高“七种能力”。

提高政治能力。习近平总书记指出，在干部干好工作所需的各种能力中，政治能力是第一位的。有了过硬的政治能力，才能做到自觉在思想上政治上行动上同党中央保持高度一致，在任何时候任何情况下都能“不畏浮云遮望眼”“乱云飞渡仍从容”。提高政治能力，首先要把握正确政治方向，坚持中国共产党领导和我国社会主义制度。在这个问题上，决不能有任何迷糊和动摇！这次抗击新冠肺炎疫情斗争的实践再次证明，中国共产党是风雨来袭时中国人民最可靠的主心骨，我国社会主义制度是抵御风险挑战的最有力制度保证。年轻干部必须坚守一条，凡是有利于坚持党的领导和我国社会主义制度的事就坚定不移做，凡是不利于坚持党的领导和我国社会主义制度的事就坚决不做！要不断提高政治敏锐性和政治鉴别力，观察分析形势首先要把握政治因素，特别是要能够透过现象看本质，做到眼睛亮、见事早、行动快。提高政治能力必须对党的政治纪律和政治规矩怀有敬畏之心。要自觉加强政治历练，增强政治自制力，始终做政治上的“明白人”“老实人”。要注重提高马克思主义理论水平，学深悟透，融会贯通，掌握辩证唯物主义和历史唯物主义，掌握贯穿其中的马克思主义立场观点方法，掌握中国化的马克思主义，做马克思主义的坚定信仰者、忠实实践者。

提高调查研究能力。习近平总书记指出，调查研究是做好工作的基本功。一定要学会调查研究，在调查研究中提高工作本领。调查研究要经常化。要坚持到群众中去、到实践中去，倾听基层干部群众所想所急所盼，了解和掌握真实情况，不能走马观花、蜻蜓点水，一得自矜、以偏概全。对调研得来的大量材料和情况，要认真研究分析，由此及彼、由表及里。对经过充分研究、比较成熟的调研成果，要及时上升为决策部署，转化为具体措施；对尚未研究透彻的调研成果，要更深入地听取意见，完善后再付诸实施；对已经形成举措、落实落地的，要及时跟踪评估，视情况调整优化。

提高科学决策能力。习近平总书记强调，做到科学决策，首先要有战略眼光，看得远、想得深。领导干部想问题、作决策，一定要对国之大者心中有数，多打大算盘、算大账，少打小算盘、算小账，善于把地区和部门的工作融入党和国家事业大棋局，做到既为一域争光、更为全局添彩。要深入研究、综合分析，看事情是否值得做、是否符合实际等，全面权衡，科学决断。作决策一定要开展可行性研究，多方听取意见，综合评判，科学取舍，使决策符合实际情况。

提高改革攻坚能力。习近平总书记指出，面向未来，我们要全面推进党和国家各项工作，尤其是贯彻新发展理念、推动高质量发展、构建新发展格局，继续走在时代前列，仍然要以全面深化改革添动力、求突破。改革必须有勇气和决心，保持越是艰险越向前的刚健勇毅。要把干事热情和科学精神结合起来，使出台的各项改革举措符合客观规律、符合工作需要、符合群众利益。改革攻坚要有正确方法，坚持创新思维，跟着问题走、奔着问题去，准确识变、科学应变、主动求变，在把握规律的基础上实现变革创新。要尊重群众首创精神，把加强顶层设计和坚持问计于民统一起来，从生动鲜活的基层实践中汲取智慧。要注重增强系统性、整体性、协同性，使各项改革举措相互配合、相互促进、相得益彰。

提高应急处突能力。习近平总书记强调，预判风险是防范风险的前提，把握风险走向是谋求战略主动的关键。要增强风险意识，下好先手棋、打好主动仗，做好随时应对各种风险挑战的准备。要努力成为所在工作领域的行家里手，不断提高应急处突的见识和胆识，对可能发生的各种风险挑战，要做到心中有数、分类施策、精准拆弹，有效掌控局势、化解危机。要紧密结合应对风险实践，查找工作和体制机制上的漏洞，及时予以完善。

提高群众工作能力。习近平总书记指出，要坚持从群众中来、到群众中去，真正成为群众的贴心人。要心中有群众，时刻把群众安危冷暖放在心上，认真落实党中央各项惠民政策，把小事当作大事来办，切实解决群众“急难愁盼”的问题。要落实党中央关于逐步实现全体人民共同富裕的要求，带领群众艰苦奋斗、勤劳致富，在收入、就业、教育、社保、医保、医药卫生、住房等方面不断取得实实在在的成果。要注意宣传群众、教育群众，用群众喜闻乐见、易于接受的方法开展工作，提高群众思想觉悟，让他们心热起来、行动起来。要自觉运用法治思维和法治方式深化改革、推动发展、化解矛盾，维护社会公平正义。

提高抓落实能力。习近平总书记强调，干事业不能做样子，必须脚踏实地，抓工作落实要以上率下、真抓实干。特别是主要领导干部，既要带领大家一起定好盘子、理清路子、开对方子，又要做到重要任务亲自部署、关键环节亲自把关、落实情况亲自督查，不能高高在上、凌空蹈虚，不能只挂帅不出征。干事业就要有钉钉子精神，抓铁有痕、踏石留印，稳扎稳打向前走，过了一山再登一峰，跨过一沟再越一壑，不断通过化解难题开创工作新局面。

关于各级党委(党组)的责任，习近平总书记指出，做好年轻干部工作是全党的共同任务。各级党委(党组)要把关心年轻干部健康成长作为义不容辞的政治责任，加强长远规划，健全工作责任制，及时发现、培养起用优秀年轻干部。

他强调，优秀年轻干部既要数量充足，又要质量优良。各地区各部门要着眼近期需求和长远战略需要，培养选拔一定数量规模的优秀年轻干部，其中女干部、少数民族干部、党外干部都要有一定数量。三百六十行，行行出状元。培养选拔优秀年轻干部要放眼各条战线、各个领域、各个行业，广开进贤之路、广纳天下英才。培养选拔优秀年轻干部，要在质的提升上下大功夫。在选干部、配班子时不能只看年轻干部“有没有”“有多少”，更要看“好不好”“优不优”，这一点在工作中要把握好。

他指出，干部成长规律决定了干部培养要有足够时间，不仅着眼未来5年、10年，更要着眼未来15年、20年乃至更长时间。我们党坚持一层一层考验、递进式培养干部，这是我们的制度优势。年轻干部培养，不能搞大水漫灌，更不能任其自然生长，要精耕细作，加强田间管理，及时施肥浇水、修枝剪叶、驱虫防病。要教育引导年轻干部立志接好党和人民事业的班，而不是考虑接某个职位的班。我们是党管干部、组织选人，年轻干部不能搞自我设计，自己考虑多了就容易违背组织原则。各级党组织要有针对性地加强对年轻干部的思想淬炼、政治历练、实践锻炼、专业训练，明确培养年轻干部的正确途径，坚决克服干部培养中的形式主义，让他们更好肩负起新时代的职责和使命。对有培养前途的优秀年轻干部，要不拘一格大胆使用。不拘一格不等于破格提拔，而是要破除论资排辈、平衡照顾、求全责备等观念，打破隐性台阶。必要的台阶资历是积累领导经验所需要的，但讲台阶不能抠台阶，论资历不能唯资历。要大力发现储备年轻干部，注重在基层一线和困难艰苦的地方培养锻炼年轻干部，源源不断选拔和使用经过实践考验的优秀年轻干部。要把发现培养选拔年轻干部工作实效作为党建工作考核的重要内容。①

4. 着力集聚爱国奉献的各方面优秀人才

习近平总书记指出："千秋基业，人才为本。当前，全球范围内新一轮科技革命和产业变革蓬勃兴起，世界各国都在抢抓机遇，国际人才争夺日趋白热化。我们必须加快实施人才强国战略，确立人才引领发展的战略地位，努力建设一支矢志爱国奉献、勇于创新创造的优秀人才队伍。"②

习近平总书记关于人才工作的重要论述中，一个突出特点，就

---

① 根据习近平下列讲话精神整理：《2020 年 7 月 3 日在全国组织工作会议上的讲话》《2019 年 3 月 1 日在 2019 年春季学期中央党校（国家行政学院）中青年干部培训班开班式上的讲话》《2019 年 9 月 3 日在 2019 年秋季学期中央党校（国家行政学院）中青年干部培训班开班式上的讲话》《2020 年 10 月 10 日在 2020 年秋季学期中央党校（国家行政学院）中青年干部培训班开班式上的讲话》。

② 习近平：《在全国组织工作会议上的讲话》，北京：人民出版社 2018 年版，第 23~24 页。

是重视人才发展体制机制改革，建立和完善“四个机制”。“要深化人才发展体制机制改革，最大限度把广大人才的报国情怀、奋斗精神、创造活力激发出来。要完善人才培养机制，遵循社会主义市场经济规律和人才成长规律，以国家发展需要和社会需求为导向，以培养人才创新精神和创新能力为重点，以提高思想道德素质和职业精神为基础，形成协同育人模式。要改进人才评价机制，避免简单以学术头衔、人才称号确定薪酬待遇、配置学术资源的倾向，推动人才‘帽子’、人才称号回归学术性、荣誉性本质。要创新人才流动机制，打破户籍、身份、学历、人事关系等制约，促进城乡、区域、行业和不同所有制之间人才协调发展，鼓励引导人才向艰苦边远地区和基层一线流动。要健全人才激励机制，让机构、人才、市场、资金充分活跃起来。”①

他特别强调人才的引进：“要实行更加积极、更加开放、更加有效的人才引进政策，集四海之气，借八方之力，聚天下英才而用之。要着眼‘高精尖缺’、坚持需求导向，用好全球创新资源，精准引进急需紧缺人才。要强化效益意识和柔性引才理念，不求所有、但求所用，不求所在、但求所为，既可以在国外调动人才离岸搞创新，也可以吸引‘候鸟型人才’兼职搞创新。”②

习近平总书记要求各级党委和组织人事部门要做好深入细致的工作。“要广泛宣传表彰爱国报国、为党和人民事业作出突出贡献的

① 习近平：《在全国组织工作会议上的讲话》，北京：人民出版社 2018 年版，第 24~25 页。

② 习近平：《在全国组织工作会议上的讲话》，北京：人民出版社 2018 年版，第 25 页。

优秀人才，在知识分子和广大人才中大力弘扬爱国奉献精神，激励他们的爱国之情、报国之志。要加强对人才的政治引领，做好各类人才教育培训、国情研修等工作，增强他们的政治认同感和向心力，实现增人数和得人心有机统一。要做好联系服务人才工作，政治上充分信任、工作上创造条件、生活上关心照顾，多为他们办实事做好事解难事。领导干部要带头联系专家，加强思想沟通和感情交流，当好'后勤部长'，为他们发挥聪明才智创造良好条件。"①

总之，习近平总书记的重要论述，指出人才是实现民族振兴、赢得国际竞争主动的战略资源，强调要坚持党管人才原则，聚天下英才而用之，加快建设人才强国，努力建设一支矢志爱国奉献、勇于创新创造的优秀人才队伍；要实行更加积极、更加开放、更加有效的人才政策，以识才的慧眼、爱才的诚意、用才的胆识、容才的雅量、聚才的良方，把党内和党外、国内和国外各方面优秀人才集聚到党和人民的伟大奋斗中来；要深化人才发展体制机制改革，完善人才培养机制、改进人才评价机制、创新人才流动机制、健全人才激励机制，最大限度地把广大人才的报国情怀、奋斗精神、创造活力激发出来，为我们做好人才工作提供根本指针。

2020 年 6 月，习近平总书记再次就深入学习领会和贯彻落实新时代党的组织路线作出全面论述，他强调，组织建设是党的建设的重要基础。党的组织路线是为党的政治路线服务的。我们党要长期执政、永葆活力，团结带领全国各族人民沿着中国特色社会主义道路实现中华民族伟大复兴，最重要的是把党建设得更加坚强有力。

---

① 习近平：《在全国组织工作会议上的讲话》，北京：人民出版社 2018 年版，第 25~26 页。

新时代党的组织路线为加强党的组织建设提供了科学遵循，为增强党的创造力、凝聚力、战斗力提供了重要保证。我们要毫不动摇坚持和完善党的领导、继续推进党的建设新的伟大工程，贯彻落实好新时代党的组织路线，不断把党建设得更加坚强有力。

他指出，党的历史表明，什么时候坚持正确组织路线，党的组织就蓬勃发展，党的事业就顺利推进；什么时候组织路线发生偏差，党的组织就遭到破坏，党的事业就出现挫折。党的十八大以来，党中央针对党的组织建设中存在的突出问题，坚定不移全面从严治党，在加强党的全面领导、健全党的组织体系、完善选人用人标准和工作机制、健全党内政治生活和组织生活制度等方面采取了一系列重大举措，并同强化党的理论武装、加强党的作风建设、严肃党的纪律、深入开展反腐败斗争等相协调，推动党在革命性锻造中更加坚强。党的十九大之后，我们在总结历史经验特别是党的十八大以来全面从严治党成功经验的基础上，对新时代党的组织路线进行了概括。我们要正确理解新时代党的组织路线的科学内涵和实践要求，坚持目标导向、问题导向、结果导向相统一，准确把握好贯彻落实的基本要求。

他强调，要抓好坚持和完善党的领导、坚持和发展中国特色社会主义。加强党的组织建设，根本目的是坚持和加强党的全面领导，为推进中国特色社会主义事业提供坚强保证。现在，第一个百年奋斗目标即将胜利实现，我们即将开启全面建设社会主义现代化国家、实现第二个百年奋斗目标的新征程。面对复杂形势和艰巨任务，我们要全面把握世界百年未有之大变局和中华民族伟大复兴战略全局，有力应对重大挑战、抵御重大风险、克服重大阻力、化解重大矛盾，进行具有许多新的历史特点的伟大斗争，实现中华民族伟大复兴，最根本的保证还是党的领导。要教育引导全党自觉在思想上政治上行动上同党中央保持高度一致，保持坚强政治定力和正确前进方向，充分发挥各级党委(党组)、各领域基层党组织的政治功能和组织功能，把广大党员、干部和各方面人才有效组织起来，把广大人民群众广泛凝聚起来，形成为夺取新时代中国特色社会主义新胜利而团结奋斗的强大力量。

他指出，要抓好用党的科学理论武装全党。要加强马克思主义特别是新时代中国特色社会主义思想的理论武装，使各级党组织和广大党员、干部特别是领导干部掌握马克思主义理论武器，提高马克思主义理论水平和运用能力，共同把党的创新理论转化为推进新时代中国特色社会主义伟大事业的实践力量。各级党委及其组织部门要自觉用党的科学理论指导党的组织建设，结合新的实际推进改革创新，使各项工作更好体现时代性、把握规律性、富于创造性，为实现新时代党的历史使命提供坚强组织保证。

他强调，要抓好党的组织体系建设。严密的组织体系，是马克思主义政党的优势所在、力量所在。党的十八大以来，我们抓党的建设，首先就抓中央委员会、中央政治局及其常委会的建设，制定的各项党内法规都对中央领导同志提出更高标准，要求中央领导同志在守纪律讲规矩、履行管党治党政治责任等方面为全党同志立标杆、作表率。中央和国家机关是贯彻落实党中央决策部署的“最初一公里”，要认真贯彻执行党组工作条例和党的工作机关条例，把中央和国家机关建设成为讲政治、守纪律、负责任、有效率的模范机关。地方党委是贯彻落实党中央决策部署的“中间段”，要认真贯彻执行地方党委工作条例，把地方党委建设成为坚决听从党中央指挥、管理严格、监督有力、班子团结、风气纯正的坚强组织。基层党组织是贯彻落实党中央决策部署的“最后一公里”，要坚持大抓基层的鲜明导向，抓紧补齐基层党组织领导基层治理的各种短板，把各领域基层党组织建设成为实现党的领导的坚强战斗堡垒，充分发挥广大党员在改革发展稳定中的先锋模范作用。各级党组织要提高政治领导力、思想引领力、群众组织力、社会号召力，把广大人民群众紧紧团结在党的周围。

他指出，要抓好执政骨干队伍和人才队伍建设。新时代党的组织路线提出坚持德才兼备、以德为先、任人唯贤的方针，就是强调选干部、用人才既要重品德，也不能忽视才干。要把提高治理能力作为新时代干部队伍建设的重大任务，通过加强思想淬炼、政治历练、实践锻炼、专业训练，推动广大干部严格按照制度履行职责、行使权力、开展工作。各级党组织要严格把好政治关、廉洁关，严把素质能力关，及时把那些愿干事、真干事、干成事的干部发现出来、任用起来。要加强干部教育培训，使广大干部政治素养、理论水平、专业能力、实践本领跟上时代发展步伐。要深化干部制度改革，完善管思想、管工作、管作风、管纪律的从严管理机制，推动形成能者上、优者奖、庸者下、劣者汰的正确导向。要深化人才发展体制机制改革，破除人才引进、培养、使用、评价、流动、激励等方面的体制机制障碍，实行更加积极、更加开放、更加有效的人才政策，形成具有吸引力和国际竞争力的人才制度体系，努力聚天下英才而用之。

他强调，要抓好党的组织制度建设。党的十八大以来，党中央先后制定和修订了党内政治生活若干准则、党组工作条例、地方党委工作条例、党的工作机关条例、支部工作条例以及农村、国企、机关、高校基层党组织工作条例等一系列组织建设方面的党内法规。党的十九届四中全会把健全维护党的集中统一的组织制度作为坚持和完善党的领导制度体系的重要内容，纳入国家制度和国家治理体系之中。中央相关部门、各级党委(党组)要结合实际，把党内组织法规和党中央提出的要求具体化，建立健全包括组织设置、组织生活、组织运行、组织管理、组织监督等在内的完整组织制度体系，完善党委(党组)落实全面从严治党主体责任的制度，并严格抓好执行，不断提高党的组织建设的制度化、规范化、科学化水平。①

习近平总书记在2018年7月全国组织工作会议重要讲话的基础上，进一步阐述了坚持正确的组织路线对于党的组织和党的事业，对于贯彻党的政治路线、加强党的组织建设的极端重要性，进一步揭示了新时代党的组织路线的科学内涵，并提出了五个方面的实践要求，为我们深入学习领会和贯彻落实新时代党的组织路线，进一步指明了方向。

---

① 根据习近平《2020年6月29日在十九届中央政治局第二十一次集体学习时的讲话》精神整理。

第九章　论作风建设

——始终保持党同人民群众的血肉联系

习近平总书记指出：“我们党来自人民、植根人民、服务人民，一旦脱离群众，就会失去生命力。加强作风建设，必须紧紧围绕保持党同人民群众的血肉联系，增强群众观念和群众感情，不断厚植党执政的群众基础。凡是群众反映强烈的问题都要严肃认真对待，凡是损害群众利益的行为都要坚决纠正。坚持以上率下，巩固拓展落实中央八项规定精神成果，继续整治‘四风’问题，坚决反对特权思想和特权现象。”[①]这就为加强新时代党的作风建设进一步指明了方向。

党的十八大以来，以习近平同志为核心的党中央推进全面从严治党，最大亮点是作风建设。我们党着力解决人民群众反映最强烈、对党的执政基础威胁最大的突出问题，从制定和执行中央八项规定破题，严字当头、刀刃向内，抓铁有痕、踏石留印，以钉钉子的精神加以推进，特别是严厉整治形式主义、官僚主义、享乐主义和奢

① 习近平：《决胜全面建成小康社会　夺取新时代中国特色社会主义伟大胜利——在中国共产党第十九次全国代表大会上的报告》，载《人民日报》2017 年 10 月 18 日。

靡之风，解决了新形势下作风建设抓什么、怎么抓的问题，推动全面从严治党向纵深发展，推动党风、政风、社会风气好转。在这个过程中，习近平总书记围绕加强党的作风建设，作出了一系列重要论述，提出了一系列重要思想，主要包括：党的作风就是党的形象，关系人心向背，关系党的生死存亡的思想；作风问题核心是党同人民群众的关系问题，根本是始终保持党同人民群众的血肉联系的思想；深入落实中央八项规定精神，坚持不懈反对“四风”的思想；作风建设要从领导干部做起，领导干部首先要从中央领导做起的思想；作风建设永远在路上，永远没有休止符，必须持续努力、久久为功的思想，等等，形成了关于加强党的作风建设的思想体系。

一、党的作风就是党的形象，关系人心向背，关系党的生死存亡

党的作风，一般包含思想作风，也就是我们党在认识问题、分析问题和解决问题过程中所采取和运用的思维方式与思想方法；学风，也就是我们党在马克思主义基本原理与中国革命、建设、改革实际的关系问题，以及继承、坚持和发展、创新的关系问题上所坚持的立场、观点和态度；工作作风和领导作风，也就是我们党在领导人民进行革命、建设、改革工作中所坚持的观点、原则、方法；干部生活作风，也就是干部的思想意识、精神境界、道德品行在日常生活中的反映。党的作风是一种外在的表现，其本质是党性和世界观。党的十八大以来，习近平总书记多次论述党的作风建设的极端重要性和紧迫性。

关于党的作风建设的重要性，他指出，“党的作风就是党的形象，关系人心向背，关系党的生死存亡。执政党如果不注重作风建设，听任不正之风侵蚀党的肌体，就有失去民心、丧失政权的危险。我们党作为一个在中国长期执政的马克思主义政党，对作风问题任何时候都不能掉以轻心”,① “党的作风是党的形象，是观察党群干群关系、人心向背的晴雨表。党的作风正，人民的心气顺，党和人民就能同甘共苦”,② “我们党的执政基础很牢固，但如果作风问题解决不好，也有可能出现‘霸王别姬’这样的时刻。我们一定要有危机意识。”③“奢靡之始，危亡之渐。不正之风离我们越远，群众就会离我们越近。我们党历来强调，党风问题关系党的生死存亡。古今中外，因为统治集团作风败坏导致人亡政息的例子多得很！我们一定要引为借鉴，以最严格的标准、最严厉的举措治理作风问题”,④ “推动改革发展事业，关键在党，关键在广大党员干部要有优良的工作作风”。⑤

“作风问题本质上是党性问题。对我们共产党人来讲，能不能解决好作风问题，是衡量对马克思主义信仰、对社会主义和共产主义

---

① 习近平：《在十八届中央政治局第16次集体学习时的讲话》，载新华网，2014年6月30日。

② 习近平：《在庆祝中国共产党成立95周年大会上的讲话》，载《人民日报》2016年7月1日。

③ 习近平：《在河北调研指导党的群众路线教育实践活动时的讲话》，载新华网，2013年7月12日。

④ 习近平：《在党的群众路线教育实践活动总结大会上的讲话》，载新华网，2014年10月8日。

⑤ 《习近平在春节前夕赴内蒙古调研看望慰问各族干部群众》，载《人民日报》2014年1月30日。

信念、对党和人民忠诚的一把十分重要的尺子”,[1]“抓作风建设，就要返璞归真、固本培元，重点突出坚定理想信念、践行根本宗旨、加强道德修养”,[2]“改进作风要举一反三，透过作风看党性，在解决作风问题的基础上解决好党性问题。领导干部要把深入改进作风与加强党性修养结合起来，自觉讲诚信、懂规矩、守纪律，襟怀坦白、言行一致，心存敬畏、手握戒尺，对党忠诚老实，对群众忠诚老实，做到台上台下一种表现，任何时候、任何情况下都不越界、越轨”。[3]

关于我们党的优良传统和作风，他指出：“什么是优良作风？优良作风就是我们党历来坚持的理论联系实际、密切联系群众、批评和自我批评以及艰苦奋斗、求真务实等作风。在革命、建设、改革长期实践中，我们党始终要求全党同志坚持光荣传统、发扬优良作风，为党和人民事业不断从胜利走向胜利提供了重要保障。”[4]

关于党的作风建设的经验教训，他指出，“越是改革开放，越是发展社会主义市场经济，越是长期执政，党内形形色色的作风问题越是突出，我们越是要加强作风教育和作风建设。历史和现实都告诉我们，抓作风问题这根弦松不得，一松就可能出问题，久而久之

---

① 习近平：《在第十八届中央纪律检查委员会第六次全体会议上的讲话》，北京：人民出版社 2016 年版，第 11 页。

② 习近平：《在调研指导河南省兰考县党的群众路线教育实践活动时的讲话》，载《人民日报》2014 年 3 月 19 日。

③ 《习近平在辽宁考察时强调：深入实施创新驱动发展战略》，载新华网，2013 年 9 月 2 日。

④ 习近平：《在党的群众路线教育实践活动工作会议上的讲话》，载《人民日报》2013 年 6 月 19 日。

还可能出大问题”,[①]“在发展社会主义市场经济条件下，商品交换原则必然会渗透到党内生活中来，这是不以人的意志为转移的。社会上各种各样的诱惑缠绕着党员、干部，‘温水煮青蛙’现象就会产生，一些人不知不觉就被人家请君入瓮了。作风建设是攻坚战，也是持久战。这么多年，作风问题我们一直在抓，但很多问题不仅没有解决、反而愈演愈烈，一些不良作风像割韭菜一样，割了一茬长一茬。症结就在于对作风问题的顽固性和反复性估计不足，缺乏常抓的韧劲、严抓的耐心，缺乏管长远、固根本的制度”。[②]

关于党的作风建设的紧迫性，他指出，“一个时期以来，作风问题在党内确实相当严重，已经到了非抓不可的时候，不抓不行了。抓和不抓大不一样，小抓大抓也大不一样，只有动真格打硬仗，才能扫除顽瘴痼疾，取得人民满意的实效”,[③]“我们必须看到，面对世情、国情、党情的深刻变化，精神懈怠危险、能力不足危险、脱离群众危险、消极腐败危险更加尖锐地摆在全党面前，党内脱离群众的现象大量存在，一些问题还相当严重，集中表现在形式主义、官僚主义、享乐主义和奢靡之风这‘四风’上”,[④]“抓作风是推进党的建设新的伟大工程的重要切入点和着力点，必须坚持从严治党，落实管党治党责任，把作风建设要求融入党的思想建设、组织建设、

---

① 习近平：《做焦裕禄式的县委书记》，北京：中央文献出版社 2015 年版，第 62 页。

② 中共中央纪律检查委员会、中共中央文献研究室：《习近平关于党风廉政建设和反腐败斗争论述摘编》，北京：中国方正出版社 2015 年版，第 22 页。

③ 中共中央纪律检查委员会、中共中央文献研究室：《习近平关于党风廉政建设和反腐败斗争论述摘编》，北京：中国方正出版社 2015 年版，第 21 页。

④ 中共中央纪律检查委员会、中共中央文献研究室：《习近平关于党风廉政建设和反腐败斗争论述摘编》，北京：中国方正出版社 2015 年版，第 13 页。

反腐倡廉建设、制度建设之中，全面提高党的建设工作水平。抓作风既要着力解决当前突出问题，又要注重建立长效机制，下功夫、用狠劲，持续努力、久久为功”。[①]

二、作风问题核心是党同人民群众的关系问题，根本是始终保持党同人民群众的血肉联系

群众观点，指的是对待群众的立场和态度。马克思主义认为，人民群众是历史的创造者，不仅是物质财富和精神财富的创造者，而且是社会变革的决定性力量。马克思主义群众观点是马克思主义唯物史观的一个基本观点，是马克思主义政党的根本立场和根本观点，是我们党制定路线、方针和政策的根本出发点。群众路线是我们党的根本工作路线，也是我们党的根本的领导作风和工作方法，主要内容是：一切为了群众、一切依靠群众，从群众中来、到群众中去，把党的正确主张变为群众的自觉行动。坚持党的群众路线，就能保证党与群众的血肉联系，保证党的各项工作的成功。党的十八大以来，习近平总书记作出一系列论述，系统回答了关于坚持马克思主义群众观点、贯彻党的群众路线的重大理论和实践问题。

习近平总书记回答了为什么作风问题的核心是党同人民群众的关系问题。“人民是历史的创造者，是决定党和国家前途命运的根本

---

① 习近平：《坚持从严治党落实管党治党责任　把作风建设要求融入党的制度建设》，载《人民日报》2014 年 7 月 1 日。

力量”，[①]“密切党群、干群关系，保持同人民群众的血肉联系，始终是我们党立于不败之地的根基”，[②]“我们党来自人民、植根人民、服务人民，党的根基在人民、血脉在人民、力量在人民。失去了人民拥护和支持，党的事业和工作就无从谈起。党要继续经受住执政考验、改革开放考验、市场经济考验、外部环境考验，就必须始终密切联系群众。在任何时候任何情况下，与人民同呼吸共命运的立场不能变，全心全意为人民服务的宗旨不能忘，群众是真正英雄的历史唯物主义观点不能丢，始终坚持立党为公、执政为民”。[③] 要“自觉践行全心全意为人民服务的根本宗旨，把党的群众路线贯彻到治国理政全部活动之中，把人民对美好生活的向往作为奋斗目标，依靠人民创造历史伟业”。[④]

“‘政之所兴在顺民心，政之所废在逆民心。’一个政党，一个政权，其前途命运最终取决于人心向背。中国共产党、中华人民共和国的全部发展历程都告诉我们，中国共产党、中华人民共和国之所以能够取得事业的成功，靠的是始终保持同人民群众的血肉联系、代表最广大人民根本利益。如果脱离群众、失去人民拥护和支持，最终也会走向失败”，[⑤]“得民心者得天下，失民心者失天下，人民

---

① 习近平：《习近平谈治国理政》（第三卷），北京：外文出版社 2020 年版，第 16 页。

② 习近平：《紧紧围绕坚持和发展中国特色社会主义学习宣传贯彻党的十八大精神》，载《人民日报》2012 年 11 月 19 日。

③ 习近平：《习近平谈治国理政》，北京：外文出版社 2014 年版，第 367 页。

④ 习近平：《习近平谈治国理政》（第三卷），北京：外文出版社 2020 年版，第 135 页。

⑤ 习近平：《在庆祝中国人民政治协商会议成立 65 周年大会上的讲话》，载新华网，2014 年 9 月 21 日。

拥护和支持是党执政的最牢固根基。人心向背关系党的生死存亡。党只有始终与人民心连心、同呼吸、共命运，始终依靠人民推动历史前进，才能做到哪怕‘黑云压城城欲摧’‘我自岿然不动’，安如泰山、坚如磐石”，“要把为民务实清廉的价值追求深深植根于全党同志的思想和行动中，夯实党的执政基础，巩固党的执政地位，增强党的创造力凝聚力战斗力，使保持党的先进性和纯洁性、巩固党的执政基础和执政地位具有广泛、深厚、可靠的群众基础”。①

习近平总书记回答了如何保持党同人民群众的血肉联系的问题。“加强作风建设，必须坚持马克思主义群众观点、贯彻党的群众路线，把出发点和落脚点归结到实现好、维护好、发展好最广大人民根本利益上来，归结到为民务实清廉上来，使改进作风的过程成为贯彻执行党的理论和路线方针政策的过程，成为推动改革开放和社会主义现代化建设顺利进行的过程”，② “加强党的政治建设，要紧扣民心这个最大的政治，把赢得民心民意、汇集民智民力作为重要着力点。要站稳人民立场，贯彻党的群众路线，同人民想在一起、干在一起，坚决反对‘四风’特别是形式主义、官僚主义，始终保持党同人民群众的血肉联系。要教育和激励广大党员、干部锐意进取、奋发有为，把精力和心思用在稳增长、促改革、调结构、惠民生、防风险上，用在破难题、克难关、着力解决人民群众最关心最直接最现实的利益问题上”。③

---

① 习近平：《习近平谈治国理政》，北京：外文出版社 2014 年版，第 368 页。

② 习近平：《在第十八届中央纪律检查委员会第六次全体会议上的讲话》，载《人民日报》2016 年 5 月 3 日。

③ 习近平：《习近平谈治国理政》(第三卷)，北京：外文出版社 2020 年版，第 95 页。

他强调，要教育广大党员、干部进一步认识到人民是历史的创造者，我们党来自人民、植根人民，各级干部无论职位高低都是人民公仆，都必须全心全意为人民服务；进一步增进同群众的感情、拉近同群众的距离，增强同群众一块过、一块苦、一块干的自觉性；进一步掌握贯彻群众路线的工作方法，看到在联系服务群众中的差距，增强做好群众工作的本领。[①] 进一步认识到“我们党的宗旨是全心全意为人民服务，除了最广大人民的利益，没有自己的特殊利益。我们在入党宣誓时都说过：‘随时准备为党和人民牺牲一切。’只有按照这样的标准和境界来修身、用权、律己和谋事、创业、做人，我们才能把人做好、把官当好”，[②] “如果每个地方的党委和政府以及广大干部都能坚持党的宗旨，都能密切联系群众，都能带领群众把党和国家方针政策落实好，不论什么风浪来了，我们就都可以稳坐钓鱼船。‘位卑未敢忘忧国’。每个党组织无论级别高低、分布在哪里，每个党员无论职务大小、工作在什么岗位上，都要在党忧党，自觉担当起应尽的责任，自觉做好固本强基、凝聚人心的工作。大家都这样做了，党和国家工作就会具有广泛扎实的基础”。[③]

他强调，保持党同人民群众的血肉联系，必须贯彻党的群众路线。“群众路线是党的生命线和根本工作路线。这些年，我们的发展成效很显著，人民群众物质文化生活水平不断提高，但冷静一想，

① 习近平：《在党的群众路线教育实践活动总结大会上的讲话》，北京：人民出版社 2014 年版，第 2 页。

② 中共中央文献研究室：《习近平关于全面从严治党论述摘编》，北京：中央文献出版社 2016 年版，第 168 页。

③ 习近平：《做焦裕禄式的县委书记》，北京：中央文献出版社 2015 年版，第 36 页。

是不是党的凝聚力、群众的向心力就同步提高了？是不是党同人民群众的联系就更加密切了？事实表明，经济发展了，人民生活水平提高了，不等于党同人民的联系就更加密切了、必然密切了，有时候反而是疏远了”，“现在，脱离群众的现象在某些方面比10年前、20年前、30年前更突出了。问题出在哪儿？不能不引起我们深思！我看主要是一些党员、干部宗旨意识淡薄了，对群众的感情变化了，作风问题突出了。如果群众观点丢掉了，群众立场站歪了，群众路线走偏了，群众眼里就没有你”，“如果真的到了那一天，就会危及党的执政基础和执政地位”。①

他强调，要保持党同人民群众的血肉联系，必须在全党大兴调查研究之风。“调查研究是谋事之基、成事之道，没有调查就没有发言权，没有调查就没有决策权。调查研究是我们做好工作的基本功。党的十九大明确了坚持和发展新时代中国特色社会主义的大政方针，作出了一系列重大工作部署，提出了一系列重大举措，关键是抓好贯彻落实。正确的决策离不开调查研究，正确的贯彻落实同样也离不开调查研究。中央委员会的每一位同志都要积极开展调查研究，要扑下身子、沉到一线，迈开步子、走出院子，到车间码头，到田间地头，到市场社区，亲自察看、亲身体验。调查研究要紧扣人民群众生产生活，紧扣经济社会发展实际，紧扣全面从严治党面临的现实问题，紧扣贯彻落实党的十九大精神需要解决的问题。既要到工作局面好和先进的地方去总结经验，又要到困难较多、情况复杂、矛盾尖锐的地方去研究问题，特别是要多到群众意见多的地方去，

① 习近平：《做焦裕禄式的县委书记》，北京：中央文献出版社2015年版，第34~35页。

多到工作做得差的地方去，既要听群众的顺耳话，也要听群众的逆耳言，这样才能听到实话、察到实情、收到实效。各级干部特别是领导干部要结合贯彻落实党的十九大精神真正动起来、深下去，切实把存在的矛盾和问题搞清搞透，把各项工作做实做好。”①他强调：“调查研究是我们党的传家宝，是做好各项工作的基本功。要在全党大兴调查研究之风，推动全党崇尚实干、力戒空谈、精准发力，让改革发展稳定各项任务落下去，让惠及百姓的各项工作实起来，推动党中央大政方针和决策部署在基层落地生根。中央政治局的同志要拜人民为师，向人民学习，放下架子、扑下身子，接地气、通下情，‘身入’更要‘心至’，围绕全面从严治党问题，围绕贯彻落实党的十九大精神需要解决的问题，围绕坚决打好防范化解重大风险、精准脱贫、污染防治的攻坚战，围绕人民群众生产生活问题，围绕改革稳定发展问题，开展深入细致的调查研究，抓住老百姓最急最忧最怨的问题，解决好群众最关心最直接最现实的利益问题，真正把功夫下到察实情、出实招、办实事、求实效上。中央政治局的同志要以身作则，推动各级干部动起来、深下去，使调查研究在全党蔚然成风。”②

习近平总书记的重要论述，是对马克思主义群众观点和党的群众路线的丰富和发展，它告诉我们，坚持马克思主义群众观点，是由我们党的性质和国家政权的性质决定的；群众观点主要包含人民群众是历史创造者的观点、虚心向人民群众学习的观点、竭诚为最

① 习近平：《在党的十九届一中全会上的讲话》，载求是网，2018 年 1 月 1 日。

② 习近平：《在中共中央政治局民主生活会上的讲话》，载新华网，2017 年 12 月 26 日。

广大人民谋利益的观点、干部的权力是人民赋予的观点、对党负责和对人民负责相一致的观点等，我们要联系起来理解、统一起来坚持；党的群众路线坚持尊重社会发展规律与尊重人民历史主体地位的一致性，坚持为崇高理想奋斗与为最广大人民谋利益的一致性，坚持完成党的各项工作与实现人民利益的一致性，坚持保障人民权益与促进人的全面发展的一致性，是我们党的独创，是马克思主义中国化的产物；群众观点、群众路线的核心是密切联系群众，它与理论联系实际、批评与自我批评一道，构成我们党的“三大作风”，必须始终不渝地坚持并结合新时代的特点不断发扬光大。

三、深入落实中央八项规定精神，坚持不懈反对“四风”

坚持马克思主义群众观点，贯彻党的群众路线，保持党同人民群众的血肉联系，加强新时代党的作风建设，有一个正确选择路径的问题。如前所述，党的十八大以前，对于作风问题我们党一直在抓，但很多问题不仅没有解决，反而愈演愈烈，其中一个重要原因，就是路径选择不正确。党的十八大以来，以习近平同志为核心的党中央以踏石留印、抓铁有痕的劲头狠抓作风建设，从制定和落实中央八项规定破题，切实解决“四风”突出问题，一个环节一个环节抓，一个节点一个节点抓，推动党风政风为之一新，党心民心为之大振。习近平总书记亲自谋划、亲自部署，亲自指挥、亲自推动这场伟大斗争，提出了一系列重要思想和举措，给全党以有力指导。

习近平总书记提出，要抓住作风建设这条主线，一以贯之，步步深入。“党的十八大之后，党中央讨论加强党的建设如何抓时，就想到要解决‘老虎吃天不知从哪儿下口’的问题。后来决定就抓八项规定，下口就要真正把那块吃进去、消化掉，不要这吃一嘴那吃一嘴，囫囵吞枣，最后都没有消化。我们抓住作风建设这条主线，一以贯之，步步深入。中央政治局从自身做起，形成以上率下的良好氛围。我们强调，作风建设一定要咬住‘常’、‘长’二字，经常抓、深入抓、持久抓。我们开展党的群众路线教育实践活动、‘三严三实’专题教育，健全改进作风常态化制度。我们抓住重要节点，紧盯享乐主义和奢靡之风，加强日常监督检查，严肃查处违规违纪问题，坚决防止反弹，推动党的作风持续向好。我们着眼于以优良党风带动民风社风，发挥优秀党员、干部、道德模范的作用，把家风建设作为领导干部作风建设重要内容，弘扬真善美、抑制假恶丑，营造崇德向善、见贤思齐的社会氛围，推动社会风气明显好转。”①

习近平总书记提出，加强党的作风建设要以踏石留印、抓铁有痕的劲头抓下去，善始善终、善作善成。“作风问题是个大问题，任何一般化的思维、一般化的举措都解决不了作风上的顽瘴痼疾，必须动真格、打硬仗”，②“有人担心，八项规定执行起来会不会是一阵风，或者是流于形式，这种担心不是没有道理的。能不能打消干部群众的这个疑问，关键看我们怎么做。发布八项规定只是开端、

① 习近平：《在第十八届中央纪律检查委员会第六次全体会议上的讲话》，载《人民日报》2016年5月3日。

② 习近平：《做焦裕禄式的县委书记》，北京：中央文献出版社2015年版，第55页。

只是破题，还需要下很大功夫。我们要以踏石留印、抓铁有痕的劲头抓下去，善始善终、善作善成，防止虎头蛇尾，让全党全体人民来监督，让人民群众不断看到实实在在的成效和变化”，[①]“现在，我们抓改进作风取得了初步成效，老百姓都认可，是因为我们动真格的了，强调抓铁有痕、踏石留印，善始善终、善作善成，一个环节一个环节抓，一个节点一个节点抓，用问题倒逼抓，不是喊喊口号就过去了。这说明，再大的顽症，只要讲认真、动真格就能破解。要确立较高标准，并严格按标准部署和检查工作，不达标准不交账，决不满足于一事之成、一时之效”。[②] 作风问题“虽然有多种表现形式及其复杂成因，但只要有严格的尺度来衡量、有坚定的决心来纠正，就能看得清楚、认识明白、解决到位。如果不讲认真，就容易马虎敷衍，即使问题摆在眼前也看不到、识不透，就容易虚晃一枪，即使花了很大精力也可能搞形式、走过场”，“要在改进作风上讲认真，做到善始善终、善作善成。不能表面上热热闹闹，实际上用形式主义反对形式主义”。[③]

习近平总书记提出，加强党的作风建设要以整风精神开展批评和自我批评。“批评和自我批评是我们党的优良传统，是增强党组织战斗力、维护党的团结统一的有效武器。为什么说要以整风精神来抓？因为党内脱离群众的种种问题特别是‘四风’问题都是顽症，要真正解决问题，就要有抛开面子、揭短亮丑的勇气，有动真碰硬、

---

① 中共中央文献研究室：《习近平关于全面从严治党论述摘编》，北京：中央文献出版社 2016 年版，第 146 页。

② 习近平：《做焦裕禄式的县委书记》，北京：中央文献出版社 2015 年版，第 37 页。

③ 习近平：《不能用形式主义反对形式主义》，载新华网，2014 年 5 月 9 日。

敢于交锋的精神，有深挖根源、触动灵魂的态度。现在，批评和自我批评这个‘利器’在很多地方变成了‘钝器’，锈迹斑斑，对问题触及不到、触及不深，就像鸡毛掸子打屁股不痛不痒，有的甚至把自我批评变成了自我表扬，相互批评变成了相互吹捧。”因此，我们“要在批评和自我批评上好好下一番功夫”。[①]

习近平总书记提出，加强党的作风建设重在抓常、抓细、抓长。“抓常，就是要经常抓、见常态。作风建设，重在经常，必须常常抓。风气养成重在日常教化，作风建设贵在常抓不懈，时刻摆上位置、有机融入日常工作，做到管事就管人，管人就管思想、管作风。各级党组织及其主要负责人要把班子和干部队伍作风建设紧紧抓在手上，经常分析班子和干部队伍作风状况，经常分析本地区本部门干群关系状况，及时掌握苗头性、倾向性问题，采取有针对性的措施。”“抓细，就是要深入抓、见实招。作风建设，重在抓细节，必须环环抓。老百姓看作风建设，主要不是看开了多少会、讲了多少话、发了多少文件，而是看解决了什么问题”，“如果对工作、对事业仅仅满足于一般化、满足于过得去，大呼隆抓，眉毛胡子一把抓，那么问题就会被掩盖。相反，提高标准、从严要求，自然就会看到差距、看到问题”，“抓长，就是要持久抓、见长效。作风建设，重在持久，必须反复抓。历史和现实都告诉我们，抓好作风建设非一日之功。所以，作风问题必须抓长、长抓，扭住不放，持之以恒，久

① 习近平：《习近平谈治国理政》，北京：外文出版社2014年版，第377页。

久为功。要从体制机制层面进一步破题，为作风建设形成长效化保障”。[①]

习近平总书记提出，加强党的作风建设必须加强分类指导。“面对新时期复杂的党内外环境，从严治党要把继承传统和改革创新结合起来、制定目标和狠抓落实结合起来、分类指导和统筹协调结合起来、典型引导和全面提高结合起来、当前工作和长治长效结合起来，增强系统性、预见性、创造性、实效性”，[②]“抓作风，反‘四风’，中央有规定动作，但必须分类指导，不能上下一般粗。上下同欲者胜。乡镇要从实际出发，把改进作风和增强党性结合起来，把为群众办实事和提高群众工作能力结合起来，把抓发展和抓党建结合起来，以实实在在的成效取信于民。为群众办实事既要有诚心，也要讲方法。要使办实事的过程成为宣传群众、组织群众、教育群众的过程，成为干部廉洁奉公、干净干事、在群众中树立良好形象的过程”。[③]

习近平总书记提出，加强党的作风建设要聚焦到解决“四风”问题上。“‘伤其十指，不如断其一指。’党中央在谋划这次活动(指党的群众路线教育实践活动——作者注)时认为，这次活动的重点是促使全党更好执行党的群众路线，而当前影响执行党的群众路线的要

---

① 中共中央纪律检查委员会、中共中央文献研究室：《习近平关于党风廉政建设和反腐败斗争论述摘编》，北京：中国方正出版社2015年版，第84~85、85、85~86页。

② 中共中央纪律检查委员会、中共中央文献研究室：《习近平关于严明党的纪律和规矩论述摘编》，北京：中央文献出版社、中国方正出版社2016年版，第120~121页。

③ 《习近平在河南考察时强调：深化改革发挥优势创新思路统筹兼顾　确保经济持续健康发展社会和谐稳定》，载《人民日报》2014年05月11日。

害是作风问题，必须突出改进作风这个主题。而作风又有很多方面，需要进一步聚焦，我们就聚焦到形式主义、官僚主义、享乐主义和奢靡之风这些群众反映强烈的突出问题上。党中央明确提出以反‘四风’为突破口，以点带面，不搞面面俱到，打到了七寸”，[①]“为什么要聚焦到‘四风’上呢？因为这‘四风’是违背我们党的性质和宗旨的，是当前群众深恶痛绝、反映最强烈的问题，也是损害党群干群关系的重要根源。党内存在的其他问题都与这‘四风’有关，或者说是这‘四风’衍生出来的。‘四风’问题解决好了，党内其他一些问题解决起来也就有了更好条件。党的十八大之后，中央政治局首先抓改进工作作风，也是这个考虑”，[②]“从中央带头执行八项规定到全党开展教育实践活动，重点解决‘四风’方面存在的问题，并不是说存在的问题仅限于此，还有不少突出矛盾和深层次问题，但如果连‘四风’问题都解决不了，又谈何解决全部问题？我们抓整治‘四风’就是起徙木立信的作用，抓就真抓，一抓到底”。[③]他特别强调，“抓改进工作作风，各项工作都很重要，但最根本的是要坚持和发扬艰苦奋斗精神。唐代诗人李商隐在《咏史》一诗中写道：‘历览前贤国与家，成由勤俭破由奢。’能不能坚守艰苦奋斗精神，是关系党和人民事业兴衰成败的大事”。[④]

习近平总书记指出了“四风”问题的表现及危害。“在形式主义

---

① 习近平：《在党的群众路线教育实践活动总结大会上的讲话》，载新华网，2014 年 10 月 8 日。

② 习近平：《在党的群众路线教育实践活动工作会议上的讲话》，载《人民日报》2013 年 6 月 19 日。

③ 习近平：《习近平谈治国理政》，北京：外文出版社 2014 年版，第 374 页。

④ 中共中央纪律检查委员会、中共中央文献研究室：《习近平关于党风廉政建设和反腐败斗争论述摘编》，北京：中国方正出版社 2015 年版，第 69~70 页。

方面，主要是知行不一、不求实效，文山会海、花拳绣腿，贪图虚名、弄虚作假”，“在官僚主义方面，主要是脱离实际、脱离群众，高高在上、漠视现实，唯我独尊、自我膨胀”，“在享乐主义方面，主要是精神懈怠、不思进取，追名逐利、贪图享受，讲究排场、玩风盛行”，“在奢靡之风方面，主要是铺张浪费、挥霍无度，大兴土木、节庆泛滥，生活奢华、骄奢淫逸，甚至以权谋私、腐化堕落”，[①]“形式主义实质是主观主义、功利主义，根源是政绩观错位、责任心缺失，用轰轰烈烈的形式代替了扎扎实实的落实，用光鲜亮丽的外表掩盖了矛盾和问题。官僚主义实质是封建残余思想作祟，根源是官本位思想严重、权力观扭曲，做官当老爷，高高在上，脱离群众，脱离实际”，“享乐主义实质是革命意志衰退、奋斗精神消减，根源是世界观、人生观、价值观不正确，拈轻怕重，贪图安逸，追求感官享受。奢靡之风实质是剥削阶级思想和腐朽生活方式的反映，根源是思想堕落、物欲膨胀，灯红酒绿，纸醉金迷。‘四风’的后果，就是浪费了有限资源，延误了各项工作，疏远了人民群众，败坏了党风政风，最终会严重损害党的先进性和纯洁性、严重损害党的执政基础和执政地位”，“如果‘四风’问题蔓延开来又得不到有效遏制，就会像一座无形的墙把党和人民群众隔开，就会像一把无情的刀割断党同人民群众的血肉联系，那后果就严重了”。[②]

---

① 中共中央纪律检查委员会、中共中央文献研究室：《习近平关于党风廉政建设和反腐败斗争论述摘编》，北京：中国方正出版社 2015 年版，第 13、14、15、16 页。

② 习近平：《在调研指导河南省兰考县党的群众路线教育实践活动时的讲话》，载《人民日报》2014 年 3 月 19 日。

习近平总书记强调解决“四风”问题要抓住主要矛盾。“解决‘四风’问题，要对准焦距、找准穴位、抓住要害，不能‘走神’，不能‘散光’。反对形式主义，要着重解决工作不实的问题，教育引导党员、干部改进学风文风会风，改进工作作风，在大是大非面前敢于担当、敢于坚持原则，真正把心思用在干事业上，把功夫下到察实情、出实招、办实事、求实效上。反对官僚主义，要着重解决在人民群众利益上不维护、不作为的问题，教育引导党员、干部深入实际、深入基层、深入群众，坚持民主集中制，虚心向群众学习，真心对群众负责，热心为群众服务，诚心接受群众监督，坚决整治消极应付、推诿扯皮、侵害群众利益的问题。反对享乐主义，要着重克服及时行乐思想和特权现象，教育引导党员、干部牢记‘两个务必’，克己奉公，勤政廉政，保持昂扬向上、奋发有为的精神状态。反对奢靡之风，要着重狠刹挥霍享乐和骄奢淫逸的不良风气，教育引导党员、干部坚守节约光荣、浪费可耻的思想观念，做到艰苦朴素、精打细算，勤俭办一切事情。解决‘四风’问题，要从实际出发，抓住主要矛盾，什么问题突出就着重解决什么问题，什么问题紧迫就抓紧解决什么问题，找准靶子，有的放矢，务求实效。”①

习近平总书记强调解决“四风”问题要坚持标本兼治，既治标又治本。“治标，就是要着力针对面上‘四风’问题的各种表现，该纠正的纠正，该禁止的禁止。治本，就是要查找产生问题的深层次原因，从理想信念、工作程序、体制机制等方面下功夫抑制不正之风。

① 中共中央纪律检查委员会、中共中央文献研究室：《习近平关于党风廉政建设和反腐败斗争论述摘编》，北京：中国方正出版社 2015 年版，第 22 页。

各地区各部门‘四风’问题表现不尽相同，有的形式主义、官僚主义突出一点，有的享乐主义、奢靡之风突出一点，什么问题突出就着力解决什么问题”,[①]“抓制度，要把握共性要求，研究个性特点，注重体现作风建设要求，体现机关管理和干部管理规律，体现广大群众意愿，确保形成的制度行得通、指导力强、能长期管用。要加强对党员、干部特别是领导干部的教育，让大家都明白哪些事能做、哪些事不能做，哪些事该这样做、哪些事该那样做，自觉按原则、按规矩办事”,[②]“作风建设和全面深化改革息息相关。许多问题，看起来是风气问题，往深处剖析又往往是体制机制问题”，“要鼓励基层大胆探索实践，努力取得有利于从根本上解决问题、形成长效化体制机制的创新成果”,[③]“各级党组织要按党章办事，把对党组织的管理和监督、对党员干部特别是领导干部的管理和监督、对党内政治生活的管理和监督在标准上严格起来，在内容上系统起来，在措施上完善起来，在环节上衔接起来，做到不漏人、不缺项、不掉链，使存在的问题能及时发现，发现的问题能及时解决，解决一个问题能举一反三、触类旁通”。[④]

近两年，习近平总书记就深入落实中央八项规定精神，坚持不懈反对“四风”，作出了一系列深入阐述。如，2021 年 1 月 22 日，

---

① 习近平：《在河北调研指导党的群众路线教育实践活动时的讲话》，载新华网，2013 年 7 月 12 日。

② 《习近平在湖南考察时强调：深化改革开放推进创新驱动 实现全年经济社会发展目标》，载新华网，2013 年 11 月 5 日。

③ 中共中央纪律检查委员会、中共中央文献研究室：《习近平关于党风廉政建设和反腐败斗争论述摘编》，北京：中国方正出版社 2015 年版，第 69~70 页。

④ 中共中央文献研究室：《习近平关于全面从严治党论述摘编》，北京：中央文献出版社 2016 年版，第 228 页。

他在十九届中央纪委五次会议上发表重要讲话，强调要毫不松懈纠治“四风”，坚决防止形式主义、官僚主义滋生蔓延。要深入开展党的优良传统和作风教育，完善作风建设长效机制，把好传统带进新征程，将好作风弘扬在新时代。要坚持全面从严、一严到底，对群众反映强烈的公款吃喝、餐饮浪费等歪风陋习露头就打、反复敲打。对形式主义、官僚主义要毫不妥协，全面检视、靶向纠治，持续为基层松绑减负，树立重实干、重实绩的用人导向，督促全党担当尽责、干事创业。

学习习近平总书记的重要论述，我们认识到，党的十八大以来，以习近平同志为核心的党中央一开始就把党的作风建设紧紧抓在手上，首先制定和落实中央八项规定，其次在全党开展党的群众路线教育实践活动，再次在县处级以上领导干部中开展“三严三实”专题教育，再次开展“两学一做”学习教育和“不忘初心、牢记使命”主题教育，同时坚定不移地加强纪律建设，反对和惩治腐败等。这一系列动作有着鲜明的特点，主要包括：一是突出重点，抓住要害和关键，点准穴位，打准靶子；二是从中央做起，坚持领导带头、以上率下，层层立标杆、作示范；三是见事见人，既抓思想引导又抓行为规范，不搞形式、不放空炮；四是上下互动，强化组织管理和群众监督，形成强大势场；五是执纪问责，严肃查处和曝光典型案件，形成高压态势，形成严的标准和氛围；六是驰而不息，一环扣一环地抓，不间断地抓，努力形成长效机制，等等。这一切，为我们加强新时代党的作风建设积累了宝贵经验，必须长期坚持并不断丰富和发展。

四、作风建设要从领导干部做起，领导干部首先要从中央领导做起

如前所述，党的十八大以来，以习近平同志为核心的党中央推进党的作风建设的一个重要特点和经验，就是从中央做起，坚持领导带头、以上率下，层层立标杆、作示范。围绕坚持以上率下，习近平总书记作出了一系列重要论述。

2012 年 12 月，党的十八大闭幕后不久，他就指出："新一届中央领导集体要定规矩，这是很重要的规矩。没有规矩，不成方圆。从我们在座各位做起来，新人新办法。制定这方面的规矩，指导思想就是从严要求，体现党要管党、从严治党。党风廉政建设，要从领导干部做起，领导干部首先要从中央领导做起。正所谓己不正，焉能正人。最重要的就是要防微杜渐，不要'温水煮青蛙'。现在，有些形式主义、官僚主义的东西，有些铺张浪费、豪华奢侈的东西，上上下下都有些表现，我们不能安之若素、司空见惯、见怪不怪。既然作规定，就要朝严一点的标准去努力，就要来真格的。不痛不痒的，四平八稳的，都是空洞口号，就落不到实处，还不如不做。定规矩，就要落实一些已经有明确规范的事情，就要约束一些不合规范的事情，就要规范一些没有规范的事情。规矩是起约束作用的，所以要紧一点。紧一点自然就不舒服了，舒适度就有问题了，就是要不舒服一点、不自在一点，我们不舒服一点、不自在一点，老百姓的舒适度就好一点、满意度就高一点，对我们的感觉就好一点。这也是新形象新

气象。”①

2013年1月，他指出：“改进工作作风的任务非常繁重，中央八项规定是一个切入口和动员令。中央八项规定既不是最高标准，更不是最终目的，只是我们改进作风的第一步，是我们作为共产党人应该做到的基本要求。‘善禁者，先禁其身而后人。’各级领导干部要以身作则、率先垂范，说到的就要做到，承诺的就要兑现，中央政治局同志从我本人做起。领导干部的一言一行、一举一动，群众都看在眼里、记在心上。干部心系群众、埋头苦干，群众就会赞许你、拥护你、追随你；干部不务实事、骄奢淫逸，群众就会痛恨你、反对你、疏远你。”②

2013年6月，他指出：“经常听到这样的议论，说一些问题长期得不到解决，表现在基层，根子在上层，上面害病、下面吃药。确实，脱离群众的种种问题，主要表现在领导机关、领导干部中。这次活动(指党的群众路线教育实践活动——作者注)要以县处级以上领导机关、领导班子、领导干部为重点。常言道，先禁己身而后人，打铁还需自身硬。中央决定中央政治局先行开展这次活动，目的就是要起示范带动作用。县处级以上各级领导机关、领导班子、领导干部一定要当好表率。”③

2014年3月，他指出：“各级领导干部都要树立和发扬好的作风，既严以修身、严以用权、严以律己，又谋事要实、创业要实、

① 习近平：《在中央政治局会议上关于改进工作作风、密切联系群众的讲话》，载新华网，2012年12月4日。

② 中共中央纪律检查委员会、中共中央文献研究室：《习近平关于党风廉政建设和反腐败斗争论述摘编》，北京：中国方正出版社2015年版，第71页。

③ 习近平：《习近平谈治国理政》，北京：外文出版社2014年版，第378页。

做人要实。严以修身，就是要加强党性修养，坚定理想信念，提升道德境界，追求高尚情操，自觉远离低级趣味，自觉抵制歪风邪气。严以用权，就是要坚持用权为民，按规则、按制度行使权力，把权力关进制度的笼子里，任何时候都不搞特权、不以权谋私。严以律己，就是要心存敬畏、手握戒尺，慎独慎微、勤于自省，遵守党纪国法，做到为政清廉。谋事要实，就是要从实际出发谋划事业和工作，使点子、政策、方案符合实际情况、符合客观规律、符合科学精神，不好高骛远，不脱离实际。创业要实，就是要脚踏实地、真抓实干，敢于担当责任，勇于直面矛盾，善于解决问题，努力创造经得起实践、人民、历史检验的实绩。做人要实，就是要对党、对组织、对人民、对同志忠诚老实，做老实人、说老实话、干老实事，襟怀坦白，公道正派。要发扬钉钉子精神，保持力度、保持韧劲，善始善终、善作善成，不断取得作风建设新成效。"①

2016 年 7 月，他指出："实践证明，只要真管真严、敢管敢严，党风建设就没有什么解决不了的问题。作风建设永远在路上。'己不正，焉能正人。'我们要从中央政治局常委会、中央政治局、中央委员会抓起，从高级干部抓起，持之以恒加强作风建设，坚持和发扬党的优良传统和作风，坚持抓常、抓细、抓长，使党的作风全面好起来，确保党始终同人民同呼吸、共命运、心连心。"②

2017 年 10 月，他指出，"党的十八大以来的实践证明，作风建

① 习近平：《习近平谈治国理政》，北京：外文出版社 2014 年版，第 381～382 页。

② 习近平：《在庆祝中国共产党成立 95 周年大会上的讲话》，载《人民日报》2016 年 7 月 1 日。

设必须以上率下，用钉钉子精神抓落实。抓好全党作风建设，首先要抓好中央委员会作风建设。新一届中央委员会务必保持党的十八大以来业已形成的党风建设的良好势头，并争取做得更好。中央委员会的每一位同志都要勤勤恳恳为民，兢兢业业干事，清清白白做人。勤勤恳恳为民，就是要践行全心全意为人民服务的根本宗旨，做人民公仆，始终把人民群众安危冷暖放在心上，想问题、作决策、抓工作坚持从群众中来、到群众中去，时时做到与群众同甘苦、共忧乐、共奋进。兢兢业业干事，就是要确立献身党和人民事业的崇高情怀，聚精会神履行党和人民赋予的神圣职责，实干苦干，不务虚功，夙兴夜寐，勤奋工作，以一流业绩回报党和人民的信任和重托。清清白白做人，就是要一身正气、两袖清风，自觉遵守廉洁自律准则，自觉遵守中央八项规定精神，自觉接受监督，敬畏人民、敬畏组织、敬畏法纪，公正用权、依法用权、廉洁用权，拒腐蚀、永不沾，决不搞特权，决不以权谋私，做一个堂堂正正的共产党人”,[①]“中央政治局的同志必须带头树立正确政绩观，始终做老实人、说老实话、干老实事，自觉反对形式主义、官僚主义。中央政治局的同志不仅要带头不搞形式主义、官僚主义，而且要同形式主义、官僚主义的种种表现进行坚决斗争，聚焦突出问题，充分认识形式主义、官僚主义的多样性和变异性，摸清形式主义、官僚主义在不同时期、不同地区、不同部门的不同表现，紧密联系具体实际，既解决老问题，也察觉新问题；既解决显性问题，也解决隐性问题；

① 习近平：《在党的十九届一中全会上的讲话》，载求是网，2018 年 1 月 1 日。

既解决表层次问题，也解决深层次问题，抓出习惯，抓出长效”。[①]

习近平总书记特别强调，领导干部要带头抓好家风。“家风是社会风气的重要组成部分。家庭不只是人们身体的住处，更是人们心灵的归宿。家风好，就能家道兴盛、和顺美满；家风差，难免殃及子孙、贻害社会，正所谓‘积善之家，必有余庆；积不善之家，必有余殃’”，“广大家庭都要弘扬优良家风，以千千万万家庭的好家风支撑起全社会的好风气。特别是各级领导干部要带头抓好家风。《礼记·大学》中说：‘所谓治国必先齐其家者，其家不可教而能教人者，无之。’领导干部的家风，不仅关系自己的家庭，而且关系党风政风。各级领导干部特别是高级干部要继承和弘扬中华优秀传统文化，继承和弘扬革命前辈的红色家风，向焦裕禄、谷文昌、杨善洲等同志学习，做家风建设的表率，把修身、齐家落到实处。各级领导干部要保持高尚道德情操和健康生活情趣，严格要求亲属子女，过好亲情关，教育他们树立遵纪守法、艰苦朴素、自食其力的良好观念，明白见利忘义、贪赃枉法都是不道德的事情，要为全社会做表率”。[②]

“在培育良好家风方面，老一辈革命家为我们作出了榜样。每一位领导干部都要把家风建设摆在重要位置，廉洁修身、廉洁齐家，在管好自己的同时，严格要求配偶、子女和身边工作人员”，“我在这里跟大家语重心长嘱咐，要操这点心，家里那点事有时不经意可

---

① 习近平：《习近平谈治国理政》（第三卷），北京：外文出版社 2020 年版，第 500～501 页。

② 习近平：《在会见第一届全国文明家庭代表时的讲话》，北京：人民出版社 2016 年版，第 5 页。

能就溜过去了，要留留神，防微杜渐，不要护犊子。干部子弟也要遵纪守法，不要以为是干部子弟就谁都奈何不了了。触犯了党纪国法都要处理，而且要从严处理，做给老百姓看”，“从近年来查处的腐败案件看，家风败坏往往是领导干部走向严重违纪违法的重要原因。不少领导干部不仅在前台大搞权钱交易，还纵容家属在幕后收钱敛财，子女等也利用父母影响经商谋利、大发不义之财。有的将自己从政多年积累的‘人脉’和‘面子’，用在为子女非法牟利上，其危害不可低估。古人说：‘将教天下，必定其家，必正其身’，‘莫用三爷，废职亡家’，‘心术不可得罪于天地，言行要留好样与儿孙’”,①“我一直说，鱼和熊掌不可兼得，当官就不要发财，发财就不要当官，这是两股道上跑的车。对领导干部配偶和子女等经商办企业，党纪国法都有明确规定，问题是没有落实好。对领导干部，要求就是要严一些，正所谓‘其身正，不令而行；其身不正，虽令不从’”。②

习近平总书记还特别强调，要构建新型政商关系。“党政领导干部和非公有制经济人士不能搞成封建官僚和‘红顶商人’之间的那种关系，也不能搞成西方国家大财团和政界之间的那种关系，更不能搞成吃吃喝喝、酒肉朋友的那种关系。发展经济要发挥非公有制经济人士作用，但不能就是一个劲地招商引资，见物不见人，要关注他们的思想，关注他们的困难，有针对性地进行帮助引导，同他们

① 习近平：《在第十八届中央纪律检查委员会第六次全体会议上的讲话》，载《人民日报》2016年5月3日。

② 中共中央纪律检查委员会、中共中央文献研究室：《习近平关于严明党的纪律和规矩论述摘编》，第103页，北京：中央文献出版社、中国方正出版社2016年版第103页。

交思想上的朋友”，[①]“新型政商关系应该是什么样的？概括起来说，我看就是‘亲’‘清’两个字。对领导干部而言，所谓‘亲’，就是要坦荡真诚同民营企业接触交往，特别是在民营企业遇到困难和问题情况下更要积极作为、靠前服务，对非公有制经济人士多关注、多谈心、多引导，帮助解决实际困难，真心实意支持民营经济发展。所谓‘清’，就是同民营企业家的关系要清白、纯洁，不能有贪心私心，不能以权谋私，不能搞权钱交易。对民营企业家而言，所谓‘亲’，就是积极主动同各级党委和政府及部门多沟通多交流，讲真话，说实情，建诤言，满腔热情支持地方发展。所谓‘清’，就是要洁身自好、走正道，做到遵纪守法办企业、光明正大搞经营。企业经营遇到困难和问题时，要通过正常渠道反映和解决，如果遇到政府工作人员故意刁难和不作为，可以向有关部门举报，运用法律武器维护自身合法权益。靠旁门左道、歪门邪道搞企业是不可能成功的，不仅败坏了社会风气，做这种事心里也不踏实。”“我们要求领导干部同民营企业家打交道要守住底线、把好分寸，并不意味着领导干部可以对民营企业家不理不睬，对他们的正当要求置若罔闻，对他们的合法权益不予保护。为了推动经济社会发展，领导干部同非公有制经济人士的交往是经常的、必然的，也是必须的。这种交往应该为君子之交，要亲商、安商、富商。”[②]

---

① 中共中央文献研究室：《习近平关于社会主义政治建设论述摘编》，北京：中央文献出版社 2017 年版，第 136～137 页。

② 中共中央文献研究室、中央党的群众路线教育实践活动领导小组办公室：《习近平关于党的群众路线实践教育活动论述摘编》，北京：党建读物出版社、中央文献出版社 2014 年版，第 14 页。

五、作风建设永远在路上，永远没有休止符，必须持续努力、久久为功

党的十八大闭幕后不久，在部署党的作风建设和党的群众路线教育实践活动时，习近平总书记就强调，保持党同人民群众的血肉联系是一个永恒课题，必须经常抓、长期抓。他指出："作风问题具有反复性和顽固性，不可能一蹴而就、毕其功于一役，更不能一阵风、刮一下就停，必须经常抓、长期抓。我们既要立足当前、切实解决群众反映强烈的突出问题，又要着眼长远、建立健全促进党员、干部坚持为民务实清廉的长效机制。"①

在第一批活动结束、第二批活动启动时，习近平总书记强调，作风问题具有顽固性和反复性，形成优良作风不可能一劳永逸，克服不良作风也不可能一蹴而就。"'四风'问题积习甚深，可谓冰冻三尺非一日之寒。以往的经验告诉我们，纠风之难，难在防止反弹。事物是不断发展变化的，'四风'问题具有很强的变异性和传染性，这样的问题消失了，那样的问题又会出现。正所谓'由俭入奢易，由奢入俭难'。目前，在一些地方和部门，作风问题依然突出，但表现形态不一样了，存在一些使歪招、打折扣、搞变通现象"，"这就说明，教育实践活动有期限，但贯彻群众路线没有休止符，作风建设永远在路上"，"要充分运用第一批活动经验，紧紧扭住反对'四风'，从群众最关心、最迫切的问题入手，着力解决关系群众切身利

① 习近平：《在党的群众路线教育实践活动工作会议上的讲话》，载《人民日报》2013年6月19日。

益的问题，解决群众身边的不正之风问题，把改进作风成效落实到基层，真正让群众受益，努力取得人民群众满意的实效”。[①]

在总结党的群众路线教育实践活动成效时，习近平总书记强调，必须以锲而不舍、驰而不息的决心和毅力，把作风建设不断引向深入。经过教育实践活动，“作风有所好转，‘四风’问题有所收敛，但树倒根存，有些是在高压态势下取得的，仅仅停留在‘不敢’上，‘不想’的自觉尚未完全形成。有些问题的整改还没有完全到位，一些深层次问题还没有从根本上破解，上下联动解决问题还没有真正形成合力。有的地方基层基础薄弱的情况还没有改变，联系服务群众机制不畅、能力不强，贯彻群众路线到不了末端”，“现在，广大干部群众最担心的是问题反弹、雨过地皮湿、活动一阵风，最盼望的是形成常态化、常抓不懈、保持长效。因此，我们要说，活动收尾绝不是作风建设收场，必须以锲而不舍、驰而不息的决心和毅力，把作风建设不断引向深入，把目前作风转变的好势头保持下去，使作风建设要求真正落地生根”，[②]“当然，也不可能毕其功于一役，一次活动不可能解决全部问题，这次活动就聚焦解决‘四风’问题，而且解决‘四风’问题没有休止符，一直是进行时，没有完成时。这是我们加强党的自身建设的规律，若干年搞一次全党性活动，就像一个肌体需要不断修复、康复、治疗、锻炼一样，一间房间需要经

---

① 《习近平在党的群众路线教育实践活动第一批总结暨第二批部署会议上发表重要讲话》，载新华网，2014 年 1 月 21 日。

② 中共中央纪律检查委员会、中共中央文献研究室：《习近平关于党风廉政建设和反腐败斗争论述摘编》，北京：中央文献出版社、中国方正出版社 2015 年版，第 89 页。

常打扫一样，党内政治生活和教育活动也需要经常性、长期性开展”，[①]“现在，改进作风到了节骨眼上，社会上有种种议论和思想情绪。很多人担心活动一结束就曲终人散，‘四风’问题又‘涛声依旧’了。还有一些人盼着紧绷的弦松一松，好让自己舒服舒服。一些人等着看中央还要出什么招，看左邻右舍有什么动静。对此，我们的态度是，作风建设永远在路上，永远没有休止符，必须抓常、抓细、抓长，持续努力、久久为功。逆水行舟，一篙不可放缓；滴水穿石，一滴不可弃滞。各级党委要把作风建设紧紧抓在手上，持续抓好各项整改任务的落实，绝不允许出现‘烂尾’工程，决不能让‘四风’问题反弹回潮”，“各级干部要从我做起、从小事做起，带头坚守正道、弘扬正气，努力营造良好从政环境。要紧紧盯住作风领域出现的新变化新问题，及时跟进相应的对策措施，做到掌握情况不迟钝、解决问题不拖延、化解矛盾不积压，谁以身试法就要坚决纠正和查处。要从解决‘四风’问题延伸开去，努力改进思想作风、工作作风、领导作风、干部生活作风，努力改进学风、文风、会风，加强治本工作，使党员、干部不仅不敢沾染歪风邪气，而且不能、不想沾染歪风邪气，使党的作风全面纯洁起来”。[②]

“历史经验告诉我们，作风问题最容易反弹，如果不紧紧抓住，一些已经初步压下去的问题很可能死灰复燃。经过教育实践活动，‘四风’问题蔓延的态势得到遏制。但是，我们必须看到，这其中很

---

① 习近平：《在党的群众路线教育实践活动总结大会上的讲话》，载新华网，2014年10月8日。

② 习近平：《在党的群众路线教育实践活动总结大会上的讲话》，载新华网，2014年10月8日。

多还停留在治标的层面上，病原体并没有根除；还有一些是因为不敢才有所遏制的，不能、不想的问题远远没有解决。这正如人治病一样，病治了以后，进入恢复期，如果条件具备，潜伏于身体内的病原体就可能再度繁殖，进而使病症再度发作或反复发作。改革开放以来，我们党一直抓作风问题，规定文件有几大筐，查处的党员、干部也不少，可为什么屡禁不止甚至愈演愈烈呢？我看就是病原体没有根除。‘善除害者察其本，善理疾者绝其源。’所以，解决作风问题，要像人防止疾病复发一样来抓。如果‘四风’问题很快就在一些地方和部门反弹了，那对我们党的形象和威信损害就大了。对这个问题千万不能掉以轻心，必须继续以教育实践活动中的那么一股劲、那么一种精神来抓作风建设”，[①]“我们全党搞这么一场活动，不是轰轰烈烈一阵子就完了，而是要更好推动作风建设长效化。因此，上下结合搞好总结很重要。各级党组织要投入足够时间和精力搞好总结，使总结的过程成为认识再提高、措施再完善、工作再推进的过程。要通过总结，把成功做法经验化、零星探索系统化，力争形成作风建设的规律性认识”。[②]

在分析作风建设阶段性成效及发展态势时，习近平总书记强调，作风建设永远在路上，永远没有休止符，纠正“四风”是长期的、艰巨的任务，我们必须打赢这场斗争。“我们以抓整治‘四风’问题为切入口抓党的建设，使改进党风政风有了一个良好开局，但用达到

① 中共中央文献研究室：《习近平关于全面从严治党论述摘编》，北京：中央文献出版社 2016 年版，第 163~164 页。

② 习近平：《做焦裕禄式的县委书记》，北京：中央文献出版社 2015 年版，第 59 页。

作风建设的理想状态来衡量，还有差距，有的地方甚至还有很大差距。对这一点，全党要有一个清醒认识。我说过，作风建设永远在路上，永远没有休止符，不可蜻蜓点水，不可虎头蛇尾，不可只是一阵风，否则不仅不可能从根本上解决问题，而且会导致作风问题不断反弹、愈演愈烈，最后失信于民。这方面过去有不少教训，要好好记取”，[①] “纠正‘四风’面临反弹压力。我们从抓作风建设入手，制定并带头执行中央八项规定，聚焦‘四风’开展教育实践活动，取得了明显的阶段性成效，赢得了党心民心。但是，冰冻三尺非一日之寒，习惯很难扭过来，常抓不懈才能防止卷土重来。群众路线教育实践活动告一段落，对顶风作案的要严肃查处，典型曝光，通报全国。古人讲‘以戒为固，以怠为败’。狭路相逢勇者胜，纠正‘四风’是长期的、艰巨的任务，我们必须打赢这场斗争”，[②] “横下一条心纠正‘四风’，常抓抓出习惯、抓出长效。当前，‘四风’问题在面上有所收敛，但不良作风积习甚深，树倒根在，稍有松懈，刚刚压下去的问题就可能死灰复燃，防反弹、防回潮任务依然艰巨。绳锯可断木，滴水能穿石。在改进作风问题上，我们不能退，也退不得，必须保持常抓的韧劲、长抓的耐心，在坚持中见常态，向制度建设要长效”，[③] “对那些盘根错节的复杂问题、年代久远的遗留问题、长期形成的惯性问题，要以燕子垒窝的恒劲、蚂蚁啃骨的韧劲、老

---

① 习近平：《做焦裕禄式的县委书记》，北京：中央文献出版社 2015 年版，第 62 页。

② 习近平：《在中央政治局常委会听取中央巡视工作领导小组关于二〇一四年中央巡视组第二轮巡视情况汇报时的讲话》，载《人民日报》2015 年 1 月 16 日。

③ 习近平：《在十八届中央纪委五次全会上的讲话》，载新华网，2015 年 1 月 14 日。

牛爬坡的拼劲，坚持不懈，攻坚克难，善作善成”，[①]“要继续在常和长、严和实、深和细上下功夫，密切关注享乐主义、奢靡之风新动向新表现，坚决防止回潮复燃”。[②]

在研究部署党的作风建设时，习近平总书记强调，贯彻执行党的群众路线是一项长期任务，解决作风问题是一项经常性工作，必须坚持稳扎稳打、步步为营、久久为功。“解决好保持党同人民群众的血肉联系问题，不可能一劳永逸，不可能一蹴而就，要常抓不懈。我们开了个好头，要一步一步深化下去”，[③]“持续深入改进作风，全面落实从严治党要求，是各项事业顺利发展的根本保证。我们抓作风，无论使好的制度和规矩真正执行起来，还是使不良风气彻底得到扭转，都要有足够的力量和长期的作为，坚持稳扎稳打、步步为营、久久为功”，[④]“对‘四风’问题及其各种变异表现，必须保持高度警惕，继续保持高压态势，寸步不让，一抓到底”，[⑤]“‘四风’问题具有顽固性反复性，纠正‘四风’不能止步，作风建设永远在路上。形式主义、官僚主义同我们党的性质宗旨和优良作风格格不入，是我们党的大敌、人民的大敌。中央政治局的同志必须带头树立正确政绩观，始终做老实人、说老实话、干老实事，自觉反对形式主义、官僚主义。中央政治局的同志不仅要带头不搞形式主义、官僚

---

① 习近平：《在第十八届中央纪律检查委员会第六次全体会议上的讲话》，载《人民日报》2016年5月3日。

② 习近平：《在第十九届中央纪律检查委员会第二次全体会议上的讲话》，载新华网，2018年1月11日。

③ 习近平：《在第十八届中央纪律检查委员会第三次全体会议上的讲话》，载新华网，2014年1月14日。

④ 习近平：《在福建调研时的讲话》，载新华网，2014年11月1日。

⑤ 习近平：《在视察第16集团军时的讲话》，载新华网，2015年7月19日。

主义，而且要同形式主义、官僚主义的种种表现进行坚决斗争，聚焦突出问题，充分认识形式主义、官僚主义的多样性和变异性，摸清形式主义、官僚主义在不同时期、不同地区、不同部门的不同表现，紧密联系具体实际，既解决老问题，也察觉新问题；既解决显性问题，也解决隐性问题；既解决表层次问题，也解决深层次问题，抓出习惯，抓出长效”。①

习近平总书记的重要论述，全面分析了作风问题特别是“四风”问题的多样性、变异性、顽固性、反复性以及容易反弹回潮的特性，深刻揭示了加强党的作风建设的规律。一是党的作风建设是一个由浅入深、由表及里的过程，既要解决显性问题，又要解决隐性问题；既要解决表层问题，也要解决深层问题；既要解决原发问题，也要解决变异问题；既要解决突出问题，又要解决建立长效机制的问题；既要解决“不敢”的问题，又要解决“不能”“不想”的问题。二是党的作风建设是一个步步为营、持续加强的过程，特别要坚决防止作风问题反弹回潮、死灰复燃，坚决防止紧一阵、松一阵；否则，不仅会前功尽弃，而且会带来更大的问题，动摇我们党的执政根基。三是作风建设是一个不断解决问题、积小胜为大胜的过程，老问题解决了，又会冒出新问题，当新问题成为老问题后，还会冒出更新的问题，不可能一劳永逸，必须常抓不懈。这就决定了作风建设既是攻坚战，又是持久战；既要经常抓，又要长期抓。一句话，作风建设永远在路上，永远没有休止符，必须持续努力、久久为功。

---

① 习近平：《在中共中央政治局民主生活会上的讲话》，载新华网，2017 年 12 月 26 日。

第十章　论纪律建设

——加强纪律建设是全面从严治党的治本之策

习近平总书记在党的十九大报告中，首次将纪律建设纳入新时代党的建设总体布局并作出部署，指出，“重点强化政治纪律和组织纪律，带动廉洁纪律、群众纪律、工作纪律、生活纪律严起来。坚持开展批评和自我批评，坚持惩前毖后、治病救人，运用监督执纪‘四种形态’，抓早抓小、防微杜渐。赋予有干部管理权限的党组相应纪律处分权限，强化监督执纪问责。加强纪律教育，强化纪律执行，让党员、干部知敬畏、存戒惧、守底线，习惯在受监督和约束的环境中工作生活”。[①] 这就为加强新时代党的纪律建设进一步指明了方向。

党的十八大以来，以习近平为总书记的党中央围绕加强党的纪律建设，作出了一系列重要论述，主要包括：党的纪律和规矩是各级组织、全体党员必须遵守的行为准则，加强纪律建设是全面从严治党的治本之策；严明党的纪律，首先要严格遵守党章；政治纪律

① 习近平：《决胜全面建成小康社会　夺取新时代中国特色社会主义伟大胜利——在中国共产党第十九次全国代表大会上的报告》，人民出版社 2017 年版，第 66 页。

是我们党最根本、最重要的纪律，是净化政治生态的重要保证；加强纪律教育，强化纪律执行，使纪律真正成为带电的高压线；惩前毖后、治病救人是我们党的一贯方针，也是加强自身建设的历史经验；各级党委都负有执行纪律和规矩的主体责任，各级纪委要履行监督执纪问责的根本职责，等等，形成了关于加强党的纪律建设的思想体系。

一、党的纪律和规矩是各级组织、全体党员必须遵守的行为准则，加强纪律建设是全面从严治党的治本之策

纪律严明是我们党的光荣传统和独特优势，加强纪律建设是全面从严治党的治本之策。“我们党是靠革命理想和铁的纪律组织起来的马克思主义政党，纪律严明是党的光荣传统和独特优势。我们党有八千五百多万党员，在一个幅员辽阔、人口众多的发展中大国执政，如果不严明党的纪律，党的凝聚力和战斗力就会大大削弱，党的领导能力和执政能力就会大大削弱。”“革命战争年代，我们党团结带领人民打败穷凶极恶的敌人、夺取中国革命胜利，靠的是铁的纪律保证。新的历史条件下，我们党要团结带领人民全面建成小康社会、基本实现现代化，同样要靠铁的纪律保证。党面临的形势越复杂、肩负的任务越艰巨，就越要加强纪律建设，越要维护党的团结统一，确保全党统一意志、统一行动、步调一致前进。”①“全面从严

① 中共中央文献研究室：《十八大以来重要文献选编》(上)，中央文献出版社2014年版，第131页。

治党，重在加强纪律建设。我们现在要强调的是扎紧党规党纪的笼子，把党的纪律刻印在全体党员特别是党员领导干部的心上。”①“只有把纪律挺在前面，坚持纪严于法、纪在法前，才能克服‘违纪只是小节、违法才去处理’的不正常状况，用纪律管住全体党员。这一个时期，我们严肃党的纪律，许多干部从不适应到适应，由不相信到相信，由被动到主动，校准了思想之标，调整了行为之舵，绷紧了作风之弦。这是好现象。”②

他强调，没有规矩不成其为政党，更不成其为马克思主义政党。他对党内规矩作出界定，特别是把党在长期实践中形成的优良传统和工作惯例纳入党内规矩范畴。“我们党的党内规矩是党的各级组织和全体党员必须遵守的行为规范和规则。党的规矩总的包括什么呢？其一，党章是全党必须遵循的总章程，也是总规矩。其二，党的纪律是刚性约束，政治纪律更是全党在政治方向、政治立场、政治言论、政治行动方面必须遵守的刚性约束。其三，国家法律是党员、干部必须遵守的规矩，法律是党领导人民定的，全党必须模范执行。其四，党在长期实践中形成的优良传统和工作惯例”，“对我们这么一个大党来讲，不仅要靠党章和纪律，还得靠党的优良传统和工作惯例。这些规矩看着没有白纸黑字的规定，但都是一种传统、一种范式、一种要求。纪律是成文的规矩，一些未明文列入纪律的规矩是不成文的纪律；纪律是刚性的规矩，一些未明文列入纪律的规矩

---

① 中共中央纪律检查委员会、中共中央文献研究室：《习近平关于严明党的纪律和规矩论述摘编》，北京：中央文献出版社、中国方正出版社2016年版，第9页。

② 习近平：《在第十八届中央纪律检查委员会第六次全体会议上的讲话》，北京：人民出版社2016年版，第17~18页。

是自我约束的纪律。党内很多规矩是我们党在长期实践中形成的优良传统和工作惯例，经过实践检验，约定俗成、行之有效，反映了我们党对一些问题的深刻思考和科学总结，需要全党长期坚持并自觉遵循”，“领导干部违纪往往是从破坏规矩开始的。规矩不能立起来、严起来，很多问题就会慢慢产生出来。很多事实都证明了这一点。讲规矩是对党员、干部党性的重要考验，是对党员、干部对党忠诚度的重要检验”。[①]

他强调，党要管党、从严治党，就要靠严明纪律。“‘道私者乱，道法者治’。纪律不严，从严治党就无从谈起。”[②]“干部出问题，都是因为纪律的突破。必须严明党的纪律，党的各项纪律都要严。遵守党的纪律是无条件的，要说到做到，有纪必执，有违必查，而不能合意的就执行，不合意的就不执行，不能把纪律作为一个软约束或是束之高阁的一纸空文。”[③]“我们这么大一个政党，靠什么来管好自己的队伍？靠什么来战胜风险挑战？除了正确理论和路线方针政策外，必须靠严明规范和纪律。我们提出那么多要求，要多管齐下、标本兼治来落实，光靠觉悟不够，必须有刚性约束、强制推动，这就是纪律。”[④]“党要管党、从严治党首先要严明纪律，纪律不能成为‘稻草人’，不能成为聋子的耳朵——摆设。我们把严明政治纪律、

① 中共中央文献研究室：《十八大以来重要文献选编》(中)，中央文献出版社2016年版，第347、348、350页。

② 中共中央文献研究室：《十八大以来重要文献选编》(中)，中央文献出版社2016年版，第100页。

③ 中共中央文献研究室：《十八大以来重要文献选编》(上)，中央文献出版社2014年版，第764页。

④ 中共中央纪律检查委员会、中共中央文献研究室：《习近平关于严明党的纪律和规矩论述摘编》，北京：中央文献出版社、中国方正出版社2016年版，第5页。

组织纪律作为重要任务，严肃查处有令不行、有禁不止的行为，在查办违纪案件中重点审查违反政治纪律、组织纪律的问题，坚决维护党的团结统一。”①

他强调，如何在新形势下加强全党的组织纪律性，是需要我们认真思考和回答的重大课题。“党的力量来自组织，组织能使力量倍增。我们党是按照马克思主义建党原则建立起来的政党，我们党以民主集中制为根本组织制度和领导制度，组织严密是党的光荣传统和独特优势。九十多年来，我们党栉风沐雨、历经坎坷，不断从胜利走向胜利，发展成为世界第一大执政党，组织严密是重要保证”，“改革开放和发展社会主义市场经济，改变了原有的资源配置方式和组织管理模式，越来越多的单位人变成社会人，各种复杂的人际关系和利益关系对党内生活带来不可低估的影响，引发了种种问题，组织观念薄弱、组织涣散就是其中一个需要严肃对待的问题”，“组织纪律松弛已经成为党的一大忧患。组织观念、组织程序、组织纪律都要严起来。不严起来，就是一盘散沙”，“党的领导，体现在党的科学理论和正确路线方针政策上，体现在党的执政能力和执政水平上，同时也体现在党的严密组织体系和强大组织能力上。一个松松垮垮、稀稀拉拉的组织是不能干事、也干不成事的”，“要好好抓一抓组织纪律，加强全党的组织纪律性”，② “‘加强纪律性，革命无不胜’。今天，在全面从严治党的新形势下，全党同志一定要不断锤

---

① 中共中央纪律检查委员会、中共中央文献研究室：《习近平关于严明党的纪律和规矩论述摘编》，北京：中央文献出版社、中国方正出版社 2016 年版，第 85 页。

② 中共中央纪律检查委员会、中共中央文献研究室：《习近平关于严明党的纪律和规矩论述摘编》，北京：中央文献出版社、中国方正出版社 2016 年版，第 36、36~37、37、38 页。

炼党性，不断加强纪律建设，坚定维护党的团结统一，坚决维护党中央权威，确保全党统一意志、统一行动、步调一致前进”。[①]

二、严明党的纪律，首先要严格遵守党章

习近平总书记在论述党的纪律和党内规矩时，特别强调，党章是全党必须遵循的总章程，也是总规矩；严明党的纪律，首先要严格遵守党章。党的十八大以后，习近平总书记发表的第一篇署名文章，就是《认真学习党章，严格遵守党章》，之后他又多次论述这个问题。

习近平总书记指出：“没有规矩，不成方圆。党章就是党的根本大法，是全党必须遵循的总规矩。在各级党组织的全部活动中，都要坚持引导广大党员、干部特别是领导干部自觉学习党章、遵守党章、贯彻党章、维护党章，自觉加强党性修养，增强党的意识、宗旨意识、执政意识、大局意识、责任意识，切实做到为党分忧、为国尽责、为民奉献。”[②]

他指出，“认真学习党章、严格遵守党章，是加强党的建设的一项基础性经常性工作，也是全党同志的应尽义务和庄严责任，对强化全党党章意识，增强党的创造力、凝聚力、战斗力具有极为重要的作用”，“要全面掌握党章基本内容。党章对党的性质、宗旨、指

---

① 习近平：《在纪念陈云同志诞辰110周年座谈会上的讲话》，北京：人民出版社2015年版，第7页。

② 中共中央文献研究室：《习近平关于严明党的纪律和规矩论述摘编》，中央文献出版社2016年版，第3页。

导思想、奋斗纲领和重大方针政策作出了明确规定，对党员权利和义务作出了明确规定，对党的制度和各级党组织的行为规范作出了明确规定，对党的各级领导干部的基本条件作出了明确规定，对党的纪律作出了明确规定。对这些重要内容，全党同志都要全面了解和掌握。要把党章学习教育作为经常性工作来抓”，“通过学习教育，使全党同志对党章内化于心、外化于行”，“要严格遵守党章各项规定。全党要牢固树立党章意识，真正把党章作为加强党性修养的根本标准，作为指导党的工作、党内活动、党的建设的根本依据，把党章各项规定落实到行动上、落实到各项事业中”，“要加强对遵守党章、执行党章情况的督促检查，对党章意识不强、不按党章规定办事的要及时提醒，对严重违反党章规定的行为要坚决纠正，全党共同来维护党章的权威性和严肃性”。①

他强调：“党员领导干部要做学习党章、遵守党章的模范。各级领导干部要把学习党章作为必修课，走上新的领导岗位的同志要把学习党章作为第一课，带头遵守党章各项规定。凡是党章规定党员必须做到的，领导干部要首先做到；凡是党章规定党员不能做的，领导干部要带头不做。要严格按照党章规定的党员领导干部必须具备的六项基本条件，提高自身素质和能力，经常检查和弥补自身不足。特别是要在坚定理想信念、坚持实事求是、推动科学发展、密切联系群众、加强道德修养、严守党的纪律等方面为广大党员作出表率。要严格执行党章关于民主集中制的各项规定，并落实到制定决策、选人用人等领导工作各个环节。要带头执行党的政治纪律，

① 习近平：《认真学习党章　严格遵守党章》，载《人民日报》2012年11月20日。

自觉维护中央权威，厉行工作规程，做到令行禁止，保证中央政令畅通。要严格执行党章关于党内政治生活的各项规定，敢于坚持原则，勇于开展批评和自我批评，带头弘扬正气、抵制歪风邪气。要坚持党的群众路线，从群众中来、到群众中去，深入基层调查研究，亲近群众，联系群众，服务群众，做好新形势下的群众工作，朝气蓬勃地带领人民为全面建成小康社会、坚持和发展中国特色社会主义而共同奋斗。”①

三、政治纪律是我们党最根本、最重要的纪律，是净化政治生态的重要保证

习近平总书记指出，政治纪律是最重要、最根本、最关键的纪律。“严明党的纪律，首要的就是严明政治纪律。党的纪律是多方面的，但政治纪律是最重要、最根本、最关键的纪律，遵守党的政治纪律是遵守党的全部纪律的重要基础。政治纪律是各级党组织和全体党员在政治方向、政治立场、政治言论、政治行为方面必须遵守的规矩，是维护党的团结统一的根本保证。”②“党的纪律是刚性约束，政治纪律更是全党在政治方向、政治立场、政治言论、政治行动方面必须遵守的刚性约束。”③“要坚持问题导向，把严守政治纪律

---

① 习近平：《认真学习党章　严格遵守党章》，载《人民日报》2012 年 11 月 20 日。

② 中共中央文献研究室：《十八大以来重要文献选编》（上），中央文献出版社 2014 年版，第 131～132 页。

③ 习近平：《习近平谈治国理政》（第二卷），北京：外文出版社 2017 年版，第 151 页。

和政治规矩放在首位。加强党的纪律建设，要针对现阶段党纪存在的主要问题，更加强调政治纪律和政治规矩。”[①]“政治纪律和政治规矩是党最根本、最重要的纪律，遵守政治纪律和政治规矩是遵守党的全部纪律的基础。”[②]“实际上你违反哪方面的纪律，最终都会侵蚀党的执政基础，说到底都是破坏党的政治纪律。因此，讲政治、遵守政治纪律和政治规矩永远排在首要位置。要抓住这个纲，把严肃其他纪律带起来。”[③]

他指出，强调政治纪律不是泛泛讲的，而是有现实针对性的。“大量事实表明，在政治纪律方面放松警惕、降低要求是危险的”，“有的党员、干部在重大原则问题上立场摇摆，对党中央决策部署和三令五申的要求，阳奉阴违甚至搞非组织活动，公开发表反对党的路线方针政策和决议的言论；有的党组织觉得政治纪律是‘软’的、‘虚’的，对违反政治纪律的错误言行不在意、不报告、不抵制、不斗争，更谈不上查处。我们要求党员、干部不能妄议中央，不是说不能提意见和建议甚至批评性意见，而是不能在重大政治原则问题上、在大是大非问题上同党中央唱反调、搞政治上的自由主义”。[④]

他强调，维护党中央权威和集中统一领导是根本的政治纪律和政治规矩。“遵守党的政治纪律，最核心的，就是坚持党的领导，坚

---

① 《中共中央纪律检查委员会、中共中央文献研究室：《习近平关于严明党的纪律和规矩论述摘编》，北京：中央文献出版社、中国方正出版社 2016 年版，第 30 页。

② 习近平：《习近平谈治国理政》(第二卷)，北京：外文出版社 2017 年版，第 181 页。

③ 中共中央纪律检查委员会、中共中央文献研究室：《习近平关于严明党的纪律和规矩论述摘编》，北京：中央文献出版社、中国方正出版社 2016 年版，第 30 页。

④ 习近平：《在第十八届中央纪律检查委员会第六次全体会议上的讲话》，载《人民日报》2016 年 5 月 3 日。

持党的基本理论、基本路线、基本纲领、基本经验、基本要求，同党中央保持高度一致，自觉维护中央权威。”①“遵守政治纪律和政治规矩，必须维护党中央权威，在任何时候任何情况下都必须在思想上政治上行动上同党中央保持高度一致；必须维护党的团结，坚持五湖四海，团结一切忠实于党的同志；必须遵循组织程序，重大问题该请示的请示，该汇报的汇报，不允许超越权限办事；必须服从组织决定，决不允许搞非组织活动，不得违背组织决定；必须管好亲属和身边工作人员，不得默许他们利用特殊身份谋取非法利益。”②“全党要坚定执行党的政治路线，严格遵守政治纪律和政治规矩，在政治立场、政治方向、政治原则、政治道路上同党中央保持高度一致。要尊崇党章，严格执行新形势下党内政治生活若干准则，增强党内政治生活的政治性、时代性、原则性、战斗性，自觉抵制商品交换原则对党内生活的侵蚀，营造风清气正的良好政治生态。”③“必须做到政治过硬，牢固树立‘四个意识’，在思想政治上讲政治立场、政治方向、政治原则、政治道路，在行动实践上讲维护党中央权威、执行党的政治路线、严格遵守党的政治纪律和政治规矩。”④

① 《习近平在第十八届中央纪律检查委员会第二次全会上发表重要讲话》，载新华网，2013年1月22日。

② 中共中央文献研究室：《十八大以来重要文献选编》(下)，中央文献出版社2018年版，第457页。

③ 习近平：《决胜全面建成小康社会　夺取新时代中国特色社会主义伟大胜利——在中国共产党第十九次全国代表大会上的报告》，载《人民日报》2017年10月18日。

④ 习近平：《习近平谈治国理政》(第三卷)，北京：外文出版社2020年版，第72页。

他强调，各级党组织和广大党员要自觉遵守政治纪律和政治规矩，不断增强政治意识、大局意识、核心意识、看齐意识，做到坚守政治信仰、站稳政治立场、把准政治方向。“党的各级组织要自觉担负起执行和维护政治纪律的责任，加强对党员遵守政治纪律的教育。”①“严格按党的政治纪律和政治规矩办事，任何时候任何情况下都不能破坏党的政治纪律和政治规矩，都不能拿党的政治纪律和政治规矩做交易。”②“每一个党员对党的政治纪律和政治规矩都要心存敬畏、严格遵守，中央政治局的同志首先应该做到，在指导思想和路线方针政策以及关系全局的重大原则问题上，脑子要特别清醒、立场要特别坚定。”③“各级领导干部要时刻绷紧政治纪律这根弦，坚持党的领导不动摇，贯彻党的路线方针政策不含糊，始终做政治上的明白人。”④“党的高级干部要做严肃党内政治生活的表率，始终把握正确政治方向，坚持政治立场和政治原则，遵守政治纪律和政治规矩，坚守正道、弘扬正气，坚持原则、敢抓敢管”，⑤ 广大党员要“敢于触及思想、正视矛盾和问题，从自己做起，从现在改起，端正行为，自觉把党性修养正一正、把党员义务理一理、把党纪国法紧

---

① 习近平：《习近平谈治国理政》，北京：外文出版社 2014 年版，第 386~387 页。

② 《习近平在青海考察时强调：尊重自然顺应自然保护自然 坚决筑牢国家生态安全屏障》，载《人民日报》2016 年 8 月 25 日。

③ 习近平：《习近平谈治国理政》(第二卷)，北京：外文出版社 2017 年版，第 189~190 页。

④ 习近平：《在第十八届中央纪律检查委员会第六次全体会议上的讲话》，载《人民日报》2016 年 5 月 3 日。

⑤ 习近平：《增强全面从严治党系统性创造性实效性》，载新华网，2017 年 1 月 6 日。

一紧，保持共产党人良好形象。”①

他强调，对顶风违反政治纪律、政治规矩的问题，必须严厉查处。“一些人无视党的政治纪律和政治规矩，为了自己的所谓仕途，为了自己的所谓影响力，搞任人唯亲、排斥异己的有之，搞团团伙伙、拉帮结派的有之，搞匿名诬告、制造谣言的有之，搞收买人心、拉动选票的有之，搞封官许愿、弹冠相庆的有之，搞自行其是、阳奉阴违的有之，搞尾大不掉、妄议中央的也有之，如此等等。有的人已经到了肆无忌惮、胆大妄为的地步！而这些问题往往没有引起一些地方和部门党组织的注意，发现了问题也没有上升到党纪国法高度来认识和处理。这是不对的，必须加以纠正。”②“国事无私，政道去邪，法不容情。全面从严治党、严明党的纪律，决不能回避政治问题，对政治隐患就要从政治高度认识。党内存在野心家、阴谋家，从内部侵蚀党的执政基础，我们不能投鼠忌器，王顾左右而言他，采取鸵鸟政策，这个必须说清楚。全党必须讲政治，把政治纪律摆在首位，消弭隐患、杜绝后患。”③“各级纪委是党内监督专责机关，履行监督执纪问责职责。要把维护政治纪律和政治规矩放在首位，加强对所辖范围内遵守党章党规党纪情况的监督，检查党的路线方针政策和决议的执行情况”,④“确保全党在思想上政治上行动

① 《在党的群众路线教育实践活动工作会议召开　习近平发表重要讲话》，载人民网，2014年2月18日。

② 中共中央文献研究室：《十八大以来重要文献选编》(下)，北京：中央文献出版社2018年版，第456页。

③ 习近平：《在第十八届中央纪律检查委员会第六次全体会议上的讲话》，载《人民日报》2016年5月3日。

④ 习近平：《在党的十八届六中全会第二次全体会议上的讲话》，载求是网，2017年1月3日。

上同党中央保持高度一致”。[①]

四、加强纪律教育，强化纪律执行，使纪律真正成为带电的高压线

习近平总书记提出了加强纪律建设的四项要求：“一是要健全完善制度，以党章为根本遵循，本着于法周延、于事有效的原则，制定新的法规制度，完善已有的法规制度，废止不适应的法规制度，健全党内规则体系，扎紧党纪党规的笼子。二是要深入开展纪律教育，加强学习宣传教育，使党员、干部增强纪律意识，把党章党规党纪刻印在心上，形成尊崇党章、遵守党纪的良好习惯。三是要狠抓执纪监督，以纪律为尺子衡量党员、干部的行为，对违纪问题发现一起就查处一起，提高纪律执行力，维护纪律严肃性。四是要养成纪律自觉，教育引导广大党员、干部特别是领导干部严格按党章标准要求自己，知边界、明底线，把他律要求转化为内在追求，自觉以身作则，发挥表率作用。”[②]“坚持党性原则，关键是立规矩、讲规矩、守规矩。哪些事能做、哪些事不能做，哪些事该这样做、哪些事该那样做，都要规定得明明白白。要提高制度执行力，让制度、纪律成为带电的‘高压线’，使查处违纪违法问题制度化、经常化，

---

① 《习近平在第十八届中央纪律检查委员会第三次全体会议上发表重要讲话》，载《中国纪检监察报》2016 年 1 月 11 日。

② 习近平：《在第十八届中央纪律检查委员会第六次全体会议上的讲话》，载《人民日报》2016 年 5 月 3 日。

使党员、干部心有所畏、言有所戒、行有所止。”[①]“依规治党，首先是把纪律和规矩立起来、严起来，执行起来。党的性质、宗旨都决定了纪严于法、纪在法前。要把党的纪律和规矩挺在前面，用纪律和规矩管住大多数，使所有党员干部严格执行党规党纪、模范遵守法律法规。”[②]

他强调，加强纪律建设，要健全完善制度。“有纪可依是严明纪律的前提，党的纪律规定要根据形势和党的建设需要不断完善，确保系统配套、务实管用，防止脱离实际、内容模糊不清、滞后于实践”，“党纪就是红线，处分就是惩戒。党纪处分条例要体现从严治党、加强纪律建设的要求。”“修订党纪处分条例，要体现党规党纪严于国家法律的要求，突出党纪特色，重点对违反党的政治纪律、组织纪律、财经纪律、工作纪律和生活纪律的行为作出处分规定”，[③]“全面从严治党，必然要求依规治党与以德治党紧密结合。道德使人向善，是纪律的必要前提和基础；纪律用来惩恶，是道德的坚强后盾和保障。新修订的准则，扣紧‘廉洁自律’这个主题，坚持正面倡导、重在立德，重申党的理想信念宗旨、优良传统作风，这是党员和党员领导干部能够看得见、摸得着、够得着的一个标准，要树这么一个标准，这是高标准，展现了共产党人高尚的道德追求；而新

---

① 习近平：《习近平谈治国理政》（第二卷），北京：外文出版社 2017 年版，第 403 页。

② 中共中央纪律检查委员会、中共中央文献研究室：《习近平关于严明党的纪律和规矩论述摘编》，北京：中央文献出版社、中国方正出版社 2016 年版，第 60 页。

③ 中共中央纪律检查委员会、中共中央文献研究室：《习近平关于严明党的纪律和规矩论述摘编》，北京：中央文献出版社、中国方正出版社 2016 年版，第 55、58 页。

修订的条例，围绕着党纪戒尺要求，开列'负面清单'、重在立规，划出了我们党组织和党员不可触碰的底线，这都是很清晰的。"[①]"中央最近审议通过的《中国共产党廉洁自律准则》和《中国共产党纪律处分条例》细化了党章对党员、干部的廉洁自律要求和纪律要求，实现了党内法规建设与时俱进。要认真贯彻落实这两项法规，真正把纪律和规矩挺在前面，拿起纪律这把戒尺，既要奔向高标准，以人格力量凝聚党心民心；又要守住底线，严格执行党的纪律，决不越雷池一步。要做到廉以修身、廉以持家，培育良好家风，教育督促亲属子女和身边工作人员走正道。"[②]"要按照准则精神，对现有制度规范进行梳理，该修订的修订，该补充的补充，该新建的新建，让党内政治生活有规可依、有章可循。"[③]

他强调，加强纪律建设，要深入开展纪律教育。"党的各级组织要积极探索纪律教育经常化、制度化的途径，多做提提领子、扯扯袖子的工作，使党员、干部真正懂得，党的纪律是全党必须遵守的行为准则，严格遵守和坚决维护纪律是做合格党员、干部的基本条件。"[④]"特别是要加强对年轻干部的教育引导，让他们从进入干部队伍起就知道守纪律、讲规矩的重要性和严肃性，明白在党内不守纪律、不讲规矩，跟组织玩小聪明，权欲膨胀、利欲熏心，不择手段

---

① 中共中央纪律检查委员会、中共中央文献研究室：《习近平关于严明党的纪律和规矩论述摘编》，北京：中央文献出版社、中国方正出版社 2016 年版，第 65~66 页。

② 中共中央纪律检查委员会、中共中央文献研究室：《习近平关于严明党的纪律和规矩论述摘编》，北京：中央文献出版社、中国方正出版社 2016 年版，第 67~68 页。

③ 习近平：《习近平谈治国理政》(第二卷)，北京：外文出版社 2017 年版，第 181 页。

④ 习近平：《在党的群众路线教育实践活动总结大会上的讲话》，北京：人民出版社 2014 年版，第 26~27 页。

往上爬，为了自己什么事都敢干，总有一天是会自己毁了自己的。”①

他强调，加强纪律建设，要强化纪律执行。“身为党员，铁的纪律就必须执行。毛泽东同志说，路线是‘王道’，纪律是‘霸道’，这两者都不可少。如果党的政治纪律成了摆设，就会形成‘破窗效应’，使党的章程、原则、制度、部署丧失严肃性和权威性，党就会沦为各取所需、自行其是的‘私人俱乐部’”，“制度一经形成，就要严格遵守，坚持制度面前人人平等、执行制度没有例外，坚决维护制度的严肃性和权威性，坚决纠正有令不行、有禁不止的各种行为”。②“要把严格执行纪律作为重要措施。对那些在为民务实清廉方面有严重问题的党员、干部，要在教育的基础上视情节依纪依法处理。对那些长期不起作用甚至起负作用的党员，要进行严肃教育或组织处理。对那些风气不正、社会形象不好的机关和单位，要进行必要的组织整顿”，③“制定纪律就是要执行的。‘不以规矩，不能成方圆’，‘木受绳则直，金就砺则利’，讲的就是这个道理。党的规矩，党组织和党员、干部必须遵照执行，不能搞特殊、有例外。各级党组织要敢抓敢管，使纪律真正成为带电的高压线”，④“执行党的纪律不

① 习近平：《习近平谈治国理政》(第二卷)，北京：外文出版社2017年版，第156页。

② 中共中央文献研究室：《十八大以来重要文献选编》(上)，中央文献出版社2014年版，第134、318页。

③ 中共中央纪律检查委员会、中共中央文献研究室：《习近平关于严明党的纪律和规矩论述摘编》，北京：中央文献出版社、中国方正出版社2016年版，第73~74、77、79、80页。

④ 习近平：《在第十八届中央纪律检查委员会第三次全体会议上的讲话》，载《中国纪检监察报》2016年1月11日。

能有任何含糊，不能让党纪党规成为‘纸老虎’‘稻草人’，造成‘破窗效应’。凡是违反党章和党的纪律特别是政治纪律、组织纪律、财经纪律的行为，都不能放过，更不能放纵”，“有规定就要执行，否则就会成为稻草人。小到生活规定，大到政治纪律，如果认为可以随心所欲，可以不执行，那我们就没有纪律可言了”，[①]“查处违纪问题必须坚持有什么问题查清什么问题、发现什么问题查清什么问题，不能装聋作哑、避重就轻，不能大事化小、小事化了，任何人不得隐瞒、简化、变通”。[②]

他强调，加强纪律建设，要养成纪律自觉。“组织纪律性是党性修养的重要内容。加强组织纪律性必须增强党性。党性说到底就是立场问题。共产党人无论是想问题、搞研究，还是作决策、办事情，都必须站在党和人民立场上，而不能把个人利益放在第一位。这就是共产党人的党性原则”，“我们共产党人特别是领导干部都应该心胸开阔、志存高远，始终心系党、心系人民、心系国家，自觉坚持党性原则。坚持了党性原则，就不会把个人凌驾于组织之上，或者使自己游离于组织之外。遵守党的组织纪律，向组织报告，听组织意见，很多问题就不会发生”，“一个人不管当到多大干部都要有组织纪律性，职位越高组织纪律性应该越强，防微杜渐才能不出问题”。[③]“任何一名党员，不论职务高低、资历深浅、成就大小，都

① 中共中央纪律检查委员会、中共中央文献研究室：《习近平关于严明党的纪律和规矩论述摘编》，北京：中央文献出版社、中国方正出版社 2016 年版，第 73～74、77、79、80 页。

② 习近平：《在党的群众路线教育实践活动总结大会上的讲话》，北京：人民出版社 2014 年版，第 27 页。

③ 中共中央文献研究室：《十八大以来重要文献选编》(上)，中央文献出版社 2014 年版，第 766 页。

必须自觉遵守党内政治生活准则，各级党员领导干部要率先垂范。”①“各级领导干部特别是高级干部要牢固树立纪律和规矩意识，在守纪律、讲规矩上作表率，自觉做政治上的‘明白人’。”②“我一直讲，领导干部必须心存敬畏、手握戒尺。存敬畏，就是要心存对信仰的敬畏、对组织的敬畏、对法纪的敬畏、对群众的敬畏、对责任的敬畏，做到能够知止，始终保持权力光环、地位光环下的清醒。手握戒尺，就是要手握法律的戒尺、纪律的戒尺、制度的戒尺、规矩的戒尺、道德的戒尺，做到克己奉公。我们的内心要始终装着一把党性的尺子，衡量人生得失，把握行为尺度。”③

五、惩前毖后、治病救人是我们党的一贯方针，也是加强自身建设的历史经验

习近平总书记强调，要把维护党的纪律严肃性和信任爱护干部统一起来，体现严管就是厚爱、治病为了救人。要充分运用监督执纪“四种形态”，抓早抓小、防微杜渐。“各级党组织和领导干部要切实履行执纪职责，拒绝说情风、关系网、利益链，采取管用的措施提高组织管理的有效性，使违纪问题能及时发现、及时查处。这样既有利于防微杜渐，也有利于教育和挽救干部。有的地方和单位

① 中共中央纪律检查委员会、中共中央文献研究室：《习近平关于严明党的纪律和规矩论述摘编》，北京：中央文献出版社、中国方正出版社 2016 年版，第 82 页。

② 习近平：《习近平谈治国理政》(第二卷)，北京：外文出版社 2017 年版，第 156 页。

③ 中共中央文献研究室：《习近平关于全面从严治党论述摘编》，北京：中央文献出版社 2016 年版，第 113 页。

有了问题总想捂着盖着，甚至弄得保护错误的力量大过伸张正义的力量，这个问题要认真解决。”①“勿以善小而不为，勿以恶小而为之。如果开始就咬耳朵、扯袖子，在执纪方面抓得很紧，可以让多少人避免违法？过去形成了这么一种现象，就是不到违法的程度大家都可以‘包容’‘宽容’，到了违法就由他去吧。这是对党和干部不负责任的表现。”“很多干部从基层做起，慢慢成长起来，最后毁于一旦，一失足成千古恨。出问题的人之前就会有迹象，为什么不及时帮助他们认识和解决问题呢？这就需要把纪律挺在前面”，“惩前毖后、治病救人是我们党的一贯方针，也是我们党加强自身建设的历史经验。日常工作中发现了问题就要真管真严。惩治，治是根本，惩是为了治。要通过加强纪律建设和纪检工作，管住纪律、看住权力，使干部向高标准努力，不犯或少犯错误特别是严重错误，这才是党组织对党员、干部最大的关心和爱护”。②

六、各级党委都负有执行纪律和规矩的主体责任，各级纪律要履行监督执纪问责的根本职责

习近平总书记强调，各级党委要履行主体责任。“党的各级组织要自觉担负起执行和维护政治纪律的责任，加强对党员遵守政治纪律的教育。对大是大非问题要有坚定立场，对背离党性的言行要有

① 习近平：《在党的群众路线教育实践活动总结大会上的讲话》，载新华网，2014年10月8日。

② 习近平：《在第十八届中央纪律检查委员会第六次全体会议上的讲话》，载《人民日报》2016年5月3日。

鲜明态度，不能听之任之、置身事外。发现违反政治纪律的苗头性倾向性问题要及时提醒和纠正，对违反政治纪律的行为要坚决制止。”①“《中国共产党廉洁自律准则》和《中国共产党纪律处分条例》颁布后，还是要在贯彻执行上狠下功夫，不要又是写写、挂挂，各级党委要切实担当和落实好全面从严治党的主体责任。最后要按照这个《准则》《条例》去办，抓落实。”②“各级党组织都负有执行纪律和规矩的主体责任，要强化监督问责，对责任落实不力的坚决追究责任，推动管党治党不断从‘宽松软’走向‘严实硬。’”③“要全面加强纪律建设，用严明的纪律管全党治全党”，“各级党委(党组)就要敢抓敢管、严格执纪，把全面从严治党政治责任担负起来。”④

习近平总书记强调，各级纪委要履行监督执纪问责的职责。“监督执纪问责是党章赋予纪律检查机关的根本职责。各级纪委要找准在全面从严治党中的职能定位，强化监督执纪，加大问责力度。要以贯彻落实《中国共产党廉洁自律准则》和《中国共产党纪律处分条例》为契机，探索建立不敢腐、不能腐、不想腐的有效机制，为推动全面从严治党、协调推进‘四个全面’战略布局提供坚强纪律保证”，“党的各级纪律检查机关要把维护党的政治纪律放在首位，加强对政

---

① 中共中央文献研究室：《十八大以来重要文献选编》(上)，中央文献出版社2014年版，第134页。

② 中共中央纪律检查委员会、中共中央文献研究室：《习近平关于严明党的纪律和规矩论述摘编》，北京：中央文献出版社、中国方正出版社2016年版，第125页。

③ 中共中央文献研究室：《十八大以来重要文献选编》(下)，北京：中央文献出版社2018年版，第459页。

④ 习近平：《习近平谈治国理政》(第三卷)，北京：外文出版社2020年版，第509页。

治纪律执行情况的监督检查”。①

习近平总书记强调，“要整合问责制度，健全问责机制，坚持有责必问、问责必严，把监督检查、目标考核、责任追究有机结合起来，实现问责内容、对象、事项、主体、程序、方式的制度化、程序化”。②《中国共产党廉洁自律准则》和《中国共产党纪律处分条例》，明确了党员追求的高标准和管党治党的戒尺。有了执纪监督尺子，就要在贯彻执行上下功夫。各级党委和纪委要首先加强对维护党章、执行党的路线方针政策和决议情况的监督检查，确保党的集中统一，保证党中央政令的畅通。“有权就有责，权责要对等。问责不能感情用事，不能有怜悯之心，要‘较真’、‘叫板’，发挥震慑效应。”“任何地方、部门、单位，发生了党的领导作用不发挥、贯彻党的路线方针政策走样、管党治党不严不实、选人用人失察、发生严重‘四风’和腐败现象、巡视整改不力等问题，就要抓住典型严肃追责。既追究主体责任、监督责任，又上查一级追究领导责任、党组织责任。要完善和规范责任追究工作，建立健全责任追究典型问题通报制度，把问责同其他监督方式结合起来，以问责常态化促进履职到位，促进党的纪律执行到位。”③

学习习近平总书记关于加强党的纪律建设的重要论述，我认为

---

① 中共中央纪律检查委员会、中共中央文献研究室：《习近平关于严明党的纪律和规矩论述摘编》，北京：中央文献出版社、中国方正出版社 2016 年版，第 126、109 页。

② 习近平：《在第十八届中央纪律检查委员会第二次全体会议上的讲话》，北京：人民出版社 2016 年版，第 23 页。

③ 习近平：《在第十八届中央纪律检查委员会第六次全体会议上的讲话》，北京：人民出版社 2016 年版，第 10、11 页。

有“十个统一”贯穿其中：

1. 坚定理想与严明纪律的统一

这也就是思想教育与执行纪律、思想建党与依规治党的统一。习近平总书记指出，我们党是用革命理想和铁的纪律组织起来的马克思主义政党，革命理想高于天，正是有了远大理想和崇高追求，我们党才能经受一次次挫折而又一次次奋起，才能无坚不摧、无往不胜；组织严密、纪律严明是党的优良传统和政治优势，也是我们党的力量所在。加强纪律建设是全面从严治党的治本之策，全面从严治党，重在加强纪律建设。党要管党、从严治党，靠什么管，凭什么治？要严明纪律。纪律不严，从严治党无从谈起。党面临的形势越复杂、肩负的任务越艰巨，就越要把纪律建设摆在更加突出的位置，坚持纪严于法、纪在法前，把纪律和规矩挺在前面。这就告诉我们，为什么党的十八大以来，习近平总书记始终强调思想教育与执行纪律、思想建党与依规治党相结合的道理所在。

2. 先进性建设与纯洁性建设的统一

这也就是坚持高线与不越底线的统一。加强党的长期执政能力建设、先进性和纯洁性建设，是党的建设的一条主线，先进性体现的是高线的要求，习近平总书记从党的初心使命、性质宗旨出发，对全体党员特别是党员领导干部提出了先进性要求，指出了努力的方向和目标，这是高线要求。同时，也为党员特别是党员领导干部规定了不可逾越的红线，强调一旦越过了红线，就要受到严肃处理。这是纯洁性要求和底线要求，为党员干部明确了行为规范。

3. 自律要求与他律要求的统一

习近平总书记既强调自律，即通过党员的自律，通过增强责任意识、敬畏意识、自省意识、目标意识，通过持续增强内在动力，保持先进性；同时也强调他律，即通过严格执纪，使党员不敢越过红线，保持纯洁性。这告诉我们，他律是自律的外在条件，自律与环境不可分离；自律是他律内化的结果，是长期的习惯养成，需要借助外力来促进。《中国共产党廉洁自律准则》的实质是自律要求，《中国共产党纪律处分条例》的实质是他律要求，我们要贯通起来，落实在学习、工作、生活的各个方面。

4. 共性要求与刚性要求的统一

习近平总书记指出，要严格党的纪律，坚持党纪面前党员人人平等；对党内一切消极腐败现象认真查处、严肃执纪，不允许有不受纪律约束的特殊党员存在。党的各级组织要积极探索纪律教育经常化、制度化的途径，使党员干部真正懂得，党的纪律是全党必须遵守的行为准则，严格遵守和坚决维护纪律是做合格党员、干部的基本条件，使党员、干部心有所畏、言有所戒、行有所止，使纪律真正成为带电的高压线。他强调，任何人都不得违背党中央的大政方针、搞“独立王国”、自行其是，任何人都不得把党的政治纪律和政治规矩当儿戏、胡作非为，任何人都不得凌驾于国家法律之上、徇私枉法，任何人都不得把司法权力作为私器牟取私利、满足私欲。党纪国法的红线不能逾越。对违规违纪、破坏法规制度踩“红线”、越“底线”、闯“雷区”的，要坚决严肃查处，不以权势大而破规，不以问题小而姑息，不以违者众而放任，不留“暗门”、不开“天窗”，坚决防止“破窗效应”。这就告诉我们，纪律有两个基本特征：一是共性要求，就是纪律对每一个人都是一样的，平等的，绝不允许任何人有不受纪律约束的特殊权利，要防止破窗效应；二是刚性要求，纪律不是要商量着办的，一旦形成，任何人都必须遵守，不管你愿意不愿意、高兴不高兴。只有坚持共性要求与刚性要求的统一，纪律才能保证党组织的步调一致、坚强有力。

5. 原则性要求与规定性要求的统一

习近平总书记对党员干部的纪律要求，既有原则性要求，强调原则与方向；又有规定性要求，强调行为准则。比如，在严格党的政治纪律方面，他强调，遵守党的政治纪律，最核心的就是坚持党的领导，坚持党的基本理论、基本路线、基本方略，同党中央保持高度一致，自觉维护中央权威。这是原则性要求。同时，他强调，遵守政治纪律、政治规矩，重点要做到“5 个必须、5 个决不允许”，即必须维护党中央权威，决不允许背离党中央要求另搞一套；必须维护党的团结，决不允许在党内培植私人势力；必须遵循组织程序，决不允许擅作主张、我行我素；必须服从组织决定，决不允许搞非组织活动；必须管好亲属和身边工作人员，决不允许他们擅权干政、谋取私利。这是规定性要求。我们要把两者贯通起来理解，统一起来执行。

6. 政治纪律要求与其他纪律要求的统一

习近平总书记指出，在所有党的纪律和规矩中第一位的是政治纪律和政治规矩。党的纪律是多方面的，包括政治纪律、组织纪律、廉洁纪律、群众纪律、工作纪律和生活纪律。政治纪律是最重要、最根本、最关键的纪律，遵守党的政治纪律是遵守党的全部纪律的重要基础。政治纪律是各级党组织和全体党员在政治方向、政治立场、政治言论、政治行为方面必须遵守的规矩，是维护党的团结统一的根本保证，在党的纪律中，政治纪律是打头的、管总的。讲政治、遵守政治纪律和政治规矩永远排在首要位置。要抓住这个纲，把严肃其他纪律带起来。这就深刻阐明了政治纪律与其他纪律的关系，为我们加强纪律建设指明了方向。

7. 抓住“关键少数”与带动绝大多数的统一

习近平总书记指出，要突出领导干部这个关键，教育引导各级领导干部立正身、讲原则、守纪律、拒腐蚀，形成一级带一级、一级抓一级的示范效应，积极营造风清气正的从政环境。位高不能擅权，权重不能谋私，职权越高，越要夙兴夜寐地工作，越要毫无私心地把自己的一切奉献给党和人民，越要按规则正确用权、谨慎用权、干净用权，不要去行使依法不该自己行使的权力，也不要去干预依法自己不能干预的事情，更不能以言代法、以权压法、徇私枉法，做到法律面前不为私心所扰、不为人情所困、不为关系所累、不为利益所惑。这就揭示了抓住“关键少数”与管住“绝大多数”的辩证统一关系。

8. 维护纪律严肃性与信任爱护干部的统一

维护纪律严肃性与信任爱护干部的统一也就是严管与厚爱的统

一。惩前毖后、治病救人是我们党的一贯方针，也是党加强纪律建设的历史经验。学习习近平总书记关于加强纪律建设的重要论述，深切体会到习近平总书记对党员干部的关心和爱护。强调加强纪律教育，增强纪律意识，让党员干部知敬畏、存戒惧、守底线，这是对党员干部的关心爱护；强调严格执行制度，严格管理监督，这是对党员干部的关心爱护；强调抓早抓小、防微杜渐，咬耳扯袖，运用监督执纪“四种形态”，这是对党员干部的关心、爱护；强调严肃执纪，避免干部犯更大的错误，也是对党员干部的关心爱护，真正体现了严管就是厚爱。

9. 立规建制与严格执行的统一

习近平总书记指出，依规治党，首先要把纪律和规矩立起来、严起来、执行起来。要把党的纪律和规矩挺在前面，用纪律和规矩管住大多数，使所有党员干部严格执行党规党纪、模范遵守法律法规。他强调，党的十八大后，党中央从立规矩开始，首先制定八项规定，随后继续出台一系列制度，就是要解决党员队伍在政治、思想、组织、作风、纪律等方面存在的问题；要把权力关进制度的笼子里，就要依法设定权力、规范权力、制约权力、监督权力；制定纪律是要执行的，必须使纪律成为带电的高压线。他指出，遵守党的纪律是无条件的，要说到做到，有纪必执、有违必查，而不能合意的就执行、不合意的就不执行，不能把纪律作为一个软约束或是束之高阁的一纸空文。他特别强调，从严治党，必须增强管党治党意识、落实管党治党责任。各级党组织和领导干部要切实履行执纪职责，拒绝说情风、关系网、利益链，采取管用的措施提高组织管理的有效性，使违纪问题能及时发现、及时查处，决不允许出现底下问题成串、为官麻木不仁的现象，不能事不关己、高高挂起，更不能明哲保身。要坚持有责必问、问责必严，把监督检查、目标考核、责任追究有机结合起来，形成法规制度执行强大推动力。这就揭示了全面从严治党既要立规建制，又要严格执行，只有这样才能取得实效。

10. 正风肃纪与树立形象的统一

习近平总书记强调，党的作风就是党的形象，关心人心向背，关系党的生死存亡。而作风的养成，是以严格的纪律性为重要条件的。纪律，对内是一种规范和约束，它保证我们党的路线方针政策的贯彻执行，保证我们党的全心全意为人民服务的根本宗旨落到实处；对外是一种形象和标志，我们党能够赢得人民群众的拥护，一个很重要的原因，是具有严格的组织纪律性。因此，加强纪律建设，加强对党组织和党员的管理、约束，也就树立起了我们党的形象。

加强党的纪律建设是全面从严治党的治本之策。我们要深入学习习近平总书记关于加强党的纪律建设重要论述，将“十个统一”贯穿于纪律建设的各个方面、各个环节。要进一步加强纪律教育，强化纪律执行，让党员干部知敬畏、存戒惧、守底线，习惯在受监督和约束的环境中工作生活；重点强化政治纪律和组织纪律，带动廉洁纪律、群众纪律、工作纪律、生活纪律严起来；要严肃党内政治生活，坚持开展批评和自我批评，坚持惩前毖后、治病救人，运用监督执纪“四种形态”，抓早抓小、防微杜渐；要巩固落实中央八项规定精神成果，继续整治“四风”问题，特别是形式主义、官僚主义问题，坚持反对特权思想和特权现象；要强化责任落实和担当，形成一级带一级、一级抓一级的纪律建设格局。

第十一章　论反腐倡廉

——坚持无禁区、全覆盖、零容忍，深入推进反腐败斗争

习近平总书记指出，“只有以反腐败永远在路上的坚韧和执着，深化标本兼治，保证干部清正、政府清廉、政治清明，才能跳出历史周期率，确保党和国家长治久安。当前，反腐败斗争形势依然严峻复杂，巩固压倒性态势、夺取压倒性胜利的决心必须坚如磐石。要坚持无禁区、全覆盖、零容忍，坚持重遏制、强高压、长震慑，强化不敢腐的震慑，扎牢不能腐的笼子，增强不想腐的自觉，通过不懈努力换来海晏河清、朗朗乾坤”。[①] 这就为新时代深入推进反腐败斗争指明了方向。

党的十八大以来，习近平总书记围绕深入推进反腐败斗争，作出了一系列重要论述、提出了一系列重要思想，主要包括：腐败是社会毒瘤，是我们党面临的最大威胁的思想；反对腐败始终是我们党一贯坚持的鲜明政治立场的思想；反腐败斗争形势严峻复杂，必须坚持坚定不移向纵深推进的思想；必须坚持无禁区、全覆盖、零

---

① 习近平：《习近平谈治国理政》(第三卷)，北京：外文出版社 2020 年版，第 52 页。

容忍，坚持重遏制、强高压、长震慑，坚持有力削减存量、有效遏制增量的思想；坚持推动全面从严治党向基层延伸，加大力度整治群众身边腐败问题的思想；坚持不管腐败分子逃到哪里，都要缉拿归案、绳之以法的思想；坚持深化标本兼治，着力构建不敢腐、不能腐、不想腐体制机制的思想；大力加强反腐倡廉教育和廉政文化建设，筑牢拒腐防变思想道德防线，在全社会弘扬清风正气的思想；落实党委的主体责任和纪委的监督责任的思想，等等，形成了反腐倡廉思想体系。

一、腐败是社会毒瘤，是我们党面临的最大威胁

腐败一般指公职人员运用公共权力谋取私人利益的行为及其作风不正、行为不端而引起的政治和社会问题。腐败会严重侵蚀国家和人民的利益、危害国家政治安全、破坏执政党和政府声誉、导致社会矛盾激化并最终导致社会退化。腐败问题是世界各国都存在的通病。在我国，党的十八大之前，腐败问题频发多发，呈现迅猛蔓延势头和群体化、高官化、巨额化、期权化、国际化、新型化趋势，既危及和破坏了法律的权威性和有效实施，又破坏了我国社会主义经济基础，动摇了我国社会的政治基础，对我们执政党构成了严重威胁。习近平总书记深刻指出，腐败是社会毒瘤，是我们党面临的最大威胁。正是基于这个科学判断，党的十八大以来，党中央以顽强的意志品质正风肃纪、反腐惩恶，消除了党和国家内部存在的严重隐患，党内政治生态明显好转，党在革命性锻造中更加坚强。在这个过程中，习近平总书记对腐败问题的性质、表现、危害等作出

了一系列重要论述，具有很强的思想性、指导性、针对性。

从党和国家生死存亡的角度，他指出：“腐败是社会毒瘤。如果任凭腐败问题愈演愈烈，最终必然亡党亡国。我们党把党风廉政建设和反腐败斗争提到关系党和国家生死存亡的高度来认识，是深刻总结了古今中外的历史教训的。中国历史上因为统治集团严重腐败导致人亡政息的例子比比皆是，当今世界上由于执政党腐化堕落、严重脱离群众导致失去政权的例子也不胜枚举啊！”①

从党面临的风险和挑战的角度，他指出，“腐败问题对我们党的伤害最大，严惩腐败分子是党心民心所向，党内决不允许有腐败分子藏身之地。这是保持党同人民群众血肉联系的必然要求，也是巩固党的执政基础和执政地位的必然要求”。②“党面临的最大风险和挑战是来自党内的腐败和不正之风。权力寻租，体制外和体制内挂钩，形成利益集团，挑战党的领导。我们惩治腐败的决心丝毫不能动摇，惩治这一手始终不能软。‘诛一恶则众恶惧。’要保持政治定力，持续强化不敢腐的氛围，使有问题的干部及早收手、收敛，遏制腐败现象蔓延势头。”③“腐败问题与政治问题往往是相伴而生的。搞拉帮结派这些事，搞收买人心这些事，没有物质手段能做到吗？

---

① 中共中央纪律检查委员会、中共中央文献研究室：《习近平关于党风廉政建设和反腐败斗争论述摘编》，北京：中央文献出版社、中国方正出版社 2015 年版，第 5 页。

② 中共中央纪律检查委员会、中共中央文献研究室：《习近平关于党风廉政建设和反腐败斗争论述摘编》，北京：中央文献出版社、中国方正出版社 2015 年版，第 7 页。

③ 中共中央纪律检查委员会、中共中央文献研究室：《习近平关于党风廉政建设和反腐败斗争论述摘编》，北京：中央文献出版社、中国方正出版社 2015 年版，第 101~102 页。

做不到，那就要去搞歪门邪道找钱。反过来，如果有腐败行为，那就会想着如何给自己找一条安全通道，找保护伞，就会去搞团团伙伙，甚至想为一己私利影响组织上对领导班子配备的决定。”①“我们党作为执政党，面临的最大威胁就是腐败。党的十八大以来，我们党坚持‘老虎’‘苍蝇’一起打，使不敢腐的震慑作用得到发挥，不能腐、不想腐的效应初步显现，反腐败斗争压倒性态势正在形成。我们要以顽强的意志品质，坚持零容忍的态度不变，做到有案必查、有腐必惩，让腐败分子在党内没有任何藏身之地。”②

从人心向背的角度，他指出，“核心的问题是党要始终紧紧依靠人民，始终保持同人民群众的血肉联系，一刻也不脱离群众。要做到这一点，就必须坚定不移把党风廉政建设和反腐败斗争深入进行下去。人民群众最痛恨各种消极腐败现象，最痛恨各种特权现象，这些现象对党同人民群众的血肉联系最具杀伤力。一个政党，一个政权，其前途和命运最终取决于人心向背。我们必须下最大气力解决好消极腐败问题，确保党始终同人民心连心、同呼吸、共命运”。③“一个政党，政权，其前途命运取决于人心向背。人民群众反对什么、痛恨什么，我们就要坚决防范和打击。人民群众最痛恨腐败现象，我们就必须坚定不移反对腐败。……努力营造风清气正

① 中共中央纪律检查委员会、中共中央文献研究室：《习近平关于严明党的纪律和规矩论述摘编》，北京：中央文献出版社 2016 年版，第 23 页。

② 习近平：《习近平谈治国理政》(第二卷)，外文出版社 2017 年版，第 44～45 页。

③ 中共中央文献研究室：《习近平关于全面从严治党论述摘编》，北京：中央文献出版社 2016 年版，第 178 页。

的党风政风和社会风气，不断以反腐倡廉的新成效取信于民。”①“不得罪成百上千的腐败分子，就要得罪十三亿人民。这是一笔再明白不过的政治账、人心向背的账！”②“中国共产党的根本宗旨是全心全意为人民服务，中国共产党执政的基础是人民拥护，必须保持同人民群众的血肉联系。中国共产党不是生活在真空中，党内肯定会有这样那样的问题，腐败问题就是其中一个顽症。中国共产党敢于直面问题、纠正错误，善于自我净化、自我革新。人民群众最痛恨腐败，我们必须顺应民心。所以，要‘老虎’、‘苍蝇’一起打。中共十八大以来，我们加大了反腐败斗争力度，依法查处了一大批腐败分子，包括查处了曾经身居很高职位的一些人，赢得了中国人民支持和赞扬。”③

从腐败问题严重性的角度，他指出：“遏制腐败现象蔓延势头的任务艰巨。巡视发现这么多问题。各地普遍存在管党治党失之于宽、失之于软，主体责任落实不力，监督责任落实不到位的问题。区域性腐败和领域性腐败交织，窝案串案增多；用人腐败和用权腐败交织，权权、权钱、权色交易频发；官商勾结和上下勾连交织，利益输送手段隐蔽、方式多样；有的公然对抗、妨碍组织审查，形成‘拦路虎’。通过巡视发现线索，坚决查处，这是兑现我们向全党全国人

① 中共中央文献研究室：《十八大以来重要文献选编》(中)，北京：中央文献出版社 2016 年版，第 58 页。

② 习近平：《习近平关于全面协调推进“四个全面”战略布局论述摘编》，北京：中央文献出版社、中央文献出版社 2015 年版，第 145 页。

③ 《习近平在接受〈华尔街日报〉采访时强调 坚持构建中美新型大国关系正确方向 促进亚太地区和世界和平稳定发展》，载新华网，2015 年 9 月 22 日。

民的承诺，在党纪国法面前没有例外，红线不能碰、底线不能破！”①

二、反对腐败始终是我们党一贯坚持的鲜明政治立场

腐败无处不在、无时不有，从本质上说，它与我们党的性质和宗旨是格格不入的。我们党是中国工人阶级的先锋队，同时是中国人民和中华民族的先锋队，是中国特色社会主义事业的领导核心，代表中国先进生产力的发展要求，代表中国先进文化的前进方向，代表中国最广大人民的根本利益。党除了工人阶级和最广大人民群众的利益，没有自己特殊的利益。我们党的最大政治优势是密切联系群众，党执政后的最大危险是脱离群众。党风问题、党同人民群众联系问题是关系党生死存亡的问题。这就决定了我们党在任何时候都必须把群众利益放在第一位，同群众同甘共苦，保持最密切的联系，坚持权为民所用、情为民所系、利为民所谋，不允许任何党员脱离群众，凌驾于群众之上；决定了我们党在任何时候都必须坚持党要管党、全面从严治党，坚持正风肃纪、以零容忍态度惩治腐败，始终保持党的先进性和纯洁性。

党的十八大刚刚闭幕，习近平总书记就全面回顾总结了我们党反腐败斗争的实践，指出：“反对腐败、建设廉洁政治，保持党的肌

---

① 习近平：《习近平关于党风廉政建设和反腐败斗争论述摘编》，北京：中央文献出版社、中国方正出版社2015年版，第24页。

体健康，始终是我们党一贯坚持的鲜明政治立场。党风廉政建设，是广大干部群众始终关注的重大政治问题。‘物必先腐，而后虫生。’近年来，一些国家因长期积累的矛盾导致民怨载道、社会动荡、政权垮台，其中贪污腐败就是一个很重要的原因。大量事实告诉我们，腐败问题越演越烈，最终必然会亡党亡国！我们要警醒啊！”[①]“为政清廉才能取信于民，秉公用权才能赢得人心，这个道理我们党早就明确提出来了。1926 年 8 月，中共中央扩大会议发出通告指出，对腐化分子混入党内的现象必须高度警惕，‘应该很坚决的洗清这些不良分子，和这些不良倾向奋斗，才能坚固我们的营垒，才能树立党在群众中的威望’。新中国成立前夕，毛泽东同志在党的七届二中全会上告诫全党务必保持谦虚谨慎、艰苦奋斗的作风，不要在糖弹面前打败仗。新中国成立初期，我们党严肃查处了刘青山、张子善腐化堕落案件，教育了广大干部，在人民群众中树立了共产党人执法如山的形象。改革开放三十多年来，以邓小平同志为核心的党的第二代中央领导集体、以江泽民同志为核心的党的第三代中央领导集体、以胡锦涛同志为总书记的党中央始终把党风廉政建设和反腐败斗争作为重要任务来抓，旗帜是鲜明的，措施是有力的，成效是明显的，为保持和发展党的先进性和纯洁性发挥了重大作用，为我们党领导改革开放和社会主义现代化建设提供了有力保证。可以说，如果我们党不是一以贯之高度重视党风廉政建设、坚决反对腐败，我国经济社会发展不可能取得这么大的成就，改革发展稳定大局也

① 中央纪律检查委员会、中共中央文献研究室：《习近平关于党风廉政建设和反腐败斗争论述摘编》，北京：中央文献出版社、中国方正出版社 2015 年版，第 3 页。

不可能得到巩固。”①

党的十八大以来，以习近平同志为核心的党中央勇于面对党面临的重大风险考验和党内存在的突出问题，以更加坚定的党性原则、更加顽强的意志品质正风肃纪、反腐惩恶，把严的标准、严的措施贯穿于管党治党全过程和各方面，不断消除一切损害党的先进性和纯洁性的因素，清除一切侵蚀党的健康肌体的病毒，推动反腐败斗争取得压倒性胜利。其间，习近平总书记在党的全国代表大会和历次全会上，在中央纪委历次全会上，在经济工作会议、组织工作会议、宣传工作会议等重要会议上，在重要活动和党内集中教育过程中，等等，都要求深刻分析反腐败斗争形势，剖析腐败问题根源及其危害，强调要深入推进党风廉政建设和反腐败斗争，以零容忍态度惩治腐败，构建不敢腐、不能腐、不想腐的有效机制。

比如，他在听取巡视情况汇报时指出："我们惩治腐败的决心丝毫不能动摇，惩治这一手始终不能软。'诛一恶则众恶惧。'要保持政治定力，持续强化不敢腐的氛围，使有问题的干部及早收手、收敛，遏制腐败现象蔓延势头。同时也要抓不能腐的制度建设。"②在党的十八届四中全会上强调："'有功必赏，有罪必罚，则为善者日进，为恶者日止。'不反腐败确实要亡党，真反腐败不仅不会亡党，而且能增强党自我净化、自我完善、自我革新、自我提高能力，保持党

① 中央纪律检查委员会、中共中央文献研究室：《习近平关于党风廉政建设和反腐败斗争论述摘编》，北京：中央文献出版社、中国方正出版社2015年版，第4~5页。

② 中央纪律检查委员会、中共中央文献研究室：《习近平关于党风廉政建设和反腐败斗争论述摘编》，北京：中央文献出版社、中国方正出版社2015年版，第101~102页。

同人民群众的血肉联系，使我们党更加坚强、更有力量。”[①]在主持中央政治局集体学习时强调，“党风廉政建设和反腐败斗争是全面从严治党的重要方面，是新形势下进行具有许多新的历史特点的伟大斗争的重要内容，是协调推进‘四个全面’战略布局的重要保证”。[②]加强党的政治建设，必须以永远在路上的坚定和执着，坚决把反腐败斗争进行到底，使我们党永不变质、永不变色。“领导干部特别是高级干部要明大德、守公德、严私德，做廉洁自律、廉洁用权、廉洁齐家的模范。要扎紧制度的篱笆，发挥巡视利剑作用，推动全面从严治党向基层延伸，让人民群众真正感受到清正干部、清廉政府、清明政治就在身边、就在眼前。”[③]在部署年度工作时指出，做好2016年党风廉政建设和反腐败工作，要“保持坚强政治定力，坚持全面从严治党、依规治党，忠诚履行党章赋予的职责，聚焦监督执纪问责，深化标本兼治，创新体制机制，健全法规制度，强化党内监督，把纪律挺在前面，持之以恒落实中央八项规定精神，着力解决群众身边的不正之风和腐败问题，坚决遏制腐败蔓延势头，建设忠诚干净担当的纪检监察队伍，不断取得党风廉政建设和反腐败斗争新成效”。[④]

习近平总书记特别善于通过社情民意，了解人民群众对反腐败

---

① 中央纪律检查委员会、中共中央文献研究室：《习近平关于党风廉政建设和反腐败斗争论述摘编》，北京：中央文献出版社、中国方正出版社2015年版，第26页。

② 中央文献研究室：《习近平关于协调推进“四个全面”战略布局论述摘编》，北京：中共中央文献出版社2015年版，第19页。

③ 习近平：《习近平谈治国理论》（第三卷），北京：外文出版社2020年版，第97页。

④ 习近平：《习近平谈治国理政》（第二卷），北京：外文出版社2017年版，第163页。

斗争的看法和意见。“民心是最大的政治，正义是最强的力量。正所谓‘天下何以治？得民心而已！天下何以乱？失民心而已！’社情民意是观察政治问题的晴雨表。反腐败增强了人民群众对党的信任和支持，人民群众给予高度评价。2015 年，国家统计局问卷调查结果显示，91.5%的群众对党风廉政建设和反腐败工作成效表示很满意或比较满意。中国社科院一个问卷调查显示，93.7%的领导干部、92.8%的普通干部、87.9%的企业人员、86.9%的城乡居民对中国反腐败表示有信心或比较有信心。这再次印证党风廉政建设和反腐败斗争顺党心、合民意，有着广泛和坚实的政治基础和群众基础。只要我们管党治党不放松、正风肃纪不停步、反腐惩恶不手软，就一定能赢得这场输不起也决不能输的斗争！”①

总之，党的十八大以来，以习近平同志为核心的党中央一以贯之地坚持反对腐败的鲜明政治立场，以前所未有的勇气和定力推动新时代全面从严治党取得了历史性、开创性成就，产生了全方位、深层次影响。特别是我们党坚持以伟大自我革命引领伟大社会革命，健全党的领导制度体系，深化党的建设制度改革，完善全面从严治党制度，坚决扭转一些领域党的领导弱化、党的建设缺失、管党治党不力状况，使党始终成为中国特色社会主义事业的坚强领导核心；坚持以正风肃纪、反腐凝聚党心军心民心，坚决惩治腐败、纠治不正之风，坚决清除影响党的先进性和纯洁性的消极因素，健全为人民执政、靠人民执政的各项制度，让人民始终成为中国共产党执政和中国特色社会主义事业发展的磅礴力量。应当说，我们探索出一

① 习近平：《在第十八届中央纪律检查委员会第六次全体会议上的讲话》，北京：人民出版社 2016 年版，第 6 页。

条长期执政条件下解决自身问题、跳出历史周期率的成功道路，构建起一套行之有效的权力监督制度和执纪执法体系，这条道路、这套制度必须长期坚持并不断巩固发展。

三、反腐败斗争形势严峻复杂，必须坚定不移向纵深推进

科学判断形势，是正确制定政策、有效推进工作的前提。党的十八大以来，我们党以猛药去疴、重典治乱的决心，以刮骨疗毒、壮士断腕的勇气，坚定不移“打虎”“拍蝇”“猎狐”，不敢腐的目标初步实现，不能腐的笼子越扎越牢，不想腐的堤坝正在构筑，反腐败斗争已经取得压倒性胜利。这一历史性成就的取得，是建立在以习近平同志为核心的党中央对不同时期、不同阶段反腐败斗争形势科学判断基础之上的。

当新一届中央领导集体旗帜鲜明正风肃纪、反腐惩恶开局之时，2013 年 11 月，习近平总书记指出：“当前腐败现象多发，滋生腐败的土壤存在，党风廉政建设和反腐败斗争形势依然严峻复杂，必须加大惩治腐败力度，更加科学有效地防治腐败。”[①]“滋生腐败的土壤依然存在，反腐败形势依然严峻复杂，一些不正之风和腐败问题影响恶劣、亟待解决。全党同志要深刻认识反腐败斗争的长期性、复杂性、艰巨性，以猛药去疴、重典治乱的决心，以刮骨疗毒、壮士

① 中共中央纪律检查委员会、中共中央文献研究室：《习近平关于党风廉政建设和反腐败斗争论述摘编》，北京：中央文献出版社、中国方正出版社 2015 年版，第 17 页。

断腕的勇气，坚决把党风廉政建设和反腐败斗争进行到底。”[①]2014年10月，他指出：“我们面临的反腐败斗争形势复杂严峻，一些领域腐败现象易发多发，一些腐败分子一意孤行，仍然没有收手，甚至变本加厉。从已经查处的案件和掌握的问题线索来看，一些腐败分子贪腐胃口之大、数额之巨、时间之长、情节之恶劣，令人触目惊心！有的地方甚至出现了‘塌方式腐败’！”[②]

当腐败和反腐败呈胶着状态之时，2015年1月，习近平总书记指出：“对现阶段党风廉政建设和反腐败斗争形势，党中央的总体判断是依然严峻复杂。根据这个判断，我们强调，必须从关系党和国家生死存亡的高度，以强烈的历史责任感、深沉的使命忧患感、顽强的意志品质推进党风廉政建设和反腐败斗争，坚持无禁区、全覆盖、零容忍，严肃查处腐败分子，坚决遏制腐败现象蔓延势头，着力营造不敢腐、不能腐、不想腐的政治氛围。”“现在，腐败和反腐败呈胶着状态，主要是指我们在实现不敢腐、不能腐、不想腐上还没有取得压倒性胜利，腐败活动减少了但并没有绝迹，腐败分子被震慑住了但还在窥测方向甚至困兽犹斗，反腐败体制机制建立了但还不够完善，思想教育加强了但思想防线还没有筑牢，减少腐败存量、遏制腐败增量、重构政治生态的工作艰巨繁重。因此，党风廉政建设和反腐败斗争永远在路上。开弓没有回头箭，党风廉政建设和反

---

① 中共中央纪律检查委员会、中共中央文献研究室：《习近平关于党风廉政建设和反腐败斗争论述摘编》，北京：中央文献出版社、中国方正出版社2015年版，第97页。

② 中共中央纪律检查委员会、中共中央文献研究室：《习近平关于党风廉政建设和反腐败斗争论述摘编》，北京：中央文献出版社、中国方正出版社2015年版，第25页。

腐败斗争是一场输不起的斗争，必须决战决胜。”①

当反腐败斗争压倒性态势正在形成之时，2016年1月，习近平总书记指出：“3年来，我们着力解决管党治党失之于宽、失之于松、失之于软的问题，使不敢腐的震慑作用充分发挥，不能腐、不想腐的效应初步显现，反腐败斗争压倒性态势正在形成。”“当前，腐败问题依然存在。有的仍心存侥幸，搞迂回战术，卖官帽、批土地、抢项目、收红包，变着花样收钱敛财，动辄几百万、几千万甚至数以亿计；有的欺瞒组织、对抗组织，藏匿赃款赃物，与相关人员订立攻守同盟，企图逃避党纪国法惩处。他们故意制造一些噪音杂音，企图混淆视听，自己好从中脱身。‘四风’在面上有所收敛，但并没有绝迹。党的十八大之后查处的领导干部，很多在享乐主义和奢靡之风上没有收手，贪图享乐，大吃大喝，花天酒地，骄奢淫逸，依然我行我素。有的‘四风’问题改头换面、花样翻新，出现了各种变异。种种现实表明，全面从严治党任务依然艰巨，必须持续保持高压态势。”②“党风廉政建设和反腐败斗争形势依然严峻复杂。从党的十八大以来查处的中管干部违纪违法案件看，腐败分子往往集政治蜕变、经济贪婪、生活腐化、作风专横于一身。党的十八大以来，党中央反复强调领导干部要严守政治纪律和政治规矩，但有的置若罔闻，搞结党营私、拉帮结派、团团伙伙，一门心思钻营权力；有的明知在换届中组织没有安排他，仍派亲信到处游说拉票，搞非组

① 中共中央文献研究室：《习近平关于全面从严治党论述摘编》，北京：中央文献出版社、中央文献出版社2016年版，第185~186页。

② 习近平：《在第十八届中央纪律检查委员会第六次全体会议上的讲话》，北京：人民出版社2016年版，第6、8页。

织活动；有的政治野心不小，扬言‘活着要进中南海，死了要入八宝山’；有的在其主政的地方建‘独立王国’，搞小山头、拉小圈子，对党中央决策部署阳奉阴违，为实现个人政治野心而不择手段。”“这些问题是关系党和国家政治安全的大问题，难道还不是政治吗？还用得着闪烁其词、讳莫如深吗？‘新松恨不高千尺，恶竹应须斩万竿。’如果不除恶务尽，一有风吹草动就会死灰复燃、卷土重来，不仅恶化政治生态，更会严重损害党心民心。有人说，如果这一次还是出现反弹、出现回潮，那人民就失望了。所以，军令状不是随便立的，我们说到就要做到。”“党中央坚定不移反对腐败的决心没有变，坚决遏制腐败现象蔓延势头的目标没有变。全党同志对党中央在反腐败斗争上的决心要有足够自信，对反腐败斗争取得的成绩要有足够自信，对反腐败斗争带来的正能量要有足够自信，对反腐败斗争的光明前景要有足够自信！”①

当反腐败斗争压倒性态势已经形成之时，2017 年 1 月，习近平总书记指出：“经过全党共同努力，党的各级组织管党治党主体责任明显增强，中央八项规定精神得到坚决落实，党的纪律建设全面加强，腐败蔓延势头得到有效遏制，反腐败斗争压倒性态势已经形成，不敢腐的目标初步实现，不能腐的制度日益完善，不想腐的堤坝正在构筑，党内政治生活呈现新的气象。”②他强调：“当前，反腐败斗争形势依然严峻复杂，巩固压倒性态势、夺取压倒性胜利的决心必

---

① 习近平：《在第十八届中央纪律检查委员会第六次全体会议上的讲话》，北京：人民出版社 2016 年版，第 7、8 页。

② 习近平：《在第十八届中央纪律检查委员会第七次全会上发表重要讲话》，载新华网，2017 年 1 月 6 日。

须坚如磐石。”[①]他认为，对反腐败斗争形势的严峻性和复杂性一点也不能低估。我们党全面领导、长期执政，党员干部时刻面临被“围猎”、被腐蚀的风险，腐败存量不少、增量仍在发生。现实一再表明，反腐败斗争不能退，也无处可退，必须坚定不移向纵深推进。“要坚持无禁区、全覆盖、零容忍，坚持重遏制、强高压、长震慑，坚持受贿行贿一起查，坚决防止党内形成利益集团。在市县党委建立巡察制度，加大整治群众身边腐败问题力度。不管腐败分子逃到哪里，都要缉拿归案、绳之以法。推进反腐败国家立法，建设覆盖纪检监察系统的检举举报平台。强化不敢腐的震慑，扎牢不能腐的笼子，增强不想腐的自觉，通过不懈努力换来海晏河清、朗朗乾坤。”[②]

当反腐败斗争取得压倒性胜利之时，2019 年 1 月，习近平总书记指出，党的十九大以来，我们贯彻落实新时代党的建设总要求，坚持把党的政治建设摆在首位，在深化运用监督执纪“四种形态”、夺取反腐败斗争压倒性胜利、着力惩治群众身边的腐败问题、完善党和国家监督体系等方面，取得了新的重大成果，为实现党和国家事业新发展提供了坚强保障。他强调，反腐败斗争形势依然严峻复杂，我们要继续推进全面从严治党，继续推进党风廉政建设和反腐败斗争。要坚决惩治腐败，巩固发展压倒性胜利。要坚持靶向治疗、精确惩治，聚焦党的十八大以来着力查处的重点对象，紧盯事关发

① 习近平：《习近平谈治国理政》（第三卷），北京：外文出版社 2020 年版，第 52 页。

② 习近平：《习近平谈治国理政》（第三卷），北京：外文出版社 2020 年版，第 52 页。

展全局和国家安全的重大工程、重点领域、关键岗位，加大金融领域反腐力度，对存在腐败问题的，发现一起坚决查处一起。要深化标本兼治，夯实治本基础，一体推进不敢腐、不能腐、不想腐。①

2020年1月，习近平总书记指出，“要继续坚持‘老虎’、‘苍蝇’一起打，重点查处不收敛不收手的违纪违法问题。我们要清醒认识腐蚀和反腐蚀斗争的严峻性、复杂性，认识反腐败斗争的长期性、艰巨性，切实增强防范风险意识，提高治理腐败效能。对党的十八大以来不收敛不收手，严重阻碍党的理论和路线方针政策贯彻执行、严重损害党的执政根基的腐败问题，必须严肃查处、严加惩治。要坚决查处各种风险背后的腐败问题，深化金融领域反腐败工作，加大国有企业反腐力度，加强国家资源、国有资产管理，查处地方债务风险中隐藏的腐败问题。要坚决查处医疗机构内外勾结欺诈骗保行为，建立和强化长效监管机制。要完善境外国有资产监管制度。要坚决贯彻中央八项规定精神，保持定力、寸步不让，防止老问题复燃、新问题萌发、小问题坐大。要加强对各级‘一把手’的监督检查，完善任职回避、定期轮岗、离任审计等制度，用好批评和自我批评武器”。②

当开启全面建设社会主义现代化国家新征程时，2021年1月，习近平总书记指出，全面从严治党首先要从政治上看，不断提高政治判断力、政治领悟力、政治执行力。党的十八大以来，尽管党风

---

① 《习近平在十九届中央纪委三次全会上发表重要讲话》，载新华网，2019年1月12日。

② 习近平：《习近平谈治国理政》（第三卷），北京：外文出版社2020年版，第548~549页。

廉政建设和反腐败斗争取得了历史性成就，但形势依然严峻复杂。必须清醒看到，腐败这个党执政的最大风险仍然存在，存量还未清底，增量仍有发生。政治问题和经济问题交织，威胁党和国家政治安全。传统腐败和新型腐败交织，贪腐行为更加隐蔽复杂。腐败问题和不正之风交织，“四风”成为腐败滋长的温床。腐蚀和反腐蚀斗争长期存在，稍有松懈就可能前功尽弃，反腐败没有选择，必须知难而进。

习近平总书记强调，要深入贯彻全面从严治党方针，充分发挥全面从严治党引领保障作用，坚定政治方向，保持政治定力，做到态度不能变、决心不能减、尺度不能松，确保“十四五”时期我国发展的目标任务落到实处。他强调，要坚定不移推进反腐败斗争，不断实现不敢腐、不能腐、不想腐一体推进战略目标。要将正风肃纪反腐与深化改革、完善制度、促进治理贯通起来，用好“四种形态”，综合发挥惩治震慑、惩戒挽救、教育警醒的功效。要持续压实金融管理部门、监管机构和地方党委、政府主体责任，做好金融反腐和处置金融风险统筹衔接，强化金融领域监管和内部治理。要将防腐措施与改革举措同谋划、同部署、同落实，推进重点领域监督机制改革，有针对性地补齐制度短板。各级领导干部要带头遵守党纪国法，自觉反对特权思想、特权现象，带头廉洁治家，从严管好家属子女和身边工作人员。各级党委要加强领导干部个人事项报告情况核查。

习近平总书记指出，党风廉政建设永远在路上，反腐败斗争永远在路上。我们党作为百年大党，要永葆先进性和纯洁性、永葆生机活力，必须一刻不停推进党风廉政建设和反腐败斗争。各级领导干部特别是主要负责同志必须切实担负起管党治党政治责任，始终保持“赶考”的清醒，保持对“腐蚀”“围猎”的警觉，把严的主基调长期坚持下去，以系统施治、标本兼治的理念正风肃纪反腐，不断增强党自我净化、自我完善、自我革新、自我提高能力，跳出治乱兴衰的历史周期率，引领和保障中国特色社会主义巍巍巨轮行稳致远。①

总之，党的十八大以来，党中央和习近平总书记对反腐败斗争形势的总体判断是“依然严峻复杂”，只是不同时期、不同阶段呈现出不同的特点。这就警示我们，必须始终保持清醒头脑、增强忧患意识，深刻认识反腐败斗争的长期性、复杂性、艰巨性，始终坚持无禁区、全覆盖、零容忍，坚持重遏制、强高压、长震慑，深化标本兼治，着力构建不敢腐、不能腐、不想腐的体制机制，以反腐败永远在路上的坚韧和执着，夺取反腐败斗争的最后胜利。

四、坚持无禁区、全覆盖、零容忍，坚持重遏制、强高压、长震慑，有力削减存量、有效遏制增量

我们党反腐败不是看人下菜的“势利店”，不是争权夺利的“纸牌屋”，也不是有头无尾的“烂尾楼”。党的十八大以来，以习近平同志为核心的党中央推进全面从严治党、严厉惩治腐败的一个突出特点，就是坚持标本兼治、关键在治、治是根本的理念，坚持无禁

① 《习近平在十九届中央纪委五次全会上发表重要讲话》，载新华网，2021 年 1 月 22 日。

区、全覆盖、零容忍，坚持重遏制、强高压、长震慑，有力削减存量、有效遏制增量，一刻不停歇深入推进反腐败斗争，激浊扬清、固本培元，不断深化标本兼治。在这个过程中，习近平总书记作出了一系列重要论述，提出了一系列重要观点。

1. 关于以顽强的意志品质、零容忍的态度反对腐败的观点

党的十八大闭幕不久，他指出："坚定不移惩治腐败，是我们党有力量的表现，也是全党同志和广大群众的共同愿望。我们党严肃查处一些党员干部包括高级干部严重违纪问题的坚强决心和鲜明态度，向全党全社会表明，我们所说的不论什么人，不论其职务多高，只要触犯了党纪国法，都要受到严肃追究和严厉惩处，决不是一句空话。"①"我们要牢记'蠹众而木折，隙大而墙坏'的道理，保持惩治腐败的高压态势，做到有案必查、有腐必惩。"②一年后，他指出"我们坚持运用法治思维和法治方式反腐败，查处了一批大案要案，形成了对腐败分子的高压态势。坚决查办案件，不是要和什么人过不去，而是要严肃法纪。如果是你先同党和人民过不去、同党纪国法过不去，而我们不讲原则让你过去了，党和人民、党纪国法是不会答应的。""坚决反对腐败，防止党在长期执政条件下腐化变质，是我们必须抓好的重大政治任务。反腐败高压态势必须继续保持，坚持

---

① 中共中央文献研究室：《习近平关于全面从严治党论述摘编》，北京：中央文献出版社 2016 年版，第 175 页。

② 中共中央纪律检查委员会、中共中央文献研究室：《习近平关于党风廉政建设和反腐败斗争论述摘编》，中央文献出版社、中国方正出版社 2015 年版，第 96 页。

以零容忍态度惩治腐败。对腐败分子，发现一个就要坚决查处一个。”[①]再一年后，他指出，“我们加大反腐败斗争力度，以零容忍的态度严惩腐败分子，显示了反腐惩恶的坚定决心”，“要继续全面推进从严治党，毫不动摇转变作风，高举反腐的利剑，扎牢制度的笼子，在中国共产党领导的社会主义国家里，腐败分子发现一个就要查处一个，有腐必惩，有贪必肃”。[②]“人民把权力交给我们，我们就必须以身许党许国、报党报国，该做的事就要做，该得罪的人就得得罪。不得罪腐败分子，就必然会辜负党、得罪人民”“中央要求各级干部不做‘太平官’，中央领导层首先不能做‘太平官’。对腐败分子，我们决不能放过去，放过他们就是对人民的犯罪、对党不负责任！我们这么强力反腐，对腐败采取零容忍的态度，目的是什么呢？是为了赢得党心民心。”“保持高压态势不放松，坚决遏制腐败现象蔓延势头。重症要用猛药。查处腐败问题，必须坚持零容忍的态度不变、猛药去疴的决心不减、刮骨疗毒的勇气不泄、严厉惩处的尺度不松，发现一起查处一起，发现多少查处多少，不定指标、上不封顶，让那些想搞腐败的人断了念头、搞了腐败的人付出代价。‘诛一恶则众恶惧。’包公把‘龙虎狗’三具铡刀摆在开封府大堂之上，无论皇亲国戚还是高官小吏，谁敢以身试法，都毫不留情。反腐败斗争没有禁区，没有特区，也不能有盲区。我们要把反腐利剑举起来、用起来，形成强大震慑，让那些心存侥幸、还想搞腐败活动的

---

① 习近平：《在第十八届中央纪律检查委员会第三次全体会议上的讲话》(2014年1月14日)。

② 习近平：《习近平主席新年贺词》(2014—2018)，北京：人民出版社2018年版，第16页。

人心存畏惧。”①在庆祝建党95周年大会上，他强调：“我们要以顽强的意志品质，坚持零容忍的态度不变，做到有案必查、有腐必惩，让腐败分子在党内没有任何藏身之地！”②

2. 关于坚决遏制腐败现象蔓延势头的观点

2014年6月，他指出：“要有忧患意识，坚持党要管党、从严治党，保持高压态势，坚决遏制腐败现象蔓延势头。一年多来，比较一下，已处理了几十个部级干部，比过去多了不少，但不要算这个账，有贪必反，有腐必惩！既然党和国家前途命运交给了我们，就要担当起这个责任。”“腐败现象蔓延势头尚未有效遏制。我们的目的就是遏制。现在矿产资源、土地出让、房地产开发、工程项目、惠民资金、科研经费管理等方面腐败问题频发。领导干部插手工程项目、亲属子女经商办企业问题突出。有的地方扶贫、涉农、医保、低保资金都敢贪敢挪，而且拿这些钱来行贿买官，群众的‘保命钱’成了干部的‘买官钱’，发达地区通过工程项目搞权钱交易，贫困地区贪扶贫救济的钱，恶行令人发指！查处惩戒力度还要加大。”③2016年1月，他指出：“实现不敢腐，坚决遏制腐败现象滋生蔓延势头。只要谁敢搞腐败，就必须付出代价。一棵参天大树，如任蛀

① 中共中央文献研究室：《习近平关于全面从严治党论述摘编》，北京：中央文献出版社2016年版，第187页。

② 习近平：《在庆祝中国共产党成立95周年大会上的讲话》，载新华网，2016年7月1日。

③ 中共中央纪律检查委员会、中共中央文献研究室：《习近平关于党风廉政建设和反腐败斗争论述摘编》，北京：中央文献出版社、中国方正出版社2015年版，第99~100、99页。

虫繁衍啃咬，最终必会逐渐枯萎。惩治腐败这一手必须紧抓不放、利剑高悬，坚持无禁区、全覆盖、零容忍。”[①]2018 年 2 月，他进一步指出，“标本兼治，既要夯实治本的基础，又要敢于用治标的利器。要坚持无禁区、全覆盖、零容忍，坚持重遏制、强高压、长震慑，坚持受贿行贿一起查，坚决减存量、重点遏增量”,[②] 要深化标本兼治，夯实治本基础，一体推进不敢腐、不能腐、不想腐。

3. 关于坚持“老虎”“苍蝇”一起打的观点

习近平总书记指出，“要严格依纪依法查处各类腐败案件，坚持‘老虎’、‘苍蝇’一起打，既坚决查处大案要案，严肃查办发生在领导机关和领导干部中的滥用职权、贪污贿赂、腐化堕落、失职渎职案件，又要着力解决发生在群众身边的腐败问题，严肃查处损害群众利益的各类案件，切实维护人民合法权益，努力做到干部清正、政府清廉、政治清明”。[③] “要坚持‘老虎’、‘苍蝇’一起打，坚持有腐必反、有贪必肃，下最大气力解决腐败问题，努力营造风清气正的党风政风和社会风气，不断以反腐倡廉的新成效取信于民。”[④]“党的十八大以来，我们党坚持‘老虎’、‘苍蝇’一起打，使不敢腐的震

---

① 习近平：《在第十八届中央纪律检查委员会第六次全体会议上的讲话》，北京：人民出版社 2016 年版，第 12~13 页。

② 习近平：《习近平谈治国理政》(第三卷)，北京：外文出版社 2020 年版，第 510 页。

③ 中共中央纪律检查委员会、中共中央文献研究室：《习近平关于党风廉政建设和反腐败斗争论述摘编》，北京：中央文献出版社、中国方正出版社 2015 年版，第 96 页。

④ 习近平：《在庆祝全国人民代表大会成立 60 周年大会上的讲话》，北京：人民出版社 2014 年版，第 12 页。

慑作用得到发挥，不能腐、不想腐的效应初步显现，反腐败斗争压倒性态势正在形成”，[①]“‘老虎’要露头就打，‘苍蝇’乱飞也要拍”。[②]

4. 关于坚持靶向治疗、精确惩治的观点

习近平总书记指出，“要重点查处政治问题和腐败问题交织，不收敛不收手，问题线索反映集中、群众反映强烈、现在重要岗位且可能还要提拔使用的领导干部”。[③]“我们加大反腐败斗争力度，是落实党要管党、全面从严治党的要求，是为了惩治党内腐败分子，构建良好政治生态，坚决反对和纠正以权谋私、钱权交易、贪污贿赂、吃拿卡要、欺压百姓等违纪违法行为。”[④]“要坚持靶向治疗、精确惩治，聚焦党的十八大以来着力查处的重点对象，紧盯事关发展全局和国家安全的重大工程、重点领域、关键岗位，加大金融领域反腐力度，对存在腐败问题的，发现一起坚决查处一起。”[⑤]

---

① 习近平：《在庆祝中国共产党成立95周年大会上的讲话》，北京：人民出版社2016年版，第24页。

② 习近平：《习近平谈治国理政》（第三卷），北京：外文出版社2020年版，第510页。

③ 习近平：《习近平谈治国理政》（第三卷），北京：外文出版社2020年版，第510页。

④ 习近平：《习近平谈治国理政》（第三卷），北京：外文出版社2020年版，第267页。

⑤ 《习近平在十九届中央纪委三次全会上发表重要讲话强调 取得全面从严治党更大战略性成果 巩固发展反腐败斗争压倒性胜利》，载中国政府网，2019年1月11日。

5. 关于反腐倡廉必须常抓不懈、拒腐防变必须警钟长鸣的观点

习近平总书记指出，“要深入抓好反腐倡廉工作，坚持有案必查、有腐必惩，任何人触犯了党纪国法都要依纪依法严肃查处，决不姑息，党内决不允许腐败分子有藏身之地”。① “反腐倡廉必须常抓不懈，拒腐防变必须警钟长鸣，关键就在‘常’‘长’二字，一个是要经常抓，一个是要长期抓。我们要坚定决心，有腐必反、有贪必肃，不断铲除腐败现象滋生蔓延的土壤，以实际成效取信于民。”②“要深入剖析严重违纪违法干部的典型案例，发挥警示、震慑、教育作用。”③“各级领导干部要牢固树立正确权力观，保持高尚精神追求，敬畏人民、敬畏组织、敬畏法纪，做到公正用权、依法用权、为民用权、廉洁用权，永葆共产党人拒腐蚀、永不沾的政治本色。”④

6. 关于对一切腐蚀诱惑保持高度警惕、防微杜渐的观点

习近平总书记指出：“‘千里之堤，溃于蚁穴’。一个人腐败堕

---

① 中共中央纪律检查委员会、中共中央文献研究室：《习近平关于党风廉政建设和反腐败斗争论述摘编》，北京：中央文献出版社、中国方正出版社 2015 年版，第 93 页。

② 习近平：《习近平谈治国理政》，北京：外文出版社 2014 年版，第 386 页。

③ 习近平：《习近平谈治国理政》(第二卷)，北京：外文出版社 2017 年版，第 166 页。

④ 习近平：《在庆祝中国共产党成立 95 周年大会上的讲话》，北京：人民出版社 2016 年版，第 24 页。

落，往往是从贪占‘小便宜’开始的。分析近年来查处的典型腐败案件，都有一个量变到质变、小节到大错的过程。基层干部容易产生一种活思想，认为自己掌点小权，干不了大事，平时行个职务之便，吃点收点或捞点，既上不了纲，又触不了法，最多算生活小节；有的自认为贪占‘小便宜’手段高明，无影无踪，或者是自己人、哥儿们，保险可靠，不会出问题，即使出问题也会有人代为‘顶杠’；有的看到身边的人常搞点‘小腐败’，生活滋润，逍遥自在，便心理失衡、按捺不住，于是揣摩效仿，甚至暗中较劲、试比高低；有的认为为他人办了事，有送就收才显得随和自然，而不被人视为‘假清高’；有的认为常在河边走、哪能不湿鞋，与其保持操守，不如随波逐流，即使查也是法不责众，检查一阵子，享受一辈子。这些认识和行为都是错误的、十分有害的。”①

7. 关于加强反腐败宣传舆论引导的观点

习近平总书记指出，“在反腐败问题上，社会上有一些不同认识。有的人认为反腐败是刮一阵风，搞一段时间就会过去，现在打枪，暂且低头；有的人认为反腐败查下去会打击面过大，影响经济发展，导致消费需求萎缩，甚至把当前经济下行压力增大与反腐败力度加大扯在一起；有的人认为反腐败会让干部变得缩手缩脚、明哲保身，不愿意干事了；等等。这些认识都是不正确的”。②“对党

① 习近平：《做焦裕禄式的县委书记》，北京：中央文献出版社 2015 年版，第 48 页。

② 中共中央文献研究室：《习近平关于全面从严治党论述摘编》，北京：中央文献出版社 2016 年版，第 183 页。

风廉政建设和反腐败斗争，要加强宣传舆论引导。随着反腐败斗争持续深入，社会上出现了一些值得注意的舆论倾向和氛围。有几种论调还很有些市场，比如，反腐同群众利益无关，反腐让干部不作为，反腐影响经济发展，反腐是权力斗争，反腐应当缓缓手，等等。对这些模糊认识和错误言论，必须加以辨析、引导，驳斥错误言论，化解消极情绪，消除偏见误解”，“从而为深入开展党风廉政建设和反腐败斗争营造良好舆论氛围”。①

五、推动全面从严治党向基层延伸，加大整治群众身边腐败问题力度

推动全面从严治党向基层延伸，加大整治群众身边腐败问题力度，是坚定不移全面从严治党、深入开展反腐败斗争的应有之义。治国安邦，重在基础；管党治党，重在基层。党的工作最坚实的力量支撑在基层，最突出的矛盾和问题也在基层，必须把抓基层、打基础作为长远之计和固本之举。只有推动全面从严治党向基层延伸，加大整治群众身边腐败问题力度，才能让群众感受到全面从严治党的实际成效，才能厚植党的执政根基。习近平总书记高度重视抓基层、强基础的工作，多次强调要推动全面从严治党向基层延伸，加大整治群众身边腐败问题的力度。比如：

在坚持问题导向上，他指出，“我们说‘老虎’‘苍蝇’一起打，有的群众说‘老虎’离得太远，但‘苍蝇’每天扑面。这就告诉我们，

① 习近平：《在第十八届中央纪律检查委员会第六次全体会议上的讲话》，北京：人民出版社2016年版，第30页。

必须着力解决发生在群众身边的腐败问题，认真解决损害群众利益的各类问题，切实维护人民群众合法权益”。[①]“推动全面从严治党向基层延伸。当前，基层干部队伍主流是好的，但在一些地方、部门、单位，基层干部不正之风和腐败问题还易发多发、量大面广。有的搞雁过拔毛，挖空心思虚报冒领、克扣甚至侵占惠农专项资金、扶贫资金；有的在救济、补助上搞优亲厚友、吃拿卡要；有的高高在上，漠视群众疾苦，形式主义、官僚主义严重；有的执法不公，甚至成为家族势力、黑恶势力的代言人，横行乡里、欺压百姓。”“相对于‘远在天边’的‘老虎’，群众对‘近在眼前’嗡嗡乱飞的‘蝇贪’感受更为真切。‘微腐败’也可能成为‘大祸害’，它损害的是老百姓切身利益，啃食的是群众获得感，挥霍的是基层群众对党的信任。对基层贪腐以及执法不公等问题，要认真纠正和严肃查处，维护群众切身利益，让群众更多感受到反腐倡廉的实际成果。”[②]

在着力解决问题上，他指出，“要推动全面从严治党向基层延伸，严厉整治发生在群众身边的腐败问题。要把扫黑除恶同反腐败结合起来，既抓涉黑组织，也抓后面的‘保护伞’”。[③]“要认真贯彻落实党中央关于在全国开展扫黑除恶专项斗争的重大决策部署，把社会稳定工作做得更细致、更扎实、更紧密。”[④]“要加强扶贫资金管

---

① 中共中央文献研究室：《习近平关于全面从严治党论述摘编》，北京：中央文献出版社 2016 年版，第 181 页。

② 中共中央文献研究室：《习近平关于全面从严治党论述摘编》，北京：中央文献出版社 2016 年版，第 193、193~194 页。

③ 习近平：《习近平谈治国理政》（第三卷），北京：外文出版社 2020 年版，第 510~511 页。

④ 《习近平春节前夕赴四川看望慰问各族干部群众 祝福全国各族人民新春吉祥 祝愿伟大祖国更加繁荣昌盛》，载新华网，2018 年 2 月 13 日。

理使用，对挪用乃至贪污扶贫款项的行为必须坚决纠正、严肃处理”。[①] “要实施最严格的考核评估，坚持年度脱贫攻坚报告和督查制度，对不严不实、弄虚作假的严肃问责。要加强扶贫资金管理使用，对挪用乃至贪污扶贫款项的行为必须坚决纠正、严肃处理。”[②]“我们坚持有腐必惩、有贪必肃。同时，我们着力解决发生在基层和群众身边的不正之风和腐败问题，让正风反腐给老百姓带来更多获得感。”[③]

在建立巡察制度上，他指出，“在市县党委建立巡察制度，加大整治群众身边腐败问题力度”。[④] “向群众身边不正之风和腐败问题亮剑，维护群众切身利益。要做深做实做细市县巡察和纪委监委日常监督，在实践中拓展整治群众身边腐败和作风问题工作，从具体人、具体事着手，将问题一个一个解决。”[⑤]

六、不管腐败分子逃到哪里，都要缉拿归案、绳之以法

反腐败是世界各国面临的共同任务，也是民心所向。加强反腐

① 习近平：《在深度贫困地区脱贫攻坚座谈会上的讲话》，北京：人民出版社2017年版，第19页。

② 习近平《在深度贫困地区脱贫攻坚座谈会上的讲话》，北京：人民出版社2017年版，第19页。

③ 习近平：《在第十八届中央纪律检查委员会第六次全体会议上的讲话》，北京：人民出版社2016年版，第5页。

④ 习近平：《习近平谈治国理政》（第三卷），北京：外文出版社2020年版，第52页。

⑤ 《习近平在十九届中央纪委三次全会上发表重要讲话强调 取得全面从严治党更大战略性成果　巩固发展反腐败斗争压倒性胜利》，载中国政府网，2019年1月11日。

败国际追逃追赃工作，是遏制腐败现象蔓延势头、深入推进反腐败斗争的重要举措。党的十八大以来，我们党坚持有腐必反、有贪必肃，以零容忍态度惩治腐败，一些腐败分子感到惶惶不可终日，以外逃作为后路，把国外当作“避罪天堂”，携款外逃事件时有发生。有的腐败分子先是做“裸官”，一有风吹草动，就逃之夭夭；有的跑到国外买豪车豪宅，挥金如土，逍遥法外；有的跑到国外摇身一变，参与当地选举，等等。对此，习近平总书记斩钉截铁地指出，“不管腐败分子逃到哪里，都要缉拿归案、绳之以法”①，“腐败分子即使逃到天涯海角，也要把他们追回来绳之以法，五年、十年、二十年都要追，要切断腐败分子的后路”。② 习近平总书记就这个问题，作出了一系列重要论述，表明了我们党反对腐败的坚强意志和决心。

1. 要加大国际追逃追赃力度

一是强化基础工作。要“摸清外逃腐败分子底数，建立和完善外逃人员数据库。要建立统计数据动态更新机制，对外逃腐败分子的情况做到数字准、情况明，并及时上报中央。要对掌握的情况深入分析，从个案中发现规律，寻找一些途径和方法”。③

二是形成强烈震慑。“加强追逃追赃工作是向腐败分子发出断其

---

① 习近平：《习近平谈治国理政》(第三卷)，北京：外文出版社 2020 年版，第 52 页。

② 中共中央纪律检查委员会、中共中央文献研究室：《习近平关于党风廉政建设和反腐败斗争论述摘编》，北京：中央文献出版社、中国方正出版社 2015 年版，第 98 页。

③ 中共中央纪律检查委员会、中共中央文献研究室：《习近平关于党风廉政建设和反腐败斗争论述摘编》，北京：中央文献出版社、中国方正出版社 2015 年版，第 131 页。

后路的强烈信号，能够对腐败分子形成震慑，遏制腐败现象蔓延势头。”“要以零容忍态度惩治腐败，不管腐败分子跑到天涯海角，也要把他们绳之以法，决不能让其躲进‘避罪天堂’、逍遥法外。要把追逃追赃工作纳入党风廉政建设和反腐败斗争总体部署，把反腐败斗争引向深入。”“中央媒体要及时发声，揭露外逃腐败分子违纪违法、逃避惩罚的真面目。对一些证据确凿、定性清晰的外逃腐败分子，可以考虑向全世界公布，点名道姓公开曝光，使之在世界任何一个角落都成为过街老鼠、人人喊打。这样震慑力就会更强。”①

三是增强针对性。“要加强对国际规则和国际组织情况的研究，深入了解和掌握有关国家的相关法律和引渡、遣返规则。要及时了解和掌握国际反腐败最新动态，提高追逃追赃工作的针对性。”②

四是加强对党员干部的日常监督管理。“严格执行对配偶子女移居国外的国家工作人员的相关管理规定，加强党员干部出入境证照、出入境资金监控等方面的管理。重大事项报告制度不能摆在那，要抽查，抽查以后有问题的就要追究处理，这样这个制度才有用，而且才能如实报。”③

---

① 中共中央纪律检查委员会、中共中央文献研究室：《习近平关于党风廉政建设和反腐败斗争论述摘编》，北京：中央文献出版社、中国方正出版社 2015 年版，第 100、100、101 页。

② 中共中央纪律检查委员会、中共中央文献研究室：《习近平关于党风廉政建设和反腐败斗争论述摘编》，北京：中央文献出版社、中国方正出版社 2015 年版，第 101 页。

③ 中共中央纪律检查委员会、中共中央文献研究室：《习近平关于党风廉政建设和反腐败斗争论述摘编》，北京：中央文献出版社、中国方正出版社 2015 年版，第 131 页。

2. 要加强反腐败国际合作

为什么要加强国际合作？他指出："对任何国家来说，腐败都是民众最痛恨的现象。中国开展这方面的国际合作，是要将逃往境外的腐败犯罪嫌疑人缉捕归案，绳之以法。""任何国家和地区都不应成为腐败分子和腐败资金的'避风港'，不应成为他们的'避罪天堂'。""中国人民最不能理解的是，一些罪行确凿的腐败犯罪分子可以在一些国家逍遥法外，以各种借口逃避法律惩处。""由于各国在法律制度等方面存在差异，通过国际合作打击腐败犯罪需要解决一些法律技术性问题。这需要有关各方共同探讨解决方案，特别是要加强反腐败机构和执法机构在个案调查和信息交流等方面合作。相信只要有打击腐败的政治意愿，反腐败国际合作一定能够取得更多成果。"①

如何加强国际合作？他指出，"要搭建追逃追赃国际合作平台。加大交涉力度，突破一批重点个案，使企图外逃分子丢掉幻想、望而却步。要加快与外逃目的地国签署引渡条约、建立执法合作。要继续推动在二十国集团、亚太经合组织、《联合国反腐败公约》等多边框架下加强追逃追赃国际合作"。②"实施重大专项行动，把惩治腐败的天罗地网撒向全球，让已经潜逃的无处藏身，让企图外逃的丢掉幻想。"③"中国司法机关在进行反腐败国际合作时，对具体案件

① 习近平：《任何国家和地区都不应成为腐败分子"避风港"》，载人民网，2015年10月19日。

② 中共中央纪律检查委员会、中共中央文献研究室：《习近平关于党风廉政建设和反腐败斗争论述摘编》，北京：中央文献出版社、中国方正出版社2015年版，第132页。

③ 习近平：《在第十八届中央纪律检查委员会第六次全体会议上的讲话》，北京：人民出版社2016年版，第13页。

都应该提供确凿证据。中国是一个法治国家，无论是在国内惩治腐败，还是开展反腐败国际合作，都依法办事，坚持以事实为依据、以法律为准绳。”①

习近平总书记还亲历亲为，推动反腐败国际合作。在会见德国总理默克尔、美国总统特朗普等多国政要时，在亚太经合组织第22次领导人非正式会议、二十国集团领导人第10次峰会、二十国集团领导人杭州峰会、“一带一路”国际合作高峰论坛圆桌峰会、国际刑警组织第86届全体大会等重要会议上，以及在一些重要外交场合演讲和接受国外媒体采访时，习近平总书记都旗帜鲜明地表明了中国共产党和中国政府坚决反对腐败的立场和加强反腐败国际合作的意愿，并提出了一系列建设性意见，推动反腐败国际合作不断取得成果。

在总结反腐败工作及国际合作成效时，习近平总书记指出：“我们坚定不移反对腐败，使我们占据了国际道义制高点。过去，美国等西方国家总想用反腐败问题来拿捏我们，不断在联合国、二十国集团、亚太经合组织等场合提出所谓反腐败问题。现在，我们在国际上一举转为战略主动。我们加强反腐败国际多边双边合作，启动‘天网行动’，加大追逃追赃力度，将一批外逃多年的犯罪分子缉拿归案。我们主动提出一系列反腐败国际合作倡议，倡议构建国际反腐新秩序，特别是加大对美国等西方国家在反腐败合作方面的压力，要求他们不要成为腐败分子的‘避罪天堂’。原来他们认为那些犯罪嫌疑人是他们手中的牌，现在都成了手里的烫山芋。各方面对我们

① 《近平接受路透社采访时强调 共同开启中英全面战略伙伴关系的“黄金时代” 为中欧关系全面推进注入新动力》，载新华网，2015年10月18日。

敢于向腐败亮剑是佩服的，我们的反腐行动赢得了国际社会尊重。”①

七、深化标本兼治，着力构建不敢腐、不能腐、不想腐的体制机制

一体推进不敢腐、不能腐、不想腐，不仅是反腐败斗争的基本方针，也是新时代全面从严治党的重要方略。不敢腐，侧重于惩治和威慑，让意欲腐败者在“带电的高压线”面前不敢越雷池半步；不能腐，侧重于制约和监督，让胆敢腐败者在严格监督中无机可乘；不想腐，侧重于教育和引导，着眼于产生问题的深层原因，让人从思想源头上消除贪腐之念。不敢腐、不能腐、不想腐是相互依存、相互促进的有机整体，必须统筹联动，增强总体效果。要以严格的执纪执法增强制度刚性，推动形成不断完备的制度体系、严格有效的监督体系，加强理想信念教育，提高党性觉悟，夯实不忘初心、牢记使命的思想根基。党的十八大以来，习近平总书记围绕深化标本兼治，着力构建不敢腐、不能腐、不想腐的体制机制，作出了一系列重要论述。

1. 强调法规制度的重要作用

“我们的先人们早就认识到，反腐倡廉的核心是制约和监督权

① 习近平：《在第十八届中央纪律检查委员会第六次全体会议上的讲话》，北京：人民出版社2016年版，第5~6页。

力。我国古代很早就有监察、御史、弹劾、谏官等方面的制度。这些制度有不少在历代反腐倡廉中发挥了重要作用，对我们推进反腐倡廉制度建设具有借鉴意义。”①“中医有一句话，叫‘急则治其标，缓则治其本’。在反腐倡廉工作中，我们一直强调标本兼治。治标，对腐败分子能够起到惩治、震慑、遏制作用，突出‘惩’的功能。治本，对权力进行制约和监督，对腐败现象能够起到预防、阻拦作用，重在‘防’的功能。在腐败存量比较大的情况下，只有以治标为先，才能遏制腐败现象滋生蔓延的势头。同时，这也倒逼我们加强反腐倡廉法规制度建设。”“法规制度带有根本性、全局性、稳定性、长期性。邓小平同志说：‘要解决思想问题，也要解决制度问题。’‘这种制度问题，关系到党和国家是否改变颜色，必须引起全党的高度重视。’反腐倡廉法规制度既‘禁于未然之前’，又‘禁于已然之后’，为党员、干部拉起了高压线、划出了警戒线，在党风廉政建设中具有规范引导、控制约束、警戒告诫、惩罚威慑的作用。”“铲除不良作风和腐败现象滋生蔓延的土壤，根本上要靠法规制度。我们党长期执政，既具有巨大政治优势，也面临严峻挑战，必须依靠党的各级组织和人民的力量，不断加强和改进党的建设、管理、监督。只有建好制度、立好规矩，把法规制度建设贯穿到反腐倡廉各个领域、落实到制约和监督权力各个方面，发挥法规制度的激励约束作用，才能筑起遏制腐败现象滋生蔓延的‘堤坝’，才能推动形成不敢腐、不能腐、不想腐的有效机制”，“中外经验告诉我们，只有坚持依法严

① 中共中央纪律检查委员会、中共中央文献研究室：《习近平关于党风廉政建设和反腐败斗争论述摘编》，北京：中央文献出版社、中国方正出版社2015年版，第124页。

厉惩治、形成不敢腐的惩戒机制和威慑力，坚持完善法规制度、形成不能腐的防范机制和预防作用，坚持加强思想教育、形成不想腐的自律意识和思想道德防线，才能有效铲除腐败现象的生存空间和滋生土壤”。[①]“要强化不敢腐的震慑，扎牢不能腐的笼子，增强不想腐的自觉。要通过改革和制度创新切断利益输送链条，加强对权力运行的制约和监督，形成有效管用的体制机制。”[②]

2. 强调要建立健全法规制度

“要坚持用制度管权管事管人，抓紧形成不想腐、不能腐、不敢腐的有效机制，让人民监督权力，让权力在阳光下运行，把权力关进制度的笼子里。”[③]“要贯彻全面深化改革、全面依法治国的要求，加大反腐倡廉法规制度建设力度，把中央要求、群众期盼、实际需要、新鲜经验结合起来，本着于法周延、于事有效的原则制定新的法规制度、完善已有的法规制度、废止不适应的法规制度，努力形成系统完备的反腐倡廉法规制度体系。”[④]“要坚持问题导向、突出重点，充分体现科学性、针对性、可操作性。要坚持宏观思考、总体规划，既要注意体现党章的基本原则和精神，符合国家法律法规，

---

① 中共中央纪律检查委员会、中共中央文献研究室：《习近平关于严明党的纪律和规矩论述摘编》，北京：中央文献出版社、中国方正出版社 2016 年版，第 62、61、61、62 页。

② 习近平：《习近平谈治国理政》（第三卷），北京：外文出版社 2020 年版，第 511 页。

③ 习近平：《在庆祝全国人民代表大会成立 60 周年大会上的讲话》，北京：人民出版社 2014 年版，第 12 页。

④ 中共中央文献研究室：《习近平关于全面从严治党论述摘编》，北京：中央文献出版社 2016 年版，第 188~189 页。

也要同其他方面法规制度相衔接，提升法规制度整体效应。要系统完备、衔接配套，立治有体、施治有序，把反腐倡廉法规制度的笼子扎细扎密扎牢，做到前后衔接、左右联动、上下配套、系统集成。要务实管用、简便易行，法规制度在务实管用。要责任明确、奖惩严明，明确责任主体，确保可执行、可监督、可检查、可问责。"① 他强调，"关于反腐败制度建设，我有两句话，一句是'把权力关进制度的笼子里'，一句是'阳光是最好的防腐剂'。随着反腐败斗争向纵深推进，我们要着力形成不敢腐、不能腐、不想腐的体制机制。我们正在制定和完善相关法律法规，扎细扎密扎牢制度的笼子，真正把权力关进其中。关于官员财产公开，我们在2010年就通过有关规定，将领导干部收入等涉及财产性内容列入个人报告事项，每年定期抽查核实，现在核实的比例不断提高，任何人都不能例外。对不如实报告的人，我们有硬性的处理措施"。② 在党的十九大报告中，习近平总书记还提出了推进反腐败国家立法的任务，具有十分重要的意义。

3. 强调要在全党开展法规制度宣传教育

"引导广大党员、干部牢固树立法治意识、制度意识、纪律意识，懂法纪、明规矩，知敬畏、存戒惧，形成尊崇制度、遵守制度、捍卫制度的良好氛围。要发挥领导干部'关键少数'的模范带头作用。领导干部不论职务多高、资历多深、贡献多大，都要严格按法规制

---

① 习近平：《加强反腐倡廉法规制度建设 让法规制度的力量充分释放》，载新华网，2015年06月27日。

② 《习近平接受〈华尔街日报〉采访》，新华网，2015年09月22日。

度办事，坚持法规制度面前人人平等、遵守法规制度没有特权、执行法规制度没有例外。越是领导干部，越是主要领导干部，越要自觉增强法规制度意识，以身作则，以上率下，尤其要善于依法规制度谋事、依法规制度管人、依法规制度用权，自觉维护法规制度的严肃性和权威性。"①

4. 强调法规制度的生命力在于执行

"实现不敢腐、不能腐、不想腐，要把制度篱笆扎起来。放权不是放任，制度要落实，不能是'样子货'"。② "'盖天下之事，不难于立法，而难于法之必行。'现在，我们有法规制度不够健全、不够完善的问题，但更值得注意的是已有的法规制度并没有得到严格执行。""反腐倡廉法规制度一经建立，就要让铁规发力、让禁令生威，确保各项法规制度落地生根。好的法规制度如果不落实，只是写在纸上、贴在墙上、编在手册里，就会成为'稻草人'、'纸老虎'，不仅不能产生应有作用，反而会损害法规制度的公信力。我们要下大气力建制度、立规矩，更要下大气力抓落实、抓执行，坚决纠正随意变通、恶意规避、无视制度等现象"，"抓好法规制度落实，必须落实监督制度，加强日常督察和专项检查。要用监督传递压力，用压力推动落实。对违规违纪、破坏法规制度踩'红线'、越'底线'、闯'雷区'的，要坚决严肃查处，不以权势大而破规，不以问题小而

---

① 中共中央文献研究室：《习近平关于全面从严治党论述摘编》，北京：中央文献出版社 2016 年版，第 111 页。

② 中共中央纪律检查委员会、中共中央文献研究室：《习近平关于党风廉政建设和反腐败斗争论述摘编》，北京：中央文献出版社、中国方正出版社 2015 年版，第 100 页。

姑息，不以违者众而放任，不留‘暗门’、不开‘天窗’，坚决防止‘破窗效应’。”①

习近平总书记指出，要深刻把握党风廉政建设规律，一体推进不敢腐、不能腐、不想腐。一体推进不敢腐、不能腐、不想腐，不仅是反腐败斗争的基本方针，也是新时代全面从严治党的重要方略。不敢腐、不能腐、不想腐是相互依存、相互促进的有机整体，必须统筹联动，增强总体效果。要以严格的执纪执法增强制度刚性，推动形成不断完备的制度体系、严格有效的监督体系，加强理想信念教育，提高党性觉悟，夯实不忘初心、牢记使命的思想根基。既要把“严”的主基调长期坚持下去，又要善于做到“三个区分开来”；既要合乎民心民意，又要激励干部担当作为，充分运用“四种形态”提供的政策策略，通过有效处置化解存量、强化监督遏制增量，实现政治效果、纪法效果、社会效果有机统一。②

八、落实党委的主体责任和纪委的监督责任

落实党委的主体责任和纪委的监督责任，是深入推进反腐败斗争，推动管党治党严起来、紧起来、实起来的根本保证。习近平总书记指出，全面从严治党，必须从根本上解决主体责任缺失、监督责任缺位、管党治党宽松软的问题，把强化党内监督作为党的建设

① 中共中央纪律检查委员会、中共中央文献研究室：《习近平关于严明党的纪律和规矩论述摘编》，北京：中央文献出版社、中国方正出版社 2016 年版，第 88～89、89、90 页。

② 《习近平在十九届中央纪委四次全会上发表重要讲话》，载新华网，2020 年 1 月 13 日。

重要基础性工程，使监督的制度优势充分释放出来；制度治党要抓住落实主体责任这个“牛鼻子”，真正贯彻“有权必有责，责任要担当，失责必追究”的原则，实现制度执行到人到事；抓党建必须抓责任制，抓责任制必须抓责任人，抓责任人必须抓第一责任人；不明确责任，不落实责任，不追究责任，从严治党是做不到的，要整合问责制度，健全问责机制，坚持有责必问、问责必严。他要求，把监督检查、目标考核、责任追究有机结合起来，形成法规制度执行的强大推动力。问责的内容、对象、事项、主体、程序、方式都要制度化、程序化。问责既要对事，也要对人，要问到具体人头上。要把法规制度执行情况纳入党风廉政建设责任制检查考核和党政领导干部述职述廉范围，通过严肃追究主体责任、监督责任、领导责任，让法规制度的力量在反腐倡廉建设中得到充分释放。党的十八以来，围绕落实党委的主体责任和纪委的监督责任，习近平总书记作出了一系列重要论述。

1. 关于落实党委的主体责任

“各级党委要旗帜鲜明地反对腐败，更加科学有效地防治腐败，做到干部清正、政府清廉、政治清明，永葆共产党人清正廉洁的政治本色。”[①]他说：“为什么要强调党委负主体责任？是因为党委能否落实好主体责任直接关系党风廉政建设成效。现在，有的党委对主体责任认识不清、落实不力，有的没有把党风廉政建设当作分内之事，每年开个会、讲个话，或签个责任书就万事大吉了；有的对错

---

① 习近平：《紧紧围绕坚持和发展中国特色社会主义学习宣传贯彻党的十八大精神》，载《人民日报》2012年11月17日。

误思想和作风放弃了批评和斗争，搞无原则的一团和气，疏于教育，疏于管理和监督，放任一些党员、干部滑向腐败深渊；还有的领导干部只表态、不行动，说一套、做一套，甚至带头搞腐败，带坏了队伍，带坏了风气。”①“党委的主体责任是什么？主要是加强领导，选好用好干部，防止出现选人用人上的不正之风和腐败问题；坚决纠正损害群众利益的行为；强化对权力运行的制约和监督，从源头上防治腐败；领导和支持执纪执法机关查处违纪违法问题；党委主要负责同志要管好班子，带好队伍，管好自己，当好廉洁从政的表率。各级党委特别是主要负责同志必须树立不抓党风廉政建设就是严重失职的意识，常研究、常部署，抓领导、领导抓，抓具体、具体抓，种好自己的责任田。”②“全党同志特别是高级干部，一定要把思想和行动统一到党中央的决策部署上来，坚定不移把反腐败斗争进行到底。各级党委(党组)要落实好主体责任，不抓党风廉政建设是严重失职。”③“党委(党组)书记作为党风廉政建设第一责任人，既要挂帅又要出征，对重要工作亲自部署、重大问题亲自过问、重要环节亲自协调、重要案件亲自督办。如果一个地区和部门接二连三发生重大腐败案件，出现系统性腐败问题，对腐败案件遮掩姑息，致使腐败现象滋长蔓延势头长期得不到有效遏制，党委书记、党组

---

① 中共中央文献研究室：《习近平关于全面从严治党论述摘编》，北京：中央文献出版社2016年版，第221页。

② 中共中央文献研究室：《习近平关于全面从严治党论述摘编》，北京：中央文献出版社2016年版，第221~222页。

③ 中共中央纪律检查委员会、中共中央文献研究室：《习近平关于党风廉政建设和反腐败斗争论述摘编》，北京：中央文献出版社、中国方正出版社2015年版，第63页。

书记难道不是失职吗？那就必须问责了，不要说中央言之不预。”①

2. 关于纪委的监督责任

“按照党章规定，党的中央纪律检查委员会在党的中央委员会领导下进行工作，党的地方各级纪律检查委员会和基层纪律检查委员会在同级党的委员会和上级纪律检查委员会双重领导下进行工作。从总体上讲，这种双重领导体制自党的十二大确立以来发挥了积极作用，是基本符合党情国情的。同时，实践中也出现了一些不适应、不协调问题，特别是查办腐败案件时受到的牵制比较多。有的地方担心查办案件会损害形象、影响发展，有时存在压案不办、瞒案不报的情况。大家在一口锅里吃饭，很难监督别人。对地方纪委来说，同级监督忌讳也不少，这些年发生的一把手腐败问题，很少有同级纪委主动报告的。有的地方纪委领导甚至对反映同级党委领导干部问题的同志说：你不要讲了，我什么也没有听见。这种现象很不正常，必须有所改变。”各级党委要“认真落实反腐败体制机制改革举措，自觉接受纪委监督，支持和保障纪委履行职责。这种体制机制改革既是党和人民对各级纪委的信任，更是纪委沉甸甸的政治责任。各级纪委要坚持党委统一领导，更好发挥党内监督专门机关作用。”“各级纪委要履行好监督责任，既协助党委加强党风建设和组织协调反腐败工作，又督促检查相关部门落实惩治和预防腐败工作任务，

① 中共中央文献研究室：《习近平关于全面从严治党论述摘编》，北京：中央文献出版社2016年版，第227页。

经常进行检查监督，严肃查处腐败问题。”①

2020年1月习近平总书记指出，维护制度权威、保障制度执行，是纪检监察机关的重要职责。纪检监察机关要带头加强党的政治建设，继承对党绝对忠诚的光荣传统，做忠诚干净担当、敢于善于斗争的战士。党中央制定监督执纪工作规则、批准监督执法工作规定，就是给纪检监察机关定制度、立规矩，必须不折不扣执行到位。各级党委要加强对纪委监委的领导和监督，确保执纪执法权受监督、有约束。纪检监察机关要在强化自我监督、自我约束上作表率，牢固树立法治意识、程序意识、证据意识，严格按照权限、规则、程序开展工作，下更大气力把队伍建强、让干部过硬。

他强调，“要完善党和国家监督体系，统筹推进纪检监察体制改革。要继续健全制度、完善体系，使监督体系契合党的领导体制，融入国家治理体系，推动制度优势更好转化为治理效能。要把党委（党组）全面监督、纪委监委专责监督、党的工作部门职能监督、党的基层组织日常监督、党员民主监督等结合起来、融为一体。要以党内监督为主导，推动人大监督、民主监督、行政监督、司法监督、审计监督、财会监督、统计监督、群众监督、舆论监督有机贯通、相互协调。纪委监委要发挥好在党和国家监督体系中的作用，一体推动、落实纪检监察体制改革各项任务。”②

2021年1月，习近平总书记进一步指出，要完善党和国家监督

---

① 中共中央纪律检查委员会、中共中央文献研究室：《习近平关于党风廉政建设和反腐败斗争论述摘编》，北京：中央文献出版社、中国方正出版社2015年版，第59、60、61~62页。

② 习近平：《习近平谈治国理政》（第三卷），北京：外文出版社2020年版，第549页。

体系，使监督融入“十四五”建设之中。要把监督贯穿于党领导经济社会发展全过程，把完善权力运行和监督制约机制作为实施规划的基础性建设，构建全覆盖的责任制度和监督制度。党委(党组)要履行主体责任，书记作为第一责任人要敢抓真管，纪检监察机关要盯住重点人重点事。要健全党和国家监督体系，以党内监督为主导，不断完善权力监督制度和执纪执法体系，各种监督协调贯通，形成常态长效的监督合力。要充分发挥监督在基层治理中的作用，推动监督落地，让群众参与到监督中来。

他强调，纪检监察机关要带头加强党的政治建设，坚定维护党中央权威和党的团结统一，围绕现代化建设大局发挥监督保障执行、促进完善发展作用，知责于心、担责于身、履责于行。各级党委要加强对纪检监察工作的领导，担负起统筹纪检监察干部培养、选拔、任用的责任，选优配强纪检监察干部队伍。纪检监察机关要接受最严格的约束和监督，加大严管严治、自我净化力度，针对自身权力运行机制和管理监督体系的薄弱环节，扎紧织密制度笼子，坚决防止“灯下黑”，努力建设一支政治素质高、忠诚干净担当、专业化能力强、敢于善于斗争的纪检监察铁军。①

3. 关于落实责任和追究责任

“有权就有责，权责要对等。无论是党委还是纪委或其他相关职能部门，都要对承担的党风廉政建设责任进行签字背书，做到守土

① 中共中央纪律检查委员会、中共中央文献研究室：《习近平关于严明党的纪律和规矩论述摘编》，北京：中央文献出版社、中国方正出版社 2016 年版，第 115～116、116、113～114 页。

有责。出了问题，就要追究责任。决不允许出现底下问题成串、为官麻木不仁的现象！不能事不关己、高高挂起，更不能明哲保身。自己做了好人，但把党和人民事业放到什么位置上了？如果一个地方腐败问题严重，有关责任人装糊涂、当好人，那就不是党和人民需要的好人！你在消极腐败现象面前当好人，在党和人民面前就当不成好人，二者不可兼得。”“中央纪委要抓紧完善并严格执行责任追究办法，对每一个具体问题都要分清党委负什么责任、有关部门负什么责任、纪委负什么责任，健全责任分解、检查监督、倒查追究的完整链条，有错必究，有责必问。对那些领导不力、不抓不管而导致不正之风长期滋长蔓延，或者屡屡出现重大腐败问题而不制止、不查处、不报告的，无论是党委还是纪委，不管是谁，只要有责任，都要追究责任。”“反腐败体制机制改革，一个很重要的方面是理清责任、落实责任。不讲责任，不追究责任，再好的制度也会成为纸老虎、稻草人。这次三中全会提出，落实党风廉政建设责任制，党委负主体责任，纪委负监督责任。”①“一些地方发生窝案串案，有的地方成为腐败重灾区，主要负责人的责任是怎么履行的？不能‘新官不理旧账’。出了事，要追责。我们有的地方、单位管理失之于宽、无能为力，主要负责人是干什么的？要履责，要抓党风廉政建设！凡是整改不力的，都要严肃追责。巡视整改落实的情况都要‘回头看’，要揪住不放。”②

---

① 《习近平在十九届中央纪委五次全会上发表重要讲话强调　充分发挥全面从严治党引领保障作用　确保“十四五”时期目标任务落到实处》，载中国政府网，2021 年 1 月 22 日。

② 中共中央纪律检查委员会、中共中央文献研究室：《习近平关于党风廉政建设和反腐败斗争论述摘编》，北京：中央文献出版社、中国方正出版社2015年版，第63页。

九、开展党风廉政建设和反腐败斗争的启示和经验

我们党是一个善于学习、善于总结，勇于实践、勇于探索的马克思主义执政党。改革开放以来特别是党的十八大以来，我们党在开展党风廉政建设和反腐败斗争中，得到了重要启示，积累了宝贵经验，习近平总书记及时作出了概括。

2017 年 1 月，当反腐败斗争形成压倒性态势时，他指出："党的十八大以来，我们在开展党风廉政建设和反腐败斗争中得到了一些重要启示，主要是：一是要坚持高标准和守底线相统一，教育引导党员、干部自觉向着理想信念高标准努力，同时要以党的纪律为尺子，使党员、干部知敬畏、存戒惧、守底线。二是要坚持抓惩治和抓责任相统一，对'四风'问题露头就打、执纪必严，同时要落实主体责任和监督责任，督促党的各级组织和领导干部强化责任担当。三是要坚持查找问题和深化改革相统一，从问题入手，抽丝剥茧，查找根源，深化改革，破立并举，确保公权力在正确轨道上运行。四是要坚持选人用人和严格管理相统一，既把德才兼备的好干部选出来、用起来，又加强管理监督，形成优者上、庸者下、劣者汰的好局面。这些重要启示和经验，要长期坚持。"①

2019 年 1 月，当反腐败斗争取得压倒性胜利时，他指出，改革

① 《习近平在十八届中央纪委七次全会上发表重要讲话强调　全面贯彻落实党的十八届六中全会精神　增强全面从严治党系统性创造性实效性》，载中国政府网，2017 年 1 月 6 日。

开放40年来，在党中央坚强领导下，各级纪检监察机关坚持党的领导、从严管党治党，探索积累了宝贵经验。这就是，必须坚决维护党中央权威和集中统一领导，确保全党步调一致、行动统一；必须坚持治国必先治党、治党务必从严，确保党成为中国特色社会主义事业的中流砥柱；必须坚持以人民为中心，确保立党为公、执政为民；必须坚持改革创新、艰苦奋斗作风，确保党始终走在时代前列；必须坚决同消极腐败现象作斗争，确保党永葆清正廉洁的政治本色。回顾改革开放40年的历程，我们可以清楚看到，在进行社会革命的同时不断进行自我革命，是我们党区别于其他政党最显著的标志，也是我们党不断从胜利走向新的胜利的关键所在。只要我们始终不忘党的性质宗旨，勇于直面自身存在的问题，以刮骨疗毒的决心和意志消除一切损害党的先进性和纯洁性的因素，就能够形成党长期执政条件下实现自我净化、自我完善、自我革新、自我提高的有效途径。①

这“四个统一”“五个必须”，是改革开放以来特别是党的十八大以来，我们党坚持党要管党、全面从严治党，开展党风廉政建设和反腐败斗争的重要启示和宝贵经验，也是习近平总书记关于反腐倡廉重要论述的精髓，我们要深入学习领会并长期坚持。

---

① 《习近平在十九届中央纪委三次会议上发表重要讲话强调　取得全面从严治党更大战略性成果　巩固发展反腐败斗争压倒性胜利》，载《人民日报》2019年1月12日。

第十二章　论制度治党

——推进管党治党体系和能力现代化

制度治党、依规治党，是最可靠、最有效、最持久的治党方式；把制度建设贯穿到党的各项建设之中，是新时代党的建设的重要原则。党的十八大以来，习近平总书记对制度治党作出了一系列重要论述，深刻回答了什么是制度治党、为什么要坚持制度治党和怎样坚持制度治党等重大问题，为加强制度建设、纵深推进全面从严治党指明了根本方向。

一、坚持思想建党和制度治党相统一，是新时代党建思想的重大创新

2014年10月，习近平总书记在党的群众路线教育实践活动总结大会上鲜明提出，要“坚持思想建党和制度治党紧密结合”。[①] 2017年10月，他在党的十九大报告中进一步指出，“必须以党章为根本

① 中共中央文献研究室：《十八大以来重要文献选编》(中)，北京：中央文献出版社2016年版，第94页。

遵循，把党的政治建设摆在首位，思想建党和制度治党同向发力”。[①] 此后，在十九届中央纪委二次全会上，他把“坚持思想建党和制度治党相统一”作为全面从严治党的六条经验之一提出来，强调“要坚持思想建党和制度治党相统一，既要解决思想问题，也要解决制度问题，把坚定理想信念作为根本任务，把制度建设贯穿到党的各项建设之中”。[②] 坚持思想建党和制度治党相统一，是对党的建设历史经验的深刻总结，深化了我们党对全面从严治党的规律性认识，丰富和发展了马克思主义党建学说，具有重大理论价值和实践意义。

首先，思想建党和制度治党相统一，是对党的建设经验的继承与创新。习近平总书记强调，党的建设必须坚持继承和创新相结合，结合时代条件发扬党的光荣传统和优良作风。[③] 以毛泽东同志为主要代表的中国共产党人，为解决党内思想不纯、保持马克思主义政党先进性问题，创造性地提出了“思想建党”。毛泽东同志在古田会议上创造性地提出加强党的思想建设，目的就是通过思想教育，实现以无产阶级思想改造各种非无产阶级思想，使党员不仅在组织上入党，更从思想上入党。改革开放以来，以邓小平同志为主要代表的中国共产党人，把加强党的制度建设提到新的高度，不断推动党的建设迈向科学化、规范化、制度化。1980 年，邓小平同志在总结“文化大革命”的教训时就指出，“领导制度、组织制度问题更带有

① 习近平：《习近平谈治国理政》(第三卷)，北京：外文出版社 2020 年版，第 20 页。

② 杨东广：《坚持思想建党和制度治党紧密结合》，载人民网，2018 年 2 月 23 日。

③ 《习近平春节前夕赴陕西看望慰问广大干部群众时的讲话》，载《人民日报》2015 年 2 月 17 日。

根本性、全局性、稳定性和长期性”，“制度好可以使坏人无法任意横行，制度不好可以使好人无法充分做好事，甚至会走向反面”。[①]在继承党的建设重要经验的基础上，以习近平同志为核心的党中央直面党的建设中存在的突出问题，与时俱进，进一步创造性地提出“坚持思想建党和制度治党相统一”，体现了对党的建设理论的继承与创新，开辟了中国化马克思主义党建理论新境界。

其次，思想建党和制度治党相统一，是全面从严治党的必然要求和路径选择。习近平总书记指出：“现在，一个比较明显的问题就是轻视思想政治工作，以为定了制度、有了规章就万事大吉了，有的甚至已经不会或不大习惯于做认真细致的思想政治工作了，有的甚至认为组织找自己谈话是多此一举。正是这样的简单化和片面性，使一些本来可以落实的制度得不到落实、一些本来可以避免的问题不断发生。”[②]他还强调：“有些干部连一些基本规矩都不讲，毫无制度意识，毫无敬畏之心。”[③]习近平总书记强调思想建党和制度治党相统一，为全面从严治党提供了遵循。

思想建党是我们党的独特优势，是新时代全面从严治党的基础和前提。思想建党的核心就是解决思想上入党的问题。思想建党的重点就是使党员、干部坚定理想信念，解决好世界观、人生观、价值观这个“总开关”问题。改革开放以来，我们党以各种主题教育、实践活动为载体，使党员干部普遍受到马克思主义思想教育，保持

① 《邓小平文选》(第2卷)，北京：人民出版社1994年版，第333页。

② 习近平：《在党的群众路线教育实践活动总结大会上的讲话》，北京：人民出版社2014年版，第16~17页。

③ 中共中央文献研究室：《十八大以来重要文献选编》(上)，北京：中央文献出版社2014年版，第350页。

了先进性和纯洁性。历史和实践都表明，只有坚持思想建党，才能夯实党团结统一的思想基础，使全党不忘初心、牢记使命，为实现中华民族伟大复兴不懈奋斗。

制度治党是全面从严治党的长远之计和根本保证。坚持全面从严治党，建立健全务实管用、系统完备的制度体系至关重要。习近平总书记强调，党内法规制度建设要以党章为核心，形成一个制度体系。这个体系要坚持问题导向、突出重点，充分体现科学性、针对性、可操作性，避免"牛栏关猫"；要奖惩分明，既有激励性，又有惩戒性；要明确责任主体，确保可执行、可监督、可检查、可问责。要确保管党治党的制度不断完善、与时俱进。习近平总书记强调，"对近年来特别是党的十八大以来从严治党的理论和实践进行总结，看哪些经过实践检验是好的，必须长期坚持；哪些可以进一步完善并上升为制度规定，以党内法规的形式固化下来；哪些需要结合新的情况继续深化"。① 要强化制度落实，"坚决维护制度的严肃性和权威性，坚决纠正有令不行、有禁不止的行为，使制度成为硬约束而不是橡皮筋"。② 通过强化制度落实，保证人民赋予的权力始终用来为人民谋利益、谋幸福，保持党的先进性和纯洁性。

党的十八大以来，党中央深入推进党的建设制度改革，一手抓改革文件出台，一手抓改革举措落实，突出重点、突破难点、深化试点，让制度成为全面从严治党的利器。制定实施了党内政治生活

① 中共中央文献研究室：《习近平关于全面从严治党论述摘编》，北京：中央文献出版社 2016 年版，第 15 页。

② 习近平：《在党的群众路线教育实践活动总结大会上的讲话》，北京：人民出版社 2014 年版，第 18 页。

准则、廉洁自律准则、党纪处分条例、巡视工作条例、党内监督条例、问责条例、地方党委工作条例、党组工作条例、党的工作机关条例、干部任用条例等一大批党内法规制度，党内法规制度体系不断完善，为全面从严治党提供了制度保障。在党章之下，由党的组织法规制度、党的领导法规制度、党的自身建设法规制度、党的监督保障法规制度四大板块有机组成的“1+4”的党内法规制度体系建设正呈现前所未有的扎实构架和强大生机。

2020 年 1 月，习近平总书记对制度治党作出全面总结，指出，党的十八大以来，我们以前所未有的勇气和定力推进全面从严治党，推动新时代全面从严治党取得了历史性、开创性成就，产生了全方位、深层次影响。我们坚持以伟大自我革命引领伟大社会革命，健全党的领导制度体系，深化党的建设制度改革，完善全面从严治党制度，坚决扭转一些领域党的领导弱化、党的建设缺失、管党治党不力状况，使党始终成为中国特色社会主义事业的坚强领导核心。我们坚持以科学理论引领全党理想信念，建立不忘初心、牢记使命的制度，持之以恒用新时代中国特色社会主义思想武装全党、教育人民、指导工作，推进学习教育制度化常态化，不断坚定同心共筑中国梦的理想信念。我们坚持以“两个维护”引领全党团结统一，完善坚定维护党中央权威和集中统一领导的各项制度，健全党中央对重大工作的领导体制，以统一的意志和行动维护党的团结统一，不断增强党的政治领导力、思想引领力、群众组织力、社会号召力。我们坚持以正风肃纪反腐凝聚党心军心民心，坚决惩治腐败、纠治不正之风，坚决清除影响党的先进性和纯洁性的消极因素，健全为人民执政、靠人民执政的各项制度，让人民始终成为中国共产党执政和中国特色社会主义事业发展的磅礴力量。我们探索出一条长期执政条件下解决自身问题、跳出历史周期率的成功道路，构建起一套行之有效的权力监督制度和执纪执法体系，这条道路、这套制度必须长期坚持并不断巩固发展。①

思想建党和制度治党紧密结合，互动发展，相辅相成。习近平总书记指出："要使加强制度治党的过程成为加强思想建党的过程，也要使加强思想建党的过程成为加强制度治党的过程。"②坚持思想建党和制度治党紧密结合，就是通过思想建党解决党员干部理想信念、价值追求问题；通过制度治党解决党员干部行为规范、约束监督问题。在实际工作中，要注重克服思想建党和制度治党"两张皮"现象，坚持二者一起部署、协同推进，做到刚柔并济、相得益彰，推动新时代全面从严治党向纵深发展。

最后，思想建党和制度治党相统一，也体现了依规治党与以德治党相统一。习近平总书记在十八届中央纪委六次全会上指出，全面从严治党，要坚持依规治党与以德治党相统一。事物的发展是内外因共同作用的结果，内因是根据，决定着事物发展的基本趋向；外因是外部条件，必须通过内因而起作用。从这个角度讲，依规治党与以德治党相统一，其实质就是思想建党与制度治党相结合。以德治党强调的是共产党人的道德品行、理想信念、精神追求，力图管好思想"总开关"，这正是思想建党的重要内容，是自律，是内因；

① 习近平：《习近平谈治国理政》（第三卷），北京：外文出版社 2020 年版，第 546~547 页。

② 中共中央文献研究室：《十八大以来重要文献选编》（中），北京：中央文献出版社 2016 年版，第 95 页。

依规治党强调的是制度意识的树立，规章制度的遵守，制度法规的执行，力图将权力关进制度的笼子，这正是制度治党的主旨要义所在，是他律，是外因。两者一柔一刚、同时同向发力，形成强大合力，筑牢全面从严治党的思想防线和制度防线。

二、推进管党治党体系和能力现代化，必须构建系统完备、科学规范、运行有效的管党治党制度体系

2019 年 10 月，党的十九届四中全会深入贯彻习近平新时代中国特色社会主义思想，全面贯彻落实党的十九大精神，审议通过了《中共中央关于坚持和完善中国特色社会主义制度、推进国家治理体系和治理能力现代化若干重大问题的决定》(以下简称《决定》)。《决定》明确提出，坚持和完善中国特色社会主义制度、推进国家治理体系和治理能力现代化，是全党的一项重大战略任务。管党治党体系和能力现代化，既是国家治理体系和治理能力现代化的重要组成部分，又引领和保障国家治理体系和治理能力现代化。我们要认真贯彻落实党的十九届四中全会精神，大力推进管党治党体系和能力现代化，着力固根基、扬优势、补短板、强弱项，构建系统完备、科学规范、运行有效的管党治党制度体系，加强系统治理、依法治理、综合治理、源头治理，不断提高执行能力，不断增强治理效能，为推进国家治理体系和治理能力现代化提供正确指引和有力保证。

推进管党治党体系和能力现代化，必须构建系统完备、科学规范、运行有效的管党治党制度体系。这个制度体系，我们可以按照

新时代党的建设总要求展开，也就是按照新时代党的建设的根本原则、指导方针、主线、统领、根基、着力点、总体布局、时代课题来展开。具体来说，要在坚持和完善以下八个方面的制度机制上狠下功夫。

1. 完善坚定维护党中央权威和集中统一领导的制度

保证全党服从中央，坚持党中央权威和集中统一领导，是党的政治建设的首要任务。《决定》要求，推动全党增强“四个意识”、坚定“四个自信”、做到“两个维护”，自觉在思想上政治上行动上同以习近平同志为核心的党中央保持高度一致，坚决把维护习近平总书记党中央的核心、全党的核心地位落到实处。对于我们党在长期实践中特别是党的十八大以来形成的维护党中央权威和集中统一领导的一系列制度机制，必须长期坚持，不断完善发展。具体来说：

一是完善落实“两个维护”的制度。“两个维护”是党的十八大以来我们党的重大政治成果和宝贵经验，是全党在革命性锻造中形成的共同意志，是最重要的政治纪律和政治规矩。“两个维护”在本质上是一体的，维护习近平总书记核心地位，就是维护党中央权威和集中统一领导；维护党中央权威和集中统一领导，首先要维护习近平总书记核心地位。“两个维护”是新时代对民主集中制的创造性运用，同以人民为中心是统一的，是坚持和加强党的全面领导、践行党的宗旨的根本保证。做到“两个维护”，要有鲜明的态度，更要有扎实的行动。要把“两个维护”体现在各项制度规定中，贯彻到党和国家工作的全过程各方面，落实到各级党组织和广大党员的行动上。

二是健全党中央对重大工作的领导体制。党的十八大以来，党中央完善中央财经领导小组工作机制，成立全面深化改革、国家安全、网络安全和信息化、军民融合发展等重要领域的决策议事协调机构，在中央政治局及其常委会领导下，加强顶层设计、统筹协调、整体推进、督促落实，对于加强党中央对重大工作的领导发挥了重要作用。党的十九大后，党中央在深化党和国家机构改革中，着力从制度安排上发挥党的领导这个最大的体制优势，适当归并党中央决策议事协调机构，统一各委员会名称，进一步完善了党中央对重大工作的领导体制。下一步，要适应统筹推进“五位一体”总体布局、协调推进“四个全面”战略布局的要求，落实和完善这些制度，形成统一高效的领导体制，确保党中央对重大工作的领导。

三是完善推动党中央重大决策落实机制。党中央制定的路线方针政策、作出的决策部署，是全党全国各族人民统一思想、统一意志、统一行动的依据，所有党组织都要不折不扣地贯彻落实。党的十八大以来，习近平总书记反复强调“一分部署、九分落实”，要以钉钉子精神推动党中央决策部署贯彻落实。我们要坚决贯彻落实党的基本理论、基本路线、基本方略，正确处理保证党中央政令畅通和立足实际创造性开展工作的关系，积极主动地将党的领导主张和重大决策部署转化为法律法规和政策政令，转化为领导体制、工作机制和管理方式方法创新，转化为推动经济社会发展的实际行动。要优化完善推动党中央重大决策落实机制，制定责任清单，化解部门分歧，消除条块梗阻，力戒形式主义、官僚主义。要建立定期就习近平总书记重要指示批示和党中央决策部署贯彻落实情况“回头看”和报告、通报制度，切实解决贯彻落实中的困难和问题，确保党中央政令畅通、令行禁止。

四是严格执行向党中央请示报告制度。《中国共产党重大事项请示报告条例》确立了请示报告的工作体制，对请示报告什么、怎么请示报告等基本问题作出了全面规定。涉及党和国家工作全局的重大方针政策，经济、政治、文化、社会、生态文明建设和党的建设中的重大原则和问题，国家安全、港澳台侨、外交、国防、军队等党中央集中统一管理的事项，以及其他只能由党中央领导和决策的重大事项，必须向党中央请示报告。超出自身职权范围的事项必须请示报告，在自身职权范围内关乎全局、影响广泛的重要事情和重要情况也应当请示报告。各级党组织应当切实担负起请示报告工作主体责任，认真贯彻落实《中国共产党重大事项请示报告条例》，坚持权责明晰，既牢记授权有限，该请示的必须请示，该报告的必须报告，又牢记守土有责，该负责的必须负责，该担当的必须担当；坚持规范有序，严格按照党章党规规定的主体、范围、程序和方式做好向党中央请示报告工作。严格执行向党中央请示报告制度，目的在于使党中央及时、全面、准确地了解各地区各部门情况，实事求是地分析形势，实事求是地作出决策，实事求是地解决问题。因此，任何请示报告都必须客观真实，全面如实报告工作、反映情况、分析问题、提出建议，既报喜又报忧、既报功又报过、既报结果又报过程；不能虚报浮夸、弄虚作假，不能掩盖问题、粉饰太平，不能华而不实、欺上瞒下。这要作为一条重要党性原则来要求。

五是健全维护党的集中统一的组织制度。党的力量来自组织。我们形成了包括党的中央组织、地方组织、基层组织在内的严密组织体系，要进一步明确各级党组织、党员领导干部的职责定位。党中央是大脑和中枢，对党和国家事业发展重大工作实行集中统一领导，必须有定于一尊的权威。正如习近平总书记指出：“在国家治理体系的大棋局中，党中央是坐镇中军帐的‘帅’，车马炮各展其长，一盘棋大局分明。”①党的地方组织的根本任务是确保党中央决策部署贯彻落实，要牢固树立一盘棋意识，有令即行、有禁即止。要扎实做好抓基层、打基础的工作，以提升组织力为重点，突出政治功能，扩大基层党的组织覆盖和工作覆盖，切实把党的领导落实到基层。每个党员特别是党员领导干部要强化党的意识和组织观念，相信组织、依靠组织、服从组织，自觉做到忠诚干净担当。

六是完善和落实党内政治生活制度。党的十八大以来，党中央把加强和规范党内政治生活作为全面从严治党的重要抓手，作为教育引导党员增强“四个意识”、坚定“四个自信”、做到“两个维护”的主要平台，从党的群众路线教育实践活动开始，探索了一条增强党内政治生活政治性、时代性、原则性、战斗性，提高党内政治生活质量的有效途径。党的十八届六中全会通过《关于新形势下党内政治生活的若干准则》，建立了一系列加强和规范党内政治生活的制度。党的十九大把严格执行新形势下党内政治生活的若干准则作为加强党的政治建设的一项重要任务和举措，提出了明确要求。各级党组织要结合实际完善具体制度，严格抓好制度落实。通过完善和落实制度，把党内政治生活加强和规范起来，使政治纪律和政治规矩严明起来，发展积极健康的党内政治文化，全面净化党内政治生态。

---

①　中共中央党史和文献研究院：《习近平关于总体国家安全观论述摘编》，北京：中央文献出版社 2018 年版，第 31 页。

2. 健全坚持和加强党的全面领导的制度

坚持和加强党的全面领导，是党的建设的根本原则。习近平总书记指出，“中国特色社会主义最本质的特征是中国共产党领导，中国特色社会主义制度的最大优势是中国共产党领导，党是最高政治领导力量”,[①]“党的领导必须是全面的、系统的、整体的，必须体现到经济建设、政治建设、文化建设、社会建设、生态文明建设和国防军队、祖国统一、外交工作、党的建设等各方面。哪个领域、哪个方面、哪个环节缺失了弱化了，都会削弱党的力量，损害党和国家事业”。[②] 我们要按照《决定》要求，在完善坚定维护党中央权威和集中统一领导的各项制度的前提下，完善以下制度：

一是完善党领导人大、政府、政协、监察机关、审判机关、检察机关、武装力量、人民团体、企事业单位、基层群众自治组织、社会组织等制度。习近平总书记强调：“我国社会主义政治制度优越性的一个突出特点是党总揽全局、协调各方的领导核心作用，形象地说是‘众星捧月’，这个‘月’就是中国共产党。”[③]健全党的全面领导制度的一项重要任务，就是确保各级各方面在党的统一领导下，各就其位、各司其职、各尽其责、有序协同，保证中央和地方各级政令统一、运行顺畅、执行高效、充满活力。特别是要认真落实《中

① 习近平：《习近平谈治国理政》(第三卷)，北京：外文出版社 2020 年版，第 94 页。

② 习近平：《习近平谈治国理政》(第三卷)，北京：外文出版社 2020 年版，第 166 页。

③ 中共中央党史和文献研究院：《习近平关于总体国家安全观论述摘编》，北京：中央文献出版社 2018 年版，第 31 页。

国共产党党组工作条例》，严格贯彻党组开展工作的五项原则，讨论和决定十二个方面重大问题，落实履行全面从严治党责任、提高党的建设质量的八项任务，遵循党组工作的组织原则、决策与执行的相关规定。

二是完善党领导各项事业的具体制度。《决定》强调，要“完善党领导各项事业的具体制度，把党的领导落实到统筹推进‘五位一体’总体布局、协调推进‘四个全面’战略布局各方面”。要健全党领导经济社会各方面重要工作的制度规定，确保党管干部、党管人才、党管意识形态、党对经济工作的领导、党对政法工作的领导、党管农村工作、党管办学方向等落到实处。要改进完善党领导实施重大战略的制度机制，围绕打赢三大攻坚战、实施“七大战略”、“一带一路”建设、东北全面振兴、京津冀协同发展、长江经济带发展、粤港澳大湾区建设、长三角一体化发展、黄河流域生态保护和高质量发展等重大战略，健全党统一领导、统筹协调、督促检查的具体制度，形成科学的协同机制。

三是完善党和国家机构职能体系。习近平总书记强调党和国家机构职能体系是中国特色社会主义制度的重要组成部分，是我们党治国理政的重要保障。党的十九届三中全会以来，习近平总书记对党和国家机构改革亲自擘画设计、亲自动员部署、亲自领导推动，实现了党和国家组织结构和管理体制的系统性、整体性重构。要按照党中央统一部署，以坚持和加强党的全面领导为统领，以推进党和国家机构职能优化协同高效为着力点，把机构职责调整优化同健全完善制度机制有机统一起来，把加强党的长期执政能力建设同提高国家治理水平有机统一起来，继续巩固机构改革成果，推进机构编制法定化，构建系统完备、科学规范、运行高效的党和国家机构职能体系；要更好地发挥党的职能部门作用，优化党的组织、宣传、统战、政法、机关党建、教育培训等部门职责配置，优化设置各类党委办事机构，优化规范设置党的派出机关，加强对相关领域、行业、系统工作的领导；要加强党政机构职能统筹，进一步理顺党政机构职责关系，发挥好党的职能部门统一归口协调管理职能，统筹本领域重大工作，形成统一高效的领导体制，保证党实施集中统一领导，保证其他机构协同联动、高效运行。

四是推进党的全面领导入法入规。切实把党的主张依照法定程序转化为国家意志，成为全社会一体遵循的行为规范和活动准则，从法律制度上保证党的理论和路线方针政策的贯彻实施，及时将党在经济、政治、文化、社会、生态文明建设等方面的决策部署转化为法律法规。在重要法律法规中明确规定党的全面领导的法律地位，党的领导相关工作、党的组织建设、党组织活动的法律法规保障。

3. 建立健全加强党的长期执政能力建设、先进性和纯洁性建设的制度

加强党的长期执政能力建设、先进性和纯洁性建设，是新时代党的建设的主线。加强党的长期执政能力建设，提高党的执政能力和领导水平，要按照《决定》要求，建立健全以下制度：

一是坚持民主集中制，完善发展党内民主和实行正确集中的相关制度。民主集中制是党的根本组织原则，是党内政治生活正常开展的重要制度保障。要全面贯彻党的组织制度、领导制度、决策制度，严格落实党的代表大会制度、党内选举制度、维护党员民主权

利制度、党内生活和党内监督制度，也就是要坚持集体领导制度；完善发展党内民主各项制度，建立健全充分反映党员和党组织意愿的党内民主制度，坚持和完善党的代表大会制度，落实党代表大会代表任期制，实行代表提案制，健全代表参与重大决策、参加重要干部推荐和民主评议、列席党委有关会议、联系党员群众等制度，建立职责清单制度，健全党内情况通报、情况反映制度；完善实行正确集中的相关制度，等等，真正把民主集中制的优势变成我们党的政治优势、组织优势、制度优势、工作优势。

二是健全决策机制，确保决策科学、执行坚决、监督有力。要坚持科学决策、民主决策、依法决策，健全党内重大决策论证评估和征求意见等制度。坚持先调研后决策的重要决策调研论证制度，坚持领导、专家、群众相结合的决策机制，完善群众参与、决策论证的具体制度，坚持决策风险评估机制。要强化决策的执行、评估、监督，落实党委会(党组)议事规则和决策程序，健全常委会向全委会定期报告并接受监督制度，探索建立上级党组织在作出同下级组织有关重要决策前征求下级组织意见的制度。要健全决策评估论证机制，完善决策督查和反馈机制，完善重大决策终身责任追究制度及责任倒查机制，完善决策绩效评估机制。

三是改进党的领导方式和执政方式，增强各级党组织政治功能和组织力。要完善党的领导体制，建立健全坚持和加强党的全面领导的制度体系，完善地方党委、党组、党的工作机关实施党的领导的体制机制，建立健全国有企业党委(党组)和农村、事业单位、街道社区等的基层党组织发挥领导作用的制度规定。要增强各级党组织政治功能和组织力，完善强化各级各类党组织政治属性和政治功能的相关制度，建立健全党委(党组)及其成员履职考核制度，完善工作保障制度，推动各级党组织更好地发挥作用。要完善党和国家机构职能体系，按照系统完备、科学规范、运行高效的原则，解决好影响和制约党和国家事业发展的根本性体制机制问题，形成总揽全局、协调各方的党的领导体系，职责明确、依法行政的政府治理体系，中国特色、世界一流的武装力量体系，联系广泛、服务群众的群团工作体系，推动党和国家各项工作协调行动、高效运行。

四是完善担当作为的激励机制，全面增强各级领导干部执政本领。要树立重实干重实绩的用人导向，完善干部考察识别、选拔任用配套制度，建立能上能下的选人用人机制。要完善考核评价机制，构建完整的干部考核工作制度体系。要建立健全容错纠错机制，切实为敢于担当的干部撑腰鼓劲。要完善和落实谈心谈话制度，健全干部待遇激励保障制度体系，完善政治上激励、工作上支持、待遇上保障、心理上关怀的各项制度，增强干部的荣誉感、归属感、获得感。要完善增强执政本领各项制度，建立源头培养、跟踪培养、全程培养的素质培养体系，建设高素质专业化干部队伍。要完善干部到重大斗争一线经受历练的制度措施，引导干部发扬斗争精神，增强斗争本领。

加强党的先进性和纯洁性建设，坚定理想信念，是党的思想建设的首要任务，要按照《决定》要求，建立健全以下制度：

一是建立不忘初心、牢记使命的制度。要坚持强烈的问题导向和目标导向，增强制度的针对性、有效性，注重解决好思想根基问题、好政治站位问题、旗帜方向问题、人民情怀问题。这一制度大体包括六个方面的内容：关于确保全党遵守党章的内容，确保全党恪守党的性质和宗旨的内容，确保用共产主义远大理想和中国特色社会主义共同理想凝聚全党、团结人民的内容，确保用习近平新时代中国特色社会主义思想武装全党、教育人民、指导工作的内容，确保全党全面贯彻党的基本理论基本路线基本方略、持续推进党的理论创新实践创新制度创新的内容，把不忘初心、牢记使命作为加强党的建设的永恒课题和全体党员干部的终身课题，以及形成长效机制的内容，从总体上构建不忘初心、牢记使命的制度。

二是完善理论学习制度。坚持和完善党员干部自学、党委(党组)理论中心组学习，基层党组织集中学习、理论宣讲、党员教育培训等各项制度，坚持理论联系实际，不断改进学风。

三是完善党管意识形态、党管媒体的制度。党管意识形态，要牢牢掌握意识形态工作领导权，坚持以立为本、立破并举，推进社会主义意识形态建设，使全体人民在理想信念、价值理念、道德观念上紧紧团结在一起。各级党委要切实负起政治责任和领导责任，严格落实意识形态工作责任制。党员干部特别是各级领导干部，要发扬斗争精神，敢抓敢管、敢于亮剑。加强阵地建设和管理，注意区分政治原则问题、思想认识问题、学术观点问题，旗帜鲜明地反对和抵制各种错误观点。党管媒体，做到所有从事新闻信息服务、具有媒体属性和舆论动员功能的传播平台都要纳入管理范围，所有新闻信息服务和相关业务从业人员都要实行准入管理。深入开展马克思主义新闻观教育，引导广大新闻舆论工作者自觉抵制西方新闻观等错误观点的影响，做党的政策主张的传播者、时代风云的记录者、社会进步的推动者、公平正义的守望者。坚持正确舆论导向，坚持正面宣传为主，唱响主旋律，弘扬正能量，做大做强主流思想舆论，提高新闻舆论传播力、引导力、影响力、公信力。

4. 健全党管干部、选贤任能制度

习近平总书记在党的十九大报告中提出："党的干部是党和国家事业的中坚力量。"坚持和完善中国特色社会主义制度、推进国家治理体系和治理能力现代化，必须加强新时代干部队伍和人才队伍建设，着力培养忠诚干净担当的高素质干部，着力集聚爱国奉献的各方面优秀人才。我们要按照《决定》要求，坚持新时代党的组织路线，健全党管干部、选贤任能制度。

一是着力培养忠诚干净担当的高素质干部。治国理政，要在用人。全面从严治党，必须从严治吏。习近平总书记在2013年、2018年全国组织工作会议上，就做好新时代干部工作发表重要讲话，对坚持党管干部、选贤任能、从严治吏等提出了明确要求，为培养忠诚干净担当的高素质干部队伍指明了方向。要严格执行党政领导干部选拔任用工作条例等相关法规，建立素质培养体系、知事识人体系、选拔任用体系、从严管理体系、正向激励体系，做好干部培育、选拔、管理、使用工作。坚持党管干部原则，坚持德才兼备、以德为先，坚持五湖四海、任人唯贤，坚持事业为上、公道正派，把"信念坚定、为民服务、勤政务实、敢于担当、清正廉洁"的好干部标准落到实处。坚持正确选人用人导向，匡正选人用人风气，突出政治标准，培养造就一支具有铁一般信仰、铁一般信念、铁一般纪律、铁一般担当的干部队伍。要注重培育专业能力、专业精神，增强干部队伍适应新时代中国特色社会主义发展要求的能力。把严管和厚爱、激励和约束结合起来，为那些敢于负责、善于作为、实绩突出

的干部撑腰鼓劲。要关心爱护基层干部，注重在基层一线和困难艰苦的地方培养锻炼年轻干部。

二是着力集聚爱国奉献的各方面优秀人才。人才是实现民族振兴、赢得国际竞争主动的战略资源。要坚持党管人才原则，聚天下英才而用之，加快建设人才强国，努力建设一支矢志爱国奉献、勇于创新创造的优秀人才队伍。实行更加积极、更加开放、更加有效的人才政策，以识才的慧眼、爱才的诚意、用才的胆识、容才的雅量、聚才的良方，把党内和党外、国内和国外各方面优秀人才集聚到党和人民的伟大奋斗中来。深化人才发展体制机制改革，完善人才培养机制、改进人才评价机制、创新人才流动机制、健全人才激励机制，最大限度地把广大人才的报国情怀、奋斗精神、创造活力激发出来。

5. 坚持和完善基层组织建设制度

党的力量来自组织，党的全面领导、党的全部工作要靠党的坚强组织体系去实现。要认真贯彻落实新时代党的组织路线，完善强化各级各类党组织政治属性和政治功能的相关制度，坚决纠正党的领导弱化、党的建设缺失、全面从严治党不力问题。要针对一些基层党组织弱化、虚化、边缘化问题，完善打基础、补短板、强弱项的制度机制，持续整顿软弱涣散基层党组织，优化组织设置和活动方式创新，扩大基层党的组织覆盖和工作覆盖，统筹推进企业、农村、机关、事业单位、社区、社会组织等各领域党建工作，推动基层党组织全面进步、全面过硬。要实施好党支部工作条例，坚持和完善“三会一课”、民主评议党员、主题党日等基本制度，推进支部标准化规范化建设，推动后进赶先进、中间争先进、先进更先进，使每个支部都成为党旗高高飘扬的战斗堡垒。要发挥支部管到人头的特点，完善党员教育管理监督制度，改进方式方法，加强关怀帮扶，提升党员队伍质量，使每名党员都成为一面鲜红的旗帜。要建立健全党委(党组)及其成员履职考核制度，完善工作保障制度，推动各级党组织更好发挥作用。

6. 坚持和完善正风肃纪制度

党的作风就是党的形象，关乎人心向背，关乎党的生死存亡。作风和纪律互为表里，正风和肃纪有机统一，要按照《决定》要求，坚持和完善正风肃纪制度。

一是完善作风建设制度机制。习近平总书记指出："我们党作为马克思主义执政党，不但要有强大的真理力量，而且要有强大的人格力量。真理力量集中体现为我们党的正确理论，人格力量集中体现为我们党的优良作风。"①党的十八大以来，以习近平同志为核心的党中央以踏石留印、抓铁有痕的劲头狠抓作风建设，制定和落实中央八项规定，在全党开展以为民务实清廉为主要内容的党的群众路线教育实践活动，在县处级以上领导干部中开展"三严三实"专题教育，推进"两学一做"学习教育常态化制度化，进一步解决党员队伍在政治、思想、组织、作风、纪律等方面存在的问题，推动党风政风为之一新，党心民心为之大振。

根据党的十九大部署，以县处级以上领导干部为重点，在全党

---

① 中共中央文献研究室：《习近平关于全面从严治党论述摘编》，北京：中央文献出版社 2016 年版，第 157 页。

开展“不忘初心、牢记使命”主题教育。要牢牢把握守初心、担使命，找差距、抓落实的总要求，牢牢把握深入学习贯彻习近平新时代中国特色社会主义思想、锤炼忠诚干净担当的政治品格、团结带领全国各族人民为实现伟大梦想共同奋斗的根本任务，努力实现理论学习有收获、思想政治受洗礼、干事创业敢担当、为民服务解难题、清正廉洁作表率的具体目标。

作风问题核心是党同人民群众的关系问题。加强作风建设，必须紧紧围绕保持党同人民群众的血肉联系，健全密切联系群众的制度，落实调查研究、领导干部基层联系点等制度，创新互联网时代群众工作机制，畅通职工群众意见反馈渠道，不断增强群众观念和群众感情，不断厚植党执政的群众基础。要健全持之以恒地落实中央八项规定精神的制度，整治违反中央八项规定精神的突出问题，坚决反对形式主义、官僚主义、享乐主义和奢靡之风。要把力戒形式主义、官僚主义摆在突出位置来抓，教育引导党员干部牢记党的宗旨，坚持实事求是的思想路线，树立正确政绩观，真抓实干，转变作风。

作风问题具有顽固性和反复性，形成优良作风不可能一劳永逸，克服不良作风也不可能一蹴而就。作风建设是攻坚战、持久战，既要以滚石上山、爬坡过坎的勇气，深化整治、见底见效，又要坚持抓常、抓细、抓长，锲而不舍、持之以恒。

二是完善纪律建设制度机制。加强纪律建设是全面从严治党的治本之策。习近平总书记强调，党面临的形势越复杂、肩负的任务越艰巨，就越要加强纪律建设。① 要把纪律建设摆在更加突出位置，

---

① 中共中央文献研究室：《十八大以来重要文献选编》(上)，北京：中央文献出版社 2014 年版，第 131 页。

坚持纪严于法、纪在法前，把纪律和规矩挺在前面。

党的纪律和规矩是党的各级组织、全体党员必须遵守的行为准则。纪律是成文的规矩，一些未明文列入纪律的规矩是不成文的纪律；纪律是刚性的规矩，一些未明文列入纪律的规矩是自我约束的纪律。党的规矩总的包括：党章是全党必须遵循的总章程，也是总规矩；党的纪律特别是政治纪律是全党必须遵守的刚性约束；国家法律是党员干部必须遵守的规矩，全党必须模范执行；党在长期实践中形成的优良传统和工作惯例，经过实践检验，约定俗成、行之有效，需要全党长期坚持并自觉遵循。

严明党的纪律，首先要严格遵守党章。党章是党的根本大法，认真学习党章、严格遵守党章，是全党同志的应尽义务和庄严责任。每一个共产党员都要牢固树立党章意识，自觉用党章规范自己的一言一行，在任何情况下都要做到政治信仰不变、政治立场不移、政治方向不偏。党员领导干部要把学习党章作为必修课，自觉学习党章、遵守党章、贯彻党章、维护党章，真正使党章内化于心、外化于行。

政治纪律是我们党最根本、最重要的纪律，是净化政治生态的重要保证。要把坚决做到“两个维护”作为首要政治纪律，决不允许在重大政治原则问题上、大是大非问题上同党中央唱反调，搞自由主义。坚持“五个必须”，必须维护党中央权威，决不允许背离党中央要求另搞一套；必须维护党的团结，决不允许在党内培植个人势力；必须遵循组织程序，决不允许擅作主张、我行我素；必须服从组织决定，决不允许搞非组织活动；必须管好领导干部亲属和身边工作人员，决不允许他们擅权干政、谋取私利。严肃查处“七个有之”问题，坚决防止党内形成利益集团攫取政治权力、改变党的性质，坚决防止山头主义和宗派主义危害党的团结、破坏党的集中统一。

制定纪律是要执行的，必须使纪律真正成为带电的高压线。习近平总书记指出：“遵守党的纪律是无条件的，要说到做到，有纪必执，有违必查，而不能合意的就执行，不合意的就不执行，不能把纪律作为一个软约束或是束之高阁的一纸空文。”①对违规违纪、破坏法规制度踩“红线”、越“底线”、闯“雷区”的，要坚决严肃查处，不以权势大而破规，不以问题小而姑息，不以违者众而放任，不留“暗门”、不开“天窗”，坚决防止“破窗效应”。

惩前毖后、治病救人是我们党的一贯方针，也是党加强自身建设的历史经验。要把维护党的纪律严肃性和信任爱护干部统一起来，体现严管就是厚爱、治病为了救人。充分运用监督执纪“四种形态”，抓早抓小、防微杜渐。加强纪律教育，强化纪律执行，让党员干部知敬畏、存戒惧、守底线，习惯在受监督和约束的环境中工作生活。

7. 坚持和完善党内监督制度

党内监督是新时代党的建设重要内容，也是全面从严治党的重要保障。在领导人民进行伟大的社会革命的同时领导全党进行伟大的自我革命，实现自我净化、自我完善、自我革新、自我提高，是我们党区别于其他政党的鲜明特征，是我们党长盛不衰的内在原因，是我们党能够长期执政，坚持并不断完善中国特色社会主义制度的

---

① 中共中央纪律检查委员会、中共中央文献研究室：《习近平关于严明党的纪律和规矩论述摘编》，北京：中央文献出版社、中国方正出版社2016年版，第76页。

关键所在。习近平总书记指出：“自我监督是世界性难题，是国家治理的哥德巴赫猜想。”①权力是最大的腐蚀剂，我们党长期执政必然面临被腐蚀风险，解决这个问题，不能靠西方所谓的政党轮替和三权分立，根本上要靠党自我革命、自我净化；只有把自我监督的有效制度确立起来，构建起具有中国特色的监督体系，才能巩固党的执政地位，跳出历史周期率。党的十九届四中全会作出坚持和完善党和国家监督体系的重大制度安排，标志着我们党对长期执政条件下推进自我革命、永葆先进纯洁的认识达到新的高度。

一是落实全面从严治党责任制度。坚持和加强党的领导必须推进党的建设，压实管党治党主体责任和监督责任，规范党内政治生活，强化日常监督，严明政治纪律和政治规矩，发展积极健康的党内政治文化，全面净化党内政治生态。各级党委(党组)要在党中央集中统一领导下，强化在同级组织中的领导地位、监督作用，强化对下级党组织特别是主要领导干部的监督，把管理和监督寓于实施领导全过程。党委(党组)书记作为第一责任人，必须把责任记在心里、扛在肩上，坚定斗争意志，把握斗争方向，明确斗争任务，掌握斗争规律，讲求斗争方法，增强斗争本领，通过以身作则、以上率下，把每条战线、每个领域、每个环节的监督工作抓具体、抓深入。要坚持权责统一，抓好问责条例贯彻落实，以精准规范有力问责，督促各级党组织和领导干部牢记初心使命、增强政治担当，主动开展和自觉接受监督，推动党的建设和党的事业健康发展。

二是发挥党内监督主导作用。党的执政地位决定了党内监督在

① 习近平：《习近平谈治国理政》(第三卷)，北京：外文出版社 2020 年版，第 511 页。

党和国家监督体系中是最基本的、第一位的，党内监督有力有效，其他监督才能发挥作用。要突出党内监督政治属性，增强政治敏锐性和政治鉴别力，推进政治监督具体化和常态化，督促各级党组织和党员领导干部加强政治建设、做到“两个维护”，坚守职能定位、践行职责使命，全面从严治党、正风肃纪反腐，健全制度机制、提高治理能力，确保党的集中统一领导更加坚强有力。要补齐日常监督短板，把思想政治工作和群众工作贯穿始终，综合运用平时观察、谈心谈话、检查抽查、列席民主生活会、受理信访举报、督促巡视巡察整改、提出纪检监察建议等形式，把日常监督实实在在做起来，抓早抓小、防微杜渐。要全面贯彻中央巡视工作方针，深化政治巡视，完善巡视巡察上下联动格局，建立健全整改常态化、长效化机制，充分彰显巡视监督严肃性和公信力。要完善督察落实情况报告制度，提高发现和处置问题能力。上级监督必须加强、同级监督不可偏废、下级监督必须支持，这三点做好了，“关键少数”就能盯紧盯牢。要坚持问题导向，注重精准施策，完善对高级干部、各级主要领导干部监督制度，完善领导班子内部监督制度，加强纪委对同级党委特别是常委会委员履行职责、行使权力情况的监督，推动主要领导干部决策和用人情况等在适当范围内公开，确保权力受到严格约束。

三是强化纪委监委专责监督。纪检监察机关是党内监督和国家监察专责机关，在党和国家监督体系中处于主干位置、发挥保障作用，必须一体推进不敢腐、不能腐、不想腐，统筹推进党的纪律检查体制改革、国家监察体制改革、纪检监察机构改革，在更深层次更高水平上深化转职能、转方式、转作风，不断提升履职尽责水平。

加强上级纪委监委对下级纪委监委的领导，坚持查办腐败案件以上级纪委监委领导为主、各级纪委书记副书记提名考察以上级纪委会同组织部门为主，推进双重领导体制具体化、程序化、制度化。发挥纪委监委合署办公优势，健全统一决策、一体运行的工作机制，坚持纪在法前、纪严于法，推动执纪执法贯通、有效衔接司法，提高运用法治思维和法治方式反腐败能力。完善派驻监督体制机制，加强对派驻机构的直接领导和统一管理，实行派驻机构履职考核以上级纪委为主，深化垂直管理单位纪检监察体制改革，推动纪检监察工作向基层延伸，增强人民群众获得感幸福感安全感。认真落实纪律检查机关监督执纪工作规则和监察机关监督执法工作规定，强化纪法思维、程序意识，严格工作规程，健全内控机制，对纪检监察干部违纪违法行为“零容忍”，把依规依纪依法体现在各方面各环节，推进纪检监察工作规范化、法治化。

四是推动各类监督有机贯通、相互协调。随着全面深化改革向纵深推进，健全党和国家监督体系，已由前期的夯基垒台、立柱架梁，中期的全面推进、积厚成势，进入到系统集成、协同高效的新阶段。各领域各环节监督的关联性互动性明显增强，每一种监督都会对其他监督产生重要影响，也需要其他监督协同配合，必须上下统筹、联动推进。要紧紧围绕构建党统一领导、全面覆盖、权威高效的监督体系，着力加强党对监督体系建设的统一领导，牢牢掌握主导权；着力消除对公权力行使的监督空白和盲区，把所有党员干部及所有行使公权力的公职人员置于党组织和人民群众监督之下；着力健全协作配合机制，形成配置科学、权责协同、运行高效的监督网。要推进纪律监督、监察监督、派驻监督、巡视监督统筹衔接，加强纪检监察机关监督检查部门、派驻纪检监察组、巡视巡察机构之间的信息互通、监督互动，汇聚监督合力。要健全人大监督、民主监督、行政监督、司法监督、群众监督、舆论监督制度，发挥审计监督、统计监督职能作用，健全信息沟通、线索移送、措施配合、成果共享等工作机制，以党内监督为主导，推动各类监督有机贯通、相互协调、形成合力。

8. 完善和落实全面从严治党责任制度

这是管党治党严起来、紧起来、实起来的有力制度保证。习近平总书记指出，全面从严治党，必须从根本上解决主体责任缺失、监督责任缺位、管党治党宽松软的问题，把强化党内监督作为党的建设重要基础性工程，使监督的制度优势充分释放出来；制度治党要抓住落实主体责任这个“牛鼻子”，真正贯彻“有权必有责，责任要担当，失责必追究”的原则，实现制度执行到人到事；抓党建必须抓责任制，抓责任制必须抓责任人，抓责任人必须抓第一责任人；不明确责任，不落实责任，不追究责任，从严治党是做不到的，要整合问责制度，健全问责机制，坚持有责必问、问责必严。[①] 他要求，坚持有责必问、问责必严，把监督检查、目标考核、责任追究有机结合起来，形成法规制度执行强大推动力。问责的内容、对象、事项、主体、程序、方式都要制度化、程序化。问责既要对事也要对人，要问到具体人头上。要把法规制度执行情况纳入党风廉政建设责任制检查考核和党政领导干部述职述廉范围，通过严肃追究主

① 参见《强化问责，习近平这样说》，载新华网，2016 年 7 月 24 日。

体责任、监督责任、领导责任，让法规制度的力量在反腐倡廉建设中得到充分释放。纪律检查机关要加大监督检查力度，对有令不行、有禁不止的，不仅要严肃查处直接责任人，而且要严肃追究相关领导人员的责任。

全面从严治党，各级党组织、党的各个机构部门、每个党员和干部都有责任，各级党委和纪检监察机关责任更为重大。习近平总书记在党的十八届三中全会上的重要讲话中明确了全面从严治党的“两个责任”，即“党委负主体责任，纪委负监督责任”，为健全全面从严治党责任制度提供了根本依据。健全全面从严治党责任制度，就是要把全面从严治党的主体责任具体落实到各级党委、中央部委和国家机关部门党组(党委)、基层党组织，明确各级纪检监察机关监督责任，明确党委(党组)书记管党治党第一责任人职责和领导班子成员“一岗双责”，推动各责任主体把管党治党责任记在心上、扛在肩上、落实到行动上。具体来说包括以下两点：

一是完善和落实明责履责方面的制度。要按照管党治党责任制的有关规定，修订完善党建责任制及党风廉政建设责任制实施办法、党员领导干部全面从严治党责任清单，进一步明晰管党治党责任。建立健全党建工作领导体制和运行机制，规范各级党建工作领导小组运作。建立定期听取党委委员(党组成员)抓党建工作的情况汇报机制，健全下级党组织向上级党组织报告党建工作制度，层层压实责任。

二是完善和落实考责问责方面的制度。要完善党建工作责任制考核评价办法，特别是党组织书记抓党建述职评议考核办法，优化改进基层党建考核工作，积极探索党建工作和中心工作考核相结合的途径。要强化考核结果运用，对全面履行管党治党责任的党组织和党员领导干部进行表扬激励，对履责不力造成严重后果的，要按照问责条例等规定，严格追究责任。

三、推进管党治党体系和能力现代化，必须提高制度的执行能力和治理效能

习近平总书记强调，制度的生命力在于执行。要强化制度执行力，加强制度执行的监督，切实把我国制度优势转化为治理效能。[①] 推进管党治党体系和能力现代化，制定制度是基础，强化执行是关键，必须在不断提高执行能力、不断增强治理效能上狠下功夫。

1. 切实强化制度意识，深刻认识提高制度执行力的必要性和重要性

党的十八大以来，我们党在制度建设方面取得了重大进展，在制度执行力方面也有显著提高。但要看到，目前在实践过程中，一些领域还或多或少存在着制度执行力不足的问题，这已经成为影响治理效能的“短板”。制度一经制定，就要严格执行。再好的制度，如果不抓落实，只是写在纸上、贴在墙上、锁在抽屉里，就会形同虚设，其效果也会大打折扣。各级党组织和党员领导干部要切实增强按制度办事、依法办事意识，自觉维护制度的刚性约束力，坚决防止制度成为“稻草人”“橡皮筋”。

① 习近平：《在中央政治局第十七次集体学习时的讲话》，载新华网，2019 年 9 月 24 日。

2. 带头维护制度权威，做制度执行的表率

习近平总书记强调，各级党委和政府以及领导干部要增强制度意识，善于在制度的轨道上推进各项事业。广大党员、干部要做制度执行的表率，引领全社会增强制度意识，自觉维护制度权威。① 提高制度执行力，离不开各级党组织和党员领导干部的率先垂范。领导干部尤其是高级干部在党和国家事业发展中具有特殊重要地位，要以身作则、率先垂范，发挥先锋模范作用，给广大党员干部树立标杆、作出示范、当好表率。坚持制度面前人人平等、执行制度没有例外，不留“暗门”、不开“天窗”，防止“破窗效应”。坚持高标准、严要求，要求党员干部做到的，领导干部必须首先做到；要求下级做到的，上级必须首先做到；要求别人做到的，自己必须首先做到。要增强斗争精神，坚持原则、敢抓敢管，坚决同一切违反制度的现象作斗争，带动全党全社会自觉尊崇制度、严格执行制度、坚决维护制度。

3. 加强对制度执行的监督，坚决杜绝做选择、搞变通、打折扣的现象

习近平总书记指出，要强化政治监督，保障制度执行，增强“两个维护”的政治自觉。要加强对党的十九届四中全会精神贯彻落实情况的监督检查，坚定不移坚持和巩固支撑中国特色社会主义制度的根本制度、基本制度、重要制度。要用严明的纪律维护制度，增强

---

① 习近平：《在中央政治局第十七次集体学习时的讲话》，载新华网，2019 年 9 月 24 日。

纪律约束力和制度执行力。要完善全覆盖的制度执行监督机制，强化日常督察和专项检查。要把制度执行情况纳入考核内容，推动干部严格按照制度履职尽责、善于运用制度谋事干事。要以有效问责强化制度执行，既追究乱用滥用权力的渎职行为也追究不用弃用权力的失职行为，既追究直接责任也追究相关领导责任。①

严格监督是保证制度不折不扣贯彻执行的关键。要健全权威高效的制度执行机制，明确各项制度执行的主体责任、监督责任、领导责任，形成制度执行强大推动力。加强对制度执行的监督，把监督检查、目标考核、责任追究有机结合起来，坚持有责必问、问责必严。坚决纠正有令不行、有禁不止的现象，对把制度当摆设、破坏制度、违法违规违纪的，要严肃查处，确保各项制度落地生根。

---

① 《习近平在十九届中央纪委四次全会上发表重要讲话》，载新华网，2020 年 1 月 13 日。

第十三章　论国企党建

——坚持党的领导、加强党的建设是国有企业的“根”和“魂”

国有企业是中国特色社会主义的重要物质基础和政治基础，是党执政兴国的重要支柱和依靠力量。党的十八大以来，习近平总书记心系国有企业，心忧“国之重器”，先后50多次深入国有企业调研，并就国有企业改革发展党建发表重要讲话、作出重要指示批示。特别是2016年10月，习近平总书记在全国国有企业党的建设工作会议上发表重要讲话，深刻回答了国有企业党的建设一系列方向性、根本性、全局性重大问题，为国有企业坚持党的领导、加强党的建设提供了根本遵循。以这次重要会议和这个重要讲话为标志，国有企业党的建设的春天真正到来。

2019年12月，中共中央颁布了《中国共产党国有企业基层组织工作条例(试行)》。这是深入贯彻习近平新时代中国特色社会主义思想，贯彻落实新时代党的建设总要求和新时代党的组织路线，坚持和加强党对国有企业的全面领导，提高国有企业党的建设质量的重要举措，对于完善中国特色现代企业制度，增强国有经济的竞争力、创新力、控制力、影响力、抗风险能力，做强做优做大国有资本，具有十分重要的意义。

习近平总书记关于新时代国有企业党的建设重要论述，具体回答了新时代国有企业党的建设一系列重大理论和实践问题，是新时代党建思想的重要组成部分，是新时代推进国有企业改革发展和党的建设的行动指南。这一重要论述系统完备、博大精深，我们可以从以下十个方面学习理解。

一、中国特色社会主义的重要物质基础和政治基础——关于“六种力量”

国有企业的地位和作用问题，是习近平总书记新时代国有企业党的建设重要论述的首要问题。

2019 年 5 月，习近平总书记在“不忘初心、牢记使命”主题教育工作会议上指出：“前几天，我去了江西于都，参观中央红军长征出发地，目的是缅怀当年党中央和中央红军在苏区浴血奋战的峥嵘岁月，牢记红色政权是从哪里来的、新中国是怎么建立起来的，不忘历史、不忘初心。”①在习近平总书记提到的于都县的山林深处，曾有中国共产党建立的第一个国有企业。1931 年 11 月，中华苏维埃中央临时政府在瑞金成立。毛泽东等领导人认为应该利用好赣南丰富的钨矿资源。作为苏维埃政府的唯一重工业，中华钨矿公司在 4 年内共收入 435 万块银元，成为红色政权的主要经济支撑，有力粉碎了国民党的围剿和封锁。从历史史料中，我们就能知道国有企业的

① 习近平：《在“不忘初心、牢记使命”主题教育工作会议上的讲话》，北京：人民出版社 2019 年版，第 5 页。

极端重要性。

党的十八大以来，习近平总书记先后以“共和国长子”“两个支柱”“三个关系”“六个力量”“三个排头兵”等，对国有企业在党和国家事业全局中的重要地位和特殊作用作出了全面深刻阐述，比如：

2013年8月，习近平总书记来到沈阳市铁西区，看到老工业基地发生的巨变，他指出：我一直关注着东北老工业基地，1986年我来过铁西区。作为“共和国长子”，这里有过辉煌，也有过低迷，现在又扛起国家重担、焕发青春，我很欣慰。①

2014年8月，习近平总书记在中央深化改革领导小组第4次会议上明确指出，国有企业特别是中央管理企业，在关系国家安全和国民经济命脉的主要行业和关键领域占据支配地位，是国民经济的重要支柱，在我们党执政和我国社会主义国家政权的经济基础中也是起支柱作用的，必须搞好。

2016年10月，习近平总书记在全国国有企业党的建设工作会议上指出，国有企业是中国特色社会主义的重要物质基础，关系公有制主体地位的巩固，关系我们党的执政地位和执政能力，关系我国社会主义制度。我国国有企业为我国经济社会发展、科技进步、国防建设、改善民生作出了历史性贡献，功勋卓著！功不可没！这是绝对不能否定的！也是绝对否定不了的！如果没有长期以来国有企业为我国发展打下的重要物质基础，就没有我国的经济独立和国家安全，就没有人民生活的不断改善，就没有我国今天在世界上的地位，就没有社会主义中国在世界东方的岿然屹立！习近平总书记强

① 《习近平：我一直关注着东北老工业基地》，载新华网，2013年8月30日。

调，国有企业应当成为党和国家最可信赖的依靠力量，成为坚决贯彻执行党中央决策部署的重要力量，成为贯彻新发展理念、全面深化改革的重要力量，成为实施“走出去”战略、“一带一路”建设等重大战略的重要力量，成为壮大综合国力、促进经济社会发展、保障和改善民生的重要力量，成为我们党赢得具有许多新的历史特点的伟大斗争胜利的重要力量。

2017 年 4 月，习近平总书记在广西南宁考察时指出，国有企业要做落实新发展理念的排头兵、做创新驱动发展的排头兵、做实施国家重大战略的排头兵。

习近平总书记从不同侧面，阐述了国有企业的地位和作用。比如，“三个关系”就是一个整体，体现了国有企业的政治属性、经济属性和社会属性的有机统一。“六种力量”中，“最可信赖的依靠力量”是对国有企业地位和作用的总括性论述；其他五个方面的“重要力量”是“依靠力量”的具体展开，反映了新时代对国有企业重大战略使命的定位。

学习习近平总书记关于国有企业地位和作用的重要论述，我们感受很深。长期以来，特别是改革开放以来，对国有企业的地位和作用，有过不少争论，且呈愈演愈烈之势，否定、抹黑国有企业成为一个非常严重的问题，有的时候否定的声音甚至大过肯定的声音。西方敌对势力总是千方百计攻击国有企业，如果国有企业发展得好，他们说是因为垄断；如果国有企业遇到困难甚至亏损，他们就说垄断还亏损，实在无能。总之，好也不是，不好也不是。他们深知，国有企业是中国特色社会主义的顶梁柱，如果把这个顶梁柱抽掉了，中国特色社会主义大厦必然垮塌。所以，在相当长的时间内，国有企业基本抬不起头，国有企业党建工作和党建工作者更是如此。

西方敌对势力的攻击并不可怕，一切都在预料之中，反倒是他们不发声，我们还觉得奇怪，可怕的是我们阵营中的一些人总是感到心虚，甚至自毁长城。国有企业的三重属性，即政治属性、经济属性、社会属性是客观存在的，有的人淡化甚至讳言国有企业的政治属性，不敢提国有企业是党的执政基础，是中国特色社会主义的政治基础，是“共和国的长子”，总担心西方人不高兴、不满意。曾经有一种现象，国有企业领导人员参加外事活动，名片上都不敢标识国有企业属性，都不敢表明共产党员和党组织负责人身份。在共产党执政的国家，国有企业领导人员不敢亮明自己的政治身份，岂非咄咄怪事？

诸如此类，种种怪象，对我国国有企业改革发展稳定带来了极为不利的影响，甚至社会上出现了“国有企业还要不要”的争论。在这样的背景下，习近平总书记关于“三个关系”“六种力量”等的提出，一锤定音，粉碎了一些人抹黑国企、消灭国企的企图，终结了“国有企业还要不要”这个伪命题。我们一定要深刻领会习近平总书记关于国有企业地位和作用的重要论述，把思想和行动统一到习近平总书记的要求上来。

二、以解决问题为突破口，推动国企党建得到根本加强——关于“四个化”的问题

改革开放以来，在比较长的一段时间内，国有企业党的建设实际上是在一片加强声中削弱了，这是不争的事实。党的十八大以后，

特别是全国国有企业党的建设工作会议后，在全面从严治党的大背景下，国有企业党的建设才不断加强、不断深化，管党治党“宽松软”状况得到实质性改变，全面从严治党取得历史性成就。

2016年10月，在全国国有企业党的建设工作会议上，习近平总书记对国有企业党的建设存在的突出问题作了精炼的概括：贯彻执行党的方针政策不坚决、不全面、不到位，管党治党不担当。归结起来，就是不同程度存在党的领导、党的建设弱化、淡化、虚化、边缘化问题。习近平总书记进一步指出了“四个化”问题的主要表现，所谓弱化的问题，主要是党的领导、党的建设不落实；所谓淡化的问题，主要是对党建工作不过问、不研究；所谓虚化的问题，主要是从严治党不力；所谓边缘化的问题，主要是企业党的建设和改革发展“两张皮”，企业党组织软弱无力。

2018年7月，习近平总书记在全国组织工作会议上进一步指出，在一些国有企业，党的领导融入公司治理在总部一级做得比较好，再往下延伸则存在层层递减问题。现在，从各方面反映看，一些地方和部门党建工作还存在重形式轻内容、重过程轻结果、重数量轻质量的问题，看起来热热闹闹，实际效果却不佳，甚至与中心工作“两张皮”，没有什么效果。从习近平总书记的讲话中，我们可以看出，国有企业党建工作面临的问题已经发生了一些新的变化。

学习习近平总书记关于国有企业“四个化”问题的重要论述，我有以下几点认识：

(1)“四个化”问题虽然表现在下面，但根子在上面，与法律、政策、领导思想观念是密切联系在一起的。以《中华人民共和国公司法》为例，涉及党的建设、党的组织仅有三句话：第一，在公司成立党的组织；第二，开展党的活动；第三，公司要给党组织提供必要的条件。就是这三句既没有规定党组织地位、又没有规定党组织作用的话，还是一批正直的共产党人争取来的。最初的文本，一句关于党组织作用和地位的话都没有写。这就是国有企业党的领导、党的建设“四个化”问题的法规制度根源。

（2）“四个化”问题危害巨大、动摇根基。国有企业存在的“四个化”问题，已经到了非解决不可的地步。按照西方模式设计的企业制度，没有充分考虑中国共产党领导这个中国特色社会主义的本质特征，这个中国特色社会主义制度的最大优势；没有充分考虑经过70年的发展，党组织已经成为我国国有企业中的核心组织，坚持党的领导、加强党的建设成为我国国有企业的“根”和“魂”，生搬硬套国外的做法，已经危及党对国有企业的领导，危及中国特色社会主义制度的重要物质基础和政治基础。

（3）习近平总书记推动了“四个化”问题的根本解决。习近平总书记始终强调坚持和加强党对国有企业的全面领导，高度重视国有企业改革发展和党的建设，高度重视建设中国特色现代企业制度，高度重视发挥国有企业党组织作用，并强调通过建立和完善一系列制度、体制和机制，从根本上扭转国有企业党的领导、党的建设“四个化”的被动局面，推动国有企业改革发展和党的建设发生历史性变革、取得历史性成就。

近几年来，国有企业党组织以贯彻落实习近平总书记关于新时代国有企业党的建设重要论述、特别是在全国国有企业党的建设工作会议上的重要讲话精神为主线，全面加强党的领导和党的建设，贯彻落实中央重大决策部署更加坚决，党的领导和党的建设体制机制更加完善，党的建设基层基础工作更加巩固，党风廉政建设和反腐败工作更加深入，党委(党组)的领导作用、基层党组织的战斗堡垒作用、党员的先锋模范作用得到更好发挥，为国有企业改革发展提供了更加坚强的保证。具体来说：2017 年的主题是全面展开、落实落地，体现全面性；2018 年的主题是全面从严、纵深推进，体现深刻性；2019 年的主题是全面提高、深度融合，体现创造性；2020 年的主题是全面加强、系统治理，体现科学性，以一流党建推动一流企业建设。

三、建设中国特色现代企业制度
——关于两个“一以贯之”

现代企业制度源于西方，核心是法人治理结构，有两种典型形式：一种是有限责任公司，另一种是股份有限公司。我国企业能不能建立现代企业制度？特别是我国国有企业能不能建立现代企业制度？中国特色现代企业制度的特色在哪里？习近平总书记作出了全面深刻的阐述。

2015 年 7 月，习近平总书记在长春召开的部分省区党委主要负责同志座谈会上指出，要深化国有企业改革，完善企业治理模式和经营机制，真正确立企业市场主体地位，增强企业内在活力、市场竞争力、发展引领力。

2016 年 10 月，习近平总书记在全国国有企业党的建设工作会议上，第一次明确了中国特色现代企业制度的实质内涵。他指出，坚持党的领导、加强党的建设，是我国国有企业的光荣传统，是国有企业的“根”和“魂”，是国有企业的独特优势。经过多年实践，我们得出的结论是：坚持党对国有企业的领导是重大政治原则，必须一以贯之；建立现代企业制度是国有企业的改革方向，也必须一以贯之。要坚定不移深化国有企业改革，着力创新体制机制，加快建立产权清晰、权责明确、政企分开、管理科学的现代企业制度。要加强和改进公司法人治理机制，把加强党的领导和完善公司治理统一起来，建设中国特色现代国有企业制度。中国特色现代国有企业制度，“特”就特在把党的领导融入公司治理各环节，把企业党组织内嵌到公司治理结构之中，明确和落实党组织在公司法人治理结构中的法定地位，做到组织落实、干部到位、职责明确、监督严格。他强调，要处理好党组织和其他治理主体的关系，明确权责边界，做到无缝衔接，形成各司其职、各负其责、协调运转、有效制衡的公司治理机制。国有企业党委(党组)是公司治理结构的核心，其他治理主体要自觉维护这个核心。这是一种制度安排，不能把党委(党组)发挥领导作用弱化、淡化、虚化，更不能把党委(党组)边缘化。企业党委(党组)也要尊重其他治理主体，既维护董事会对企业重大问题的决策权，又保证党委(党组)的意图在重大问题决策中得到体现。借口建立现代企业制度否定或取消党的领导无疑是错误的，但把党组织直接作为企业生产经营的决策和指挥中心也不符合企业党组织的功能定位。

学习习近平总书记关于建设中国特色现代企业制度的重要论述，我有以下几点认识：

(1)“融入”和“内嵌”就是中国特色。中国特色现代企业制度就是要把党的领导融入决策、执行、监督等各个环节，把企业党组织内嵌到公司治理结构之中。以前的公司治理结构是没有党组织的，党组织在公司治理之外。习近平总书记明确，党组织是公司治理的有机组成部分，要确定其法定地位。在党委会、董事会、监事会、经理层这样的公司治理结构中，党委是核心，其他治理主体要维护这个核心。同时，党委作为核心要支持其他治理主体依法履行自己的职责。

(2)建设中国特色现代国有企业制度，前提是全面深化公司制改革。2017年6月，中央全面深化改革领导小组第36次会议审议通过《中央企业公司制改制工作实施方案》。到2017年年底，全国国有企业公司制改革基本完成，有力推动了国有企业政企分开，公司法人治理结构日趋完善，企业经营管理水平逐渐提高。作为现代企业制度的有效组织形式，公司制改革不仅仅是换个名、改个身份，其实质是经过公司制改革后，使企业责权更加明确，真正成为自主经营的独立市场主体。国有企业转换和重构治理机制、经营机制的任务还十分繁重。要全面深化公司制改革，加快形成有效制衡的公司法人治理结构和灵活高效的市场化经营机制，为建设中国特色现代企业制度、做强做优做大国有企业提供有力支撑。

(3)建设中国特色现代企业制度，重点是完善公司法人治理结构。要明确党委(党组)在公司法人治理结构中的法定地位，明确各治理主体的权责及相互关系。按照中国特色现代企业制度的设计，企业党委(党组)发挥领导作用，把方向、管大局、保落实，依照规定讨论和决定企业重大事项；股东会是权力机构，董事会是受权决策机构，经理层是执行机构，监事会是监督机构。各个治理主体之间有分工、有协作、有制衡，共同形成中国特色现代企业制度的制度优势。

(4)建设中国特色现代企业制度，关键是建立“双向进入、交叉任职”的领导体制。具体来说，就是要以完善公司法人制度为基础，以规范董事会建设为重点，坚持所有权和经营权分离的原则，理顺出资人、决策人和经营管理人的关系，形成党委(党组)、董事会、监事会、经理层各司其职、各负其责、运转协调、有效制衡的公司法人治理结构。而这种治理结构和领导体制，通过“双向进入、交叉任职”来实现。党委(党组)可以形成一种基本配置：符合条件的董事会成员(不含外部董事、职工董事)、监事会主席、总经理、专职党委(党组)副书记、纪委书记(纪检组长)和1~2名副总经理等。这样，党委(党组)既是联系其他治理主体的桥梁纽带，更是企业法人治理结构的核心。

这种配置的关键有两点，一是全面推行党委(党组)书记、董事长由一人担任，也就是党政“一肩挑”。“一肩挑”就应当具备两个职务所要求的条件和能力，不能降格以求；而且作为“一肩挑”的党委(党组)书记、董事长，应当时刻牢记自己的第一身份是共产党员，第一职责是为党工作。二是要配备两名副书记，一名副书记担任总经理，分管生产经营；一名副书记分管党建工作，专职专责抓党建。

总之，国有企业坚持、体现和贯彻党的领导，必须是全面的，也就是全天候、全过程、全方位的。所谓全天候，就是任何时候、任何条件下，都必须坚持、体现和贯彻党的领导。所谓全过程，就是企业决策执行监督、改革发展稳定、生产经营管理等一切活动的各个阶段、各个环节，都必须坚持、体现和贯彻党的领导。所谓全方位，就是企业各个组织、各个部门、各项工作，都必须坚持、体现和贯彻党的领导。

四、国有企业党委(党组)发挥领导作用——关于“三句话”的功能定位

中国特色现代企业制度的确立，为国有企业党委(党组)发挥领导作用提供了制度依据。坚持和加强党对国有企业的全面领导，是一个重大政治原则。这个全面领导，对于国有企业来说，是通过各级党组织有效发挥作用来实现的，特别是通过党委(党组)发挥领导作用来实现的。国有企业党委(党组)领导作用发挥如何，决定这个重大政治原则能否在国有企业得到坚持。因此，我们不仅要明确国有企业党委(党组)的领导地位和作用，而且要积极探索国有企业党委(党组)发挥领导作用的内容、途径和方式，更好地发挥国有企业党委(党组)的领导作用，更好地坚持和加强党对国有企业的全面领导。

2016 年 10 月，习近平总书记在全国国有企业党的建设工作会议上指出，党对国有企业的领导是政治领导、思想领导、组织领导的有机统一，放弃或忽视其中任何一点，都不可能实现党的领导。国有企业党组织发挥领导核心和政治核心作用，归结到一点，就是把方向、管大局、保落实。

2017 年 10 月，党的十九大通过的党章修正案总结党的十八大以来国有企业坚持和加强党的领导、推动改革发展的生动实践，顺应新时代做强做优做大国有企业的新要求，把习近平总书记对国有企业党委(党组)的功能定位写入党章，以党的根本大法形式固定下来，

指出："国有企业党组织发挥领导核心和政治核心作用，把方向、管大局、保落实。"①这就有利于全党切实把思想和行动统一到中央要求上来，坚定不移加强和改善党对国有企业的领导，充分发挥国有企业党委（党组）的领导作用，确保国有企业改革发展的正确方向；这也标志着国有企业党委（党组）的功能定位，由"政治核心地位"转变为"领导地位"，由"政治核心作用"转变为"领导作用"，这就从根本上解决了"中心"和"核心"、"领导核心"和"政治核心"之争，"领导核心"和"政治核心"的功能定位在国有企业成为历史。

学习习近平总书记关于国有企业党委（党组）功能定位的重要论述，我有以下几点认识：

（1）国有企业党委（党组）发挥领导作用的方式：坚持政治领导、思想领导、组织领导的有机统一。习近平总书记多次强调，党对国有企业的领导是政治领导、思想领导、组织领导的有机统一。② 党要适应改革开放和社会主义现代化建设的要求，坚持科学执政、民主执政、依法执政，加强和改善党的领导。这就规定了党的领导的基本方式、基本原则和基本要求。国有企业党委（党组）发挥领导作用，必须体现这"三个基本"。

国有企业党委（党组）的领导，核心是政治领导，即政治方向、政治原则、重大决策的领导，保证监督党的路线方针政策和重大决策部署在国有企业的贯彻执行。也就是说，要根据党的路线方针政

① 习近平：《习近平谈治国理政》（第二卷），北京：外文出版社 2017 年版，第 176~177 页。

② 习近平：《习近平谈治国理政》（第二卷），北京：外文出版社 2017 年版，第 176 页。

策和重大决策部署，制定企业的具体目标、任务和措施，动员、组织、带领各级党组织和广大党员、职工群众为之共同奋斗。党委(党组)实施政治领导关键是两条：一是必须制定符合党的路线方针政策和重大决策部署的目标、任务和措施，确保国有企业改革发展的正确方向；二是必须把注意力和着力点集中在党的路线方针政策的贯彻执行上，组织、协调各方面的力量，同心协力，为实现党的路线方针政策而奋斗，保证国有企业改革发展沿着正确的方向前进。

国有企业党委(党组)的领导，基础是思想领导，就是要用习近平新时代中国特色社会主义思想武装头脑、指导实践、推动工作。思想领导是实现政治领导的基础和前提。国有企业党委(党组)根据党的路线方针政策和重大决策部署，制定具体的目标、任务和措施之后，必须加强思想领导，通过党的理论工作、宣传工作和思想政治工作，提高广大党员和职工的政治觉悟和思想水平，调动和激发大家的积极性、主动性、创造性，使他们接受党委(党组)的主张并为之奋斗。特别是要以坚定理想信念宗旨为根基，教育引导广大党员牢记党的宗旨，自觉做共产主义远大理想和中国特色社会主义共同理想的坚定信仰者和忠实实践者，更加自觉地为实现新时代国有企业新使命而不懈奋斗。

国有企业党委(党组)的领导，关键是组织领导，就是通过企业各级党组织、党的干部和广大党员，组织和带领职工群众为实现企业的目标任务而奋斗，也就是建立健全党的组织，培养、选拔、使用和监督党员干部，教育管理监督党员，通过他们的工作，保证党的路线方针政策的实施。组织领导是实现政治领导和思想领导的根本保证。没有强有力的组织领导，政治领导和思想领导就会落空。

国有企业党委(党组)实施组织领导，关键是三条：一是坚持党要管党、从严治党原则，建立健全国有企业党组织，指导国有企业党组织按照党章党规党纪履行职责、开展活动、发挥作用。二是坚持党管干部原则，既要管方向、管政策，又要管人头；既要管考察任用，又要管教育、培养和监督。三是坚持先进性和纯洁性原则，加强对党员的教育、管理、监督和服务，提高党员素质、增强党员党性，发挥党员先锋模范作用，进而带领广大职工，保证党的路线方针政策在企业的贯彻实施。

(2)国有企业党委(党组)发挥领导作用的内容：把方向、管大局、保落实。习近平总书记指出，把方向，就是要自觉在思想上、政治上、行动上同党中央保持高度一致，坚决贯彻党的理论和路线方针政策，确保国有企业坚持改革发展正确方向；管大局，就是要坚持在大局下行动，议大事、抓重点，加强集体领导、推进科学决策，推动企业全面履行经济责任、政治责任、社会责任；保落实，就是要管干部聚人才、建班子带队伍、抓基层打基础，领导群众组织并发挥其作用，凝心聚力完成企业中心工作，把党中央精神和上级部署不折不扣落到实处。① 这就赋予国有企业党委(党组)发挥领导作用的实质内容和根本要求。国有企业党委(党组)要把思想和行动统一到这“三句话、九个字”的要求上来，在把方向、管大局、保落实的实践中，更好发挥领导作用，把坚持和加强党对国有企业的全面领导落实到国有企业中来。

(3)国有企业党委(党组)发挥领导作用的关键：依照规定讨论

① 习近平：《坚持党对国有企业的领导是重大政治原则》，见《论坚持党对一切工作的领导》，北京：中央文献出版社 2019 年版，第 148~153 页。

和决定企业重大事项。国有企业党组织发挥政治核心作用和发挥领导作用的根本区别在于，一个是参与企业重大问题决策，另一个是讨论和决定企业重大事项。参与企业重大问题决策，决策的主体是董事会或经理层，党组织作为参与者，或以组织的名义将讨论研究企业重大问题的意见提交董事会或经理层，或通过在董事会或经理层中任职的党组织班子成员或党员，表达党组织的意见，但最终的决策权在董事会或经理层，不在党组织；讨论和决定企业重大事项，体现的是党组织对企业重大事项的决定权，是对包括决策在内的公司治理各环节的领导权，党组织不仅是形式上的参与者，而且是实际上的决定者。党的十九大把国有企业党委(党组)依照规定讨论和决定企业重大事项写入党章，赋予了国有企业党委(党组)领导作用的核心内容，这就要求国有企业党委(党组)从有利于科学决策、有效执行、强化监督的实际需要出发，对涉及企业“三重一大”事项进行集体讨论研究；在此基础上，根据企业关于决策的相关规定，有的由党委(党组)作出决定，有的由董事会或经理层作出决定。这是党的全面领导在国有企业的具体体现，是民主集中制原则在国有企业的具体运用，有利于党的路线方针政策和重大决策部署在国有企业的贯彻落实，有利于推进企业决策的科学化民主化，有利于防范企业风险，特别是严防“少数人”说了算、以权谋私等腐败行为。国有企业党委(党组)忠实履行党章赋予的职责，严格依照规定讨论和决定企业重大事项，必将极大提升公司治理水平，充分彰显中国特色现代企业制度优势，为国有企业做强做优做大提供坚强保障。

(4)国有企业党委(党组)发挥领导作用的实现：必须组织化、制度化、具体化。党章虽然规定了国有企业党委(党组)发挥领导作用，但并不意味着国有企业党委(党组)就一定能够发挥领导作用，从规定到实现还有很大的距离。国有企业党委(党组)发挥领导作用要真正落到实处，必须进一步组织化、制度化、具体化。

从组织化的角度来讲，国有企业党委(党组)发挥领导作用是一种组织行为，而不是个人行为。首先要明确组织定位，也就是要把国有企业党委(党组)内嵌到公司治理结构之中，明确和落实国有企业党委(党组)在公司治理结构中的法定地位，坚决防止和克服使国有企业党委(党组)游离于公司治理结构之外的做法。其次要坚持组织原则，最根本的是民主集中制原则，党委(党组)要按照民主集中制的规定和程序，讨论和决定企业重大事项，发挥领导作用。

从制度化的角度来讲，制度更具有根本性、全局性、稳定性、长期性，推进国有企业党委(党组)发挥领导作用制度化，首先要对有关法律和公司章程进行修改，在法律和章程中明确党委(党组)的领导作用及其内涵、要求，形成一种制度安排。其次要建立健全党委(党组)发挥领导作用的一系列具体制度，如党委(党组)的学习制度、调研制度、会议制度、议事规则，企业“三重一大”事项决策制度、责任追究制度，等等。制度要建立，更要严格执行，真正从制度上保证国有企业党委(党组)发挥领导作用。

从具体化的角度来讲，国有企业党委(党组)发挥领导作用，不能从原则到原则，大而化之，一定要具体化。如果我们用百分之十的精力制定规则、建立制度，那么必须用百分之九十的精力使之具体化，抓好落实。也就是说，推进国有企业党委(党组)发挥领导作用具体化，需要做大量的工作。比如，不同类型、不同规模的国有企业，对“三重一大”事项的规定是不一样的，每个企业都应该将

“三重一大”事项列出来，既有定性的规定，又有定量的规定，越具体越好。又比如，关于决策的程序，也需要进一步细化，直到具体的方法步骤，必须规定得清楚明白，以增强决策的科学性和可操作性，把国有企业党委(党组)发挥领导作用体现和落实到国有企业改革发展的各个方面和各个环节。

五、确保党的领导、党的建设得到体现和加强——关于“四个同步、四个对接”

“四个同步，四个对接”是加强国有企业党的领导、党的建设的重要举措，也是推动国有企业党的建设与改革发展、生产经营深度融合的重要举措。

2016年10月，习近平总书记在全国国有企业党的建设工作会议上指出，在深化改革中，要坚持和落实党的建设和国有企业改革同步谋划、党的组织及工作机构同步设置、党组织负责人及党务工作人员同步配备、党建工作同步开展，实现体制对接、机制对接、制度对接和工作对接，确保党的领导、党的建设在国有企业改革中得到体现和加强，坚决防止以深化改革为名，在一片加强声中弱化党的领导、削弱党的建设。现在，国有企业产权关系、组织结构、经营模式、用工方式等发生了较大变化，党的组织和工作覆盖出现了一些盲点和空白点。要在集团、下级企业、控股企业、上市公司、参股和混合所有制企业、投资项目等国有企业各个层面构建严密党建网络，分别承担同各自定位相适应的主体责任。要同步建立党的组织、动态调整组织设置，把党的组织建到车间班组、经营网点、工程项目、服务窗口、远洋船队，做到哪里有职工群众哪里就有党员，哪里有党员哪里就有党的组织，哪里有党的组织哪里就有健全的组织生活和党的组织作用的充分发挥。习近平总书记强调，要根据企业职工人数和实际需要，配备一定比例的专兼职党务工作人员，保证一定数量的专职党务工作者，确保党建工作有人抓、有人管。

学习习近平总书记的重要论述，我们深感“四个同步，四个对接”为加强新时代国有企业党的建设工作、处理好国有企业党的建设与深化改革的关系指明了方向；同时，也认识到相比于“四个同步”，“四个对接”任重道远，需要深入探索。

(1)在体制对接方面，最重要的是领导体制对接。目前，在国有企业实行的是“双向进入、交叉任职”的领导体制，也就是符合条件的党委领导班子成员可以通过法定程序进入董事会、监事会、经理层，董事会、监事会、经理层中符合条件的党员可以依照有关规定和程序进入党委领导班子；经理层成员与党委领导班子成员适度交叉任职；董事长、总经理原则上分设，党委书记、董事长一般由一人担任。这就从人事安排上实现了对接。但这个领导体制如何发挥作用且不受个人因素的影响，还需要深入研究和试点，进一步完善。

(2)在机制对接方面，最重要的是公司治理机制或运行机制。公司法人治理结构的各组成部分应当有明确的分工，各司其职，各负其责，避免职责不清、分工不明而导致的混乱，影响整个功能的发挥；各部分又是密切结合在一起的，只有相互协调、相互配合，才能有效运转，有效治理；同时，各部分之间还要有效制衡。这样，就需要建立健全公司治理的责任机制、协调机制、制衡机制等，规范党委会和董事会、监事会、经理层各部分的运行，也就是规范企业党的建设与改革发展、经营管理的运行。

(3)在制度对接方面，也有大量工作要做。比如，党委实行的是集体领导制度，也就是民主集中制，董事会实行的是一人一票制，经理层实行的是总经理负责制，在企业重大问题决策中，必须把这三种制度统一起来，实行科学决策、民主决策、依法决策，保证决策的科学化民主化。这就需要依法依章建立健全具体的决策制度和决策问责、纠错制度。同时，党委(党组)发挥领导作用和董事会作出决策，也都需要具体的制度规范以实现对接。

(4)在工作对接方面，涉及的范围就更广了。比如，如何把党的思想建设与企业的战略引领结合起来，把党的宣传工作与企业价值观教育结合起来，把党的组织建设与企业的人力资源工作结合起来，把党的作风建设、纪律建设、制度建设与企业管理结合起来，把党风廉政建设与企业反腐倡廉和依法治企、依法办事结合起来，把思想政治工作与业务工作结合起来，等等，都是摆在我们面前的重要课题，需要结合新的实践深入研究，加以破解。

六、党在经济领域的执政骨干
——关于“二十字”要求

党的干部是党和国家事业的中坚力量，国有企业领导人员是党在经济领域的执政骨干，是带领广大干部职工面对日趋激烈的国内外市场竞争、开创国有企业改革发展新局面的“关键少数”，要建设适应新时代中国特色社会主义发展要求的国有企业领导人员队伍。

2013年6月，习近平总书记在全国组织工作会议上提出了“信念坚定、为民服务、勤政务实、敢于担当、清正廉洁”的好干部标准；2014年3月，习近平总书记在参加十二届全国人大二次会议安徽代表团审议时提出了“三严三实”的要求，即严以修身、严以用权、严以律己，谋事要实、创业要实、做人要实；2015年12月，习近平总书记在全国党校工作会议上又提出了“四个铁一般”的要求，即铁一般信仰、铁一般信念、铁一般纪律、铁一般担当；2018年1月，习近平总书记在学习贯彻党的十九大精神研讨班开班式上，对党的高级干部提出了“信念过硬、政治过硬、责任过硬、能力过硬、作风过硬”的要求；2018年7月，习近平总书记全国组织工作会议上，首次论述了新时代党的组织路线，强调建设忠诚干净担当的高素质专业化干部队伍；2019年3月，习近平总书记在中央党校提出，广大干部特别是年轻干部要做到信念坚、政治强、本领高、作风硬；等等，这些要求同样适用于国有企业领导人员。

2016年10月，习近平总书记在全国国有企业党的建设工作会议上指出，国有企业领导人员是党在经济领域的执政骨干，是治国理政复合型人才的重要来源，肩负着经营管理国有资产、实现保值增值的重要责任。把这支队伍建好、用好、管好，对国有企业坚持党的领导、加强党的建设，对做强、做优、做大国有企业至关重要。培养造就大批高素质国有企业领导人员，要把坚持党管干部原则和发挥市场机制作用结合起来。习近平总书记强调，国有企业领导人员必须做到对党忠诚、勇于创新、治企有方、兴企有为、清正廉洁。这是对国有企业领导人员的具体要求。

学习习近平总书记关于国有企业领导人员队伍建设的重要论述，

我有以下几点认识：

(1)要深刻理解国有企业领导人员的地位。国有企业领导人员不是一般的企业家，而是党在经济领域的执政骨干。习近平总书记对国有企业领导人员格外看重，赋予其执政骨干地位。同时，国有企业领导人员还是治国理政复合型人才的重要来源，这就上升到治国理政的高度了。所谓治国理政复合型人才，就是一方大员，就是党和国家事业的中坚力量。现在，地方党政领导班子成员中，不少是从国有企业出来的，这说明国有企业也是培养输送领导干部的地方。

(2)要深刻理解习近平总书记对国有企业领导人员的要求。习近平总书记关于好干部的“二十字”标准与国有企业领导人员“二十字”要求，一个是普遍性要求，另一个是特殊性要求，根本思想是一致的。国有企业领导人员的“二十字”要求是基于国有企业领导人员的地位、作用和使命提出来的，是好干部标准在国有企业领导人员上的具体化。习近平总书记指出，对党忠诚，就是要心中有党，坚定理想信念，坚持党对国有企业的领导，坚决贯彻党中央决策部署；勇于创新，就是要敢为人先、锐意进取，善于在风险漩涡中捕捉商机，把创新创业同市场需求结合起来，不断提高企业核心竞争力；治企有方，就是要把握市场经济规律和企业发展规律，懂经营会管理善决策，有国际视野、战略思维、专业能力，能够调动方方面面积极性办好企业；兴企有为，就是要提升国有企业的精气神，勇担当，善作为，勤奋敬业、真抓实干，迎难而上、百折不挠，努力创造优异业绩；清正廉洁，就是要牢记谨慎用权，严守底线，公私分明，诚实守信，有良好职业操守和个人品行，做国有资产的忠诚卫士。①

(3)要坚持德才兼备、以德为先，把政治标准、政治素质放在第一位。看一个企业领导人员政治素质高不高，主要看是否树立“四个意识”、坚定“四个自信”、做到“两个维护”，是否全面贯彻党的理论和路线方针政策，是否积极贯彻落实党中央重大决策部署，是否忠诚干净担当。

(4)要坚持国有企业领导人员培育、选拔、管理、使用工作一体推进。要增强国有企业领导人员队伍建设的前瞻性、系统性，把国有企业领导人员的培养、识别、选拔、任用、管理、激励等各个环节有机统一起来、有效衔接起来。要以改革创新精神推动工作，完善国有企业领导人员管理的制度规定，坚持教育培养突出政治素质，察人识人善于抓住本质，选拔使用坚持事业为上，管理监督重在日常经常，正向激励强化干事担当，为建设高素质专业化的国有企业领导人员队伍提供制度保证。

七、把国有企业基层党组织建设成为坚强战斗堡垒——关于“三个基本”

基本组织、基本队伍、基本制度，就是“三个基本”；按照“三个基本”要求，加强国有企业党的基层组织建设，就是“三基建设”。

2016年10月，习近平总书记在全国国有企业党的建设工作会议上指出，党的基层组织是党在社会基层组织中的战斗堡垒，是党的

---

① 石平：《着力培养一支宏大的高素质企业领导人员队伍》，载《求是》2016年第21期。

全部工作和战斗力的基础。全面从严治党要在国有企业落实落地，必须从基本组织、基本队伍、基本制度严起，在打牢基础、补齐短板上下功夫，防止“沙滩流水不到头”。习近平总书记要求，要严肃组织生活，在增强政治性、时代性、原则性、战斗性上下功夫。企业党组织“三会一课”要突出党性锻炼，突出思想交流，在经常、严肃、认真上见真章。企业领导班子民主生活会、企业基层党组织组织生活会要用好批评和自我批评的武器，开展严肃认真的思想斗争，广泛开展坦诚相见的谈心活动，解决随意化、平淡化、娱乐化、庸俗化的问题。党员党性分析要结合基层工作实际和党员思想实际来进行，使党性分析的过程成为增强党的意识、进行党性锻炼的过程。要把领导带头上党课的好做法，以制度的形式固定下来、坚持下去。习近平总书记强调，党支部是党组织开展工作的基本单元。要重视党支部教育管理党员、团结凝聚职工群众的主体作用，找准基层党组织服务生产经营、凝聚党员职工的着力点，推进党建工作理念创新、机制创新、手段创新，让支部在基层工作中唱主角，成为团结群众的核心、教育党员的学校、攻坚克难的堡垒。要把支部带头人选好，把支部班子建强，坚持把最优秀的党员选拔到支部书记岗位，把支部书记岗位作为选拔企业领导人员的重要台阶。要建立支部工作经常性督查指导机制，整顿软弱涣散党组织，一个支部一个支部地提升，一个阵地一个阵地地巩固，让广大党员平常看得出来、关键时候站得出来、危急关头豁得出来。

学习习近平总书记关于“三个基本”的重要论述，我有以下几点认识：

(1)通过“三个计划、三个平台”搭建“三基建设”载体。“三个计划”就是中心组学习计划，党员领导干部自学计划，党支部党日计划；“三个平台”就是党性锻炼平台、创先争优平台、品德修炼平台。我们就是要通过“三个计划、三个平台”加强党员队伍建设，把党的基本队伍建设得更加坚强。

(2)通过促进党的建设与改革发展、生产经营深度融合推进“三基建设”。把深度融合作为推进“三基建设”的切入点、结合点、着力点。促进队伍的融合，加大党务干部和业务干部双向交流力度；促进基层党组织建设与完成生产经营工作任务深度融合，深化创先争优；促进目标融合，把党的建设优势转化为企业的创新优势、发展优势、竞争优势。

(3)通过“三层三力”充分发挥各级党组织的作用抓实“三基建设”。分子公司党委着力增强领导力，在新时代新战略中找准本单位的发展方向，在高质量发展路径中把握本单位的发展大局，在改革创新部署中制定本单位的发展任务。三、四级单位党委着力增强组织力，把各方面的力量动员起来、组织起来，为完成目标任务而奋斗。党支部着力增强战斗力，落实好《党支部工作条例》，推进基层党支部标准化、规范化建设，发挥战斗堡垒作用。

(4)通过加强党建工作者的培训提高夯实“三基建设”。党建也是一门科学，党建工作者需要提高专业能力，成为高素质专业化人才。要加强对党建工作者的培训，提高党建工作者的素质。专职党务干部每年至少接受一次系统党务培训，兼职党务干部也要三年轮训一遍。

目前，一些国有企业正在制定“三基建设”三年行动计划，一年抓短板强弱项、两年抓巩固上水平、三年抓深化创一流；落实《中国共产党支部工作条例(试行)》，制定实施加强党支部标准化、规范化建设的实施意见；落实新一轮全国党员教育培训工作规划，建立党员教育培训体系；坚持和落实“三会一课”、主题党日、民主评议党员、党员轮训等制度机制；落实《中国共产党党内激励关怀帮扶办法》，修订完善公司相关制度；全面梳理优化基层党组织的制度和流程，形成以议事决策、请示汇报、组织生活、发展党员、党员教育管理、党费管理、党内关怀帮扶等为重点的基层党建制度体系；综合运用“互联网+党建”“智慧党建”等现代信息技术，切实为基层减负，提升党建工作效率和水平。这一切，将极大提高国有企业基层组织建设的科学化水平。

八、坚持全心全意依靠工人阶级的方针——关于“四个上”的要求

工人阶级是我国的领导阶级。在国有企业、在中央企业，聚集了我国工人阶级最优秀的产业工人大军。这是我们党长期执政最可靠的阶级基础，是任何时候、任何情况下都不能忽视、不能忽略的。

习近平总书记多次强调，工人阶级是我国的领导阶级，是先进生产力和生产关系的代表，是我们党最坚实最可靠的阶级基础，是全面建成小康社会、坚持和发展中国特色社会主义的主力军；要大力弘扬工人阶级的主人翁精神，焕发蕴藏于工人阶级的无穷创造力，把工人阶级的智慧和力量凝聚到推动各项事业上来，实现党和国家确立的发展目标。习近平总书记重点批评了关于工人阶级作用的三种错误和有害的观点：无视我国工人阶级成长进步的观点，无视我

国工人阶级主力军作用的观点，以为科技进步条件下工人阶级越来越无足轻重的观点。

2015年4月，习近平总书记在庆祝“五一”国际劳动节大会上的讲话强调，不论时代怎样变迁，不论社会怎样变化，我们党全心全意依靠工人阶级的根本方针都不能忘记、不能淡化，我国工人阶级的地位和作用都不容动摇、不容忽视。

2016年10月，习近平总书记在全国国有企业党的建设工作会议上指出，坚持全心全意依靠工人阶级的方针，是坚持党对国有企业领导的内在要求，要在政治上保证、制度上落实、素质上提高、权益上维护。习近平总书记强调，要健全以职工代表大会为基本形式的民主管理制度，推进厂务公开、业务公开，落实职工群众知情权、参与权、表达权、监督权，充分调动工人阶级的积极性主动性创造性，企业在重大决策上要听取职工意见，涉及职工切身利益的重大问题必须经过职代会审议，要坚持和完善职工董事制度、职工监事制度，鼓励职工代表有序参与公司的治理。

2018年10月，习近平总书记在同中华全国总工会新一届领导班子成员集体谈话时指出，引导职工群众听党话、跟党走，巩固党执政的阶级基础和群众基础，是工会组织的政治责任。时代变化了，但从群众中来、到群众中去的工作方法不能变。工会要适应新形势新任务，加强和改进职工思想政治工作，多做组织群众、宣传群众、教育群众、引导群众的工作，多做统一思想、凝聚人心、化解矛盾、增进感情、激发动力的工作，更好地强信心、聚民心、暖人心，使广大职工在理想信念、价值理念、道德观念上紧紧团结在一起。

学习习近平总书记关于工人阶级地位作用的重要论述和“四个

上”(政治上保证、制度上落实、素质上提高、权益上维护)的要求，我有以下几点认识：

(1)要对照习近平总书记的要求找差距。看一看国有企业总部及每个部门、每个分公司做得怎么样？在政治上保证了没有？在制度上落实了没有？在素质上提高了没有？在权益上维护了没有？应该说在这四个方面，每个企业都有差距。因此，要强化职工群众的主人翁责任感，强化为职工群众服务的意识，加强党的作风建设，力戒形式主义、官僚主义，把职工群众的工作做得更好。

(2)对照习近平总书记的要求抓重点。坚持全心全意依靠工人阶级，与执政党的性质和宗旨是一致的。在这个问题上，不是说一说、讲一讲，搞一点文体活动、发一点福利就完了，这只是工作中非常小的一部分，更重要的还是要健全职代会制度，推进民主管理，维护职工权益，做好思想政治工作，调动职工群众的积极性主动性创造性，要把工作重点放在这上面。工会工作要突出党的领导，引领职工听党话跟党走；突出建功立业，助推公司高质量发展；突出维权服务，赢得职工信赖支持；突出质量提升，打造工会工作品牌。

(3)对照习近平总书记的要求抓落实。一段时间以来，国有企业职工的主人翁地位和作用在一定程度上被淡化和弱化，有的流于“口号化、贴标签”，有的只重视资本、不重视劳动，只重视精英、不重视普通职工，只注重效益增长、不注重职工群众共享发展成果。这些问题虽然不是主流，却严重伤害了职工群众的积极性。要高举维护职工权益旗帜，把竭诚服务职工、发展职工利益作为一切工作的出发点和落脚点。

九、加强党风廉政建设，正风肃纪、防范风险
——关于“两个没有”的重要判断

全面从严治党，靠全党、管全党、治全党，国有企业不能例外，这是很浅显的道理。严管就是厚爱，“响鼓必须重锤”，越往后执纪越严、处分越重成为保障国有企业健康发展、做强做优做大的必然选择。

党的十八大之后，面对中央全面从严治党的系列举措，所谓“国有企业特殊论”一度很有市场。综合分析查处的案件和巡视发现的问题，习近平总书记用“天涯无净土”来形容无论党政系统、央企系统还是金融系统，乃至事业单位，都有腐败问题，都必须坚持从严管党治党。

2015 年 1 月，习近平总书记在十八届中央纪委五次全会上指出，国有企业负责人是党的干部，不是“红顶商人”，更不能把自己混同于“老板”。

2016 年 10 月，习近平总书记在全国国有企业党的建设工作会议上指出，全面从严治党、加强党的建设，在国有企业没有特殊、没有例外。必须驰而不息加强党风廉政建设和反腐败工作，把纪律和规矩挺在前面，持之以恒落实中央八项规定精神，抓好巡视发现问题的整改，严肃查处侵吞国有资产、利益输送等问题。习近平总书记强调：“自我监督是世界性难题，是国家治理的哥德巴赫猜想。”①针对监督力量分散、监管不力等问题，习近平总书记进一步强调，

① 习近平：《习近平谈治国理政》(第三卷)，北京：外文出版社 2020 年版，第 511 页。

国有企业要突出监督重点，强化对关键岗位、重要人员特别是一把手的监督管理，完善“三重一大”决策监督机制，严格日常管理，整合监督力量，形成监督合力。

2018年7月，习近平总书记在全国组织工作会议上指出，反腐败斗争已经取得压倒性胜利，但反腐败斗争形势依然严峻复杂。2019年1月，习近平总书记在十九届中央纪委三次全会上进一步指出，要取得全面从严治党更大战略性成果，巩固发展反腐败斗争压倒性胜利，一体推进不敢腐、不能腐、不想腐。2019年5月，习近平总书记在“不忘初心、牢记使命”主题教育工作会议上强调，党员领导干部要正确处理公私、义利、是非、情法、亲清、俭奢、苦乐、得失的关系，自觉同特权思想和特权现象作斗争，坚决预防和反对腐败。

学习习近平总书记关于“两个没有”（没有特殊、没有例外）的重要论述，我们要增强对切实推进全面从严治党无禁区、全覆盖、零容忍的认识。曾经有一些国有企业领导人员，觉得国有企业具有特殊性，在落实中央八项规定精神上，强调国有企业因业务需要，办公室是不是可以大一点、车子是不是可以好一些，是不是可以公款宴请、打高尔夫球、持会员卡，等等。后来又在党的建设上讨价还价，提出国有企业最主要的是抓业务、抓经济效益，因此是不是可以在党的建设上宽松一些，等等。“特殊”“例外”的口一旦开了，谁都能给自己找到借口，党的纪律和规矩就会形同虚设。对这些观点，习近平总书记的回答是：没有特殊、没有例外。中央纪委的回应也是斩钉截铁：全党是同一部党章、同一套纪律，管党治党没有特殊。至于有些人叫嚷管得严了、没人干事了、效益下降了，更是无稽之谈。这些错误观念和认识是与国有企业初心使命背道而驰的。我们要持续巩固落实中央八项规定精神成果，解决国有企业干部党性不纯、思想不纯、作风不纯的问题。

国有企业党组织要扛起管党治党的政治责任，坚定不移正风肃纪、反腐惩贪，深入推进党风廉政建设和反腐败斗争，使铁的纪律真正转化为党员干部的日常习惯和自觉遵循，推动政治生态向上向好、风险防范有利有力，为企业持续健康发展提供坚强保证。我们要清醒地看到，国有企业党风廉政建设和反腐败斗争的形势依然严峻复杂，各级党组织落实管党治党责任、纵深推进全面从严治党与党中央的要求还有较大差距，各种弱化党的先进性、损害党的纯洁性的因素无时不有，各种违背初心使命、动摇党的根基的危险无处不在，减少存量、遏制增量的任务还很艰巨。我们要继续保持革命精神和革命斗志，同一切弱化党的领导、违反党的纪律规矩的行为斗争到底。具体来说：

(1)落实各级党委全面从严治党主体责任，扎实做好中央巡视反馈问题整改和巡视巡察发现问题整改工作。持续抓好中央巡视和巡视巡察移交问题和反馈意见的整改落实，完成立行立改问题清单整改。

(2)精准运用好监督执纪“四种形态”。坚持把践行监督执纪“四种形态”作为压实“两个责任”的有效举措、推进国有企业改革发展党建的有力保障，把纪律和规矩挺在前面，惩治极少数、教育大多数，抓早抓小，发现苗头就及时纠正。

(3)抓好重点领域反腐败工作。围绕市场营销、财务管理、工程物资招投标等方面，及时排查和处理隐患。切实打好整治群众身边不正之风和腐败问题“扫雷”攻坚战，更加注重“排雷”“灭雷”，进一步减存量、遏增量。

(4)要整合监督力量，提升监督能力。自觉提高国有企业各级党组织的监督能力，在发现问题、整改落实、成果运用、协同配合上发挥政治监督、干部监督、审计和财务、巡视巡察等监督合力。

十、用好考核评价这个指挥棒
——关于国有企业党建工作责任制

抓党建，必须抓责任制；抓责任制，必须抓责任人。不明确责任，不落实责任，不追究责任，全面从严治党就会落空。

2016 年 10 月，习近平总书记在全国国有企业党的建设工作会议上指出，要把抓好党建作为最大的政绩，就是要求各级党委和党员领导干部始终保持全面从严治党的使命感和紧迫感，须臾不可忘记管党治党这个最根本的政治责任。要用好考核评价这个指挥棒，既报经济账、又报党建账，把党的建设考核同企业领导班子综合考评、经营业绩考核衔接起来，同企业领导人员任免、薪酬、奖惩挂起钩来。习近平总书记强调，国有企业党委(党组)要履行主体责任，增强管党治党意识，坚持从严治党、思想建党、制度治党，聚精会神抓研究谋划、抓部署推动、抓督促落实，做到改革发展和党的建设两手抓、两手都要硬。党委(党组)书记要不忘第一责任人的责任，专职副书记要专心专责、扑下身子抓，不能只挂名不尽责。纪检组长(纪委书记)要一心一意干纪检的事情，认真履行监督执纪问责的职责。企业其他党员领导人员要“一岗双责”，积极推动党建工作落实，形成抓党的建设的合力。问责就是坚持责任范围内的党建工作有责必问、失责必究。

学习习近平总书记关于党建工作责任制的重要论述，我有以下几点认识：

(1)要明责，就是明确党建责任。要制定国有企业领导班子及成员责任清单，在明确党委(党组)的主体责任、纪委(纪检监察组)的监督责任的基础上，细化党委(党组)书记的第一责任，副书记、总经理的协助责任，专职副书记的直接责任，班子其他成员的“一岗双责”；要压实各级党组织特别是书记的责任，明确有关部门和工作人员的具体责任，进而形成上下贯通的责任体系。充分发挥专职副书记的特有作用，规范专职副书记分工，确保专心专责抓党建，协助党委主要负责同志，重点抓好思想政治工作、干部工作、人才工作、基层党组织建设，还可以根据企业实际情况，分管统战群团、企业文化等工作，但不应分管具体经营管理工作。落实领导班子成员基层党建联系点制度，以点带面，推动解决基层党建和改革发展、生产经营突出问题。

(2)要督责，就是加强督促检查。要坚持把常规督查与专项督查、面上督查与点上督查有机结合起来，对全年的党建任务，实行按月管控，对于滞后的工作，分析原因、制定措施。特别是要针对工作中的薄弱环节，开展专项督查。

(3)要考责，就是严格考核评价。坚持国有企业党组织书记抓党建工作述职考核评议制度，延伸到基层支部。坚持把党建工作考核与生产经营考核结合起来，改变过去的“比重制”，实行“双A制”，只有党建工作和经营业绩考核同为A，综合业绩才能为A。进一步优化党建责任制考核标准，坚持定性与定量相结合，更加注重对党建工作实效的考核，推动形成更加公平公正、科学有效的考核体系。加大考核结果运用力度，与领导班子综合考评和领导人员任免、薪酬、奖惩相衔接。

第十四章　论机关党建

——全面从严治党必须从机关党建抓起

党和国家各级机关地位重要、责任重大，机关党的建设具有特殊重要性，对其他领域党的建设起着示范和风向标作用。习近平总书记高度重视机关党建工作，多次作出重要指示和批示。特别是2019年7月9日，习近平总书记在中央和国家机关党的建设工作会议上发表重要讲话，深刻阐明了加强和改进中央和国家机关党的建设的重大意义，充分肯定了中央和国家机关党的建设取得的显著成绩和重要经验，全面部署了当前和今后一个时期中央和国家机关党建工作。这个重要讲话，是习近平总书记关于新时代机关党的建设思想的集中体现，为加强和改进中央和国家机关党的建设，提供了根本遵循；对加强和改进党和国家各级机关党的建设、全面提高机关党的建设质量，具有普遍指导意义。2019年2月，党中央印发《关于加强和改进中央和国家机关党的建设的意见》；12月，又印发《中国共产党党和国家机关基层组织工作条例》。上述意见和条例充分体现了习近平总书记关于新时代机关党的建设思想。我们要把学习习近平总书记的重要讲话与学习上述意见和条例结合起来，不断深化对习近平总书记关于新时代机关党的建设思想的认识。

一、深刻认识机关党的建设的重大意义

2019年7月，党中央召开中央和国家机关党的建设工作会议，习近平总书记亲自出席会议并发表重要讲话，这在我们党的历史上还是第一次。由此可见，以习近平同志为核心的党中央对中央和国家机关以及各级机关党的建设工作的高度重视。

习近平总书记在讲话中指出："机关党的建设是机关建设的根本保证。我们党历来高度重视中央和国家机关党的建设。中央和国家机关党的建设必须走在前、作表率，这是由中央和国家机关的地位和作用决定的。中央和国家机关离党中央最近，服务党中央最直接，对机关党建乃至其他领域党建具有重要风向标作用。深化全面从严治党、进行自我革命，必须从中央和国家机关严起、从机关党建抓起。"①习近平总书记的重要论述，深刻阐明了新时代机关党的建设的政治性、示范性和紧迫性。

1. 新时代机关党的建设的政治性

各级党政机关责任重大、社会关注度高，在国家治理体系中处于特殊重要位置，是推动党中央治国理政、管党治党决策部署贯彻落实的领导机关，在党和国家工作全局中具有重要地位和作用。各级机关首先是政治机关，具有共产党员集中、执政骨干集中、权力责任集中的鲜明特点；与此相适应，机关党员干部也具有权力大、

① 习近平：《在中央和国家机关党的建设工作会议上的讲话》，载求是网，2019年11月1日。

责任重、地位高的特点。机关党的建设抓得怎么样，直接决定贯彻执行党的理论和路线方针政策的成效，直接影响党中央权威和集中统一领导，直接关系党的执政地位的巩固、关系党的领导能力和执政水平、关系党和国家的前途命运。因此，深化全面从严治党、进行自我革命，必须从机关党建抓起，以严的要求、实的举措扎实推进新时代机关党的建设，把机关党组织建设成为坚强战斗堡垒，把机关党员干部队伍打造成为政治强、业务精、形象好的执政团队。

2. 新时代机关党的建设的示范性

机关党组织是党在机关全部工作和战斗力的基础，机关党的建设是党的建设新的伟大工程的重要组成部分。在企业、农村、机关、学校、科研院所、社会组织等党的建设中，因机关所处特殊重要地位和作用，决定了机关党的建设的特殊重要性；加强和改进新时代机关党的建设，对其他领域党的建设具有示范意义和风向标作用。加强和改进机关党的建设，既是推动全面从严治党向纵深发展的客观需要，也是党的建设走前头、作表率的现实需要。机关党的建设要走在前、带好头、示好范，必须更好地坚持党要管党、从严治党，围绕中心、服务大局，改革创新、开拓进取，不断探索党建工作的新思路、新方法、新载体，不断提高党的建设科学化水平。

3. 新时代机关党的建设的紧迫性

新时代赋予了各级党政机关新使命、新任务、新要求，迫切需要把各级机关建设得更强更好。机关党的建设既是机关建设的重要抓手，又是机关建设的根本保证。机关党的建设要着眼于充分发挥党组织的政治优势、思想优势、组织优势等，紧扣新时代党的建设新要求、新方略、新任务，全面从严加强党的建设，不断提高党的建设质量。习近平总书记指出，机关党的建设虽然取得了显著成绩，但"我们也要清醒看到，中央和国家机关党的建设方面还存在不少问题。中央和国家机关出问题危害很大，属心腹之患而非皮癣之忧，小毛病不治久而久之也可能引起中风、心梗，必须采取有力举措加以解决"。[①] 中央和国家机关如此，以下各级党政机关也是如此。一段时间以来，各级党政机关管党治党还存在一定程度的宽松软问题，如有的组织生活不严肃不认真，机关党建与业务"两张皮"现象突出；有的协助监督简单化表面化，咬耳朵、扯袖子、敲警钟的工作做得比较少，[②] 等等。这些存在的问题，直接影响机关党的建设质量。加强各级党政机关党的建设，已经成为当务之急。

二、深刻认识机关党的建设的重要经验

党的十八大以来，各级党政机关全面落实习近平总书记关于新时代机关党的建设重要论述，落实《中国共产党党和国家机关基层组织工作条例》，增强"四个意识"，坚定"四个自信"，做到"两个维护"，坚持和加强党的全面领导，坚持党要管党、全面从严治党，以党的政治建设为统领，推动机关党的各项建设高质量发展、实质性

---

① 习近平：《在中央和国家机关党的建设工作会议上的讲话》，载求是网，2019年11月1日。

② 易海云：《中央和国家机关党的建设要走在前作表率》，载《学习时报》2019年4月12日。

加强，取得了显著成绩。

1. 增强“四个意识”，扎实推进党的政治建设

带头做到“两个维护”，彰显党政机关首先是政治机关的定位，坚决贯彻落实党中央决策部署和习近平总书记重要指示批示精神，做到不折不扣、落细落实、务求实效。严明党的政治纪律和政治规矩，把学习和遵守党章作为基础性经常性工作来抓，做到深学细照笃行，确保党中央政令畅通，坚决纠正上有政策、下有对策和有令不行、有禁不止行为。严肃党内政治生活，提高民主生活会、组织生活会和“三会一课”质量。强化责任意识、阵地意识、忧患意识，加强意识形态阵地的建设和管理。敢于发声亮剑，坚决反对和抵制各种错误言论，有针对性地加强思想政治工作。

2. 在学懂弄通做实上下功夫，深入学习贯彻习近平新时代中国特色社会主义思想

扎实开展党的群众路线教育实践活动、“三严三实”专题教育、“两学一做”学习教育、“不忘初心、牢记使命”主题教育。强化理论武装，突出抓好“关键少数”和青年干部，持续推进习近平中国特色社会主义思想的学习运用。深化理想信念教育，加强党史、国史、改革开放史学习教育，开展形势政策教育，选树先进典型，弘扬新风正气。

3. 大抓基层支部，推动机关基层党建全面进步全面过硬

抓实建强基层党组织，着力解决弱化虚化边缘化问题。贯彻落

实《中国共产党支部工作条例(试行)》，扎实推进党支部标准化、规范化建设。推进基层党组织设置和活动方式创新。强化党员教育管理，坚持严管与厚爱相结合，调动和保护党员干事创业积极性。

4. 持之以恒正风肃纪，推动机关党风廉政建设向纵深发展

深入贯彻落实中央八项规定及实施细则精神，加强监督检查，严厉整治“四风”。完善和落实党员干部联系群众制度，切实改进调查研究，大力倡导真抓实干、担当作为。反对特权思想和特权现象，增强自律意识，严格家教家风。把纪律和规矩挺在前面，强化纪律教育，不断提高遵守党的“六大纪律”的自觉性。深化标本兼治，围绕规范权力运行，强化监督制约，完善廉政风险防控机制，一体推进不敢腐、不能腐、不想腐，取得反腐败斗争压倒性胜利。

5. 强化政治引领，扎实推进精神文明建设和群团工作

持之以恒地培育和践行社会主义核心价值观，加强干部政德和社会公德、职业道德、家庭美德、个人品德建设。坚持以党建带群建，加强和改进机关群团工作，团结引导广大干部职工坚定不移听党话、跟党走。贯彻《中国共产党统一战线工作条例(试行)》，进一步做好统战工作。

6. 强化责任担当，形成推进机关党建的强大合力

部门党组(党委)切实履行机关党建主体责任，及时研究解决机

关党建重大问题，定期听取机关党委工作汇报。机关党委充分发挥机关党建工作专责机构的职能作用，机关党委书记聚焦机关党建主责主业。研究制定机关党建工作责任清单，积极稳妥开展机关党建工作考核。坚持一级抓一级，层层压实各级党组织主体责任。按照全面从严治党的实际需要，切实配强机关专职党务干部。坚持求真务实，大胆探索创新，切实解决机关党建工作中的形式主义和“两张皮”问题。

党的十八大以来，机关党的建设取得的成绩是全方位的、开创性的。习近平总书记指出：“总结实践，主要有6条重要经验。一是只有坚持和加强党的全面领导，坚持党要管党、全面从严治党，以党的政治建设为统领，才能永葆中央和国家机关作为政治机关的鲜明本色。二是只有坚持以新时代中国特色社会主义思想为指导，高举思想旗帜、强化理论武装，机关党建工作才能始终确保正确方向。三是只有围绕中心、建设队伍、服务群众，推动党建和业务深度融合，机关党建工作才能找准定位。四是只有持之以恒抓基层、打基础，发挥基层党组织战斗堡垒作用和党员先锋模范作用，机关党建工作才能落地生根。五是只有与时俱进、改革创新，勇于探索实践、善于总结经验，机关党建工作才能不断提高质量、充满活力。六是只有全面落实党建责任制，坚持党组（党委）班子带头、以上率下、以机关带系统，机关党建工作才能形成强大合力。这些重要经验，大家要坚持好、发展好。”①习近平总书记的重要论述，是对机关党的建设丰富实践的深刻总结，涵盖了机关党的建设各个方面各个环

① 习近平：《在中央和国家机关党的建设工作会议上的讲话》，载求是网，2019年11月1日。

节，为加强和改进新时代机关党的建设提供了根本遵循，我们要始终不渝地坚持和发展，贯彻落实到加强和改进机关党的建设各项工作中去。

三、深刻认识机关党的建设的使命任务

机关党的建设在整个党的建设中的特殊重要地位作用，决定了机关党的建设的特殊重要使命任务。习近平总书记指出："新形势下，中央和国家机关党的建设的使命任务是：以新时代中国特色社会主义思想为指导，增强'四个意识'，坚定'四个自信'，做到'两个维护'，以党的政治建设为统领，着力深化理论武装，着力夯实基层基础，着力推进正风肃纪，全面提高中央和国家机关党的建设质量，在深入学习贯彻新时代中国特色社会主义思想上作表率，在始终同党中央保持高度一致上作表率，在坚决贯彻落实党中央各项决策部署上作表率，建设让党中央放心、让人民群众满意的模范机关。"①学习习近平总书记这一重要论述，我们可以从以下四个方面理解机关党的建设的使命任务。

1."一个指导、三项要求"

也就是以习近平新时代中国特色社会主义思想为指导，增强"四个意识"，坚定"四个自信"，做到"两个维护"。习近平新时代中国特色社会主义思想，是新时代中国共产党的思想旗帜，是国家政治

---

① 习近平：《在中央和国家机关党的建设工作会议上的讲话》，载求是网，2019年11月1日。

生活和社会生活的根本指针，是全党全国人民为实现中华民族伟大复兴而奋斗的行动指南，是当代中国马克思主义、21世纪马克思主义。机关党的建设，必须以习近平新时代中国特色社会主义思想为指导，而不能以其他什么思想为指导，我们要坚持指导思想的一元性。同时，要增强政治意识、大局意识、核心意识、看齐意识这“四个意识”，坚定道路自信、理论自信、制度自信、文化自信这“四个自信”，做到坚决维护习近平总书记党中央的核心、全党的核心地位，坚决维护以习近平同志为核心的党中央权威和集中统一领导这“两个维护”。这是对全党的“三项基本要求”，也是对机关党的建设的“三项基本要求”，是对我们党曾经提出的“三项基本要求”，即思想上政治上的高度一致、全心全意为人民服务、坚持民主集中制的继承和发展。“三项基本要求”是统一的，统一于旗帜鲜明讲政治这个根本要求。比如，在“四个意识”中，政治意识是就执政党的政治性而言的，大局意识是就执政党的整体性而言的，核心意识是就执政党的结构性而言的，看齐意识是就执政党的一致性而言的；增强“四个意识”，归根到底就是要旗帜鲜明讲政治。坚定“四个自信”、做到“两个维护”也是如此，这是由我们党的性质决定的。

2.“一个统领、三个着力”

也就是以党的政治建设为统领，着力深化理论武装，着力夯实基层基础，着力推进正风肃纪。“一个统领”，是由政治建设在新时代党的建设中的战略定位决定的。党的政治建设是党的根本性建设，决定党的建设的方向和效果，不抓党的政治建设或背离党的政治建设指引的方向，党的其他建设就难以取得预期的成效。因此，必须把政治建设摆在机关党的建设的首位。“三个着力”，分别指明了机关党的思想建设、组织建设、作风建设和纪律建设的重点任务。深化理论武装，用习近平新时代中国特色社会主义思想武装全党，是党的思想建设的首要任务；夯实基层基础，加强基层组织建设，是党的组织建设的基础工程；推进正风肃纪，密切联系群众，是党的作风建设和纪律建设的根本要求。“一个统领、三个着力”涵盖机关党的政治建设、思想建设、组织建设、作风建设、纪律建设“五位一体”布局。

3.“一个提高、三个表率”

也就是全面提高机关党的建设质量，在深入学习贯彻新时代中国特色社会主义思想上作表率，在始终同党中央保持高度一致上作表率，在坚决贯彻落实党中央各项决策部署上作表率。“一个提高”，即不断提高党的建设质量，是习近平总书记向全党提出的新时代党的建设的重大课题。随着这个重大课题的提出，表明党的建设进入了质量建党、质量兴党、质量强党的新阶段。提高机关党的建设质量，必须强化质量意识，推行质量管理，做到形式与内容的统一、过程与结果的统一、部署与落实的统一。“三个表率”，是对各级党政机关思想上、政治上、行动上提出的要求，是党政机关作为政治机关必须达到的要求。“一个提高”是“因”，“三个表率”是“果”，如果机关党的建设质量不高，组织软弱无力，队伍松松垮垮，是难以承担党政机关使命任务的，更难作出表率、当好示范。

4.“一个目标、三重属性”

也就是建设让党中央放心、让人民群众满意的模范机关，建设为民、务实、清廉的机关，为坚持和完善中国特色社会主义制度、推进国家治理体系和治理能力现代化服务。这是机关党的建设的出发点和落脚点。要实现让党中央放心、让人民群众满意的目标，就必须做到为民、务实、清廉。为民，就是要坚持以人民为中心，牢记宗旨、心系群众，做到权为民所用、情为民所系、利为民所谋，实现好、维护好、发展好人民群众的根本利益；务实，就是要求真务实，脚踏实地，埋头苦干，真抓实干，坚持重实际、鼓实劲、求实效，不图虚名，不务虚功，扎扎实实地把党和国家的各项决策和工作落到实处。清廉，就是要严于律己，廉洁奉公，严格遵守党纪国法，切实做到拒腐蚀、永不沾。习近平总书记多次强调，要以建设为民、务实、清廉机关为目标，以加强机关党员、干部党性锻炼、改进机关作风为重点，加强机关党的建设。[①] 要强化领导机关和领导干部带头作用，为弘扬优良作风作出榜样，不断树立党员干部的整体形象，不断提升党和政府的公信力。这就为机关党的建设指明了方向。

四、深刻认识关于加强政治建设的要求

保证全党服从中央，坚持党中央权威和集中统一领导，是党的

① 《以建设为民、务实、清廉机关为目标改进机关作风——关于机关党的作风建设》，见《学习习近平同志关于机关党建重要论述》，载人民网，2014 年 5 月 29 日。

政治建设的首要任务；做到“两个维护”，既是对全党的一项基本要求，也是对机关党的建设的一项基本要求。习近平总书记指出：“带头做到‘两个维护’，是加强中央和国家机关党的建设的首要任务。‘不忘初心、牢记使命’主题教育一个重要目的就是锤炼党员、干部特别是党员领导干部忠诚干净担当的政治品格，确保全党思想统一、步调一致。”[①]为此，习近平总书记对各级党政机关特别是中央和国家机关带头做到“两个维护”作了全面深刻的阐述。

(1)中央和国家机关必须牢固树立政治机关的意识。习近平总书记指出，各部门各单位职责分工不同，但都不是单纯的业务机关。中央和国家机关是践行“两个维护”的第一方阵。如果党的理论和路线方针政策在这里失之毫厘，到了基层就可能谬以千里；如果贯彻落实的第一棒就掉了链子，“两个维护”在“最先一公里”就可能落空。中央和国家机关广大党员、干部特别是党员领导干部、一把手做工作，要首先自觉同党的基本理论、基本路线、基本方略对标对表，同党中央决策部署对标对表，提高政治站位，把准政治方向，坚定政治立场，明确政治态度，严守政治纪律，经常校正偏差，做到党中央提倡的坚决响应、党中央决定的坚决照办、党中央禁止的坚决杜绝，决不能在政治方向上走偏了。[②]

(2)“两个维护”的内涵是特定的、统一的，全党看齐只能向党中央看齐，不能在部门打着维护党中央权威的旗号损害民主集中制。

---

① 习近平：《习近平谈治国理政》(第三卷)，北京：外文出版社2020年版，第99页。

② 习近平：《在中央和国家机关党的建设工作会议上的讲话》，载求是网，2019年11月1日。

习近平总书记指出，党员、干部不论做什么工作、级别多高，都是党的干部、组织的人，要牢记第一职责是为党工作，重要提法都要同党中央对表。凡是重大问题、重要事项、重要工作进展情况，都必须按规定及时请示报告党中央。讲政治是具体的，“两个维护”要体现在坚决贯彻党中央决策部署的行动上，体现在履职尽责、做好本职工作的实效上，体现在党员、干部的日常言行上。战争年代，党中央和毛主席用电台指挥全党全军，“嘀嗒、嘀嗒”就是党中央和毛主席的声音，全党全军都无条件执行。大家想想，如果党中央发出的号令没人听，做不到令行禁止，那还谈什么维护党中央权威和集中统一领导！①

(3)带头做到“两个维护”，从根本上讲就是要做到对党忠诚。习近平总书记指出，忠诚必须体现到对党的信仰的忠诚上，体现到对党组织的忠诚上，体现到对党的理论和路线方针政策的忠诚上。对党忠诚必须始于足下。如果连本职工作都没做好，不担当不作为，把党组织交给的“责任田”撂荒了甚至弄丢了，那就根本谈不上“两个维护”！习近平总书记要求，新形势下，要大力加强对党忠诚教育，发挥中央和国家机关红色资源优势，完善重温入党誓词、入党志愿书等活动，形成具有中央和国家机关特点的党内政治文化。要把学习宣传先进典型作为深化主题教育的重要抓手，同模范机关创建活动结合起来，引导党员、干部见贤思齐。党员领导干部要把对

① 习近平：《在中央和国家机关党的建设工作会议上的讲话》，载求是网，2019年11月1日。

党忠诚纳入家庭家教家风建设，引导亲属子女坚决听党话、跟党走。①

(4)带头做到“两个维护”，既要体现高度的理性认同、情感认同，又要有坚决的维护定力和能力。习近平总书记指出，提高政治定力和政治能力，要靠学习，更要靠政治历练和实践锻炼。我一直强调，中华民族伟大复兴绝不是轻轻松松、敲锣打鼓就能实现的。要战胜前进道路上的各种风险挑战，没有斗争精神不行。当年抗美援朝，毛主席用诗意的语言总结胜利之道：敌人是钢多气少，我们是钢少气多。中央和国家机关党员领导干部要坚持底线思维、增强忧患意识、发扬斗争精神，善于预见形势发展走势和隐藏其中的风险挑战，在防范化解风险上勇于担责、善于履责、全力尽责。②

习近平总书记的重要论述，阐明了什么是“两个维护”、为什么要做到“两个维护”以及如何做到“两个维护”等重大问题，为各级党政机关特别是中央和国家机关加强党的政治建设、带头做到“两个维护”指明了方向、提供了遵循。

五、深刻认识关于深化理论武装的要求

党的思想建设是党的基础性建设，深化理论武装、坚定理想信念，是党的思想建设的首要任务。党的十八大以来，习近平总书记

---

① 习近平：《在中央和国家机关党的建设工作会议上的讲话》，载求是网，2019年11月1日。

② 习近平：《在中央和国家机关党的建设工作会议上的讲话》，载求是网，2019年11月1日。

高度重视加强党的思想建设，特别是对高举伟大旗帜、坚定理想信念，弘扬主旋律、传播正能量等重大问题，作出一系列重要论述。他强调，要积极发挥党的思想政治优势，坚持用科学的理论武装党员干部，坚定党员干部理想信念、补好精神上的“钙”；牢牢掌握意识形态工作的领导权管理权话语权，加强正面宣传，指引和鼓舞广大党员干部为实现共同目标而奋斗，实现全党在思想上、政治上、行动上的一致。同时，他特别要求在机关弘扬主旋律、传播正能量，更好地宣传党的理论和路线方针政策。2012 年 11 月，他在主持十八届中央政治局第一次集体学习时指出：“理想信念就是共产党人精神上的‘钙’，没有理想信念，理想信念不坚定，精神上就会‘缺钙’，就会得‘软骨病’”。[①] 2013 年 8 月，他在全国宣传思想工作会议上着重指出：“我们正在进行具有许多新的历史特点的伟大斗争，面临的挑战和困难前所未有，必须坚持巩固壮大主流思想舆论，弘扬主旋律，传播正能量，激发全社会团结奋进的强大力量。”[②]

特别是 2019 年 7 月，习近平总书记在中央和国家机关党的建设工作会议上的讲话中，围绕“深化理论武装、提高学习教育针对性和实效性”，针对机关党的建设实际，作了全面深刻的阐述。他指出：“我们党是用马克思主义武装起来的政党。中央和国家机关必须走在理论学习的前列，在学懂弄通做实上当好示范。中央和国家机关党员、干部要在学习理论上有更强自觉、在学懂弄通做实上有更高要

① 中共中央文献研究室：《十八大以来重要文献选编》(上)，北京：中央文献出版社 2014 年版，第 80 页。

② 中共中央党史和文献研究院：《习近平关于总体国家安全观论述摘编》，北京：中央文献出版社 2018 年版，第 101 页。

求，不能随大流、一般化。”①他要求：“在理论学习上，一是要自觉主动学。中央和国家机关任重事繁，只靠上班时间集中学习是很不够的，必须强化学习自觉，增强学习内生动力，利用业余时间刻苦学习。铢积寸累，日就月将，才能水到渠成、融会贯通。二是要及时跟进学。党中央作出新的决策部署、出台新的文件，都要第一时间学习领会，养成读人民日报时政报道和重要评论、看中央电视台新闻联播、读《求是》杂志的习惯，线上线下同步学习，做到学习跟进、认识跟进、行动跟进。三是要联系实际学。弘扬理论联系实际学风，紧密联系思想和工作实际，把研究解决问题作为学习的着眼点，决不能坐而论道、凌空蹈虚。四是要笃信笃行学。要学而信，从渐悟走向顿悟，掌握马克思主义立场观点方法，学出坚定信仰、学出使命担当。要学而行，学以致用、身体力行，把学习成果落实到干好本职工作、推动事业发展上。”②

习近平总书记的重要论述，指明了新时代深化理论武装的重大意义，提出了各级机关及党员、干部在理论学习上的新要求，特别是要做到“四学”，即自觉主动学、及时跟进学、联系实际学、笃信笃行学，具有很强的现实针对性。我们一定要按照习近平总书记的要求，加强思想建设、深化理论武装，坚持用习近平新时代中国特色社会主义思想武装头脑、指导实践、推动工作，教育引导各级机关广大党员、干部牢记党的宗旨，挺起共产党人的精神脊梁，解决

① 习近平：《在中央和国家机关党的建设工作会议上的讲话》，载求是网，2019年第21期。

② 习近平：《在中央和国家机关党的建设工作会议上的讲话》，载求是网，2019年第21期。

好世界观、人生观、价值观这个“总开关”问题，自觉做共产主义远大理想和中国特色社会主义共同理想的坚定信仰者和忠实实践者。

六、深刻认识关于大抓基层组织的要求

党的基层组织是确保党的路线方针政策和决策部署贯彻落实的基础。这些年，习近平总书记对加强党的基层组织建设作了大量论述，几乎在每一次关于党的建设和组织工作的会议上，他都要强调这一问题。其中，对于机关党的基层组织建设，习近平总书记高度重视，强调要建强机关党的基层组织体系，推动机关党建工作与业务工作深入融合、相互促进，增强党建工作的针对性和有效性；要推进党支部标准化、规范化建设，严格党员教育管理，引导和激励机关党员干部立足岗位建功立业；要强化机关基层党组织的日常监督，引导党员干部严格按照制度履行职责、行使权力、开展工作。① 2010年9月20日，他在国土资源部专题调研机关党的建设时指出，要切实加强机关基层党组织建设和党员队伍建设，充分发挥党组织的战斗堡垒作用和党员的先锋模范作用，健全党的基层组织体系，创新活动方式方法，不断激发党员参与党内生活的积极性、主动性和创造性，增强机关党组织对党员群众的亲和力、凝聚力和向心力。2012年10月，他对中央国家机关工委关于“走进基层党支部、总结支部工作法”活动的情况报告作出重要批示，强调基层党支部是党的全部工作的基础，希望继续抓好支部工作法的提炼、交流、推广和

① 习近平：《在中央和国家机关党的建设工作会议上的讲话》，载求是网，2019年11月1日。

运用，进一步加强对机关基层党组织建设的探索和思考。2017年10月，在党的十九大报告中，他要求：“要以提升组织力为重点，突出政治功能，把企业、农村、机关、学校、科研院所、街道社区、社会组织等基层党组织建设成为宣传党的主张、贯彻党的决定、领导基层治理、团结动员群众、推动改革发展的坚强战斗堡垒。”①

特别是2019年7月，习近平总书记在中央和国家机关党的建设工作会议上强调，要以提升组织力为重点，锻造坚强有力的机关基层党组织。他指出：“‘欲筑室者，先治其基。’要树立大抓基层的鲜明导向，抓紧解决一些基层党组织弱化、虚化、边缘化问题，推动基层党组织全面进步、全面过硬。”②

他强调：“建设好党的组织体系这座大厦，要让组织体系的经脉气血畅通起来，让党支部强起来。要落实党支部工作条例，按照‘增加先进支部、提升中间支部、整顿后进支部’的思路，抓两头带中间，推动后进赶先进、中间争先进、先进更前进。‘党支部建在司局、党小组建在处室’，是中央和国家机关基层组织体系的一个特点。要重视建强党小组，发挥党小组作用。要发挥支部管到人头的特点，严格党员教育管理监督，落实好‘三会一课’等制度，把党员管住管好，使每名党员都成为一面鲜红的旗帜，每个支部都成为党旗高高飘扬的战斗堡垒。”③

---

① 习近平：《习近平谈治国理政》（第三卷），北京：外文出版社2020年版，第51页。

② 习近平：《在中央和国家机关党的建设工作会议上的讲话》，载求是网，2019年11月1日。

③ 习近平：《在中央和国家机关党的建设工作会议上的讲话》，载求是网，2019年11月1日。

他指出："中央和国家机关摊子大、类型多，职能各异，工作不平衡。要加强分类指导，科学精准施策，做到'一把钥匙开一把锁'，不能搞'一刀切'。要制定分类指导意见，增强机关党建工作的针对性和有效性。"①

习近平总书记的重要论述，一是深刻阐明了机关基层党组织的基础性地位和作用，体现了对机关基层党组织建设的高度重视。机关党的基层组织，在党的基层组织体系中具有特殊重要地位和作用。只有把机关党的基层组织建设好，把机关自身建设好，各级机关才能担负起各项职能，才能发挥应有的作用。二是对加强机关基层党组织建设提出了新的更高要求。这些年来，我们在加强基层组织建设方面做了大量扎实有效的工作，党的基层组织状况总体上是好的，但也存在一些不适应新形势新任务要求的问题。我们必须认真学习贯彻习近平总书记这些重要论述，坚持党要管党、全面从严治党的方针，积极进行理论和实践创新，特别是要抓好党支部和党小组建设，严格党员教育管理监督，全面提高机关基层党组织建设水平。

(1)要坚持问题导向，着力解决一些基层党组织弱化、虚化、边缘化问题。所谓弱化的问题，主要是党的领导、党的建设不落实；所谓虚化的问题，主要是从严治党不力；所谓边缘化的问题，主要是机关党的建设和机关业务工作"两张皮"，基层党组织软弱无力。要紧盯这"三个化"的问题，定期对机关基层党组织建设状况进行排查，找准问题的具体表现，分析原因，有针对性地制定整改措施，切实抓好落实、抓出成效，推动基层党组织全面进步、全面过硬。

① 习近平：《在中央和国家机关党的建设工作会议上的讲话》，载求是网，2019年11月1日。

(2)要坚持突出重点，更加重视机关党支部建设。机关党支部是党在机关中的最基层组织，是保证完成党在机关的各项任务的具体组织者和直接实施者。发挥机关党支部的作用，是我们党巩固执政地位、提高执政能力、实现执政使命的必然要求和关键所在。要坚持党的一切工作到支部的鲜明导向，按照党支部工作条例的要求，推进基层党支部标准化、规范化建设。党支部要担负好直接教育党员、管理党员、监督党员和组织群众、宣传群众、凝聚群众、服务群众的职责，引导广大党员发挥先锋模范作用。

(3)要坚持分类指导，全面提高机关基层党组织建设水平。习近平总书记指出了机关摊子大、类型多、职能各异、工作不平衡的特点。应当看到，机关与机关之间、部门与部门之间、支部与支部之间情况差异很大；党建工作也存在不平衡不充分的问题，相对先进、中间、落后并存，状况也不一样。因此，要坚持具体问题具体分析，既统一标准、统一部署，又分类指导、分步实施，增强工作的针对性和有效性，推动机关党建工作整体水平的提高。

七、深刻认识关于坚持正风肃纪的要求

党的十八大以来，以习近平同志为核心的党中央坚持把纪律挺在前面，着力解决人民群众反映最强烈、对党的执政基础威胁最大的突出问题，从制定和执行中央八项规定破题，严字当头、刀刃向内，抓铁有痕、踏石留印，以钉钉子的精神加以推进，特别是严厉整治形式主义、官僚主义、享乐主义和奢靡之风，坚决反对特权，解决了新形势下作风建设抓什么、怎么抓的问题，推动了全面从严

治党向纵深发展，推动了党风、政风、社会风气的好转。在这个过程中，习近平总书记多次对领导机关和领导干部作风建设作出特别强调、提出明确要求。2013 年 1 月，在十八届中央纪委二次全会上，他强调，各级机关和领导干部要不折不扣执行中央政治局关于改进工作作风、密切联系群众的八项规定，要以踏石留印、抓铁有痕的劲头抓下去，善始善终、善作善成。2013 年 6 月，他在主持中央政治局专门会议时指出，要强化领导机关和领导干部带头作用，为弘扬优良作风作出榜样。在深入开展党的群众路线教育实践活动中，他强调，“脱离群众的种种问题，主要表现在领导机关、领导干部中。这次活动要以县处级以上领导机关、领导班子、领导干部为重点”,[①] “对领导机关、领导干部要标准更高一些、要求更严一些”[②]，要让群众明显感受到机关风气的变化。他还提醒全党，抓机关作风建设要抓早、抓小、抓苗头、抓细节，防止小病拖成大病，不断树立党员干部的整体形象，不断提升党和政府的公信力。

机关反腐倡廉建设，是党的反腐倡廉建设的重中之重。习近平总书记对机关反腐倡廉建设始终高度重视，作出了一系列重要论述。比如，2013 年 1 月，他在十八届中央纪委二次全会上强调，要“加强对权力运行的制约和监督，把权力关进制度的笼子里，形成不敢腐的惩戒机制、不能腐的防范机制、不易腐的保障机制”，“确保国家机关按照法定权限和程序行使权力”。[③] 在开展党的群众路线教育

① 习近平：《习近平谈治国理政》，北京：外文出版社 2014 年版，第 378 页。

② 中共中央文献研究室：《十八大以来重要文献选编》(上)，北京：中央文献出版社 2014 年版，第 320 页。

③ 习近平：《习近平关于全面深化改革论述摘编》，北京：中央文献出版社 2014 年版，第 71 页。

实践活动中，他强调，建章立制非常重要，要把笼子扎紧一点，要求党员干部有正确的权力观、谨慎用权。2014 年 1 月，在十八届中央纪委三次全会上，他强调，公权为民，一丝一毫都不能私用，领导干部必须时刻清楚这一点，做到公私分明。他还提醒全党，既要注意腐败现象易发多发的领域，也要加强对“清水衙门”、职务不高的干部的廉政教育和监督，防止“小官大贪”“清水衙门出窝案”的现象发生。

2019 年 7 月，习近平总书记在中央和国家机关党的建设工作会议上指出：“中央和国家机关作风状况直接关系党中央形象，关系党和政府在人民群众中的形象。这次主题教育聚焦初心使命，就是聚焦宗旨意识、人民立场、使命担当。中央和国家机关要带头弘扬党的光荣传统和优良作风，让群众切身感受到新变化新气象。”①习近平总书记围绕“坚持正风肃纪、建设风清气正”的政治机关，就加强机关作风建设、纪律建设和深入开展反腐败斗争，提出了三个方面的要求。

(1)持续深化纠“四风”工作，特别是要力戒形式主义、官僚主义。习近平总书记指出，作风建设永远在路上，没有完成时。党中央抓“八项规定”这么长时间，仍有人当耳旁风，特别是形式主义、官僚主义在一些地方和部门依然积习难改，已成为阻碍党中央重大决策部署贯彻落实的严重问题。②

① 习近平：《在中央和国家机关党的建设工作会议上的讲话》，载求是网，2019 年 11 月 1 日。

② 习近平：《在中央和国家机关党的建设工作会议上的讲话》，载求是网，2019 年 11 月 1 日。

习近平总书记强调，“下之所以为，惟上是视”。党中央把2019年作为“基层减负年”，中央办公厅专门下发通知，目的就是从领导机关特别是从中央和国家机关改起，为基层干部松绑减负。各部门要把自己摆进去，对困扰基层的形式主义问题进行一次排查起底，主动认账，立行立改，注重从思想观念、工作作风和领导方法上找根源、抓整改，切实把基层干部从一些无谓的事务中解脱出来。各部门党组(党委)特别是主要负责同志要树立正确政绩观，不定不切实际的目标，不开不解决问题的会，不发没有实质内容的文，不做“只留痕不留绩”的事，坚决克服形式主义、官僚主义。

(2)大力弘扬密切联系群众的优良作风。习近平总书记指出，群众工作是我们的看家本领，我们党靠群众工作起家，同样要靠群众工作实现长期执政。中央和国家机关居“庙堂”之高，容易脱离群众、脱离实际、脱离一线，容易滋生官僚主义、衙门作风。中央和国家机关党员、干部要坚持对上负责和对下负责的统一、让党中央放心和让人民群众满意的统一、为了群众和依靠群众的统一，无论作决策还是抓工作、促落实，都要体现宗旨意识、人民立场，都要贯彻党的群众路线。

习近平总书记强调，“上之为政，得下之情则治，不得下之情则乱”。[①] 密切联系群众的一个重要方面，就是大兴调查研究之风。列宁强调：“如果党的劝告同人民自身的生活经验所教给他们的东西不相一致的话，千百万人是决不会听从这种劝告的。”[②]领导干部要深入基层一线，增强同人民群众的感情，学会做群众工作的方法，从

① 语出《墨子·尚同(下)》。
② 《列宁全集》(第30卷)，北京：人民出版社2017年版，第147页。

基层实践找到解决问题的金钥匙，促进各项工作推陈出新、取得突破。

(3)坚持严字当头，把纪律挺在前面。俗话讲，“上梁不正下梁歪”，全面从严治党要注重正上梁。各级干部在政策制定、行政审批、资金分配等方面都有一定权力，很容易被别有用心的人“围猎”，必须高度警觉。

习近平总书记强调，党员“破法”，无不始于“破纪”。要严字当头，把纪律的螺丝拧得紧而又紧。要深化运用监督执纪“四种形态”，特别是要在用好第一种形态上下功夫，多做红脸出汗、咬耳扯袖的工作。要抓好纪律教育、政德教育、家风教育，深化以案为鉴、以案促改，引导党员、干部正确处理自律和他律、信任和监督、职权和特权、原则和感情的关系，筑牢拒腐防变的思想道德防线。要加强对党员、干部全方位的管理监督，特别是要加强对权力、资金、资源集中的重点部门和关键岗位的监督。要深化标本兼治，突出重点削减存量、零容忍遏制增量，一体推进不敢腐、不能腐、不想腐。①

习近平总书记特别强调，必须正确处理干净和担当的关系，决不能把反腐败当成不担当、不作为的借口。只有做到自身正、自身净、自身硬，才能确保既想干事、能干事，又干成事、不出事。要把干净和担当、勤政和廉政统一起来，勇于挑重担子、啃硬骨头、接烫手山芋。要践行新时期好干部标准，不做政治麻木、办事糊涂的昏官，不做饱食终日、无所用心的懒官，不做推诿扯皮、不思进

① 习近平：《在中央和国家机关党的建设工作会议上的讲话》，载求是网，2019年11月1日。

取的庸官，不做以权谋私、蜕化变质的贪官。

习近平总书记的重要论述，从全局高度指出了党的作风建设特别是机关作风建设的重要性，强调机关作风正，党和政府的形象就好，就可以得到人民群众的拥护和支持。机关作风不正，党和政府的形象就不好，就会让人民群众感到失望和不满，从而影响在人民群众心目中的威信和地位，并从根本上削弱和动摇我们党的立党之本、执政之基和力量之源。我们必须充分认识加强和改进机关党的作风建设的极端重要性和特殊性，以更大气力切实把机关党的作风建设抓紧抓好抓出成效。

习近平总书记的重要论述，从机关的特殊角度提出了机关党的作风建设的重点、标准、要求、路径，强调要以领导机关、领导班子、领导干部为重点，持续深化纠“四风”工作，特别是要力戒形式主义、官僚主义；在标准上要更高，要有成效；在要求上要更严，做到自身正、自身净、自身硬；在路径上要贯彻党的群众路线，密切联系群众，这就为进一步加强机关党的作风建设明确了方向。

习近平总书记的重要论述，体现了党中央对机关反腐倡廉建设的清醒认识和鲜明态度。强调“全面从严治党要注重正上梁”的极端重要性，要严字当头，深化运用监督执纪“四种形态”，抓好纪律教育、政德教育、家风教育，加强对党员、干部全方位的管理监督，深化标本兼治，突出重点削减存量、零容忍遏制增量，一体推进不敢腐、不能腐、不想腐，等等，极大地提振了机关巩固发展反腐败斗争压倒性胜利、营造风清气正政治生态的信心。

习近平总书记的重要论述，深刻阐明了干净和担当，想干事、能干事与干成事、不出事，勤政和廉政的关系，强调要践行新时期好干部标准，不做昏官、懒官、庸官、贪官，激励广大机关干部新时代新担当新作为。应当看到，党的十八大以来，随着党员干部“乱作为”问题的整治取得明显成效，党员干部“不作为”问题凸显出来，且以种种借口，为不担当、不作为担当，反映了干部思想政治素质上存在的突出问题。整治“不作为”问题，我们要按照习近平总书记的要求，既要旗帜鲜明、态度坚决，也要导向明确、措施得力，坚持严管与厚爱相结合、激励与约束并重，旗帜鲜明地为那些敢于担当、踏实做事、不谋私利的干部撑腰鼓劲。

八、深刻认识机关党的建设的特点规律

习近平总书记指出：“提高中央和国家机关党的建设质量，必须深入分析和准确把握规律和特点，使各项工作更好体现时代性、把握规律性、富于创造性，推动机关党的建设高质量发展。”为此，习近平总书记提出要处理好五个关系：

(1)处理好共性和个性的关系。习近平总书记指出，中央和国家机关各级党组织要深入贯彻全面从严治党要求，更好破解机关党建难题。要善于把全面从严治党理论转化为推动机关党建的思路和举措，推动党中央全面从严治党决策部署在中央和国家机关落地生根。要重视总结提炼机关党建实践中的创新经验，从特殊到一般，从个性到共性，从感性到理性，不断上升为规律性认识，使其能够长久发挥作用。

(2)处理好党建和业务的关系。习近平总书记指出，解决“两张皮”问题，关键是找准结合点，推动机关党建和业务工作相互促进。

各部门党组(党委)要围绕中心抓党建、抓好党建促业务，坚持党建工作和业务工作一起谋划、一起部署、一起落实、一起检查，使各项举措在部署上相互配合、在实施中相互促进。要改进完善机关党建工作考核评价机制，发挥考核的指挥棒作用、选拔任用的导向作用。

(3)处理好目标引领和问题导向的关系。习近平总书记指出，目标是奋斗方向，问题是时代声音。加强和改进机关党的建设，既要以目标为着眼点，在统筹谋划、顶层设计上下功夫，以增强方向感、计划性；又要以问题为着力点，在补短板、强弱项上持续用力，以增强精准性、实效性。要瞄着问题去、对着问题改，精确制导、精准发力，直到问题彻底解决为止。

(4)处理好建章立制和落地见效的关系。习近平总书记指出，制度制定很重要，制度执行更重要。要搞好制度“供给侧结构性改革”，空白缺位的抓紧建立，不全面的尽快完善，成熟经验及时推广。我们总体上已进入有规可依的阶段，目前的主要问题是有规不依、落实不力。一些部门执行制度先紧后松、上紧下松、外紧内松，制度成了“橡皮筋”“稻草人”，产生“破窗效应”。要带头学习、遵守、执行党章党规，从基本制度严起、从日常规范抓起。中央和国家机关工委要加强督促检查，对党内法规制度执行不力、落实不好、问题突出的，要敢于亮黄牌、掏红牌。

(5)处理好继承和创新的关系。习近平总书记指出，要推进理念思路创新、方式手段创新、基层工作创新，创造性开展工作。要紧扣机关党建时代特点和党员思想行为特征开展工作，积极探索有利于破解难题的新途径新办法，积极探索信息化条件下开展工作的新载体新路数。要探索分众化、差异化的招数，增强工作有效性。

九、深刻认识机关党的建设的主体责任

加强机关党的建设，关键在落实主体责任，加强对机关党的建设的领导。习近平总书记在2019年7月9日中央和国家机关党的建设工作会议上指出：加强和改进中央和国家机关党的建设，必须牵住责任制这个“牛鼻子”。现在，有的部门党建工作“沙滩流水不到头”，主要是责任没落实到位、搞“高空作业”。他要求，各部门党组(党委)要加强对本单位党的建设的领导，履行好全面从严治党责任。各部门党组(党委)要牢固树立抓机关党建是本职、不抓机关党建是失职、抓不好机关党建是渎职的理念，坚持“书记抓、抓书记”。领导班子成员和各级领导干部要履行“一岗双责”，不能认为自己是搞业务的就对党建工作不使劲，要明责、履责、尽责。机关党委书记要聚精会神抓党建。机关党委要聚焦主责主业，真正发挥职能作用。他强调，做好新时代机关党建工作，离不开一支高素质专业化的党务干部队伍。要注重选拔政治强、业务精、作风好的干部从事机关党建工作，推进党务干部和业务干部的交流，使党务工作成为既成就事业又成就人才的工作。要加强和改进专兼职党务干部教育培训，提高素质能力，把党务干部培养成为政治上的明白人、党建工作的内行人、干部职工的贴心人。

学习贯彻习近平总书记的重要论述，一要在认识上把机关党的建设摆上重要位置。党的执政史表明，我们党能够长期稳固地执掌政权、完成不同历史时期的执政使命，是同不断加强和改进机关党

的建设密不可分的。二要在工作上把机关党的建设摆上重要位置。中央国家机关各部门党组(党委)特别是主要负责同志，要本着党要管党、全面从严治党的方针，进一步重视、支持机关党的工作，切实加强机关党的建设，定期听取机关党委的汇报，研究机关党的工作，加强具体指导。三要在保障上把机关党建工作摆上重要位置。要明确机关工委和部门党组(党委)、机关党组织的责任，形成机关党的建设同心协力、齐抓共管的工作机制，建立健全党组(党委)负总责、党组(党委)书记带头抓，分管领导具体抓，机关党委抓落实的党建工作格局。要进一步规范机关各级党组织的机构设置，强化职能，充实力量，保证机关党的工作顺利运转和机关党的建设正常开展，形成精简、统一、效能的机关党的建设工作体系。

习近平总书记的重要论述，充分肯定了机关党务干部的地位、作用和贡献，极大地鼓舞了广大机关党务干部。长期以来，各级机关广大党务干部恪尽职守，勤奋工作，任劳任怨，作出了重要贡献。实践证明，这是一支富有战斗力和奉献精神的队伍。面对新形势新任务新要求，广大机关党务干部要紧跟时代步伐，把握时代要求，进一步增强政治责任感和历史使命感，在加强和改进机关党的建设中更好地发挥骨干作用。

习近平总书记的重要论述，指出了机关党务干部队伍建设存在的问题，表明了中央对机关党务干部队伍建设的高度重视。当前机关党务干部队伍建设还存在一些不容忽视的问题。习近平总书记对这些问题有着清醒的认识，毫不避讳，直接点明问题所在。我们要以切实管用的措施，积极解决机关党务干部队伍建设存在的各种问题，努力打造一支适应时代要求的高素质机关党务干部队伍。

习近平总书记的重要论述，全面系统地提出了加强机关党务干部队伍建设的要求，为我们进一步加强机关党务干部队伍建设指明了方向。我们要按照习近平总书记提出的要求，从选配、培训、考核、交流等各个环节入手，以提高素质能力为重点，努力建设一支政治坚定、结构合理、精干高效、充满活力的机关专兼职党务工作人员队伍。

第十五章　论高校党建

——为办好中国特色社会主义大学提供根本保证

高校党的组织是党的基层组织的重要组成部分，高校党的建设在党的建设全局中具有特殊重要地位。习近平总书记高度重视高校党的建设和思想政治工作，党的十七大至十八大期间，中组部、中宣部和国家教育部共召开5次全国高校党的建设工作会议，时任中共中央政治局常委、中央书记处书记的习近平同志出席第17次会议并发表重要讲话，在第16次、18次、19次、20次会议前会见出席会议的代表并发表重要讲话。党的十八大以来，习近平总书记专门为第23次会议作出重要指示，出席第24次会议并发表重要讲话，主持学校思想政治理论课教师座谈会并发表重要讲话等。习近平总书记还考察了中国科学院大学、中南大学、国防科技大学、北京大学、北京师范大学、澳门大学、中国科技大学、中国政法大学、暨南大学、南开大学、内蒙古大学等高校，就加强高校党的建设和思想政治工作提出明确要求。习近平总书记一系列重要讲话和指示批示，全面回答了事关高校党的建设和思想政治工作方向性、根本性、全局性问题，深化了我们对办好中国特色社会主义大学规律性的认识，是推进高校党的建设和思想政治工作的根本遵循。

一、加强和改进高校党的建设，是办好中国特色社会主义大学的根本保证

高校党的建设的极端重要性，是由高校在国家经济社会发展全局中的重要地位决定的，也是由党建工作在高校各项工作中的重要地位决定的。习近平总书记主要从三个方面阐述了高校党的建设的重要性和必要性。

首先，加强和改进高校党的建设，是促进高等教育科学发展、建设高等教育强国的根本保证。高校在国家经济社会发展全局中居于重要地位，“教育强则国家强。高等教育发展水平是一个国家发展水平和发展潜力的重要标志。实现中华民族伟大复兴，教育的地位和作用不可忽视。我们对高等教育的需要比以往任何时候都更加迫切，对科学知识和卓越人才的渴求比以往任何时候都更加强烈。党中央作出加快建设世界一流大学和一流学科的战略决策，就是要提高我国高等教育发展水平，增强国家核心竞争力”，“我国有独特的历史、独特的文化、独特的国情，决定了我国必须走自己的高等教育发展道路，扎实办好中国特色社会主义高校。我国高等教育发展方向要同我国发展的现实目标和未来方向紧密联系在一起，为人民服务，为中国共产党治国理政服务，为巩固和发展中国特色社会主义制度服务，为改革开放和社会主义现代化建设服务”。[①] 这就告诉我们，中国特色社会主义高校，“特”就特在“四个服务”上，这就决

① 习近平：《习近平谈治国理政》，北京：外文出版社 2014 年版，第 376、376~377 页。

定了高校必须坚持和加强党的全面领导、加强和改进党的建设。

其次，加强和改进高校党的建设，是全面贯彻党的教育方针、培养社会主义事业建设者和接班人的必然要求。他指出，“青少年是祖国的未来、民族的希望。我们党立志于中华民族千秋伟业，必须培养一代又一代拥护中国共产党领导和我国社会主义制度、立志为中国特色社会主义事业奋斗终身的有用人才。在这个根本问题上，必须旗帜鲜明、毫不含糊”。[①]“‘国势之强由于人，人材之成出于学。’培养社会主义建设者和接班人，是我们党的教育方针，是我国各级各类学校的共同使命。”[②]“把党的十七届五中全会精神贯彻落实好，为‘十二五’规划顺利实施提供有力的人才支持，迫切要求高校培养更多的优秀人才，迫切要求进一步加强和改进高校党的建设。”[③]高校肩负着学习研究宣传马克思主义、培养中国特色社会主义事业建设者和接班人的重大任务。加强党对高校的领导，加强和改进高校党的建设，是实现这个任务的根本保证。[④] 这就告诉我们，培养社会主义事业建设者和接班人的根本任务，决定了高校必须坚持和加强党的全面领导、加强和改进党的建设。

最后，加强和改进高校党的建设，是推动高校各项事业发展、办好中国特色社会主义大学的重要引擎。他指出，伟大斗争、伟大

① 习近平：《在学校思想政治理论课教师座谈会上的讲话》，载求是网，2019年3月20日。

② 习近平：《在北京大学师生座谈会上的讲话》，载《人民日报》2018年5月4日。

③ 习近平：《深入贯彻十七届五中全会精神　切实加强和改进高校党的建设》，载新华网，2010年12月14日。

④ 习近平：《坚持立德树人思想引领　加强改进高校党建工作》，载新华网，2014年12月29日。

工程、伟大事业、伟大梦想，紧密联系、相互贯通、相互作用，其中起决定性作用的是党的建设新的伟大工程。对于党和国家事业如此，对于办好中国特色社会主义大学也是如此。“进一步加强和改进新形势下高校党的建设，是坚持社会主义办学方向、促进高校改革发展、培养社会主义合格建设者和可靠接班人的根本政治保证，各级党委一定要高度重视、切实抓紧抓实抓好。”[①]这就告诉我们，党的领导、党的建设既引领高校改革发展稳定各项工作，又为高校改革发展稳定各项工作提供坚强保证和持久动力。党的建设和改革发展稳定各项工作的关系，决定了高校必须坚持和加强党的全面领导、加强和改进党的建设。

二、培养中国特色社会主义事业建设者和接班人，是高校党的建设的根本任务

培养德智体美全面发展的中国特色社会主义合格建设者和可靠接班人，是高校的根本任务，也是高校党的建设的根本任务。习近平总书记围绕这个根本任务，就高校培养什么样的人、如何培养人以及为谁培养人这个根本问题，作出了全面深刻的论述。

一是明确提出了高校党的建设的根本任务。早在 2007 年 12 月，他就指出，高校党建工作“要全面贯彻党的教育方针，坚持育人为本，德育为先，在培养德智体美全面发展的社会主义建设者和接班人、培养造就一支勇于开拓创新的高水平教师队伍方面，发挥应有

① 习近平：《全面加强和改进新形势下高校党的建设为高校培养优秀人才提供根本政治保证》，载《光明日报》2009 年 12 月 25 日。

的作用”。[①] 2008年12月，他指出："培养德智体美全面发展的中国特色社会主义合格建设者和可靠接班人，是高校的根本任务，也是高校党的建设的根本任务。各级党委和高校党组织要紧紧围绕这个根本任务，全面贯彻党的教育方针，坚持以人才培养为根本办学理念，继续解放思想，坚持改革创新，在新的历史起点上努力开创高校党建工作新局面，为推进高等教育又好又快发展提供坚强的思想、政治和组织保证。"[②]2012年1月，他强调："高等学校是教育培养青年人才的重要园地，也应该是用社会主义核心价值体系武装青年的重要思想阵地。……高校党的建设要紧紧围绕培养中国特色社会主义事业合格建设者和可靠接班人这个核心任务，为建设具有高素质教师队伍、培养高质量大学生、创造高水平科研成果的大学提供坚强的思想、政治和组织保证。"[③]

2016年12月，他指出："我国高等教育肩负着培养德智体美全面发展的社会主义事业建设者和接班人的重大任务，必须坚持正确政治方向。高校立身之本在于立德树人。只有培养出一流人才的高校，才能够成为世界一流大学。办好我国高校，办出世界一流大学，必须牢牢抓住全面提高人才培养能力这个核心点，并以此来带动高校其他工作。"[④]他强调："我们的高校是党领导下的高校，是中国特

---

① 习近平：《以改革创新精神推进高校党的建设》，载《人民日报》2007年12月25日。

② 习近平：《在新的历史起点上努力开创高校党的建设工作新局面》，载《人民日报》2008年12月20日。

③ 中共中央文献研究室：《十七大以来重要文献》(下)，北京：中央文献出版社2013年版，第689页。

④ 习近平：《习近平谈治国理政》(第二卷)，北京：外文出版社2017年版，第377页。

色社会主义高校。办好我们的高校，必须坚持以马克思主义为指导，全面贯彻党的教育方针。要坚持不懈传播马克思主义科学理论，抓好马克思主义理论教育，为学生一生成长奠定科学的思想基础。要坚持不懈培育和弘扬社会主义核心价值观，引导广大师生做社会主义核心价值观的坚定信仰者、积极传播者、模范践行者。要坚持不懈促进高校和谐稳定，培育理性平和的健康心态，加强人文关怀和心理疏导，把高校建设成为安定团结的模范之地。要坚持不懈培育优良校风和学风，使高校发展做到治理有方、管理到位、风清气正。"①

习近平总书记的重要论述，阐明了作为中国特色社会主义高校的根本任务和党的建设的根本任务是统一的而不是分离的，都是要培养德智体美全面发展的中国特色社会主义合格建设者和可靠接班人，这就为加强和改进高校党的建设指明了政治方向，为有效避免就业务抓业务、就党建抓党建的"两张皮"问题，提供了根本原则。高校党的建设各项工作，都要紧紧围绕这个根本任务来进行，切实做到"四个坚持不懈"。要把是否提高人才培养能力、能否培养高质量的大学生，作为高校党建工作的核心点，作为检验高校党建工作成效的根本标准。

二是全面阐述了高校思想政治工作的地位作用和目标任务。他指出，"高校思想政治工作关系高校培养什么样的人、如何培养人以及为谁培养人这个根本问题。要坚持把立德树人作为中心环节，把思想政治工作贯穿教育教学全过程，实现全程育人、全方位育人，

---

① 习近平：《把思想政治工作贯穿教育教学全过程　开创我国高等教育事业发展新局面》，载新华网，2016年12月8日。

努力开创我国高等教育事业发展新局面”，“思想政治工作从根本上说是做人的工作，必须围绕学生、关照学生、服务学生，不断提高学生思想水平、政治觉悟、道德品质、文化素养，让学生成为德才兼备、全面发展的人才”，“要教育引导学生正确认识世界和中国发展大势，从我们党探索中国特色社会主义历史发展和伟大实践中，认识和把握人类社会发展的历史必然性，认识和把握中国特色社会主义的历史必然性，不断树立为共产主义远大理想和中国特色社会主义共同理想而奋斗的信念和信心；正确认识中国特色和国际比较，全面客观认识当代中国、看待外部世界；正确认识时代责任和历史使命，用中国梦激扬青春梦，为学生点亮理想的灯、照亮前行的路，激励学生自觉把个人的理想追求融入国家和民族的事业中，勇做走在时代前列的奋进者、开拓者；正确认识远大抱负和脚踏实地，珍惜韶华、脚踏实地，把远大抱负落实到实际行动中，让勤奋学习成为青春飞扬的动力，让增长本领成为青春搏击的能量”。①

他强调：“做好高校思想政治工作，要因事而化、因时而进、因势而新。要遵循思想政治工作规律，遵循教书育人规律，遵循学生成长规律，不断提高工作能力和水平。要用好课堂教学这个主渠道，思想政治理论课要坚持在改进中加强，提升思想政治教育亲和力和针对性，满足学生成长发展需求和期待，其他各门课都要守好一段渠、种好责任田，使各类课程与思想政治理论课同向同行，形成协同效应。要加快构建中国特色哲学社会科学学科体系和教材体系，推出更多高水平教材，创新学术话语体系，建立科学权威、公开透

① 习近平：《把思想政治工作贯穿教育教学全过程　开创我国高等教育事业发展新局面》，载新华网，2016 年 12 月 8 日。

明的哲学社会科学成果评价体系，努力构建全方位、全领域、全要素的哲学社会科学体系。要更加注重以文化人以文育人，广泛开展文明校园创建，开展形式多样、健康向上、格调高雅的校园文化活动，广泛开展各类社会实践。要运用新媒体新技术使工作活起来，推动思想政治工作传统优势同信息技术高度融合，增强时代感和吸引力。"①

思想政治工作是一切工作的生命线。他要求我们把高校思想政治工作放到"关系高校培养什么样的人、如何培养人以及为谁培养人这个根本问题"，"把立德树人作为中心环节"的高度来认识，"贯穿教育教学全过程"；要求高校思想政治工作"必须围绕学生、关照学生、服务学生"，教育引导学生做到"四个正确认识"，"不断提高学生思想水平、政治觉悟、道德品质、文化素养，让学生成为德才兼备、全面发展的人才"；做好高校思想政治工作，要因事而化、因时而进、因势而新，遵循"三个规律"，不断提高工作能力和水平，等等。这些都是对高校思想政治工作特点和规律认识的深化，是对党的思想政治工作理论和实践的发展，对于我们做好高校思想政治工作、加强和改进高校党的建设、培养中国特色社会主义建设者和接班人，具有十分重要的指导意义。

三是特别强调要开好思想政治理论课这个关键课程。在为什么要开好思想政治理论课问题上，他指出，"在大中小学循序渐进、螺旋上升地开设思想政治理论课非常必要，是培养一代又一代社会主义建设者和接班人的重要保障"，"思想政治理论课是落实立德树人

---

①　习近平：《把思想政治工作贯穿教育教学全过程　开创我国高等教育事业发展新局面》，载新华网，2016年12月8日。

根本任务的关键课程。青少年阶段是人生的‘拔节孕穗期’，最需要精心引导和栽培。我们办中国特色社会主义教育，就是要理直气壮开好思政课，用新时代中国特色社会主义思想铸魂育人，引导学生增强中国特色社会主义道路自信、理论自信、制度自信、文化自信，厚植爱国主义情怀，把爱国情、强国志、报国行自觉融入坚持和发展中国特色社会主义事业、建设社会主义现代化强国、实现中华民族伟大复兴的奋斗之中。思政课作用不可替代，思政课教师队伍责任重大”。①

在如何开好思想政治理论课问题上，他指出：“办好思想政治理论课，最根本的是要全面贯彻党的教育方针，解决好培养什么人、怎样培养人、为谁培养人这个根本问题。新时代贯彻党的教育方针，要坚持马克思主义指导地位，贯彻新时代中国特色社会主义思想，坚持社会主义办学方向，落实立德树人的根本任务，坚持教育为人民服务、为中国共产党治国理政服务、为巩固和发展中国特色社会主义制度服务、为改革开放和社会主义现代化建设服务，扎根中国大地办教育，同生产劳动和社会实践相结合，加快推进教育现代化、建设教育强国、办好人民满意的教育，努力培养担当民族复兴大任的时代新人，培养德智体美劳全面发展的社会主义建设者和接班人。”②

在开好思想政治理论课的基础和条件上，他指出：“我们对思想

① 习近平：《习近平谈治国理政》(第三卷)，北京：外文出版社 2020 年版，第 329 页。

② 习近平：《习近平谈治国理政》(第三卷)，北京：外文出版社 2020 年版，第 328 页。

政治工作高度重视，始终坚持马克思主义指导地位，大力推进中国特色社会主义学科体系建设，为思政课建设提供了根本保证。我们对共产党执政规律、社会主义建设规律、人类社会发展规律的认识和把握不断深入，开辟了中国特色社会主义理论和实践发展新境界，中国特色社会主义取得举世瞩目的成就，中国特色社会主义道路自信、理论自信、制度自信、文化自信不断增强，为思政课建设提供了有力支撑。中华民族几千年来形成了博大精深的优秀传统文化，我们党带领人民在革命、建设、改革过程中锻造的革命文化和社会主义先进文化，为思政课建设提供了深厚力量。思政课建设长期以来形成的一系列规律性认识和成功经验，为思政课建设守正创新提供了重要基础。有了这些基础和条件，有了我们这支可信、可敬、可靠，乐为、敢为、有为的思政课教师队伍，我们完全有信心有能力把思政课办得越来越好。”①

在提高思想政治理论课质量上，他指出：“推动思想政治理论课改革创新，要不断增强思政课的思想性、理论性和亲和力、针对性。要坚持政治性和学理性相统一，以透彻的学理分析回应学生，以彻底的思想理论说服学生，用真理的强大力量引导学生。要坚持价值性和知识性相统一，寓价值观引导于知识传授之中。要坚持建设性和批判性相统一，传导主流意识形态，直面各种错误观点和思潮。要坚持理论性和实践性相统一，用科学理论培养人，重视思政课的实践性，把思政小课堂同社会大课堂结合起来，教育引导学生立鸿鹄志，做奋斗者。要坚持统一性和多样性相统一，落实教学目标、

---

① 习近平：《习近平谈治国理政》(第三卷)，北京：外文出版社 2020 年版，第 329～330 页。

课程设置、教材使用、教学管理等方面的统一要求，又因地制宜、因时制宜、因材施教。要坚持主导性和主体性相统一，思政课教学离不开教师的主导，同时要加大对学生的认知规律和接受特点的研究，发挥学生主体性作用。要坚持灌输性和启发性相统一，注重启发性教育，引导学生发现问题、分析问题、思考问题，在不断启发中让学生水到渠成得出结论。要坚持显性教育和隐性教育相统一，挖掘其他课程和教学方式中蕴含的思想政治教育资源，实现全员全程全方位育人。”①

在思想政治理论课的工作格局、队伍建设、支持保障上，他指出：“各级党委要把思想政治理论课建设摆上重要议程，抓住制约思政课建设的突出问题，在工作格局、队伍建设、支持保障等方面采取有效措施。要建立党委统一领导、党政齐抓共管、有关部门各负其责、全社会协同配合的工作格局，推动形成全党全社会努力办好思政课、教师认真讲好思政课、学生积极学好思政课的良好氛围。学校党委要坚持把从严管理和科学治理结合起来。学校党委书记、校长要带头走进课堂，带头推动思政课建设，带头联系思政课教师。要配齐建强思政课专职教师队伍，建设专职为主、专兼结合、数量充足、素质优良的思政课教师队伍。要把统筹推进大中小学思政课一体化建设作为一项重要工程，推动思政课建设内涵式发展。要完善课程体系，解决好各类课程和思政课相互配合的问题，鼓励教学名师到思政课堂上讲课。各地区各部门负责同志要积极到学校去讲

① 习近平：《习近平谈治国理政》(第三卷)，北京：外文出版社 2020 年版，第 330~331 页。

思政课。”①

作为我们党的总书记，他亲自主持召开学校思想政治理论课教师座谈会并发表重要讲话，全面阐述开好思想政治理论课的问题。这在我们党的历史上还是第一次，足见习近平总书记对这个问题的高度重视。习近平总书记把思想政治理论课作为“落实立德树人根本任务的关键课程”，作为“培养一代又一代社会主义建设者和接班人的重要保障”，深化了我们对办好这门课程重要性的认识；习近平总书记提出“办好思想政治理论课，最根本的是要全面贯彻党的教育方针，解决好培养什么人、怎样培养人、为谁培养人这个根本问题”，深化了我们对办好这门课程根本原则的认识；习近平总书记指出了办好思想政治理论课的根本保证、有力支撑、深厚力量、重要基础等，增强了我们对办好这门课程的信心；习近平总书记提出了办好思想政治理论课必须坚持“八个统一”的要求，为我们推动思想政治理论课改革创新、提高思想政治理论课质量，提供了方法路径，我们要深入学习领会，贯彻到办好思想政治理论课的工作中去，进而贯彻到高校党的建设和思想政治工作中去。

三、坚持和完善党委领导下的校长负责制，充分发挥党委把方向、管大局、作决策、保落实的领导作用

领导体制至关重要。党的十九大通过的《中国共产党章程（修正

① 习近平：《习近平谈治国理政》（第三卷），北京：外文出版社2020年版，第331~332页。

案）》明确提出："实行行政领导人负责制的事业单位中党的基层组织，发挥战斗堡垒作用。实行党委领导下的行政领导人负责制的事业单位中党的基层组织，对重大问题进行讨论和作出决定，同时保证行政领导人充分行使自己的职权。"高校在经济社会发展全局、在意识形态领域、在培养中国特色社会主义事业建设者和接班人中的特殊重要作用，决定了高校必须实行党委领导下的校长负责制。对此，习近平总书记作出了一系列重要论述。

一是要坚持和完善党委领导下的校长负责制。他指出："做好新形势下高校党建工作，要坚持和完善党委领导下的校长负责制，既充分发挥党委的领导核心作用、又切实保证校长在依法行政中的执行权力，切实提高高校领导班子办学治校能力。"①我们要坚持这个领导体制不动摇，并在实践中不断完善，特别是要制定权力清单，健全运行机制，让这个领导体制有效发挥作用。

二是要充分发挥高校党委的领导作用。他指出，"高校党委对学校工作实行全面领导，承担管党治党、办学治校主体责任，把方向、管大局、作决策、保落实"，"党委要保证高校正确办学方向，掌握高校思想政治工作主导权，保证高校始终成为培养社会主义事业建设者和接班人的坚强阵地"，②"要强化基础、抓住重点、建立规范、落实责任，真正做到'虚'功'实'做，把'软指标'变为'硬约束'。高校党委要履行好管党治党、办学治校的主体责任，把思想政治工

① 习近平：《全面加强和改进新形势下高校党的建设　为高校培养优秀人才提供根本政治保证》，载《光明日报》2009年12月25日。

② 习近平：《把思想政治工作贯穿教育教学全过程　开创我国高等教育事业发展新局面》，载新华网，2016年12月8日。

作和党的建设工作结合起来，把立德树人、规范管理的严格要求和春风化雨、润物无声的灵活方式结合起来，把解决师生的思想问题和教学科研、学习就业等实际问题结合起来，使高校始终充满积极向上的正能量、洋溢蓬勃向上的青春活力、展现改革创新的时代风采”。[①]

结合学习《中国共产党普通高等学校基层组织工作条例》的有关规定，我们要明确高校党委发挥领导作用的主要职责：①宣传和执行党的路线方针政策，宣传和执行党中央、上级组织和本级组织的决议，坚持社会主义办学方向，依法治校，依靠全校师生员工推进学校科学发展，培养德智体美全面发展的中国特色社会主义事业合格建设者和可靠接班人。②审议确定学校基本管理制度，讨论决定学校改革发展稳定以及教学、科研、行政管理中的重大事项。③讨论决定学校内部组织机构的设置及其负责人的人选，按照干部管理权限，负责干部的选拔、教育、培养、考核和监督。加强领导班子建设、干部队伍建设和人才队伍建设。④按照党要管党、全面从严治党的方针，加强学校党组织的政治建设、思想建设、组织建设、作风建设、纪律建设和制度建设、反腐败斗争。落实党建工作责任制。发挥学校基层党组织的战斗堡垒作用和党员的先锋模范作用。⑤按照建设学习型党组织的要求，组织党员认真学习马克思列宁主义、毛泽东思想、邓小平理论、“三个代表”重要思想、科学发展观、习近平新时代中国特色社会主义思想，坚持用党的创新理论武装头脑，坚定走中国特色社会主义

① 《习近平在中国政法大学考察》，载新华网，2017 年 5 月 3 日。

道路的信念。组织党员学习党的路线方针政策和决议，学习党的基本知识，学习科学、文化、法律和业务知识。⑥领导学校的思想政治工作和德育工作，促进和谐校园建设。⑦领导学校的工会、共青团、学生会等群众组织和教职工代表大会。⑧做好统一战线工作。对学校内民主党派的基层组织实行政治领导，支持他们依照各自的章程开展活动。支持无党派人士等统一战线成员参加统一战线相关活动，发挥积极作用。

三是要选好配强高校领导班子。他指出："要坚持和完善党委领导下的校长负责制，按照德才兼备、以德为先用人标准，把政治上坚定、业务上优秀、作风上过硬、广大师生认可的同志选配到学校领导班子中，特别要选好配强党委书记和校长，切实增强高校领导班子的整体功能，提高领导班子办学治校能力。"[①]各级党委要按照德才兼备、以德为先的用人原则选配高校领导干部，坚决防止和克服重知识素养、轻思想品德，重学术造诣、轻管理能力，重学历资格、轻工作实绩的倾向，真正把那些讲政治、善于办学治校的优秀干部选拔到学校领导班子中来，努力把高校领导班子建设成为坚持社会主义办学方向、善于领导高校科学发展、团结奋进的坚强领导集体。这些要求具有很强的原则性和针对性，我们要贯彻到高校领导班子建设中去。

---

① 习近平：《深入贯彻十七届五中全会精神　切实加强和改进高校党的建设》，载新华网，2010年12月14日。

四、做好抓基层、打基础的工作，充分发挥高校基层党组织的战斗堡垒作用和党员的先锋模范作用

高校基层党组织建设和党员队伍建设是高校党的建设的基础工程，团结、组织广大师生的凝聚力工程。习近平总书记强调要做好抓基层、打基础的工作。他指出，“各级党委和高校党组织要加大力度，坚持不懈地做好抓基层、打基础的工作，充分发挥高校基层党组织的战斗堡垒作用和党员的先锋模范作用”。[①]“做好抓基层、打基础的工作是高校党的建设的一项基本任务。当前要认真贯彻《中国共产党普通高等学校基层组织工作条例》，适应高校改革发展建立健全高校党的各级组织，进一步明确党组织职责任务，丰富党组织活动内容，健全党组织工作制度，实现高校党的组织和党的工作全覆盖。”[②]“要做好抓基层、打基础工作，健全高校党的各级组织，明确职责任务，加强指导督促，严格按照标准和程序把优秀知识分子和大学生吸收到党内来，充分发挥基层党组织的战斗堡垒作用和党员的先锋模范作用”，[③]“要加强高校党的基层组织建设，创新体制机制，改进工作方式，提高党的基层组织做思想政治工作能力。要做

---

① 习近平：《在新的历史起点上努力开创高校党的建设工作新局面》，载《人民日报》2008年12月20日。

② 习近平：《深入贯彻十七届五中全会精神　切实加强和改进高校党的建设》，载新华网，2010年12月14日。

③ 习近平：《全面加强和改进新形势下高校党的建设　为高校培养优秀人才提供根本政治保证》，载《光明日报》2009年12月25日。

好在高校教师和学生中发展党员工作，加强党员队伍教育管理，使每个师生党员都做到在党爱党、在党言党、在党为党”。①

习近平总书记强调要深入开展创建学习型党组织活动和创先争优活动。他指出，“要坚持用中国特色社会主义理论体系武装党员、教育师生，大力开展创建学习型党组织活动，以学习为党组织建设的重要特征，以学习为党组织活动的重要内容，以学习为提高党组织战斗力的重要途径，推动高校党员干部和广大师生不断深化对党的理论创新成果的认识”。②“创先争优活动是加强党的基层组织建设的一项经常性工作。高校党组织要紧紧围绕高校的中心任务，努力创科学发展之先、争校园和谐之优，在高校党组织和党员中进一步营造学先进、赶先进、创先进的浓厚氛围，使创先争优活动真正成为推动高等教育科学发展的强大动力。”③“要深入开展高校创先争优活动，推动高校党组织和广大党员在全面落实党的教育方针、坚持内涵式发展、全面提高办学质量、加强自身建设的实践中创先争优，并使创先争优活动常态化。”④

需要引起重视的是，要按照习近平总书记的要求，进一步明确高校各级党组织的职责任务。高校党的委员会和院(系)级单位党组织、教职工党的支部委员会、大学生党的支部委员会共同构成高校

---

① 习近平：《把思想政治工作贯穿教育教学全过程　开创我国高等教育事业发展新局面》，载新华网，2016 年 12 月 8 日。

② 习近平：《全面加强和改进新形势下高校党的建设　为高校培养优秀人才提供根本政治保证》，载《光明日报》2009 年 12 月 25 日。

③ 习近平：《深入贯彻十七届五中全会精神　切实加强和改进高校党的建设》，载新华网，2010 年 12 月 14 日。

④ 《第二十次全国高校党建工作会议召开：习近平会见会议代表并讲话》，载《光明日报》2012 年 1 月 5 日。

党组织，它们的目标任务一致，职责分工不同。按照《中国共产党章程》和《中国共产党普通高等学校基层组织工作条例》的规定，结合高校党的建设实践，高校党委发挥领导作用，具体职责在前面已经讲过了。院(系)级单位党组织发挥保证监督作用，主要职责是：①宣传、执行党的路线方针政策及学校各项决定，并为其贯彻落实发挥保证监督作用。②通过党政联席会议，讨论和决定本单位重要事项。支持本单位行政领导班子和负责人在其职责范围内独立负责地开展工作。③加强党组织的政治建设、思想建设、组织建设、作风建设、纪律建设和制度建设反腐败斗争；具体指导党支部开展工作。④领导本单位的思想政治工作。⑤做好本单位党员干部的教育和管理工作。⑥领导本单位工会、共青团、学生会等群众组织和教职工代表大会。

教职工党支部和大学生党支部发挥战斗堡垒作用。教职工党支部要支持本单位行政负责人的工作，经常与行政负责人沟通情况，对单位的工作提出意见和建议。教职工党支部负责人参与讨论决定本单位的重要事项。教职工党支部的主要职责是：①宣传、执行党的路线方针政策和上级党组织的决议，团结师生员工，发挥党员先锋模范作用保证教学、科研等各项任务的完成。②加强对党员的教育、管理、监督和服务，定期召开组织生活会，开展批评和自我批评；向党员布置做群众工作和其他工作，并检查执行情况。③培养教育入党积极分子，做好发展党员工作。④经常听取党员和群众的意见和建议，了解、分析并反映师生员工的思想状况，维护党员和群众的正当权利和利益，有针对性地做好思想政治工作。大学生党支部要成为引领大学生刻苦学习、团结进步、健康成长的班级核心。

其主要职责是：①宣传、执行党的路线方针政策和上级党组织的决议，推动学生班级进步。②加强对学生党员的教育、管理、监督和服务，定期召开组织生活会，开展批评和自我批评。发挥学生党员的先锋模范作用，影响、带动广大学生明确学习目的，完成学习任务。③组织学生党员参与班(年)级事务管理，努力维护学校的稳定。支持、指导和帮助团支部、班委会及学生社团根据学生特点开展工作，促进学生全面发展。④培养教育学生中的入党积极分子，按照标准和程序发展学生党员，不断扩大学生党员队伍。⑤积极了解学生的思想状况，经常听取他们的意见和建议，并向有关部门反映。根据青年学生的特点，有针对性地做好思想政治教育工作。

五、办好中国特色社会主义大学，关键在于把高校干部队伍和教师队伍建设好

办好中国的事情，关键在党，关键在人。习近平总书记指出："实现高等教育科学发展，关键在于把高校干部队伍和教师队伍建设好。"①习近平总书记围绕加强这"两支队伍"建设，作出了一系列重要论述。

习近平总书记强调要加强高校党建思想政治工作队伍建设。他指出，"建设一支专兼结合的高素质党务工作和大学生思想政治工作干部队伍，是全面加强高校党的建设、加强和改进大学生思想政治工作的必然要求。要按照德才兼备和专兼结合的原则，选拔和吸引

---

① 习近平：《在新的历史起点上努力开创高校党的建设工作新局面》，载《人民日报》2008年12月20日。

更多政治素质高、思想作风好、热爱党务工作、善于做群众工作、具有较高学术造诣和较强组织管理能力的党员干部和教师从事学校党务工作，特别要选配好党总支书记和支部书记。要建立健全辅导员和班主任队伍的选拔、培养、激励、保障机制，努力创造良好政策环境和工作生活环境，做到政治上爱护、工作上支持、生活上关心，使他们工作有条件、干事有平台、发展有空间，最大限度地调动他们的积极性和创造性”。“长期以来，高校思想政治工作队伍兢兢业业、甘于奉献、奋发有为，为高等教育事业发展作出了重要贡献。要拓展选拔视野，抓好教育培训，强化实践锻炼，健全激励机制，整体推进高校党政干部和共青团干部、思想政治理论课教师和哲学社会科学课教师、辅导员班主任和心理咨询教师等队伍建设，保证这支队伍后继有人、源源不断。”①

习近平总书记强调要加强高校教师队伍建设。他指出：“教师是人类灵魂的工程师，是青年学生成长的引路人和指导者。他们的思想政治素质和道德情操，对青年学生具有很强的影响力和感染力，在思想传播方面起着十分重要的作用。这就要求我们的高校教师以高度的社会责任感坚持教书育人、为人师表，以良好的思想道德品质给大学生以潜移默化的影响。青年教师作为高校教学的重要力量，与学生沟通互动多，对学生影响很大。要把加强青年教师队伍思想政治建设作为高校党的建设一个重大问题来抓，深入细致地做好青年教师的思想引导工作，加大在青年教师中发展党员的工作力度，

① 习近平：《把思想政治工作贯穿教育教学全过程　开创我国高等教育事业发展新局面》，载新华网，2016 年 12 月 8 日。

优化高校党员队伍结构。”[①]“传道者自己首先要明道、信道。高校教师要坚持教育者先受教育，努力成为先进思想文化的传播者、党执政的坚定支持者，更好担起学生健康成长指导者和引路人的责任。要加强师德师风建设，坚持教书和育人相统一，坚持言传和身教相统一，坚持潜心问道和关注社会相统一，坚持学术自由和学术规范相统一，引导广大教师以德立身、以德立学、以德施教。”[②]

习近平总书记特别强调要加强思政课教师队伍建设。他指出：“办好思想政治理论课关键在教师，关键在发挥教师的积极性、主动性、创造性。思政课教师，要给学生心灵埋下真善美的种子，引导学生扣好人生第一粒扣子。第一，政治要强，让有信仰的人讲信仰，善于从政治上看问题，在大是大非面前保持政治清醒。第二，情怀要深，保持家国情怀，心里装着国家和民族，在党和人民的伟大实践中关注时代、关注社会，汲取养分、丰富思想。第三，思维要新，学会辩证唯物主义和历史唯物主义，创新课堂教学，给学生深刻的学习体验，引导学生树立正确的理想信念、学会正确的思维方法。第四，视野要广，有知识视野、国际视野、历史视野，通过生动、深入、具体的纵横比较，把一些道理讲明白、讲清楚。第五，自律要严，做到课上课下一致、网上网下一致，自觉弘扬主旋律，积极传递正能量。第六，人格要正，有人格，才有吸引力。亲其师，才能信其道。要有堂堂正正的人格，用高尚的人格感染学生、赢得学

① 《第二十次全国高校党建工作会议召开：习近平会见会议代表并讲话》，载《光明日报》2012 年 1 月 5 日。

② 习近平：《把思想政治工作贯穿教育教学全过程　开创我国高等教育事业发展新局面》，载新华网，2016 年 12 月 8 日。

生，用真理的力量感召学生，以深厚的理论功底赢得学生，自觉做为学为人的表率，做让学生喜爱的人。”①

习近平总书记的重要论述，深刻阐明了加强“两支队伍”建设的重要性和必要性，高度评价了“两支队伍”在办好中国特色社会主义大学、培养社会主义事业建设者和接班人、加强高校党建思想政治工作中发挥的重要作用、作出的重要贡献，对新时代进一步加强“两支队伍”建设提出了明确要求，具有很强的思想性、针对性和指导性，各级党委和高校党委要认真学习领会，抓好贯彻落实。

六、要在继承优良传统的基础上坚持改革创新，不断增强高校党建工作的生机活力

改革开放以来，我们党牢记邓小平同志关于“十年来我们的最大失误是在教育方面，对青年的政治思想教育抓得不够，教育发展不够”的教训警示，始终把高校党的建设工作放在突出位置来抓，从1990年开始，每年召开一次全国高校党的建设工作会议，研究新问题、交流新经验、作出新部署，推动我国高等教育取得伟大成就和高校党的建设取得新的进步。对此，习近平总书记给予了充分肯定，并对高校党建工作积累的宝贵经验作出了高度概括。

2008年12月，他指出：“30年来高校党的建设在继承优良传统的基础上不断改革创新，积累了宝贵经验：第一，必须始终围绕高

① 《习近平主持召开学校思想政治理论课教师座谈会强调　用新时代中国特色社会主义思想铸魂育人 贯彻党的教育方针落实立德树人根本任务》，载新华网，2019年3月18日。

校的改革发展，把人才培养作为根本任务；第二，必须坚持党委领导下的校长负责制，着力完善高校领导体制；第三，必须坚持育人为本、德育为先，切实加强和改进大学生思想政治教育；第四，必须坚持把建设高素质领导班子作为重点任务，不断提高领导高校科学发展的能力和水平；第五，必须着力维护高校稳定，及时化解各种矛盾；第六，必须坚持改革创新精神，始终体现时代性、把握规律性、富于创造性。”①

2014 年 12 月，他进一步指出：“办好中国特色社会主义大学，要坚持立德树人，把培育和践行社会主义核心价值观融入教书育人全过程；强化思想引领，牢牢把握高校意识形态工作领导权；坚持和完善党委领导下的校长负责制，不断改革和完善高校体制机制；全面推进党的建设各项工作，有效发挥基层党组织战斗堡垒作用和共产党员先锋模范作用。”②

上述 2008 年的前六条和 2014 年的后四条，都是我们党加强高校党建工作取得的宝贵经验。习近平总书记强调：“这些经验反映了高校党的建设规律，体现了时代发展要求，各级党委和高校党组织要长期坚持，在新的实践中不断丰富和发展。”③

与此同时，习近平总书记强调，要在继承优良传统的基础上坚持改革创新，不断增强高校党建工作的生机活力、不断开创高校党

① 习近平：《在新的历史起点上努力开创高校党的建设工作新局面》，载《人民日报》2008 年 12 月 20 日。

② 习近平：《坚持立德树人思想引领 加强改进高校党建工作》，载新华网，2014 年 12 月 29 日。

③ 习近平：《在新的历史起点上努力开创高校党的建设工作新局面》，载《人民日报》2008 年 12 月 20 日。

建工作新局面。他指出，“要继承优良传统，深入研究新情况新问题，以改革创新的精神状态、改革创新的思维方式、改革创新的思想作风、改革创新的工作方法，大力推进党的各方面建设的创新，不断提高工作水平”，[①]“要坚持改革创新，继承和发展高校党的建设在长期实践中形成的成功方法，又要不断创新和丰富高校党的建设有效管用的新方法，不断增强高校党建工作的生机活力”。[②]

改革创新是时代的主旋律，实践没有止境，创新也没有止境。学习贯彻习近平总书记这一重要论述，我们必须在继承优良传统的基础上，适应中国特色社会主义进入新时代、我国社会主要矛盾的转化和经济社会发展对高校改革发展和党的建设提出的新任务新要求，积极推进高校党的建设实践创新、理论创新、制度创新、工作创新，创造性地解决新时代高校党的建设工作中的新问题。要尊重基层和党员的首创精神，从基层组织和广大党员的探索中汲取营养，不断深化对高校党的建设规律的认识，不断丰富和发展高校党的建设的理论和实践。

此外，习近平总书记还就坚持和加强党对高校的领导提出了明确要求。他指出，“办好我国高等教育，必须坚持党的领导，牢牢掌握党对高校工作的领导权，使高校成为坚持党的领导的坚强阵地……各级党委要把高校思想政治工作摆在重要位置，加强领导和指导，形成党委统一领导、各部门各方面齐抓共管的工作格局。各

① 习近平：《以改革创新精神推进高校党的建设》，载《人民日报》2007 年 12 月 25 日。

② 习近平：《全面加强和改进新形势下高校党的建设为　高校培养优秀人才提供根本政治保证》，载《光明日报》2009 年 12 月 25 日。

地党委书记和有关部门党组书记要多到高校走走，多同师生接触，多次去高校作报告，回答师生关注的理论和现实问题。要加强同高校知识分子的联系，多关心、多交流、多鼓励，善交朋友、广交朋友、深交朋友，多听他们的意见，真听他们的意见”，[①]“各级党委和宣传思想部门、组织部门、教育部门要加强对高校党的建设工作的领导和指导，坚持党的教育方针，坚持社会主义办学方向，加强和改进思想政治工作，切实把党要管党、从严治党落到实处”。[②] 只要我们认真贯彻落实习近平总书记的要求，坚持和加强党的全面领导，坚持党要管党、全面从严治党，就一定能够不断开创新时代高校党的建设新局面。

---

① 习近平：《把思想政治工作贯穿教育教学全过程 开创我国高等教育事业发展新局面》，载新华网，2016年12月8日。

② 习近平：《坚持立德树人思想引领 加强改进高校党建工作》，载新华网，2014年12月29日。

第十六章　论时代课题

——不断提高党的建设质量

习近平总书记强调，伟大斗争、伟大工程、伟大事业、伟大梦想，其中起决定性作用的是党的建设新的伟大工程。在此基础上，习近平总书记在党的十九大报告中首次提出，要不断提高党的建设质量。这表明我们党勇于进行伟大自我革命、把党建设得更加坚强有力、推动伟大社会革命的价值诉求，是我们党全面开启质量建党、质量兴党、质量强党新征程的政治动员令，我们要深刻认识其重大意义、科学内涵和实践要求，并落实到新时代党的建设中去。

一、不断提高党的建设质量的重大意义

千年大计，质量第一。把党的建设比作伟大工程，是我们党进行伟大自我革命的一大创举，是我们党领导和团结亿万人民进行伟大社会革命的一大法宝。抓工程就要抓质量，质量是工程的生命线。我们党要始终成为时代先锋、民族脊梁，始终成为马克思主义执政党，就必须用过硬的党建质量，铸就过硬的伟大工程，这是事关我们党长期执政的千年大计。

1. 不断提高党的建设质量，是新时代党建思想的重要内容

党的十九大把习近平新时代中国特色社会主义思想列入党的指导思想，写在我们党的旗帜上，这是党的十九大的重大历史性贡献。习近平总书记关于党的建设重要论述，是习近平新时代中国特色社会主义思想的核心内容，内涵丰富，博大精深，其中一项重大内容，就是关于要不断提高党的建设质量。党的十八大以来，习近平总书记多次阐述党的建设形式和内容、过程和结果、数量和质量的辩证关系；多次就提高发展党员质量、提高教育实践活动质量、提高选人用人质量、提高党内政治生活质量、提高人才培养质量、提高党的制度建设质量等，发表重要讲话、作出重要指示；多次强调，提高党建工作质量都不是就事论事讲的，而是着眼于永葆党的先进性和纯洁性提出来的，是新时代党的建设必须达到的要求；提高党的建设质量，既要坚持和发扬我们党加强自身建设形成的光荣传统和成功经验，又要根据党的建设面临的新情况新问题大力推进改革创新，用新的思路、举措和办法，解决新的矛盾和问题。习近平总书记关于不断提高党的建设质量的一系列重要思想，具有很强的理论性、针对性和指导性，为我们加强新时代党的建设指明了前进方向、提供了根本遵循。

2. 不断提高党的建设质量，是适应新时代要求提出的重大课题

2018年7月，在全国组织工作会议上，习近平总书记指出，在

新时代，我们党领导人民进行伟大社会革命，涵盖领域的广泛性、触及利益格局调整的深刻性、涉及矛盾和问题的尖锐性、突破体制机制障碍的艰巨性、进行伟大斗争形势的复杂性，都是前所未有的。我们必须增强忧患意识、责任意识，把党的伟大自我革命进行到底。要全面贯彻新时代党的建设总要求，不断提高党的建设质量，把党建设成为始终走在时代前列、人民衷心拥护、勇于自我革命、经得起各种风浪考验、朝气蓬勃的马克思主义执政党。习近平总书记在科学分析新时代面临的新形势新任务以及对党的建设提出的新要求的基础上，又一次强调不断提高党的建设质量，表明了纵深推进全面从严治党、把党的伟大自我革命进行到底的坚定决心和顽强意志。

强国必先强党，强党重在质量。我们强国的目标，就是要建设物质文明、政治文明、精神文明、社会文明、生态文明质量全面提升的富强民主文明和谐美丽的社会主义现代化强国。就经济建设而言，随着中国特色社会主义进入新时代，社会主要矛盾转化为人民日益增长的美好生活需要和不平衡不充分的发展之间的矛盾，我国经济已由高速增长阶段转向高质量发展阶段，正处在转变发展方式、优化经济结构、转换增长动力的攻关期，建设现代经济体系是跨越关口的迫切需要和我国发展的战略目标。党的十九大强调，必须坚持质量第一、效益优先，以供给侧结构性改革为主线，推动经济发展质量变革、效率变革、动力变革，提高全要素生产率，着力加快建设实体经济、科技创新、现代金融、人力资源协同发展的产业体系，着力构建市场机制有效、微观主体有活力、宏观调控有度的经济体制，不断增强我国经济创新力和竞争力。经济基础的变革需要上层建筑与之相适应，正确的政治路线要靠正确的组织路线来保证，质量强国目标的实现需要质量强党来引领。习近平总书记把不断提高党的建设质量这个重大课题提到全党面前，表明我们党的建设已经进入一个质量建党、质量兴党、质量强党的新阶段。

3. 不断提高党的建设质量，是总结实践经验得出的重要结论

党的十八大以来，党中央作出全面从严治党的战略部署，以坚定决心、顽强意志加以推进，坚持和加强党的全面领导，坚持新时代党的建设总要求，坚持党要管党、全面从严治党，坚持把党的政治建设摆在首位，坚持思想建党和制度治党同向发力，坚持贯彻新时代好干部标准，坚持固本强基，坚持正风肃纪、严惩腐败，以刀刃向内的自我革命精神，直面党内存在的突出问题，以理论武装凝心聚魂，以整饬作风激浊扬清，以严明纪律强化约束，以从严治吏匡正用人导向，以“打虎”“拍蝇”“猎狐”惩治腐败，刹住了一些过去被认为不容易刹住的歪风邪气，攻克了一些司空见惯的顽瘴痼疾，解决了许多长期想解决而没有解决的难题，消除了党和国家内部存在的严重隐患，党内政治生态明显好转，党的创造力、凝聚力、战斗力显著增强，党群关系明显改善，党在革命性锻造中更加坚强，以党的伟大自我革命推动了伟大的社会革命。这几年来，党和国家事业之所以取得历史性成就、发生历史性变革，一个重要原因，就在于我们党始终重视自身建设质量，始终坚持抓思想从严、管党从严、执纪从严、治吏从严、作风从严、反腐从严，坚持真管真严、敢管敢严、长管长严，为社会变革提供了坚强保证。

同时，我们必须清醒看到，党的建设虽然开创了新的局面，全

面从严治党虽然取得了显著成效，但还远未到大功告成的时候。我们党面临的“四大考验”“四种危险”是长期的、尖锐的，影响党的先进性、弱化党的纯洁性的因素也是复杂的，党内存在的思想不纯、政治不纯、组织不纯、作风不纯等突出问题尚未得到根本解决。一些老问题反弹回潮的因素依然存在，实践中还会出现一些新情况新问题。在党建工作上，一些地方和部门还存在重形式轻内容、重过程轻结果、重数量轻质量的问题，看起来热热闹闹，实际效果却不佳，甚至与中心工作“两张皮”，没有什么效果。这些问题说到底，就是党的建设质量不高。习近平总书记正是在总结党的十八大以来党的建设实践的基础上，得出了一个十分重要的结论，就是坚定不移全面从严治党，毫不动摇把党建设得更加坚强有力，必须不断提高党的建设质量。

二、不断提高党的建设质量的科学内涵和实践要求

提高党的建设质量，既要继承传统，又要改革创新，其中一条重要途径，就是要导入质量管理理念、实行质量管理变革、推动党建质量提升，用新的思路、举措和办法，不断解决党的建设新的矛盾和问题。

1. 要树立党建质量意识

在经济活动中，产品质量和服务质量关乎企业的生命，甚至质量就是生命，这是共识。但在党建工作中，从党组织到党员领导干

部，到党建工作者，再到广大党员，也就是党的建设主体，还普遍缺乏质量意识，工作比较粗放，习惯于运动式的大轰大嗡、“大水漫灌”，重形式而轻内容、重过程而轻结果的现象比较突出，导致党的建设质量不够高、效果不够好，影响了党组织的创造力、凝聚力、战斗力的发挥。我们经常讲党建工作不平衡、作用发挥不充分，归根到底就是质量不高的问题。思想是行动的先导，提高党的建设质量，前提是要树立党建质量意识。我们要通过各种方式的学习、教育、培训，深刻认识到，对于马克思主义执政党来说，党的建设质量关乎党的生命；中国共产党作为拥有 9000 多万名党员、460 多万个基层党组织的世界第一大执政党，对党的建设质量的任何忽视、漠视和轻视，都是非常危险的；如果党的建设质量不高，那么即使党的规模再大，党的凝聚力、战斗力也难以保证，党的先进性、纯洁性也难以彰显；党的建设质量是历史的、具体的，它受到多种因素的影响制约，既不是从来就有的，也不是一劳永逸的，而是需要努力保持和不断提高的；新时代不断提高党的建设质量，既是一个重大而复杂的理论命题，又是一项紧迫而艰巨的现实任务，我们要通过实践和探索，进一步深化对“建设什么样的党、怎样建设党”这一根本问题的认识；也就是以强烈的质量意识，推动党的建设质量变革、效率变革、动力变革，加强质量谋划、质量管理、质量考评，不断提高党的建设质量。

2. 要明确党建质量标准

标准和质量是相辅相成的，没有高标准就难有高质量。那么，什么是党的建设高质量呢？也就是说，衡量党的建设质量高不高的标准是什么呢？我们可以从5个维度来衡量。一是党的建设科学性，集中体现为党的建设的合规律性，特别是符合马克思主义执政党建设规律，严格按照规律处理党的内外关系、解决党的内外矛盾，切实增强党的建设的预见性和针对性，不断提高科学化水平。二是党的建设的系统性，就是坚持系统思维，将党的建设作为一项系统工程来抓，整体考量、全面发力，长远谋划、综合施治，不断增强党的建设的全面性、协同性和可持续性，使党的建设彰显出鲜明的系统性品质。三是党的建设创造性，就是自觉转变陈旧落后观念，勇于改革党的建设中不合时宜的体制机制，勇于创新党的建设的方式、载体、平台，以改革创新精神推进党的建设，使党的建设能够因事而化、因时而进、因势而新。四是党的建设规范性，最重要的是着力解决制度体系不健全、不完备、不适应、不配套的问题，构建一套科学规范、系统完备、简便管用的党的建设制度体系，提升制度体系的执行力，实现党的建设制度化。五是党的建设实效性，就是着眼于解决实际问题、取得实践效果，以踏石留印、抓铁有痕的精神推进党的建设，确保党建工作思路和举措能够落地生根，取得实实在在的成效。总之，党的建设科学性、系统性、创造性、规范性、实效性，直接关系到党的建设质量；也就是说，衡量党的建设质量高不高，就要看党的建设科学性、系统性、创造性、规范性、实效性强不强。

3. 要建立党建质量目标

提高党的建设质量，必须建立党的建设目标体系，包括总体目标和具体目标、长远目标和阶段目标、组织建设目标和队伍建设目标、五大建设目标和制度建设目标等，有了目标，工作就有了遵循，考核就有了标准。以国有企业为例，当务之急是要建立和完善四个方面的目标。一是组织建设目标，包括国有企业党委(党组)、国有企业中的基层党组织及党支部建设的目标。二是队伍建设目标，包括国有企业党员队伍、领导人员队伍、人才队伍建设的目标。比如，要把建设一支“对党忠诚、勇于创新、治企有方、兴企有为、清正廉洁”的国有企业领导人员队伍的目标具体化，做到可推进可考核。三是工作目标，包括国有企业党的建设方方面面、大大小小工作的流程和目标，比如“三会一课”的流程和目标，以工作的流程化推动工作的制度化，以工作的标准化推动工作的科学化，进而提高党建工作质量。四是活动目标，包括集中活动和经常活动、规定活动和自选活动的流程和目标，比如“两学一做”学习教育、“不忘初心、牢记使命”主题教育的目标要求。建立和完善党的建设质量目标，必须学习贯彻习近平新时代中国特色社会主义思想，特别是在党的建设方面，要做到学懂弄通做实；必须遵循党章党规，这是党的建设的基本规范；必须遵循新时代党的建设总要求和党的组织路线，坚持正确的方向；必须结合国有企业生产经营实际，防止“两张皮”。

4. 要加强党建质量管理

高质量的党建工作，来自高标准的质量管理。一方面，要加强党的建设全要素质量管理，也就是加强党的政治建设、思想建设、组织建设、作风建设、纪律建设和制度建设、反腐败斗争的质量管理。特别是要把政治建设的质量管理放在首位，抓好坚定执行党的政治路线、严格遵守政治纪律和政治规矩、严格执行新形势下党的政治生活若干准则的质量管理，带动党的其他方面建设的质量管理。另一方面，要加强党的建设全过程的质量管理，把党的建设质量要求贯穿到党建工作的始终。比如，在国有企业领导人员队伍建设方面，我们要建立源头培养、跟踪培养、全程培养的素质培养体系，建立日常考核、分类考核、近距离考核的知事识人体系，建立以德为先、任人唯贤、人事相宜的选拔任用体系，建立管思想、管工作、管作风、管纪律的从严管理体系，建立崇尚实干、带动担当、加油鼓劲的正向激励体系等，加强对培育、选拔、管理、使用全过程的质量管理，推动建设一支高素质专业化的国有企业领导人员队伍。需要强调的是，加强党的建设质量管理，必须强化质量管理机制，如民主评议党员和处置不合格党员机制，干部考核评价机制，干部能上能下机制，人才培养、评价、流动、激励机制，等等，通过质量管理机制建设，提高党建工作质量。

5. 要严格党建质量考评

考核评价是指挥棒，考核评价关注什么，考核评价对象就会重视什么。党的建设质量如何，需要客观真实的考核评价。要建立健全党的建设责任体系和考评体系，按照党的建设目标和质量标准，采取上级评价和自身评价、组织评价和群众评价、过程评价和结果评价相结合的办法，对党的建设质量和成效予以客观评价并严格奖励惩罚，特别是严格责任追究，对党建工作搞形式、走过场、质量不高，管党治党宽松软的，要根据问责条例，严肃追究有关组织和个人的责任。对于国有企业来说，要进一步完善党建工作考核体系，探索党建工作考核评价同领导班子综合考评、经营业绩考核的衔接方式，同企业领导人员进退留转、薪酬待遇、奖励惩罚的挂钩路径，进一步强化党委(党组)的主体责任、纪委(纪检监察组)的监督责任、党委(党组)书记第一责任人的责任，专职副书记的直接责任，党员领导干部“一岗双责”的责任，切实把党建活力转化为发展活力，把党建优势转化为竞争优势、发展优势。

三、不断提高党的建设质量的贯彻落实

1. 着力提升政治建设质量

党的政治建设管方向、管全局、管根本，直接决定党的建设整体质量。提高党的政治建设质量，核心是全面提高党内政治生活质量。要严格执行新形势下党内政治生活若干准则，在增强党内政治生活的政治性、时代性、原则性、战斗性上做文章、下功夫。增强党内政治生活的政治性，就是党内政治生活要坚持正确的政治方向，教育引导党员、干部坚决维护习近平总书记党中央的核心、全党的核心地位，坚决维护党中央权威和集中统一领导，筑牢“四个意识”、坚定“四个自信”，始终在政治立场、政治方向、政治原则、政治道路上与以习近平同志为核心的党中央保持高度一致。增强党内政治生活的时代性，就是党内政治生活要紧跟时代步伐、聆听时代声音、回答时代课题，及时发现和解决党内出现的新问题，使党内政治生活始终充满活力。增强党内政治生活的原则性，就是党内政治生活要坚持党的思想原则、政治原则、组织原则、工作原则，按原则处

理党内各种关系，按原则解决党内矛盾和问题。增强党内政治生活的战斗性，就是党内政治生活要旗帜鲜明坚持真理、修正错误，勇于开展批评和自我批评，使每个党组织都成为激浊扬清的战斗堡垒，使每个党员都成为扶正祛邪的战斗员。

2. 着力提升思想建设质量

思想建设是党的基础性建设。提高党的思想建设质量，核心是提高理论武装的质量，也就是要全面落实用习近平新时代中国特色社会主义思想武装全党的重大政治任务。要切实改进党委中心组学习、干部教育培训、支部党课学习等集中学习形式，创新党员干部网上学习等平台，鼓励支持党员干部自学，推动党的创新理论进教材、进课堂、进头脑，推动学习往深里走、往实里走、往心里走，提高教育培训和理论学习的质量。特别是要积极探索推动"两学一做"学习教育常态化制度化的路径和方式，扎实开展"不忘初心、牢记使命"主题教育，确保取得实效。

3. 着力提升组织建设质量

正确的政治路线要靠正确的组织路线来保证。提高党的组织建设质量，核心是全面贯彻新时代党的组织路线，坚持"一个重点、两个着力"，也就是以组织体系建设为重点，着力培养忠诚干净担当的高素质干部，着力集聚爱国奉献的各方面优秀人才。具体来说，就是要加强各个层次的党组织建设，提高组织力，增强政治功能，建设坚强战斗堡垒。特别是要以基层示范党支部为标杆，进一步规范活动阵地、活动载体和工作流程，努力把示范变规范、标杆变标准、经验变制度，引导和推动基层党建质量全面提升。要严把“入口”，畅通“出口”，增强党员教育管理针对性和有效性，坚持严管厚爱结合、激励约束并重，保持和发展党员队伍的先进性和纯洁性，提高党员队伍建设质量。要坚持德才兼备、以德为先、任人唯贤，特别是严把政治关、廉洁关，着力培养党和人民需要的好干部，提高选人用人质量。要深化人才发展体制机制改革创新，统筹推进人才发展重大工程，把优秀人才集聚到党和国家事业中来。

4. 着力提升作风建设质量

党的作风关乎人心向背和事业兴衰。党的十八大以来，中央从制定和执行八项规定破题，严字当头、刀刃向内，抓铁有痕、踏石留印，以钉钉子的精神加以推进，特别是严厉整治形式主义、官僚主义、享乐主义和奢靡之风，坚决反对特权，解决了新形势下作风建设抓什么、怎么抓的问题，推动了全面从严治党，推动了党风、政风、社会风气的好转。中央以从严从实的作风推进作风建设，以积小胜为大胜的战略推动作风由量变到质变，为全党树立了典范。新时代提高作风建设质量，核心是巩固扩展落实中央八项规定精神成果，进一步密切党同人民群众的血肉联系。要制定具体可行的措施，针对“四风”问题，一手抓治标，一手抓治本，以最严格的标准、最严厉的措施正风肃纪，该禁止的禁止，该纠正的纠正，该查处的查处，不断强化“不敢”的震慑；同时，要在坚定理想信念、完善工作程序、改革体制机制上出实招，形成作风建设长效机制，提高作风建设质量。

5. 着力提升纪律建设质量

作风背后反映的是纪律问题，党纪严明，就能有效防范和遏制不正之风的滋长；纪律松弛，则会纵容和助长不正之风的泛滥。提高党的纪律建设的质量，核心是加强纪律教育、强化纪律执行，让党员、干部知敬畏、存戒惧、守底线，习惯在受监督和约束的环境中工作。重点要强化政治纪律和组织纪律，带动廉洁纪律、群众纪律、工作纪律、生活纪律严起来。提高纪律建设质量，提高纪律教育质量是基础，提高纪律执行质量是关键，如果执纪不严、违纪不纠，纪律的大厦就会坍塌，纪律的大堤就会崩溃，我们的党将不党。国有企业加强纪律建设，提高建设质量，也要坚持严字当头，对于违反纪律的露头就打，对于顶风违纪的从严查处，并且不断释放越往后执纪越严的信号，以严明的纪律督促各级党组织和党员、干部改进作风。

6. 着力提升制度建设质量

制度治党、依规治党，是最可靠、最有效、最持久的治党方式。提高党的制度建设质量，核心是要推进管党治党体系和能力现代化，特别是要抓好各项制度的落实，突出重点、突破难点、深化试点，让制度成为全面从严治党的利器。如前所述，当务之急是要健全权威高效的制度执行机制，明确各项制度执行的主体责任、监督责任、领导责任，形成制度执行强大推动力。加强对制度执行的监督，把监督检查、目标考核、责任追究有机结合起来，坚持有责必问、问责必严。坚决纠正有令不行、有禁不止现象，对把制度当摆设、破坏制度、违法违规违纪的，要严肃查处，确保各项制度落地生根。

7. 着力提升反腐败斗争质量

反腐败斗争形势依然严峻复杂。提高反腐败斗争质量，核心是要精准发力、持续发力。要针对“两个责任”不到位、“四风”问题整治不彻底、政治腐败和经济腐败相互交织搞利益输送等方面的问题，持续加大腐败案件的查处力度，减少腐败存量、遏制腐败增量，通过量的变化来达到质的提升。正在开展的巡视巡察等工作，要做到全覆盖、高质量，全覆盖强调量的要求，高质量强调质量的提升，时间进度服从质量和效果，突出利剑高悬、震慑常在的特点，体现高标准、严要求。要坚决落实习近平总书记关于全面从严治党重整行装再出发的要求，不松劲、不停歇、再出发，持续推动党风廉政建设和反腐败斗争，打好持久战、攻坚战，努力夺取反腐败斗争根本性胜利。

学习参考引用文献

一、党内法规

《中国共产党章程》

《关于新形势下党内政治生活的若干准则》

《中国共产党廉洁自律准则》

《关于党内政治生活的若干准则》

《中国共产党问责条例》

《中国共产党党员教育管理工作条例》

《中国共产党重大事项请示报告条例》

《中国共产党农村基层组织工作条例》

《中国共产党纪律处分条例》

《中国共产党巡视工作条例》

《中国共产党工作机关条例(试行)》

《中国共产党党内监督条例》

《中国共产党地方委员会工作条例》

《干部教育培训工作条例》

《中国共产党普通高等学校基层组织工作条例》

《中国共产党党和国家机关基层组织工作条例》

《中国共产党党校工作条例》

《中国共产党党员权利保障条例》

《中国共产党支部工作条例》

《中国共产党国有企业基层组织工作条例(试行)》

《中国共产党党委(党组)理论学习中心组学习规则》

《领导干部报告个人有关事项规定》

《县以上党和国家机关党员领导干部民主生活会若干规定》

《关于实行党风廉政建设责任制的规定》

《国有企业领导人员廉洁从业若干规定》

《关于实行党政领导干部问责的暂行规定》

《干部选拔任用工作监督检查和责任追究办法》

《2019—2023年全国党政领导班子建设规划纲要》

《2019—2023年全国党员教育培训工作规划》

《关于印发〈习近平新时代中国特色社会主义思想学习纲要〉的通知》

《关于加强和改进中央和国家机关党的建设的意见》

《关于解决形式主义突出问题为基层减负的通知》

《中共中央关于加强党的政治建设的意见》

《关于进一步激励广大干部新时代新担当新作为的意见》

《深化党和国家机构改革方案》

《中共中央关于坚持和完善中国特色社会主义制度　推进国家治理体系和治理能力现代化若干重大问题的决定》

二、著作

习近平：《习近平谈治国理政》，北京：外文出版社，2014

中共中央文献研究室：《习近平关于社会主义经济建设论述摘编》，北京：中央文献出版社，2017

中共中央文献研究室：《习近平关于全面从严治党论述摘编》，北京：中央文献出版社，2016

习近平：《论坚持党对一切工作的领导》，北京：中央文献出版社，2019

中共中央文献研究院、中央“不忘初心、牢记使命”主题教育领导小组办公室：《习近平关于“不忘初心、牢记使命”重要论述选编》，北京：党建读物出版社、中央文献出版社，2019

中共中央文献研究室：《十八大以来重要文献选编》(中)，中央文献出版社，2016

中共中央宣传部：《习近平新时代中国特色社会主义思想学习纲要》，北京：学习出版社，人民出版社，2019

中共中央宣传部：《习近平新时代中国特色社会主义思想三十讲》，北京：学习出版社，2018

本书编写组：《党的十九大报告辅导读本》，北京：人民出版社，2017

本书编写组：《党的十九届四中全会〈决定〉学习辅导百问》，北京：学习出版社，党建读物出版社，2019

中共中央国家机关工作委员会：《学习习近平同志关于机关党建重要论述》，北京：党建读物出版社，2014

三、报刊文章

石泰峰：《健全提高党的执政能力和领导水平制度》，载《党建研究》2019年第11期

江金权：《完善全面从严治党制度》，载《党建研究》2019年第11期

楼阳生：《健全充分发挥中央和地方两个积极性体制机制》，载《人民日报》2019年12月5日

欧阳淞：《建立不忘初心、牢记使命的制度》，载《人民日报》2019年12月18日

苗庆旺：《构建一体推进不敢腐、不能腐、不想腐体制机制》，载《党建研究》2019年第11期

杨东广：《坚持思想建党和制度治党紧密结合》，载《湖北日报》2018年2月23日

覃采萍：《调动全党积极性主动性创造性》，载《人民日报》2018年7月30日

钟宪章：《试论加强党的长期执政能力建设》，载《党建研究》2018年第3期

李峰：《加强党的长期执政能力建设》，载中国社会科学网，2018年1月26日

桑学成：《旗帜鲜明加强党的政治建设》，载光明网，2019年8月29日

林经纬：《把握好中国特色社会主义最本质特征和社会主义本质的关系》，载求是网，2019年4月17日

谢春涛:《更好地发挥中国特色社会主义制度的最大优势》，载《人民日报》2019 年 11 月 29 日

尹汉宁:《党的领导是中国特色社会主义制度的最大优势》，载《求是》2016 年第 13 期

后　记

《伟大工程——一个党建工作者的学习笔记》就要与读者见面了，我最想表达的是感激之情。我要感谢武汉大学党委副书记沈壮海教授拨冗为本书写序，并对本书的写作、出版给予的关心和指导！沈教授是著名的马克思主义理论和思想政治教育专家，他的意见精深独到，让我受益良多。我要感谢武汉大学马克思主义学院谭玉敏教授及学院的同事们为本书出版给予的支持和帮助，感谢武汉大学出版社的领导和编辑为此付出的心血！我要感谢中国南方电网公司有关部门和单位的同事们，他们为我提供了大量资料，并对我的部分讲稿作了整理。我还要感谢我的妻子余友枝师妹，作为党建同行，她总是能提出一些建设性意见，不断丰富和深化我的认识。在本书的写作和出版过程中，得到了她的大力支持和全力保障。

我的职业志向很专一，工作经历很单一，30 多年来只做过一件事，那就是党建工作。无论是研究工作、还是实际工作，无论是机关工作、还是基层工作，都没有离开过这一领域。在长期党建工作中，我养成了一个习惯，就是既关注理论、又关注实践，既关注上情、又关注下情，力图做好结合的文章。说得高一点，这也叫作一种职业素养吧！

党的十八大以来，我认真学习习近平总书记关于党的建设重要论述，努力做到联系实际学、带着问题学、及时跟进学，努力达到武装头脑、指导实践、推动工作的目的。习近平总书记关于党的建设重要讲话发表后，我都在第一时间学习，有时还写下读书笔记和心得体会。到我退休时(2020 年 4 月)，大大小小的笔记和体会积累了近 100 篇。其中，公开发表的有 40 多篇，作为理论学习中心组发言稿、党校讲课稿和党课稿的有 30 多篇。为了做到系统全面、学深悟透、融会贯通，我还定期对这些笔记和体会进行整理，形成了 10 多个专题材料，经常拿出来翻一翻，也有常学常新的感觉。

2019 年 5 月底，我被母校武汉大学聘为兼职教授。11 月上旬，我回母校马克思主义学院作了一次学术报告，题目是《中国现代化进程与执政党现代化——习近平总书记重要讲话学习笔记》。会后，学院领导、老师们希望我在今后的教学中，重点讲一讲习近平总书记关于党的建设重要思想，我愉快地接受了这项任务。从 2019 年 11 月 25 日开始，我就利用业余时间起草讲稿。最初，只想制作四五个专题的课件，以备半年之需。由于有现存的笔记和体会，只需要加以整理、加工、提升即可，加之南方电网国有企业党的建设研究中心的同事们又为我收集了大量资料，因此进展比较顺利，元旦前就超额完成了任务。

写着写着，我又萌生了一个新的想法，就是将我的讲稿体系化，全面系统地展示自己学习习近平总书记关于党的建设重要思想的体会，展现这一重要思想固有的逻辑体系和核心要义、精神实质、丰富内涵、实践要求。为此，我重新作了设计，确定了 16 个专题(也就是16章），计划用一年的时间完成。这个时候，我的家乡湖北遭遇突如其来的新冠肺炎疫情袭击，并迅速蔓延至全国，万分紧急。2020年1月27日，也就是大年正月初三，还在北京家中过节的我，按照上级要求，飞回广州的公司值守，与同事们一道，全力应对疫情，组织复工复产。在接下来的日子里，我们虽然责任重大、高度紧张，但与平时相比，具体工作也不是太多。我除了密切关注疫情变化、做好相关工作外，抓紧一切时间起草讲稿。到3月6日，接到中央组织部关于我的免职通知时，我已完成了15章初稿的起草。3月14日，我回到北京家中，无“官”一身轻，全身心投入讲稿的起草和修改完善之中。到4月初，基本完成起草任务。

在起草过程中，我也一直在考虑讲稿的使用问题。最初的想法，只限于在武汉大学、南方电网党校等讲课使用；后来想到，可在讲课之后进行完善、提升，然后公开出版，估计是几年后的事了；最后我又想，不必等几年，基本成型后即出版，抛砖引玉，为习近平总书记关于党的建设重要思想的学习宣传阐释作一点贡献。这也是一名“老党建”的责任和使命。4月8日，我将书稿提交给武汉大学出版社。

由于疫情影响等一些原因，《伟大工程——一个党建工作者的学习笔记》未能按原定时间推出。到了2021年1月，我又与出版社商量，拟在书稿中增加2020年习近平总书记关于党的建设重要论述和我的学习体会，以体现与时俱进。出版社表示完全赞同。于是，我又用几天时间，对书稿作了增补和完善。2021年是中国共产党建党100周年，是实施“十四五”规划、开启全面建设社会主义现代化国家新征程的第一年，《伟大工程——一个党建工作者的学习笔记》在这个特别年份推出，具有特别意义，这也是一名共产党员献给敬爱的党百年华诞的特别礼物！

这就是本书的来历。

史正江

2021 年 7 月于北京